언택트 시대의 새로운 *합격전략!*

대기업·공기업·금융권

빅데이터 기반
온라인 모의고사

맞춤형 ✚ 실전형 ✚ 약점분석

  **300명 선착순**

온라인 모의고사
무료 이용권

 온라인모의고사(합격시대)
(www.sidaegosi.com/pass_sidae)
홈페이지 접속

 홈페이지 상단
'1회 무료 이용권' 클릭
→ 쿠폰번호 등록

 내강의실 → 모의고사 →
합격시대 모의고사 클릭 후
응시하기

※ 쿠폰은 선착순 300명에 한해 무료로 이용하실 수 있습니다.
※ 쿠폰은 등록 후 30일간 이용 가능합니다.

합격시대 맞춤형 온라인 테스트   **www.sidaegosi.com/pass_sidae**   [문의 전화] 1600-3600 평일 9~18시 | 토·공휴일 휴무

2021 | 최신판

NCS

NCS 기출예상문제 + 실전모의고사 4회

부산환경공단

Always **with you**

사람이 길에서 우연하게 만나거나 함께 살아가는 것만이 인연은 아니라고 생각합니다.
책을 펴내는 출판사와 그 책을 읽는 독자의 만남도 소중한 인연입니다.
(주)시대고시기획은 항상 독자의 마음을 헤아리기 위해 노력하고 있습니다.
늘 독자와 함께 하겠습니다.

PREFACE

머리말

환경생태도시 조성과 시민환경복지를 실현하는 부산환경공단은 2021년에 부산시 통합채용을 통해 신입사원을 채용할 예정이다. 부산환경공단의 채용절차는 「서류전형 → 필기전형 → 인성검사 → 면접전형 → 신체검사」 순서로 진행한다. 서류전형은 응시자격 충족자 전원이 통과하여 필기시험을 볼 수 있으나 면접을 위해서는 필기에서 채용 인원의 3배수 안에 들어야 한다. 따라서 필기시험에 대한 중요성이 매우 높고, 필기시험 합격을 위해서는 다양한 유형에 대한 연습과 문제해결능력을 높이는 등 철저한 준비를 통해 타 수험생과의 차별성을 두는 것이 필요하다.

부산환경공단의 필기시험 합격을 위해 (주)시대고시기획에서는 NCS 도서 시리즈 1위의 출간 경험을 토대로 다음과 같은 특징을 가진 도서를 출간하였다.

도서의 특징

첫 째 합격으로 이끌 가이드를 통한 채용 흐름 확인!
부산환경공단 소개 및 주요 뉴스를 통해 채용 흐름을 확인하는 데 도움이 될 수 있도록 하였다.

둘 째 기출복원문제를 통한 출제 유형 확인!
2020년 주요 공기업 NCS 기출복원문제를 수록하여 필기시험의 전반적인 유형과 출제 경향을 확인할 수 있도록 하였다.

셋 째 부산환경공단 필기시험 출제 영역 맞춤 기출예상문제로 실력 상승!
직업기초능력평가 기출예상문제를 수록하여 필기시험에 완벽히 대비할 수 있게 하였다.

넷 째 직렬별 실전모의고사로 완벽한 실전 대비!
철저한 분석을 통해 실제 유형과 유사한 직렬별 실전모의고사를 수록하여 최종 점검할 수 있도록 하였다.

다섯째 다양한 콘텐츠로 최종 합격까지!
부산환경공단 채용 가이드와 면접 기출질문을 수록하여 채용을 준비하는 데 부족함이 없도록 하였다.

끝으로 본 도서를 통해 부산환경공단 채용을 준비하는 모든 수험생 여러분이 합격의 기쁨을 누리기를 진심으로 기원한다.

NCS직무능력연구소 씀

미션

환경생태도시 조성과 시민환경복지 실현

비전 2030

글로벌 환경 공기업 BECO
with Human and Tech

핵심 가치

안전

혁신

소통

신뢰

경영 목표

사고 제로 리스크관리

가장 신뢰받는 공기업 실현

TOP class

경영평가 최우수 획득

분야별 전문기술, 역량 확보

INTRODUCE

| 지원자격(공통) |

❶ 학력 · 성별 제한 없음

❷ 연령 : 만 18세 이상 만 60세 이하

❸ 병역필 또는 면제자(단, 필기시험일 이전 전역 예정인 경우 지원 가능)

❹ 부산환경공단 인사규정 제14조의 결격사유에 해당되지 않는 자

| 전형절차 |

| 서류전형 | 필기전형 | 인성검사 | 면접전형 | 신체검사 |

| 필기시험 및 인성검사 |

구분	시험과목	비고
필기시험	2과목 (직업기초능력평가, 전공)	객관식 5지 택일형 과목별 50문항, 100점 만점 전공 출제수준 : 공무원 9급 수준
인성검사	직무수행 및 직장생활 등에 요구되는 기본적인 인성	면접전형 대상자에 한하여 온라인으로 시행

※ 위 채용안내는 2020년 채용 공고를 기준으로 작성하였으니 세부내용은 반드시 확정된 채용공고를 확인하시기 바랍니다.

합격
후기

합격 선배들이 알려주는
부산환경공단 필기시험 합격기

"할 수 있다는 마음가짐만 있으면 된다!"

안녕하세요. 부산환경공단 합격생입니다. 저는 부산환경공단의 기계직렬로 지원했고, 기계직렬을 채용하는 공기업은 다 지원했었습니다.

부산환경공단의 경우는 필기시험에서 전공과 직업기초능력을 평가하고, 인성검사와 면접을 실시합니다. 따라서 각 시험에 맞게 대비하는 것이 시간을 절약하고 조금이나마 빨리 합격할 수 있는 방법이라고 생각합니다.

저 같은 경우는 전공, 경력과 관련만 있다면 모든 공기업에 지원했었기 때문에 처음에는 대충 공부하고 필기시험에 응시하였습니다. 대학시절 전공과목을 잘 했으니 풀 수 있을 만한 수준이 나오겠지 생각했는데 어림없었습니다. 필기 시험에서 몇 번 떨어지고 나니, 피해의식이 생겨 친구들과의 모임도 피하고, 안부연락도 안 받는 경우가 많았습니다. 자신감을 잃고 진짜 취업을 못하는 것이 아닌가 생각했었습니다.

다섯 번 정도 필기시험에서 떨어지고 나서는 부모님 앞에서도 떳떳하지 못한 마음이 들었습니다. 이대로는 안되겠다는 생각이 들어서 책상 앞에 앉아 반년 안에 꼭 취업에 성공하겠다는 마음으로 반년짜리 계획표를 적고, 올해 목표, 제가 지금 부족한 부분, 취업 후 하고 싶은 것들을 적어 그것을 원동력으로 다시 공부했습니다. 부산환경공단 NCS 도서는 물론이고, NCS 기본서와 봉투모의고사 등 시중에 나온것은 다 풀어보자는 마음으로 많은 문제를 풀었습니다. 그리고 딱 5개월 후 저는 부산환경공단 취업에 성공했습니다.

면접을 준비할 때는 예상 질문을 50가지 정도 생각했고, 관련된 이슈나 현 사회의 문제에 대한 해결책 등을 생각하여 '내가 환경공단에서 어떤 일을 할 수 있고, 어떻게 바꾸려고 할 것이다. 나의 이런 점은 이 기업에서 꼭 필요하다고 생각한다.'와 같은 틀을 만들고 답변하는 연습을 했습니다. 스터디를 반드시 해야 하나 하는 분들도 많은데 정보 공유나 조언을 받을 수 있다는 점에서 장점이 있지만, 이 점만 스스로 보완할 수 있다면 혼자해도 충분하다고 생각합니다.

마지막으로 취업을 준비하면서 너무 힘들었는데 합격소식을 접하고 세상에 없는 사람처럼 미친듯이 공부했던 시간들, 마음고생한 것들이 주마등처럼 지나가고, 취업의 기쁨이 몰아쳐 한없이 눈물이 났습니다. 부산환경공단에 취업한 것을 계기로 앞으로 어떤 삶을 살 것인지 다시 꿈을 그리는 중입니다. 여러분의 꿈도 꼭 이루시길 바랍니다.

INTRODUCE

시험 전 CHECK LIST

※ 최소 시험 이틀 전에 위의 리스트를 확인하시면 좋습니다.

체크	리스트
☐	수험표를 출력하고 자신의 수험번호를 확인하였는가?
☐	수험표나 공지사항에 안내된 입실 시간 및 유의사항을 확인하였는가?
☐	신분증을 준비하였는가?
☐	컴퓨터용 사인펜 · 수정테이프 · 여분의 필기구를 준비하였는가?
☐	시험시간에 늦지 않도록 알람을 설정해 놓았는가?
☐	고사장 위치를 파악하고 교통편을 확인하였는가?
☐	고사장에서 볼 수 있는 자료집을 준비하였는가?
☐	인성검사에 대비하여 지원한 공사 · 공단의 인재상을 확인하였는가?
☐	확인 체크표의 × 표시한 문제를 한 번 더 확인하였는가?
☐	자신이 취약한 영역을 두 번 이상 학습하였는가?
☐	도서의 모의고사를 통해 자신의 실력을 확인하였는가?

시험 유의사항

※ 최소 시험 하루 전 리스트를 확인하시면 좋습니다.

체크	리스트
☐	시험 전 화장실을 미리 가야 합니다.
☐	통신기기(휴대폰, 태블릿PC, 무선호출기, 스마트워치, 스마트밴드, 블루투스 이어폰 등)를 가방에 넣어야 합니다.
☐	휴대폰의 전원을 꺼야 합니다.
☐	시험 종료 후 시험지와 답안지는 제출해야 합니다.

시험 후 CHECK LIST

※ 시험 다음 날부터 위의 리스트를 확인하며 면접 준비를 미리 하시면 좋습니다.

체크	리스트
☐	시험 후기를 작성하였는가?
☐	상하의와 구두를 포함한 면접복장이 준비되었는가?
☐	지원한 직무의 분석을 하였는가?
☐	단정한 헤어와 손톱 등 용모관리를 깔끔하게 하였는가?
☐	자신의 자기소개서를 다시 한 번 읽어보았는가?
☐	1분 자기소개를 준비하였는가?
☐	도서 내의 면접 기출 질문을 확인하였는가?
☐	자신이 지원한 직무의 최신 이슈를 정리하였는가?

주요 공기업 적중 예상문제

| 2020년 코레일 한국철도공사 |

포럼 유형 적중

05 다음 글의 내용과 일치하지 않는 것은?

최근 4차 산업혁명과 사물인터넷의 관심이 매우 증대하고 있다. 제4차 산업혁명은 디지털, 바이오, 물리학 등 다양한 경계를 융합한 기술혁명이 그 핵심이며 기술융합을 위하여 사물인터넷을 적극적으로 활용한다는 것이 주요내용이라 할 수 있다. 제4차 산업혁명은 2016년 초 세계경제포럼의 가장 중요한 회의인 다보스포럼의 주제로 '제4차 산업혁명의 이해'가 채택됨으로써 전 세계 많은 사람들의 주목을 받는 어젠다로 급부상하게 된다. 제4차 산업혁명을 촉발시키는 중요한 기술 중 하나는 사물인터넷이다.

미국의 정보기술 연구회사 가트너(Gartner)는 2011년 10대 전략기술 중 하나로 사물인터넷을 선정한 이후 사물인터넷과 그 확장개념들이라 할 수 있는 만물인터넷 및 만물정보 등을 현재까지 매년 10대 전략기술에 포함시키고 있을 정도로 사물인터넷은 정보통신기술 중 가장 중요한 기술로 자리잡았다.

사물인터넷을 활용하는 정보통신기술의 변화를 반영하는 스마트도시가 전 세계적으로 확산 중에 있다. 그 결과 2008년 선진국 중심으로 20여 개에 불과하던 스마트도시 관련 프로젝트는 최근 5년 사이 중국, 인도, 동남아시아, 남미, 중동 국가들을 포함하여 600여 개 이상의 도시에서 스마트도시 관련 프로젝트들이 추진 중에 있다.

우리나라는 한국형 스마트도시라고 할 수 있는 유비쿼터스도시(U-city) 프로젝트를 해외 도시들에 비하여 비교적 빠르게 추진하였다. 한국에서는 2003년부터 시민 삶의 질 향상 및 도시 경쟁력 제고를 목표로 신도시 개발과정에 직접 적용하는 U-city 프로젝트를 추진하였으며 해외 국가들에 비하여 빠른 정책적 지원 및 스마트도시 구축과 운영을 위한 재정투자 등을 통하여 실무적 경험이 상대적으로 우위에 있다.

하지만 최근 신도시형 스마트도시 구축 위주의 한국형 스마트도시 모델은 한계점을 노출하게 된다. 최근 국내 건설경기 침체, 수도권 제2기 신도시 건설의 만료 도래 등으로 U-city 투자가 위축되었으며 대기업의 U-city 참여 제한 등으로 신도시 중심의 U-city 사업 모델 성장 동력이 축소되는 과정을 최근까지 겪어왔다. 또한 U-city 사업이 지능화시설물 구축 혹은 통합운영센터의 건설로 표변화 되었지만 공공주도 및 공급자 중심의 스마트도시 시설투자는 정책 수혜자인 시민의 체감으로 이어지지 못하는 한계가 발생하게 된다.

※ 어젠다 : 모여서 서로 의논할 사항이나 주제

요일 구하기 유형 적중

☑ 오답 Check! ○ ✕

06 다음 글을 근거로 판단할 때, B구역 청소를 하는 요일로 옳은 것은?

甲레스토랑은 매주 1회 휴업일(수요일)을 제외하고 매일 영업한다. 甲레스토랑의 청소시간은 영업일 저녁 9시부터 10시까지이다. 이 시간에 A구역, B구역, C구역 중 하나를 청소한다. 청소의 효율성을 위하여 청소를 한 구역은 바로 다음 영업일에는 하지 않는다. 각 구역은 매주 다음과 같이 청소한다.
- A구역 청소는 일주일에 1회 한다.
- B구역 청소는 일주일에 2회 하되, B구역 청소를 한 후 영업일과 휴업일을 가리지 않고 이틀간은 B구역 청소를 하지 않는다.
- C구역 청소는 일주일에 3회 하되, 그중 1회는 일요일에 한다.

① 월요일, 목요일
② 월요일, 금요일
③ 월요일, 토요일
④ 화요일, 금요일
⑤ 화요일, 토요일

TEST CHECK

| 2020년 한국전력공사 |

스마트시티 주제 적중

※ 다음 기사를 읽고 이어지는 질문에 답하시오. [18~19]

한국전력(이하 '한전')은 본격적인 정부3.0 시대를 맞아 다양한 고객맞춤형 서비스를 선제적으로 발굴하여 국민에게 제공하고 있는 가운데, 상반기 코엑스 정부3.0 체험마당에 이어 하반기 부산 벡스코 국민체험마당에도 참가하여 정부3.0 우수사례들을 시현하고, 방문객들이 직접 체험할 수 있는 장을 마련하였다.

(A) 한전이 개발한 스마트폰 앱 서비스는 실시간 전력 사용 정보 및 요금, 전력사용 패턴, 월 예상요금 및 전력사용량 이웃비교, 누진단계 변경 시 알람 서비스, 절전 커뮤니케이션(절전 Talk, 절전 Tip, 절전게임), 요금 캘린더 등을 제공하며, 실시간 전력사용 및 요금정보를 고객에게 제공함으로써 효율적인 전기사용을 가능하게 한다. 한전 사장은 "한국전력은 정부3.0 추진 4년차를 맞아 국민이 서비스를 체감할 수 있도록 정부3.0 생활화와 내재화에 역량을 집중하고 있으며, 에너지신산업분야 수익창출 등 변화의 중심에서 정보의 개방과 공유, 소통과 협력의 정부3.0 기조에 맞춰 다양한 사업을 진행하고 있는데, 앞으로도 국민이 필요로 하는 서비스를 선제적으로 제공함으로써 정부3.0의 비전인 '국민 행복 시대'를 만들어 가는 데 최선을 다하겠다."고 밝혔다.

(B) 전력IoT를 활용한 사회안전망 서비스는 한전의 원격검침망인 지능형 검침 인프라(AMI)에 사물인터넷(IoT) 기술을 활용하여, 웨어러블 기기 기반의 위치 확인시스템 개발을 통한 치매노인 실종 예방, 전력사용량 분석을 통한 독거노인 신변 이상 확인서비스 등을 제공하여 새로운 사회문제로 부상하고 있는 고령화시대에 국민안전을 제고할 수 있다. 이의 일환으로 한전은 광주광역시와 '사회안전망 서비스 구축사업 협력' 협약을 맺고, 광주시 광산구 치매독거노인을 대상으로 인프라를 구축하고 시범사업을 추진하고 있는데, 최근 국토교통부 주관 '스마트시티 서비스 경진대회'에서 최우수상(장관상)을 수상한 바 있다.

(C) 하반기 정부3.0 국민체험마당은 '국민과 함께, 세계와 함께'라는 슬로건 하에 부산 벡스코에서 11월 9일부터 11월 12일까지 열리며 정부부처, 지자체와 공공기관이 올해 추진한 정부3.0 과제 중 우수사례를 선정하여 국민들에게 체험의 장을 제공함으로써 성과를 현장에서 직접 공유하고 정부3.0 정책의 이해와 공감대를 확대하는 자리이다.

(D) 내년에는 타 지역으로 서비스를 확대하고 기능을 추가 개발하는 등 사회안전망 서비스 고도화 사업을 추진할 계획이다. 파워플래너 앱은 전기사용량 및 요금을 실시간으로 고객에게 제공하는 스마트폰 앱 서비스이며, 현재 지능형 전력량계 인프라가

원형 테이블 유형 적중

☑ 확인 Check! ○ △ ✕

06 남자 2명과 여자 2명 총 4명이 원탁에 앉아 있다. 다음 중 옳은 것은?

- 네 사람의 직업은 각각 교사, 변호사, 자영업자, 의사이다.
- 네 사람은 각각 검은색 원피스, 파란색 자켓, 하얀색 니트, 밤색 티셔츠를 입고 있으며, 이 중 검은색 원피스는 여성용, 파란색 자켓은 남성용이다.
- 남자는 남자끼리, 여자는 여자끼리 인접해서 앉아 있다.
- 변호사는 하얀색 니트를 입고 있다.
- 자영업자는 남자이다.
- 의사의 왼쪽 자리에 앉은 사람은 검은색 원피스를 입었다.
- 교사는 밤색 니트를 입은 사람과 원탁을 사이에 두고 마주보고 있다.

① 교사와 의사는 원탁을 사이에 두고 마주 보고 있다.
② 변호사는 남자이다.
③ 밤색 티셔츠를 입은 사람은 여자이다.
④ 의사는 파란색 자켓을 입고 있다.
⑤ 검은색 원피스를 입은 여자는 자영업자의 옆에 앉아 있다.

주요 공기업 적중 예상문제

| 2020년 서울교통공사 |

철도안전법 주제 적중

※ 다음 철도안전법 내용을 바탕으로 다음과 같은 서류를 작성하였다. 이어지는 질문에 답하시오. [77~78]

제20조(운전면허의 취소·정지 등)

① 국토교통부장관은 운전면허 취득자가 다음 각 호의 어느 하나에 해당할 때에는 운전면허를 취소하거나 1년 이내의 기간을 정하여 운전면허의 효력을 정지시킬 수 있다. 다만, 제1호부터 제4호까지의 규정에 해당할 때에는 운전면허를 취소하여야 한다. 〈개정 2013. 3. 23., 2015. 7. 24., 2018. 6. 12.〉

1. 거짓이나 그 밖의 부정한 방법으로 운전면허를 받았을 때
2. 제11조 제2호부터 제4호까지의 규정에 해당하게 되었을 때
3. 운전면허의 효력정지기간 중 철도차량을 운전하였을 때
4. 제19조의2를 위반하여 운전면허증을 다른 사람에게 대여하였을 때
5. 철도차량을 운전 중 고의 또는 중과실로 철도사고를 일으켰을 때
5의2. 제40조의2 제1항 또는 제5항을 위반하였을 때
6. 제41조 제1항을 위반하여 술을 마시거나 약물을 사용한 상태에서 철도차량을 운전하였을 때
7. 제41조 제2항을 위반하여 술을 마시거나 약물을 사용한 상태에서 업무를 하였다고 인정할 만한 상당한 이유가 있음에도 불구하고 국토교통부장관 또는 시·도지사의 확인 또는 검사를 거부하였을 때
8. 이 법 또는 이 법에 따라 철도의 안전 및 보호와 질서유지를 위하여 한 명령·처분을 위반하였을 때

② 국토교통부장관이 제1항에 따라 운전면허의 취소 및 효력정지 처분을 하였을 때에는 국토교통부령으로 정하는 바에 따라 그 내용을 해당 운전면허 취득자와 운전면허 취득자를 고용하고 있는 철도운영자등에게 통지하여야 한다. 〈개정 2013. 3. 23.〉

③ 제2항에 따른 운전면허의 취소 또는 효력정지 통지를 받은 운전면허 취득자는 그 통지를 받은 날부터 15일 이내에 운전면허증을 국토교통부장관에게 반납하여야 한다. 〈개정 2013. 3. 23.〉

④ 국토교통부장관은 제3항에 따라 운전면허의 효력이 정지된 사람으로부터 운전면허증을 반납 받았을 때에는 보관하였다

인사 예절 문제 적중

☑ 확인 Check! ○△×

10 다음 직장 내의 인사 예절 중 밑줄 친 부분을 수정한 내용으로 적절하지 않은 것은?

- ⊙ 연장자를 나이 어린 사람에게 먼저 소개한다.
- ⓒ 내가 속해 있는 회사의 관계자를 타 회사의 관계자에게 먼저 소개한다.
- 신참자를 고참자에게 먼저 소개한다.
- ⓒ 고객, 손님을 동료임원에게 먼저 소개한다.
- 비임원을 임원에게 먼저 소개한다.
- 소개받는 사람의 별칭은 그 이름이 비즈니스에서 사용되는 것이 아니라면 사용하지 않는다.
- ⓔ 성을 제외하고 이름만 말한다.
- 상대방이 항상 사용하는 경우라면, Dr. 또는 Ph.D. 등의 칭호를 함께 언급한다.
- ⓜ 정부 고관의 직급명은 퇴직한 경우 사용하지 않는다.
- 천천히 그리고 명확하게 말한다.
- 각각의 관심사와 최근의 성과에 대하여 간단한 언급을 한다.

① ⊙ : '나이 어린 사람을 연장자에게 먼저 소개한다.'라고 수정해야 해.
② ⓒ : '타 회사의 관계자를 내가 속해 있는 회사의 관계자에게 먼저 소개한다.'라고 수정해야 해.
③ ⓒ : '동료임원을 고객, 손님에게 먼저 소개한다.'라고 수정해야 해.
④ ⓔ : '반드시 성과 이름을 함께 말한다.'라고 수정해야 해.
⑤ ⓜ : '정부 고관의 직급명은 퇴직한 경우라도 항상 사용한다.'라고 수정해야 해.

TEST CHECK

2020년 LH 한국토지주택공사

신혼부부 전세임대 주제 적중

※ 다음은 한국토지주택공사의 신혼부부전세임대 분양에 대한 자료이다. 다음 자료를 읽고 이어지는 질문에 답하시오. [52~53]

- 한국토지주택공사의 청약센터에서는 2차 신규 신혼부부전세임대사업 입주자 모집공고를 하였다. 신혼부부전세임대사업에 대한 설명은 다음과 같다.
- 신혼부부전세임대사업 : 도심 내 저소득계층 (예비)신혼부부가 현 생활권에서 안정적으로 거주할 수 있도록 기존주택을 전세계약 체결하여 저렴하게 재임대하는 임대사업
- 입주자격
  - 모집공고일(2020년 2월 14일) 기준 무주택세대구성원인 혼인 7년 이내의 신혼부부 또는 예비 신혼부부로 생계·의료급여 수급자 또는 해당 세대의 월평균소득이 전년도 도시근로자 가구당 월평균소득의 70% 이하인 사람
    ※ 소득·자산기준(영구임대주택 자산기준)을 충족하지 못하는 경우 입주대상자에서 제외
  - 1순위 : 입주자 모집공고일 현재 혼인 7년 이내이고, 그 기간 내에 임신 중이거나 출산(입양 포함)하여 자녀가 있는 무주택세대구성원
  - 2순위 : 입주자 모집공고일 현재 혼인 7년 이내인 자 또는 예비신혼부부
    ※ 동일순위 경쟁 시 해당 세대의 월평균소득, 자녀의 수, 혼인기간, 입주대상자의 나이순으로 필요성이 인정되는 정도에 따라 입주자 선정
  - 임신의 경우 입주자 모집공고일 이후 임신진단서 등으로 확인
  - 출산의 경우 자녀의 기본증명서상 출생신고일, 입양의 경우 입양신고일 기준

임대료 구하기 문제 적중

57 다음은 5년 분양전환 임대주택에 적용되는 각 항목에 따른 공식을 나열한 자료이다. 주택에 대한 정보를 보고 분양전환 시 공급가격으로 옳은 것은?

〈분양전환 임대주택 항목별 공식〉

- (공급가격)=(건설원가와 감정평가금액을 산술평균한 금액)
- (건설원가)=(최초 입주자모집당시의 주택가격)+(자기자금이자)-(감가상각비)
- (감정평가금액 산정가격)=(분양전환당시의 건축비)+(입주자모집공고 당시의 택지비)+(택지비 이자)
- (택지비 이자)=(입주자모집공고 당시의 택지비)×[(이자율(연)]×[(임대기간(월)]
- (자기자금이자)=[(최초 입주자모집당시의 주택가격)-(국민주택기금융자금)-(임대보증금과 임대료의 상호전환전 임대보증금)]×[(이자율(연)]×[(임대기간(월)]

〈정보〉

- 최초 입주자모집당시의 주택가격 : 3억 원
- 감가상각비 : 5천만 원
- 국민주택기금융자금 : 1억 원
- 임대보증금과 임대료의 상호전환전 임대보증금 : 6천만 원
- 분양전환당시의 건축비 : 1억 5천만 원
- 입주자모집공고 당시의 택지비 : 1억 5천만 원
- 이자율 : 연 2%
- 임대기간 : 5년

① 412,000,000원
② 416,000,000원
③ 428,000,000원
④ 445,000,000원
⑤ 449,000,000원

도서 구성

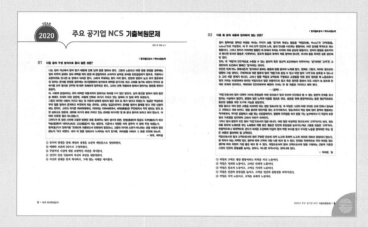

◀ 기출복원문제로 출제 경향 파악

2020년 주요 공기업 NCS 기출복원문제를 수록하여 최신 출제 경향을 파악할 수 있도록 하였다.

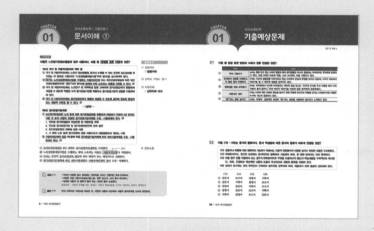

◀ 기출유형으로 영역별 단계적 학습

출제되는 영역에 대한 기출유형을 함께 수록하여 최근 출제되는 유형을 익히고 점검할 수 있도록 하였으며 기출예상문제로 유형을 익힐 수 있게 구성하였다.

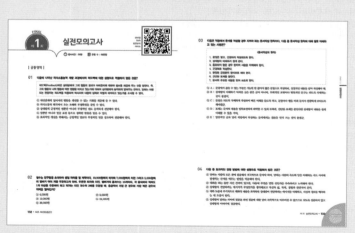

◀ 실전모의고사 + OMR을 활용한 실전 연습

실전모의고사와 OMR 답안지, 모바일 OMR 답안분석 서비스를 통해 실제로 시험을 보는 것처럼 최종 마무리 연습을 할 수 있도록 하였다.

FEATURES

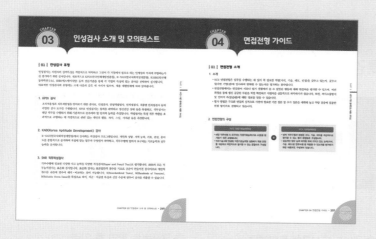

◀ 인성검사부터 면접까지 한 권으로 최종 마무리

인성검사 모의테스트를 통해 인성검사에 대비할 수 있도록 하였고, 면접 기출질문을 통해 실제 면접에서 나오는 질문을 미리 파악하고 연습할 수 있도록 하였다.

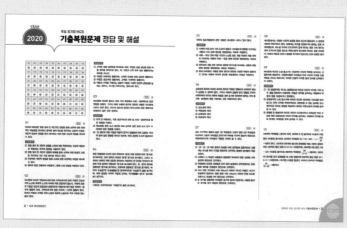

◀ 상세한 해설로 정답과 오답을 완벽하게 이해

정답과 오답에 대한 상세한 해설을 통해 혼자서도 학습을 할 수 있도록 하였다.

◀ 학습플래너로 1주 완성

본서에 수록된 전 영역을 스스로 계획을 세워 단기간에 끝낼 수 있도록 하였다. 모든 기초 학습은 되어 있으나, 학습에 있어 우선순위를 정하기에 자신이 없는 분들이나 미리 시험에 대비하지 못해 단시간에 많은 분량을 봐야 하는 수험생에게 추천한다.

무료혜택 안내

NCS 특강(기출풀이·영역별 전략)

❶ 시대플러스 홈페이지 접속
(www.sdedu.co.kr/plus)

❷ 홈페이지 상단 「이벤트」 클릭

❸ 「NCS 도서구매 특별혜택
이벤트」 클릭

❹ 쿠폰번호 확인 후 입력

AI면접

❶ 윈시대로(www.sdedu.co.kr/
winsidaero) 접속

❷ 홈페이지 상단 「이벤트」 클릭

❸ 도서에 안내된 쿠폰번호 확인
후 입력

❹ 「마이페이지」에서 AI면접 실시

무료제공 쿠폰

AI면접 1회	OPE3-00000-D091D
NCS 특강(기출풀이·영역별 전략)	OZD-92553-13636

NCS 통합 모의고사	BHS-00000-B97C7
부산환경공단(행정직) 모의고사	IIQ-00000-40889
부산환경공단(기술직) 모의고사	UUQ-00000-0E79C

INTRODUCE

모바일 OMR 답안분석 서비스

❶ 도서 내 위치한 QR
코드 찍기

❷ 로그인

❸ '시작하기' 클릭

❹ '응시하기' 클릭

❺ 나의 답안을 모바일
OMR 카드에 입력

❻ '성적분석 & 채점결과'
클릭

❼ 현재 내 실력 확인

취달프(취업 달성 프로젝트)

채용정보
- 대기업 채용정보
- 공기업 채용정보
- 고졸·초대졸 채용정보
- 최신 채용 뉴스 및 정보

기업별 무료 온라인 스터디
- 대기업 스터디
- 공기업 NCS 스터디
- 강의 동영상 제공

NCS 무료 온라인 스터디
- 강의 동영상 제공

 NAVER 카페 취달프(취업 달성 프로젝트)

※ 네이버에 '취달프'를 검색하세요.

이 책의 차례

CONTENTS

부산환경공단 임직원, 플라스틱 줄이고 기부도 한다

〈2021. 03. 11(목)〉

부산환경공단 배광효 이사장을 비롯한 임직원 650명이 환경부가 추진하는 '탈(脫) 플라스틱 고고챌린지'에 동참했다고 공단이 11일 밝혔다. 참여인원의 수에 따라 1인당 2,500원, 총 162만 원이 기부될 예정이다. 공단 임직원들이 모은 성금으로 130만 원을 기부하고 환경부에서 32만 원을 기부한다.

'고고챌린지'는 플라스틱 사용을 줄이기 위한 국민 공감과 참여 확대를 위해 생활 속에서 하지 말아야 할 1가지 행동과 할 수 있는 1가지 행동을 약속하는 캠페인이다. 실천 메시지를 담아 SNS에 인증을 한 후 다음 주자를 지목하는 릴레이 방식으로 진행된다.

공단은 지난 1월 29일 배광효 이사장을 시작으로 부산광역시의회 김삼수 의원, KBS부산방송총국 박찬욱 총국장을 지목해 캠페인을 이어갔고, 내부적으로는 임원, 노조위원장, 직원 등 전사적인 참여를 추진했다. 그 결과 한 달여의 기간 동안 전 직원의 89%가 참여했으며, 이는 환경부 '고고챌린지' 전체 참여인원의 32%가 넘는 성과다. 또한, 환경부가 제시한 기부금액인 1인당 500원에 더해 공단은 전 임직원이 십시일반 마련한 성금으로 1인당 2,000원을 추가로 기부하기로 했다. 캠페인 추진결과에 따라 총 130만 원을 재활 용품을 수거해 생활을 이어가는 홀로어르신 세대에 기부할 예정이다.

한편 부산환경공단은 2019년부터 에코백RUN 범시민 환경캠페인을 꾸준히 추진해 환경을 지키는 에코백 사용을 장려해왔으며, 지난 해 부산환경운동연합과 사회적기업과 함께 플라스틱 제로화 기업문화 만들기 협약을 맺고 본격 추진할 계획이다.

Keyword

- 에코백 : 일회용 봉투의 사용을 줄이자는 환경 보호의 일환으로 만들어진 가방을 말한다.

예상 면접 질문

Q 플라스틱 사용을 줄이기 위해 개인 차원에서 할 수 있는 일은 무엇이 있는가?

Q 종이컵이 종이로 분리수거가 된다고 생각하는가?

SCRAP BOOK

명지 소각장, 환경부 평가 '1위'... 3년 연속

〈2021. 01. 22(금)〉

부산환경공단(이사장 배광효)이 운영하고 있는 명지자원에너지센터가 환경부 주관 '2020년 전국 폐기물처리시설 운영실태 평가'에서 1위를 차지했다고 22일 밝혔다. 해당 평가에서 공단의 명지자원에너지센터는 소각처리시설 부문 3년 연속 1위를 차지했으며, 이로써 명실상부한 전국 최고의 소각장으로 자리매김했다.

환경부는 폐기물처리시설의 체계적인 관리와 폐기물 처리의 효율성 제고를 위해 2015년부터 매년 전국의 공공 폐기물처리시설을 대상으로 평가를 실시해왔다. 지난 해에는 전국 659개의 폐기물처리시설을 대상으로 소각, 매립, 자원 회수, 음식물처리시설, 가연성폐기물 연료화, 유기성폐자원 바이오가스화 등 6개의 분야로 구분해 에너지 사용량, 대기오염물질, 소각열 회수율 등 34개 지표를 평가했다. 그 결과 공단의 명지자원에너지센터가 그 효율성과 사회적 가치 이행 등을 인정받아 전국 소각시설 중 1위로 선정되었다. 명지자원에너지센터는 법적기준보다 강화된 자체 대기오염물질 배출목표를 설정하고 쓰레기 소각과정에서 발생한 폐열을 녹산산업단지에 판매해 연간 35억 원의 재정수익을 창출하고 있다.

배광효 이사장은 "공단은 환경기초시설의 안정적인 운영을 위해 총력을 기울이고 있다. 앞으로도 보다 깨끗한 부산의 환경, 살기 좋은 도시를 만들기 위해서 최선을 다하겠다."라고 전했다.

Keyword

• 폐기물처리시설 : 폐기물을 소각, 기계적 · 화학적 · 생물학적 처리 또는 매립 등을 통해 처리하는 시설로, 폐기물관리법에 의한 폐기물처리시설은 쓰레기, 연소재, 오니, 폐유, 폐산, 폐알칼리 및 동물의 사체 등으로서 사람의 생활이나 사업활동에 필요하지 아니하게 된 물질(폐기물)의 중간처리시설과 최종처리시설을 말한다.

예상 면접 질문

Q 명지자원에너지센터에서 소각하는 쓰레기가 어디서 발생하는 쓰레기인지 아는가?

Q 쓰레기를 소각하는 데 발생하는 대기오염을 해결하기 위한 창의적인 아이디어가 있는가?

코로나19 경제 취약계층에 난방비 등 전달

〈2020. 12. 31(목)〉

주변의 어려운 이웃과 지역사회를 위한 부산환경공단(이사장 배광효)의 따뜻한 나눔이 이어지고 있다. 지난 12월 31일, 공단은 조손가정, 한부모 가정 등 코로나19로 더 어려움을 겪고 있는 경제적 취약계층에 난방비와 문화생활비 등 700만 원을 전달했다고 밝혔다. 이는 살기 좋은 부산을 만들기 위한 공단과 부산은행 간 협력사업의 일환으로, 조손가정 등 경제적 소외계층이 추운 겨울철을 따뜻하게 보내고 환경주제 전시회 관람 등 문화적 기회를 누릴 수 있도록 지원하기 위함이다.

공단은 창립 때부터 직원들이 자발적으로 모금한 연 4천여만 원의 성금으로 사회적 약자 계층의 복지 향상을 위한 사회공헌활동을 지속적으로 추진해오고 있다. 최근 12월에 사랑의 연탄나눔, 김치나눔 등을 추진했다. 9월에는 사랑의 열매를 통해 소외계층에 300만 원 상당의 문화바우처를 지원하기도 했다. 추석 명절을 맞아 여건이 어려운 가정을 대상으로 문화혜택을 누릴 수 있는 기회를 제공했다.

배광효 공단 이사장은 "코로나19로 많은 분들이 힘드신 한 해였다. 어려운 이웃 분들에게 조금이나마 도움이 되고자 공단이 여러 사회공헌활동을 추진했는데, 그 따뜻함과 사랑이 전해졌기를 희망한다."라며 "공단은 앞으로도 지역사회와 소외된 이웃에게 실질적인 도움이 되는 공헌사업을 지속 추진해나가겠다."라고 전했다.

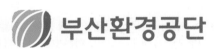

Keyword

• 조손가정 : 만 18세 이하인 손자나 손녀와 65세 이상인 조부모로 구성된 가정을 말한다.

예상 면접 질문

Q 경제적 취약계층에는 어떤 사람들이 있으며, 어떻게 도울 수 있겠는가?

Q 사회공헌활동을 한 경험이 있는가? 있다면 어떤 활동이었는가?

Add+
2020년 주요 공기업
NCS 기출복원문제

| 한국철도공사 / 의사소통능력

01 다음 글의 구성 방식으로 옳지 않은 것은?

나는 집이 가난해서 말이 없기 때문에 간혹 남의 말을 빌려서 탔다. 그런데 노둔하고 야윈 말을 얻었을 경우에는 일이 아무리 급해도 감히 채찍을 대지 못한 채 금방이라도 쓰러지고 넘어질 것처럼 전전긍긍하기 일쑤요, 개천이나 도랑이라도 만나면 또 말에서 내리곤 한다. 그래서 후회하는 일이 거의 없다. 반면에 발굽이 높고 귀가 쫑긋하며 잘 달리는 준마를 얻었을 경우에는 의기양양하여 방자하게 채찍을 갈기기도 하고 고삐를 놓기도 하면서 언덕과 골짜기를 모두 평지로 간주한 채 매우 유쾌하게 질주하곤 한다. 그러나 간혹 위험하게 말에서 떨어지는 환란을 면하지 못한다.

아, 사람의 감정이라는 것이 어쩌면 이렇게까지 달라지고 뒤바뀔 수가 있단 말인가. 남의 물건을 빌려서 잠깐 동안 쓸 때에도 오히려 이와 같은데, 하물며 진짜로 자기가 가지고 있는 경우야 더 말해 무엇 하겠는가.

그렇긴 하지만 사람이 가지고 있는 것 가운데 남에게 빌리지 않은 것이 또 뭐가 있다고 하겠는가. 임금은 백성으로부터 힘을 빌려서 존귀하고 부유하게 되는 것이요, 신하는 임금으로부터 권세를 빌려서 총애를 받고 귀한 신분이 되는 것이다. 그리고 자식은 어버이에게서, 지어미는 지아비에게서, 비복(婢僕)은 주인에게서 각각 빌리는 것이 또한 심하고도 많은데, 대부분 자기가 본래 가지고 있는 것처럼 여기기만 할 뿐 끝내 돌이켜 보려고 하지 않는다. 이 어찌 미혹된 일이 아니겠는가.

그러다가 혹 잠깐 사이에 그동안 빌렸던 것을 돌려주는 일이 생기게 되면, 만방(萬邦)의 임금도 독부(獨夫)가 되고 백승(百乘)의 대부(大夫)도 고신(孤臣)이 되는 법인데, 더군다나 미천한 자의 경우야 더 말해 무엇 하겠는가.

맹자(孟子)가 말하기를 "오래도록 차용하고서 반환하지 않았으니, 그들이 자기의 소유가 아니라는 것을 어떻게 알았겠는가."라고 하였다. 내가 이 말을 접하고서 느껴지는 바가 있기에, 차마설을 지어서 그 뜻을 부연해 보노라.

– 이곡, 차마설

① 유추의 방법을 통해 개인의 경험을 보편적 깨달음으로 일반화한다.
② 예화와 교훈의 2단으로 구성하였다.
③ 주관적인 사실에 대한 보편적인 의견을 제시한다.
④ 성인의 말을 인용하여 자신의 주장을 뒷받침한다.
⑤ 자신의 견해를 먼저 제시하고, 그에 맞는 사례를 제시한다.

02 다음 중 글의 내용과 일치하지 않는 것은?

정치 철학자로 알려진 아렌트 여사는 우리가 보통 '일'이라 부르는 활동을 '작업(作業, Work)'과 '고역(苦役, Labor)'으로 구분한다. 이 두 가지 모두 인간의 노력, 땀과 인내를 수반하는 활동이며, 어떤 결과를 목적으로 하는 활동이다. 그러나 전자가 자의적인 활동인 데 반해서 후자는 타의에 의해 강요된 활동이다. 전자의 활동을 창조적이라 한다면 후자의 활동은 기계적이다. 창조적 활동의 목적이 작품 창작에 있다면, 후자의 활동 목적은 상품 생산에만 있다.

전자, 즉 '작업'이 인간적으로 수용될 수 있는 물리적 혹은 정신적 조건하에서 이루어지는 '일'이라면 '고역'은 그 정반대의 조건에서 행해진 '일'이라는 것이다.

인간은 언제 어느 곳에서든지 '일'이라고 불리는 활동에 땀을 흘리며 노력해 왔고, 현재도 그렇고, 아마도 앞으로도 영원히 그럴 것이다. 구체적으로 어떤 종류의 일이 '작업'으로 불릴 수 있고 어떤 일이 '고역'으로 분류될 수 있느냐는 그리 쉬운 문제가 아니다. 그러나 일을 작업과 고역으로 구별하고 그것들을 위와 같이 정의할 때 노동으로서 일의 가치는 부정되어야 하지만 작업으로서 일은 전통적으로 종교 혹은 철학을 통해서 모든 사회가 늘 강조해 온 대로 오히려 찬미되고, 격려되며 인간으로부터 빼앗아 가서는 안 될 귀중한 가치라고 봐야 한다.

… (중략) …

'작업'으로서의 일의 내재적 가치와 존엄성은 이런 뜻으로서 일과 인간의 인간됨과 뗄 수 없는 필연적 관계를 갖고 있다는 사실에서 생긴다. 분명히 일은 노력과 아픔을 필요로 하고, 생존을 위해 물질적으로는 물론 정신적으로도 풍요한 생활을 위한 도구적 기능을 담당한다.

땀을 흘리고 적지 않은 고통을 치러야만 하는 정말 일로서의 일, 즉 작업은 그것이 어떤 것이든 간에 언제나 엄숙하고 거룩하고 귀해 보인다. 땀을 흘리며 대리석을 깎는 조각가에게서, 밤늦게까지 책상 앞에 앉아 창작에 열중하는 작가에게서, 무더운 공장에서 쇠를 깎는 선반공에게서, 땡볕에 지게질을 하고 밭을 가는 농부에게서 다 똑같이 흐뭇함과 거룩함을 발견하며 그래서 머리가 숙여진다.

그러나 앞서 봤듯이 모든 일이 '작업'으로서의 일은 아니다. 어떤 일은 부정적인 뜻으로서의 '고역'이기도 하다. 회초리를 맞으며 노예선을 젓는 노예들의 피땀 묻은 활동은 인간의 존엄성을 높이기는커녕 그들을 짓밟는 '고역'이다. 위생적으로나 육체적으로 견디기 어려운 조건하에.타당치 않게 박한 보수를 받고 무리한 노동을 팔아야만 하는 일은 마땅히 없어져야 할 고역이다.

작업으로서의 일과 고역으로서의 일의 구별은 단순히 지적 노고와 육체적 노고의 차이에 의해서 결정되지 않는다. 한 학자가 하는 지적인 일도 경우에 따라 고역의 가장 나쁜 예가 될 수 있다. 반대로 육체적으로 극히 어려운 일도 경우에 따라 작업의 가장 좋은 예가 될 수 있다. 작업으로서의 일과 고역으로서의 일을 구별하는 근본적 기준은 그것이 인간의 존엄성을 높이는 것이냐, 아니면 타락시키는 것이냐에 있다.

– 박이문, 일

① 작업과 고역은 생산 활동이라는 목적을 지닌 노동이다.
② 작업은 자의적 노동이고, 고역은 타의적 노동이다.
③ 작업은 창조적 노동이고, 고역은 기계적 노동이다.
④ 작업은 인간의 존엄성을 높이고, 고역은 인간의 존엄성을 타락시킨다.
⑤ 작업은 지적 노동이고, 고역은 육체적 노동이다.

※ 다음은 '고속철도(KTX)의 발전과 철도의 미래' 중 일부 내용을 발췌한 글이다. 다음 글을 읽고, 이어지는 질문에 답하시오. [3~5]

현재와 미래의 철도를 조명하기 위해서는 과거의 철도 모습과 상황을 잘 정리하고, 이를 해석해야 한다.

철도의 역사를 거슬러 올라가면, 1829년 영국 리버풀의 레인 힐에서는 리버풀과 맨체스터 사이를 어떤 기관차가 달릴 것인가를 결정하기 위한 시합이 벌어졌다. 로버트 스티븐슨이 제작한 로켓호가 시합에서 우승하였고, 이후 1803년 시속 48km로 13t의 화물을 싣고 운행한 로켓호가 리버풀 ~ 맨체스터 상업용 철도의 출발점이 되었다.

1899년 9월 18일에 운행을 시작한 우리나라 철도는 1910년 일제강점기하에 타율적으로 운영되었고, 1917년부터 1925년까지 남만주철도주식회사에 의해 위탁경영되었다. 1945년 해방 이후 1963년부터는 철도청이 운영하였고, 2004년에 철도공사가 출범하게 되었다.

고속철도의 역사를 보면 1964년 일본에서 신칸센이 개통되었고, 유럽에서는 프랑스와 독일에서 TGV와 ICE가 개통되었다. 고속철도가 개통되면서 철도는 다시 한번 부흥기를 맞이하였으며, 이제 친환경 수단으로서 교통혁명의 주역으로 자리 잡고 있다. 우리나라도 2004년에 고속철도가 개통되어 우리나라의 국토와 교통에 큰 변화를 주고 있다.

철도는 다양한 기능을 가진 교통수단으로 여러 가지 측면에서 사회·경제적으로 영향을 미쳤다. 철도를 통한 사회 변화는 마치 로마의 도로가 유럽에 영향을 미친 것과 비교할 수 있으며, 당시의 변화는 고속철도가 개통되면서 사회에 영향을 미친 것과 유사한 면이 있다. 기원전 312년부터 시작하여 유럽 전역에 건설된 약 85,000km의 로마 시대 도로는 군사적인 목적뿐만 아니라 국제무역, 경제교류 활성화, 문화교류 확대 등에 큰 영향을 미쳤다. 고속철도의 경우에도 신속한 사람과 물자의 이동을 통한 경제교류 활성화 등 거의 동일한 현상을 보이고 있다. 기술적인 측면에서도 신속한 이동을 목적으로 직선으로 설계된 점, 유지보수 비용을 최소화하는 기술이 적용된 점, 6m 이상의 노선 폭으로 설계된 점 등 많은 공통점을 가지고 있다.

우리나라는 경부선의 개통으로 지역 간 이동이 빨라졌고, 국토 공간구조가 크게 변화하였다. 영국의 한 지리학자 견문기에 따르면 1894년 당시 서울 ~ 부산 간의 이동에는 약 14일이 소요되었다고 한다. 그러나 경부선이 개통되면서 서울 ~ 부산 간의 이동 시간은 약 11시간으로 감소하였다.

1905년에는 경부선, 1906년에는 경의선, 1914년에는 호남선, 1914년에는 경원선이 개통됨에 따라 X자형의 종단철도망이 완성되었고, 이러한 철도망의 영향으로 우리나라는 종축의 철도망을 중심으로 발전하기 시작하였다. 또한 당시 서울 ~ 용인 ~ 충주 ~ 조령 ~ 문경 ~ 대구 ~ 밀양 ~ 부산의 도로노선과 철도노선을 비교해 볼 때, 철도노선이 충청북도를 지나지 않고 대전 방향으로 통과함에 따라 그간 교통의 요충지였던 충주와 청주보다 대전을 중심으로 발전하기 시작하였다. 따라서 철도망이 지나는 서울 ~ 대전 ~ 김천 ~ 대구 ~ 부산 축이 우리나라 국토발전의 중심축으로 자리 잡기 시작하였다.

이러한 경부 축 중심의 발전은 인구와 철도 수송양 / 수송량, 도시 발전에서 확연하게 드러나고 있다. 상주는 철도망으로부터 소외되어 발전이 멈춘 대표적인 도시의 하나이다. 상주는 조선 시대 경상도의 도청이 있던 곳으로, 1928년 통계를 보면 상주의 인구는 24,000명, 김천 13,000명, 안동 10,000명, 문경 2,000명, 예천 5,000명으로 상주는 그 지역의 중심이었다. 그러나 경부선이 김천을 경유함에 따라 김천이 발전하기 시작하였고, 2013년 상주의 인구는 10.3만 명, 김천 13.5만 명이 되었다.

철도와 고속철도의 개통을 통해 철도에 대한 다양한 학문적인 연구가 진행되었다. 철도와 관련된 학문에 관련해서는 교통학뿐만 아니라 역사학, 과학사, 건축학, 경영사, 기술사 등에 큰 영향을 미치고 있으며, 이와 관련해서 좋은 책들이 출판되고 있다.

03 다음 중 철도의 발전이 우리나라에 미친 영향으로 적절하지 않은 것은?

① 사회·경제적 영향
② 도시 인구의 변화
③ 해외 수출의 증가
④ 관련 도서 출판
⑤ 관련 학문 분야의 확대

04 밑줄 친 단어 중 맞춤법이 옳은 것을 고르고, 이와 동일한 규칙이 적용된 단어들로 바르게 연결된 것은?

① 수송량 – 강수량, 생산량, 구름량
② 수송량 – 독서량, 생산량, 구름량
③ 수송량 – 독서량, 강수량
④ 수송양 – 독서양, 강수양
⑤ 수송양 – 생산양, 구름양

05 다음 중 제시문의 내용을 보충할 수 있는 자료로 옳지 않은 것은?

① 〈로마제국의 도로와 고속철도의 비교〉

구분	로마 시대 도로	고속철도
전체거리	85,000km(AD 200년)	17,502km(2000년)
영향력	군사, 정치, 문화, 경제, 기술면에서 큰 영향력, 특히 무역에 큰 공헌	정치, 문화, 경제, 기술면에서 큰 영향력
특징	직선, 훌륭한 배수시설로 유지보수 비용 최소화, 폭은 20 ~ 23피트(약 6미터)	직선, 슬라브 궤도 등으로 유지보수 비용 최소화, 여유 공간 합한 폭 6미터 이상

② 〈교통망과 통행시간의 변화〉

구분	철도 개통 이전 교통망(도로)	철도 개통 이후 교통망(철도)
노선	서울 ~ 용인 ~ 충주 ~ 조령 ~ 문경 ~ 대구 ~ 밀양 ~ 부산	서울 ~ 수원 ~ 천안 ~ 대전 ~ 김천 ~ 대구 ~ 부산
소요시간	14일	11시간

③ 〈철도개통과 인구 변화〉

구분	상주	김천
초기인구(A)	24,000명(1928년)	13,000명(1928년)
최근인구(B)	10.3만 명(2013년)	13.5만 명(2013년)
B/A	4.3	10.0
철도개통	1924년(경북선)	1905년(경부선)

④ 〈각국의 철도박물관 현황〉

박물관명	운영주체와 영업개시일	건설비 및 규모	특징
한국 의왕 철도박물관	철도공사 소유 1988년	– 부지면적 8,495평 – 건물면적 1,451평	– 연간 29만 명 방문 – 10,387점의 유물 소장
영국 요크 국립 철도박물관	국립철도박물관 1925년	– 부지면적 24,500평	– 연간 70만 명 방문 – 300만 점의 유물 보관
중국 베이징 철도박물관	국립철도박물관 2002년	– 부지면적 47,575평 – 건물면적 6,212평	– 교외 위치로 증기기관차 등의 차량 위주 보존

⑤ 〈철도와 관련된 저서들〉

분야	저서명	저자	특징
철도 정책	철도의 르네상스를 꿈꾸며(2004) 철도정책론(2009)	서선덕 외 김동건 외	– 철도부흥과 각국철도 – 철도 정책의 제시
역사	일제침략과 한국철도(2004) 조선교통사(2012)	정재정 철도문화재단	– 일제강점기 철도 특징 – 일제강점기 철도 소개
고속철도	고속철도시스템의 이해(1999)	김선호	– 고속철도의 기술적 이해

06 다음 글을 읽은 독자의 반응으로 적절하지 않은 것은?

인간이 말하고 듣는 의사소통의 과정을 통하여 자신이 전달하고자 하는 바를 표현하고 상대방의 말을 잘 이해하며, 서로 좋은 관계를 형성하고 지속해 나가기 위해서 지켜야 할 기본적인 규칙을 음성언어 의사소통의 원리라고 한다. 원활한 음성언어 의사소통을 위해 필요한 기본 원리로는 공손성, 적절성, 순환성, 관련성이 있다.

공손성의 원리는 음성언어 의사소통에서 상대방에게 부담을 적게 주고, 상대방을 존중해 주는 표현과 태도를 지키는 것을 말한다. 공손성의 원리는 언어가 정보를 전달하는 기능 이외에 의사소통 참여자 사이의 사회적 관계 형성에도 기여한다는 것에 근거하여 설정된 것이다. 공손성의 원리가 효과적인 인간관계를 형성하고 유지할 수 있는 것은 이것이 바로 인간의 내적 욕구를 충족시켜 주는 행위이기 때문이다. 공손성의 원리는 좋은 인간관계 형성이라는 사회적 기능뿐만 아니라 언어표현의 효과성도 만족시킨다. 그러나 의사소통 참여자 사이의 인간관계에 맞지 않는 지나친 공손함은 오히려 상대를 향한 빈정거림의 표현이 되므로 의사소통의 걸림돌이 될 수 있다.

적절성의 원리는 음성언어 의사소통의 상황, 목적, 유형에 맞는 담화 텍스트의 형식과 내용으로 표현되어야 한다는 것이다. 음성언어 의사소통에서 발화되는 담화 텍스트가 적절성의 원리를 만족한다는 것은 발화된 담화 텍스트가 상황과 표현 의도에 맞게 상대에게 받아들여질 수 있는, 텍스트적 요인을 만족하는 형태로 표현된 것을 의미한다.

순환성의 원리는 음성언어 의사소통의 상황에 맞게 참여자의 역할이 원활하게 교대되고 정보가 순환되어 의사소통의 목적이 달성되는 것을 말한다. 말하기와 듣기의 연속적 과정인 음성언어 의사소통에서 참여자의 역할이 적절히 분배되고 교환되지 않으면 일방적인 의사 표현과 수용이 되므로 효과적인 의사소통을 기대하기 어렵다.

음성언어 의사소통에서 듣기는 상대방이 전달하려는 의미를 재구성하는 적극적인 과정이다. 관련성의 원리는 의사소통 참여자가 상대방이 발화한 담화 텍스트의 의미를 상대방의 의도에 따라 재구성하여 이해하는 것을 말한다. 발화문의 의미와 의도된 의미가 일치하지 않는 경우 참여자는 담화 맥락을 이해하고, 추론을 통해 대화의 함축을 찾으려는 적극적인 자세를 지녀야 한다.

① 상대방이 부담을 느끼지 않도록 요청하면서 정중한 표현을 사용해야겠어.
② 무언가를 지시할 때는 추상적인 표현보다 실행 가능한 구체적인 행동을 이야기해야겠어.
③ 상대방이 말을 하던 중이더라도 대화 주제에 대한 생각이 떠오른다면 까먹기 전에 바로 이야기해야 해.
④ 앞으로는 내 이야기만 주장하지 않고 상대방의 이야기도 귀 기울여 듣도록 노력해야겠어.
⑤ 상대방의 이야기를 들을 때는 상대방의 의도를 파악하면서 의미를 이해하는 것이 좋겠어.

07　다음 밑줄 친 ㉠~㉢이 적용된 사례 중 방법이 다른 하나는?

> 대부분의 사람들은 자연 현상이나 사회 현상에 인과관계가 존재한다고 생각한다. 인과적 사고는 이와 같이 어떤 일이 발생하면 거기에는 원인이 있을 것이라는 생각에서 비롯되었다. 이러한 맥락에서 원인을 찾아내는 방법을 밝혀내고자 한 사람으로 19세기 중엽 영국의 철학자 존 스튜어트 밀이 있다. 그는 원인을 찾아내는 몇 가지 방법을 제안하였다.
>
> ㉠ 일치법은 어떤 결과가 발생한 여러 경우들에 공통적으로 선행하는 요소를 찾아 그것을 원인으로 간주하는 방법이다. 가령 수학여행을 갔던 ○○고등학교의 학생 다섯 명이 장염을 호소하였다고 하자. 보건 선생님이 이 학생들을 불러서 먹은 음식이 무엇인지 조사해보았고 다섯 명의 학생들이 제출한 자료를 본 선생님은 이 학생들이 공통적으로 먹은 유일한 음식이 돼지고기라는 사실을 알게 되었다. 이때 선생님이 돼지고기가 장염의 원인이라고 결론을 내리는 것이 바로 일치법을 적용한 예이다.
>
> ㉡ 차이법은 결과가 나타난 사례와 나타나지 않은 사례를 비교하여 선행하는 요소들 사이의 유일한 차이를 찾아 그것을 원인으로 추론하는 방법이다. 인도네시아의 연구소에 근무하던 에이크만은 사람의 각기병과 유사한 증상을 보이는 닭의 질병을 연구하고 있었다. 어느 날 그는 병에 걸린 닭들 중에서 병이 호전된 한 마리의 닭을 발견하고는 호전의 원인이 무엇인지를 찾아보고자 하였다. 그 결과 병이 호전된 닭과 호전되지 않은 닭들의 모이에서 나머지는 모두 같았으나 유일한 차이가 현미에 있음을 알게 되었다. 즉, 병이 호전되지 않은 닭들은 채소, 고기, 백미를 먹었으나 병이 호전된 닭은 추가로 현미를 먹었던 것이다. 이렇게 모이의 차이를 통해 닭의 병이 호전된 원인을 현미에서 찾은 에이크만의 사례는 바로 차이법을 적용한 예이다.
>
> ㉢ 일치차이병용법은 일치법과 차이법을 결합한 것으로 어떤 결과가 나타나는 둘 또는 그 이상의 사례에서 한 가지 공통된 요소가 존재하고, 그 결과가 나타나지 않는 둘 또는 그 이상의 사례에서는 그러한 요소가 존재하지 않을 때, 그것을 원인으로 간주하는 방법이다.

① 시력이 1.5 이상인 사람들을 조사한 결과 모두 토마토를 자주 먹는다는 것이 밝혀졌다. 그러자 시력이 좋지 않은 사람들이 토마토를 먹기 시작했다.

② A시에서는 전염병이 발생하였고, 전염병에 감염된 사람들은 모두 돼지 농장에서 일한 사람들이었다. 방역 당국은 전염병이 돼지로부터 발병되었다는 결론을 내렸다.

③ 사고 다발 구간을 시속 40km/h 이하로 지나간 500대의 차량을 조사한 결과, 단 한 차례의 사고도 일어나지 않았다. 결국 사고 다발 구간에서는 차량의 속도가 40km/h 이하일 때 교통사고 발생률이 0이 된다는 것을 알아냈다.

④ 1반 학생들과 2반 학생들의 지구력을 측정한 결과 1반 학생들의 지구력이 월등히 높았다. 알고 보니 1반 학생들은 매일 아침 운동장을 달렸지만, 2반 학생들은 아무것도 하지 않았다. 결국 달리기가 지구력 향상에 탁월한 효과를 보인다는 결론을 내렸다.

⑤ 유치원에서는 외출 후 반드시 손을 씻어야 한다는 규칙을 만들어 아이들에게 알려주었다. 아이들이 손 씻기를 생활화하자 유치원에서는 단 한 명의 감기 환자도 발생하지 않았다. 아이들은 손 씻기가 감기를 예방한다는 것을 깨닫게 되었다.

08 다음 중 밑줄 친 ㉠~㉤에 대한 퇴고 방법으로 옳지 않은 것은?

퇴고의 중요성은 백 번 천 번 강조해도 지나치지 않는다. 습작이란 퇴고의 기술을 익히는 행위인지도 모른다. 그렇다고 ㉠ 퇴고가 외면을 화려하게 만들기 위한 덧칠이 되어서는 안 된다. 진실을 은폐하기 위한 위장술이 되어서도 안 된다. 퇴고를 글쓰기의 마지막 마무리 단계라고 생각하면 오산이다. 퇴고는 ㉡ 글쓰기의 처음이면서 중간이면서 마지막이면서 그 모든 것이다.

시라고 해서 우연에 기댄 착상과 표현을 시의 전부라고 여기면 바보다. 처음에 번갯불처럼 떠오른 생각만이 시적 진실이라고 오해하지 마라. 퇴고가 시적 진실을 훼손하거나 은폐한다고 제발 바보 같은 생각 좀 하지 마라. 처음에 떠오른 '시상' 혹은 '영감'이라는 것은 식물로 치면 씨앗에 불과하다. 그 씨앗을 땅에 심고 물을 주면서 싹이 트기를 기다리는 일, 햇볕이 잘 들게 하고 거름을 주는 일, 가지가 쑥쑥 자라게 하고 푸른 잎사귀를 무성하게 매달게 하는 일, 그 다음에 열매를 맺게 하는 일… 그 모두를 퇴고라고 생각하라.

내가 쓴 시에 내가 취하고 감동해서 가까스로 펜을 내려놓고 잠자리에 들 때가 있다. 습작기에 자주 경험했던 일이다. 한 편의 시를 멋지게 완성하고 뿌듯한 마음으로 잠든 것까지는 좋았는데 그 이튿날 일어나서 밤늦게까지 쓴 그 시를 다시 읽어보았을 때의 낭패감! 시가 적힌 노트를 찢어버리고 싶고, 혹여 누가 볼세라 태워버리고 싶은 마음이 불같이 일어날 때의 그 화끈거림! 나 자신의 재주 없음과 무지에 대한 자책!

당신도 아마 그런 시간을 경험한 적 있을 것이다. 지금 생각해보면 습작기에 있는 사람에게는 그런 시간이 참으로 소중하다는 것을 느낀다. 한 편의 시를 퇴고하면서 그 시에 눈멀고 귀먹어 버린 자가 겪게 되는 참담한 기쁨이 바로 그것이다. 퇴고를 하는 과정에 시에 너무 깊숙하게 침윤되어 잠시 넋을 시에게 맡겨버린 결과다(사랑에 빠진 사람을 콩깍지 씌었다고 하는 것처럼). 그러나 그렇게 시에 감염되어 있는 동안 당신의 눈은 밝아졌고, 실력이 진일보했다고 생각하라. 하룻밤 만에 객관적인 시각으로 자신의 시를 볼 수 있는 눈으로 변화를 한 것이다.

시를 고치는 일을 두려워하지 마라. 밥 먹듯이 고치고, 그렇게 고치는 일을 즐겨라. 다만 서둘지는 마라. 설익은 시를 무작정 고치려고 대들지 말고 ㉢ 가능하면 시가 뜸이 들 때까지 기다려라. 석 달이고 삼 년이고 기다려라. 그리고 시를 어느 정도 완성했다고 생각하는 그 순간, ㉣ 주변에 있는 사람에게 시를 보여줘라. 시에 대해서 잘 아는 전문가가 아니어도 좋다. 농부도 좋고 축구선수도 좋다. 그들을 스승이라고 생각하고 잠재적 독자인 그들의 말씀에 귀를 기울여라. 이규보도 "다른 사람의 시에 드러난 결점을 말해 주는 일은 부모가 자식의 흠을 지적해 주는 일과 같다."고 했다. 누군가 결점을 말해 주면 다 들어라. 그러고 나서 또 고쳐라.

"글은 다듬을수록 빛이 난다. 절망하여 글을 쓴 뒤, 희망을 가지고 고친다."고 한 이는 소설가 한승원이다. 니체는 "피로써 쓴 글"을 좋아한다고 했고, 〈혼불〉의 작가 최명희는 "원고를 쓸 때면 손가락으로 바위를 뚫어 글씨를 새기는 것만 같다."고 말했다. 시를 고치는 일은 옷감에 바느질을 하는 일이다. ㉤ 끊임없이 고치되, 그 바느질 자국이 도드라지지 않게 하라. 꿰맨 자국이 보이지 않는 천의무봉의 시는 퇴고에서 나온다는 것을 명심하라.

① ㉠ : 번지르르한 표현을 사용하지 않는다.
② ㉡ : 퇴고는 글쓰기의 전 과정에서 일어난다.
③ ㉢ : 글을 객관적으로 바라볼 수 있는 시간을 두고 퇴고한다.
④ ㉣ : 예상 독자를 고려하여 퇴고한다.
⑤ ㉤ : 새로운 단어나 문장을 추가하지 않는다.

09 다음 글에 나타난 ㉠ ~ ㉢의 입장에 대한 설명으로 옳지 않은 것은?

> 언어학자들에 의하면 인간 고유의 언어능력은 독특한 양상으로 발달한다. 아이의 언어발달을 관찰해 보면 주변에서 듣는 말을 모방하는 듯 따라하기도 하고, 때로는 올바른 표현을 외면한 채 자신의 말을 계속 반복하는 행동을 보이기도 한다.
>
> 아이의 언어 습득 이론에 영향을 준 사상으로는 크게 경험론과 선험론을 들 수 있다. 경험론은 1960년대 현대 언어학이 출범하기 이전 특히 ㉠ 레너드 블룸필드와 스키너를 중심으로 발달한 이론으로, 인간의 행동은 환경에 주어진 경험적 자료에 접하여 연상작용을 일으켜 지식을 획득한다는 이론이다. 블룸필드는 인간의 선험적 능력을 겨우 몇 가지만 인정할 뿐 지식은 거의 모두 경험자료에서 비롯된다고 가정한다. 아동은 단어나 표현을 익히는 과정에서 어느 정도는 어른의 말을 모방하거나 반복하곤 한다. 또한 어른은 아동에게 의도적으로 꾸준히 가르치는 장면을 할 때가 있다. 가령 많은 부모들은 '빠이빠이(Bye-bye)'나 '감사합니다', '안녕하세요' 등의 일상표현이나 새로운 단어들을 아동에게 열심히 가르치려 노력한다.
>
> 경험론을 반박하는 학자들은 경험보다는 선험적인 지식의 역할을 강조한다. ㉡ 노엄 촘스키는 합리주의 사상에 영향을 받아, 보다 구체적이고 주로 언어지식에 한정된 '선험론'을 발전시켜 왔다. 선험론자들은 인간 고유의 탁월한 창조성을 강조하면서 경험론에서 중요시하는 학습효과는 인정하지 않는다. 선험론에 의하면 인간은 체계적인 가르침을 받지 않고도 언어 규칙을 무의식적으로 내면화할 수 있는 능력을 갖고 있을 뿐만 아니라 언어의 토대를 이루는 어휘 범주와 기능 범주 및 기본 원리원칙 등을 선험적으로 갖고 있다고 한다. 즉, 언어 습득은 환경의 영향이 아니라 선험적으로 주어진 언어 구조적 지식에 의거한 것이라고 주장한다.
>
> 민족의 언어와 성격 사이의 관계를 강조한 ㉢ 빌헬름 폰 훔볼트는 언어가 민족의 정신세계를 드러내고 세계관을 반영한다고 주장한다. 훔볼트에 따르면 한 민족의 사고방식이나 세계를 보는 눈이 다른 민족과 다른 이유는 사용하는 언어의 구조가 서로 다르기 때문이다. 언어는 민족과 상황에 따라서 다르게 만들어진다. 언어를 통해서만 사고가 가능하므로, 개인의 사고방식과 세계관은 언어구조에 의해 결정된다. 사고과정이나 경험양식은 언어에 의존하므로 언어가 다르면 사고와 경험의 양식도 달라지기 때문이다.

① ㉠ : 아이의 언어 습득은 부모의 가르침과 같은 경험에 의해 결정된다.
② ㉠ : 아이는 부모의 언어를 모방함으로써 언어를 습득한다.
③ ㉡ : 아이는 문법을 학습하지 않아도 자연스럽게 언어를 습득한다.
④ ㉡ : 태어난 아이는 백지와 같으므로 일련의 과정을 통해 언어를 습득할 수 있다.
⑤ ㉢ : 아이는 언어를 습득할 때 언어를 통해 중재된 세계관을 함께 습득한다.

10 화물 운송 트럭 A, B, C는 하루 2회 운행하며 192톤을 옮겨야 한다. A트럭만 운행하였을 때, 12일이 걸렸고, A트럭과 B트럭을 동시에 운행하였을 때 8일이 걸렸으며, B트럭과 C트럭을 동시에 운행하였을 때 16일이 걸렸다. 이때, C트럭의 적재량은 얼마인가?(단, 트럭의 적재용량을 최대한 이용한다)

① 1톤   ② 2톤
③ 3톤   ④ 4톤
⑤ 5톤

11 고객 만족도 점수에서 고객이 만족하면 +3, 불만족하면 −4점이 적용된다. 100명의 고객에게 만족도를 조사했을 때, 80점 이상을 받으려면 최대 몇 명의 불만족 고객이 허용되는가?

① 17명   ② 20명
③ 31명   ④ 32명
⑤ 55명

12 다음은 각 행과 열의 합을 나타낸 표이다. A+B+C+D의 값으로 옳은 것은?

구분	34	34	44
32	A	C	C
36	A	D	D
44	B	A	B

① 48   ② 50
③ 52   ④ 54
⑤ 56

※ 다음은 A전자의 유·무상 수리 기준을 나타낸 자료이다. 다음 자료를 보고, 이어지는 질문에 답하시오. [13~14]

〈A전자의 유·무상 수리 기준〉

1. 유·무상 수리 기준

구분		적용 항목
무상		– 보증기간(1년) 이내에 정상적인 사용 상태에서 발생한 성능·기능상의 고장인 경우 – A전자 엔지니어의 수리 이후 12개월 이내 동일한 고장이 발생한 경우 – 품질보증기간 동안 정상적인 사용 상태에서 발생한 성능·기능상의 고장인 경우 ※ 보증기간은 구입일자를 기준으로 산정함
유상	보증기간	– 보증기간이 경과된 제품
	설치 / 철거	– 이사나 가정 내 제품 이동으로 재설치를 요청하는 경우 – 제품의 초기 설치 이후 추가로 제품 연결을 요청하는 경우 – 홈쇼핑, 인터넷 등에서 제품 구입 후 설치를 요청하는 경우
	소모성	– 소모성 부품의 보증기간 경과 및 수명이 다한 경우(배터리, 필터류, 램프류, 헤드, 토너, 드럼, 잉크 등) – 당사에서 지정하지 않은 부품이나 옵션품으로 인해 고장이 발생한 경우
	천재지변	– 천재지변(지진, 풍수해, 낙뢰, 해일 등) 외 화재, 염해, 동파, 가스 피해 등으로 인해 고장이 발생한 경우
	고객 부주의	– 사용자 과실로 인해 고장이 발생한 경우 – 사용설명서 내의 주의사항을 지키지 않아 고장이 발생한 경우 – A전자 서비스센터 외 임의 수리·개조로 인해 고장이 발생한 경우 – 인터넷, 안테나 등 외부환경으로 인해 고장이 발생한 경우
	기타	– 제품 고장이 아닌 고객 요청에 의한 제품 점검(보증기간 이내라도 유상 수리)

2. 서비스 요금 안내

서비스 요금은 부품비, 수리비, 출장비의 합계액으로 구성되며, 각 요금의 결정은 다음과 같다.

• 부품비 : 수리 시 부품 교체를 할 경우 소요되는 부품 가격

제품		가격
전자레인지	마그네트론	20,000원
에어컨	컴프레서	400,000원
TV	LCD	150,000원
	PDP	300,000원

• 수리비 : 유상 수리 시 부품비를 제외한 기술료로 소요시간, 난이도 등을 감안하여 산정된다.

• 출장비 : 출장 수리를 요구하는 경우 적용되며, 18,000원을 청구한다(단, 평일 18시 이후, 휴일 방문 시 22,000원).

3. 안내 사항

• 분쟁 발생 시 품목별 해결 기준

분쟁 유형		해결 기준
구입 후 10일 이내에 정상적인 사용 상태에서 발생한 성능·기능상의 하자로 수리를 요할 때		제품 교환 또는 구입가 환급
구입 후 1개월 이내에 정상적인 사용 상태에서 발생한 성능·기능상의 하자로 중요한 수리를 요할 때		제품 교환 또는 무상수리
보증기간 이내에 정상적인 사용상태에서 발생한 성능·기능상의 하자	수리 불가능 시	제품 교환 또는 구입가 환급
	교환 불가능 시	구입가 환급
	교환된 제품이 1개월 이내에 중요한 수리를 요할 때	구입가 환급

- 다음의 경우는 보증기간이 $\frac{1}{2}$로 단축 적용된다.
  - 영업용도나 영업장에서 사용할 경우 예 비디오(비디오 SHOP), 세탁기(세탁소) 등
  - 차량, 선박 등에 탑재하는 등 정상적인 사용 환경이 아닌 곳에서 사용할 경우
  - 제품사용 빈도가 극히 많은 공공장소에 설치 사용할 경우 예 공장, 기숙사 등
- 휴대폰 소모성 액세서리(이어폰, 유선충전기, USB 케이블)는 유상 수리 후 2개월 품질 보증

13 다음은 LCD 모니터 수리에 대한 고객의 문의 사항이다. 고객에게 안내할 내용으로 적절한 것은?

> 안녕하세요. 3개월 전에 A전자에서 LCD 모니터를 구입한 사람입니다. 얼마 전에 모니터 액정이 고장 나서 동네 전파상에서 급하게 수리를 하였는데 1개월도 안 돼서 다시 액정이 망가져 버렸습니다.

① 구입하신 지 아직 1년이 넘지 않으셨네요. 보증기간에 따라 무상 수리가 가능합니다.
② 무상 수리를 받으시려면 자사가 취급하는 액정인지 확인이 필요합니다. 교체하신 액정의 정보를 알려주실 수 있을까요?
③ 수리 이후에 1개월 이내에 동일한 고장이 발생하셨군요. 보증기간과 관계없이 제품의 구입가를 환불해드리겠습니다.
④ 구입하시고 1년 이내에 수리를 받으셨군요. 더 이상 수리가 불가능하므로 새 제품으로 교환해드리겠습니다.
⑤ 저희 서비스센터가 아닌 사설 업체에서 수리를 받았기 때문에 무상 수리는 어렵습니다. 유상 수리로 접수해 드릴까요?

14 B씨는 사용하던 전자레인지가 고장이 나자 서비스센터에 전화하였고, 이틀 후인 수요일 오후 4시경에 엔지니어가 방문하기로 하였다. 방문한 엔지니어가 전자레인지의 부품 중 하나인 마그네트론을 교체하였고, B씨는 유상 수리 서비스 요금으로 총 53,000원의 금액을 납부하였다. 다음 중 전자레인지의 수리비로 옳은 것은?

① 10,000원
② 11,000원
③ 12,000원
④ 13,000원
⑤ 15,000원

15 조선시대에는 12시진(정시법)과 '초(初)', '정(正)', '한시진(2시간)' 등의 표현을 통해 시간을 나타내었다. 다음 중 조선시대의 시간과 현대의 시간에 대한 비교로 옳지 않은 것은?

〈12시진〉

조선시대 시간		현대 시간	조선시대 시간		현대 시간
자(子)시	초(初)	23시 1 ~ 60분	오(午)시	초(初)	11시 1 ~ 60분
	정(正)	24시 1 ~ 60분		정(正)	12시 1 ~ 60분
축(丑)시	초(初)	1시 1 ~ 60분	미(未)시	초(初)	13시 1 ~ 60분
	정(正)	2시 1 ~ 60분		정(正)	14시 1 ~ 60분
인(寅)시	초(初)	3시 1 ~ 60분	신(申)시	초(初)	15시 1 ~ 60분
	정(正)	4시 1 ~ 60분		정(正)	16시 1 ~ 60분
묘(卯)시	초(初)	5시 1 ~ 60분	유(酉)시	초(初)	17시 1 ~ 60분
	정(正)	6시 1 ~ 60분		정(正)	18시 1 ~ 60분
진(辰)시	초(初)	7시 1 ~ 60분	술(戌)시	초(初)	19시 1 ~ 60분
	정(正)	8시 1 ~ 60분		정(正)	20시 1 ~ 60분
사(巳)시	초(初)	9시 1 ~ 60분	해(亥)시	초(初)	21시 1 ~ 60분
	정(正)	10시 1 ~ 60분		정(正)	22시 1 ~ 60분

① 한 초등학교의 점심 시간이 오후 1시부터 2시까지라면, 조선시대 시간으로 미(未)시에 해당한다.

② 조선시대에 어떤 사건이 인(寅)시에 발생하였다면, 현대 시간으로는 오전 3시와 5시 사이에 발생한 것이다.

③ 현대인이 오후 2시부터 4시 30분까지 운동을 하였다면, 조선시대 시간으로 미(未)시부터 유(酉)시까지 운동을 한 것이다.

④ 축구 경기가 연장 없이 각각 45분의 전반전과 후반전으로 진행되었다면, 조선시대 시간으로 한시진이 채 되지 않은 것이다.

⑤ 현대인이 오후 8시 30분에 저녁을 먹었다면, 조선시대 시간으로 술(戌)시 정(正)에 저녁을 먹은 것이다.

16 다음 빈칸에 들어갈 전제로 가장 적절한 것은?

> 전제1 : 어떤 경위는 파출소장이다.
> 전제2 : _____
> 결론 : 30대 중 파출소장인 사람이 있다.

① 어떤 경위는 30대이다.
② 어떤 경위는 30대가 아니다.
③ 30대는 모두 경위이다.
④ 모든 경위는 파출소장이 아니다.
⑤ 모든 경위는 30대이다.

17 방역당국은 코로나19 확진 판정을 받은 확진자의 동선을 파악하기 위해 역학조사를 실시하였다. 역학조사 결과 확진자의 지인 A ~ F 6명에 대하여 〈보기〉와 같은 정보를 확인하였다. 다음 중 항상 참이 되는 것은?

> **보기**
>
> ㄱ. C나 D를 만났으면 A와 B를 만났다.
> ㄴ. B나 E를 만났으면 F를 만났다.
> ㄷ. C와 E 중 한 명만 만났다.

① 확진자는 A를 만났다.
② 확진자는 B를 만났다.
③ 확진자는 C를 만났다.
④ 확진자는 E를 만났다.
⑤ 확진자는 F를 만났다.

18 다음 글을 읽고 알 수 있는 내용으로 가장 적절하지 않은 것은?

> 스마트시티란 크게는 첨단 정보통신기술을 이용해 도시생활 속에서 유발되는 교통문제, 환경문제, 주거문제, 시설의 비효율 등을 해결하여 시민들이 편리하고 쾌적한 삶을 누릴 수 있도록 한 '똑똑한 도시'를 뜻한다. 하지만, 각국 경제 및 발전 수준, 도시 상황과 여건에 따라 매우 다양하게 정의 및 활용되고, 접근 전략에도 차이가 있다.
> 스페인의 경우, 2013년 초부터 노후된 바르셀로나 도시 중심지 본 지구를 재개발하면서 곳곳에 사물인터넷 기술을 기반으로 한 '스마트시티' 솔루션을 시범 운영했다. 이 경험을 바탕으로 바르셀로나 곳곳이 스마트 환경으로 변화하고 있다. 가장 성공적인 프로젝트 중 하나는 센서가 움직임을 감지하여 에너지를 절약하는 스마트 LED 조명을 광범위하게 설치한 것이다. 이 스마트 가로등은 무선 인터넷의 공유기 역할을 하는 동시에 소음 수준과 공기 오염도를 분석하여 인구 밀집도까지 파악할 수 있다. 아울러 바르셀로나는 원격 관개 제어를 설치해 분수를 원격으로 제어하고, 빌딩을 스마트화해 에너지 모니터링을 시행하고 있다. 또 주차공간에 차가 있는지 여부를 감지하는 센서를 설치한 '스마트 주차'를 도입하기도 했다.
> 또한, 항저우를 비롯한 중국의 여러 도시들은 블록체인 기술을 사물인터넷과 디지털 월렛 등에 적용하여 페이퍼리스 사회를 구현하고 있다. 알리바바의 알리페이를 통해 항저우 택시의 98%, 편의점의 95% 정도에서 모바일 결제가 가능하며, 정부 업무, 차량, 의료 등 60여 종에 달하는 서비스를 이용할 수 있다.
> 우리나라도 2021년 입주를 목표로 세종과 부산에 스마트시티 국가 시범도시를 조성하고 있다. 세종에서는 인공지능, 블록체인 기술을 기반으로 한 도시를 조성해 모빌리티, 헬스케어, 교육, 에너지환경, 거버넌스, 문화쇼핑, 일자리 등 7대 서비스를 구현한다. 이곳에서는 자율주행 셔틀버스, 전기공유차 등을 이용할 수 있고 개인 맞춤형 의료 서비스 등을 받을 수 있다. 또 부산에서는 고령화, 일자리 감소 등의 도시문제에 대응하기 위해 로봇, 물관리 관련 신사업을 육성한다. 로봇이 주차를 하거나 물류를 나르는 등 일상생활에서 로봇 서비스를 이용할 수 있고 첨단 스마트 물관리 기술을 적용해 한국형 물 특화 도시 모델을 구축한다.

① 각 국에 따라 스마트시티에서 활용되는 기능을 다를 수 있다.
② 스페인의 스마트시티에서는 직접 인구조사를 하지 않더라도 인구 밀집도를 파악할 수 있다.
③ 스페인의 스마트시티에서는 '스마트 주차' 기능을 통해 대리주차가 가능하다.
④ 중국의 스마트시티에서는 지갑을 가지고 다니지 않더라도 일부 서비스를 이용할 수 있다.
⑤ 맞춤형 의료 서비스가 필요한 환자의 경우 부산보다는 세종 스마트시티가 더 적절하다.

19 다음 글의 내용과 일치하는 것은?

우리는 물놀이를 할 때는 구명조끼, 오토바이를 탈 때는 보호대를 착용한다. 이외에도 각종 작업 및 스포츠 활동을 할 때 안전을 위해 보호장치를 착용하는데, 위험성이 높을수록 이러한 안전장치의 필요성이 높아진다. 특히 자칫 잘못하면 생명을 위협할 수 있는 송배전 계통에선 감전 등의 전기사고를 방지하기 위한 안전장치가 필요한데 그중에 하나가 '접지'이다. 접지란, 감전 등의 전기사고 예방 목적으로 전기회로 또는 전기기기, 전기설비의 어느 한쪽을 대지에 연결하여 기기와 대지와의 전위차가 0V가 되도록 하는 것으로 전류는 전위차가 있을 때에만 흐르므로 접지가 되어있는 전기회로 및 설비에는 사람의 몸이 닿아도 감전되지 않게 된다.

접지를 하는 가장 큰 목적은 사람과 가축의 감전을 방지하기 위해서이다. 전기설비의 전선 피복이 벗겨지거나 노출된 상태에서 사람이나 가축이 전선이나 설비의 케이스를 만지면 감전사고로 인한 부상 및 사망 등의 위험이 높아지기 때문이다. 접지의 또 다른 목적 중 하나는 폭발 및 화재방지이다. 마찰 등에 의한 정전기 발생 위험이 있는 장치 및 물질을 취급하는 전기설비들은 자칫하면 정전기 발생이 화재 및 폭발로 이어질 수 있기 때문에 정전기 발생을 사전에 예방하기 위해 접지를 해줘야 한다. 그 외에도 송전선으로부터 인근 통신선의 유도장애 방지, 전기설비의 절연파괴 방지에 따른 신뢰도 향상 등을 위해 접지를 사용하기도 한다.

접지방식에는 비접지방식, 직접 접지방식, 저항 접지방식, 리액터 접지방식이 있다. 비접지방식의 경우 접지를 위해 중성점에 따로 금속선을 연결할 필요는 없으나, 송배전 계통의 전압이 높고 선로의 전압이 높으면 송전선로, 배전선로의 일부가 대지와 전기적으로 연결되는 지락사고를 발생시킬 수 있는 것이 단점이다. 반대로 우리나라에서 가장 많이 사용하는 직접 접지방식은 중성점에 금속선을 연결한 것으로 절연비를 절감할 수 있지만, 금속선을 타고 지락 전류가 많이 흐르므로 계통의 안정도가 나쁘다.

그 밖에도 저항 접지방식은 중성점에 연결하는 선의 저항 크기에 따라 고저항 접지방식과 저저항 접지방식이 있으며, 접지 저항이 너무 작으면 송배전선 인근 통신선에 유도장애가 커지고, 반대로 너무 크면 평상시 대지전압이 높아진다.

리액터 접지방식도 저항 접지방식과 같이 임피던스의 크기에 따라 저임피던스 접지방식과 고임피던스 접지방식이 있고, 임피던스가 너무 작으면 인근 통신선에 유도장애가 커지고, 너무 크면 평상시 대지 전압이 높아진다.

이처럼 각 접지 종류별로 장단점이 있어 모든 전기사고를 완벽히 방지할 수는 없기에, 더 안전하고 완벽한 접지에 대한 연구의 필요성이 높아진다.

① 위험성이 낮을 경우 안전장치는 필요치 않게 된다.
② 전기사고를 방지하는 안전장치는 접지 외에도 다양한 방법들이 있다.
③ 전위차가 없더라도 전류가 흐를 수도 있다.
④ 접지를 하지 않으면 정전기가 발생한다.
⑤ 중성점에 연결하는 선의 저항 크기와 임피던스의 크기는 상관관계가 있다.

20 다음 중 (가) ~ (라)를 문맥에 맞게 순서대로 배열한 것은?

> 서울에 사는 주부 김 씨는 세탁기나 청소기 등의 가전기기를 사용하기 전에 집안에 설치된 원격검침을 꼭 확인한다. 하루 중 전기료가 가장 저렴한 시간에 가전기기를 사용해 비용을 조금이라도 줄이고자 함이다.
>
> (가) 이를 활용하여 전력 공급자는 전력 사용 현황을 실시간으로 파악하여 공급량을 탄력적으로 조절할 수 있고, 전력 소비자는 전력 사용 현황을 실시간으로 파악함으로써 이에 맞게 요금이 비싼 시간대를 피하여 사용시간과 사용량을 조절할 수 있게 되는 것이다.
>
> (나) 비현실적으로 들리는 이 사례들은 이제 우리의 일상이 될 수 있다. 이미 스마트폰을 이용해 외부에서 원격으로 집 안의 가전기기를 조작하고, 사물인터넷을 이용해 어떤 가전기기가 언제 전기를 가장 많이 쓰는지도 스마트폰 하나로 파악할 수 있는 시대이기 때문이다.
>
> (다) 비슷한 사례로 직업상 컴퓨터 사용이 많은 웹디자이너 강 씨 역시 전기료가 가장 저렴한 심야 시간을 활용해 작업을 하다 보니 어느새 낮과 밤이 바뀌는 지경에 이르렀다.
>
> (라) 이러한 사물인터넷과 스마트그리드가 정착이 되면 미래의 전기 사용 패턴은 지금과 완전히 달라질 것이다. 기존에 발전 – 송전 – 배전 – 판매의 단계로 이루어지던 단방향 전력망이 전력 공급자와 소비자의 양방향 실시간 정보교환이 가능해지는 지능형 전력망으로 변화되기 때문이다.

① (가) – (나) – (다) – (라) 　　　② (가) – (다) – (나) – (라)
③ (나) – (다) – (가) – (라) 　　　④ (다) – (나) – (가) – (라)
⑤ (다) – (나) – (라) – (가)

21 하경이는 생일을 맞이하여 같은 반 친구들인 민지, 슬기, 경서, 성준, 민준이를 생일파티에 초대하였다. 하경이와 친구들이 함께 축하파티를 하기 위해 간격이 일정한 원형 테이블에 다음과 같이 앉았을 때, 항상 참이 되는 것은?

> • 하경이의 바로 옆 자리에는 성준이나 민준이가 앉지 않았다.
> • 슬기는 성준이 또는 경서의 바로 옆 자리에 앉았다.
> • 민지의 바로 왼쪽 자리에는 경서가 앉았다.
> • 슬기와 민준이 사이에 한 명이 앉아 있다.

① 하경이는 민준이와 서로 마주 보고 앉아 있다.
② 민지는 민준이 바로 옆 자리에 앉아 있다.
③ 경서는 하경이 바로 옆 자리에 앉아 있다.
④ 민지는 슬기와 서로 마주 보고 앉아 있다.
⑤ 경서와 성준이는 서로 마주 보고 앉아 있다.

22 다음 중 제로 트러스트 모델에 대한 설명으로 옳은 것을 모두 고르면?

> ㉠ 0(Zero)과 신뢰하다(Trust)의 합성어로 아무도 신뢰하지 않는다는 뜻이다.
> ㉡ 네트워크 설계의 방향은 외부에서 내부로 설정한다.
> ㉢ IT 보안 문제가 내부에서 발생함에 따라 새롭게 만들어진 IT 보안 모델이다.
> ㉣ MFA(Multi Factor Authentication), IAM(Identity and Access Management) 등의 기술을 통해 제로 트러스트를 구현할 수 있다.

① ㉠, ㉣
② ㉡, ㉢
③ ㉠, ㉡, ㉢
④ ㉠, ㉢, ㉣
⑤ ㉡, ㉢, ㉣

23 다음 중 폼재킹에 대한 설명으로 옳지 않은 것은?

① 사용자의 결제 정보 양식(Form)을 중간에서 납치(Hijacking)한다는 의미의 합성어다.
② 사용자가 이용하는 웹사이트에 악성코드를 심어 신용카드 등의 금융정보를 탈취한다.
③ 온라인 쇼핑의 증가로 인해 피해 사례가 증가하고 있다.
④ 온라인 구매 및 결제 서비스를 제공하는 다양한 산업에서 피해가 일어나고 있다.
⑤ 카드 결제 시스템에 특수 장치를 불법으로 설치하여 카드 정보를 복사한다.

24 다음 중 〈보기〉와 관련된 자기인식에 대한 설명으로 옳지 않은 것은?

> **보기**
>
> ㉠ 이력서에 적힌 개인정보를 바탕으로 보직이 정해졌다.
> ㉡ 일을 하면서 몰랐던 적성을 찾았다.
> ㉢ 지시에 따라 적성에 맞지 않은 일을 계속하였다.
> ㉣ 상사가 나에게 일에 대한 피드백을 주었다.
> ㉤ 친한 동료와 식사를 하면서 나의 꿈을 이야기했다.
> ㉥ 나의 평판에 대해 직장 동료나 상사에게 물어본다.

① ㉣은 눈먼 자아와 연결된다.
② ㉡은 아무도 모르는 자아와 연결된다.
③ ㉠은 공개된 자아와 연결된다.
④ ㉥은 숨겨진 자아와 연결된다.
⑤ 조셉과 해리 두 심리학자가 '조해리의 창' 이론을 만들었다.

안심Touch

※ 다음은 스마트 스테이션에 관한 자료이다. 다음 자료를 보고 이어지는 질문에 답하시오. **[25~27]**

서울 지하철 2호선에 '스마트 스테이션'이 본격 도입된다. 서울교통공사는 현재 분산되어 있는 분야별 역사 관리 정보를 정보통신기술(ICT)을 기반으로 통합·관리할 수 있는 '스마트 스테이션'을 내년(2021년) 3월까지 2호선 50개 전 역사에 구축한다고 밝혔다.

스마트 스테이션은 올해 4월 지하철 5호선 군자역에서 시범 운영됐다. 그 결과 순회 시간이 평균 28분에서 10분으로 줄고, 돌발 상황 시 대응시간이 평균 11분에서 3분으로 단축되는 등 안전과 보안, 운영 효율이 향상된 것으로 나타났다.

스마트 스테이션이 도입되면 3D맵, IoT센서, 지능형 CCTV 등이 유기적으로 기능하면서 하나의 시스템을 통해 보안, 재난, 시설물, 고객서비스 등 통합적인 역사 관리가 가능해진다. 3D맵은 역 직원이 역사 내부를 3D 지도로 한 눈에 볼 수 있어 화재 등의 긴급상황이 발생했을 때 신속 대응에 도움을 준다. 지능형 CCTV는 화질이 200만 화소 이상으로 높고, 객체 인식 기능이 탑재되어 있어 제한구역의 무단침입이나 역사 화재 등이 발생했을 때 실시간으로 알려준다. 지하철 역사 내부를 3차원으로 표현함으로써 위치별 CCTV 화면을 통한 가상순찰도 가능하다.

서울교통공사는 기존 통합 모니터링 시스템을 개량하는 방식으로 2호선 내 스마트 스테이션의 도입을 추진한다. 이와 관련해 지난달 L통신사 컨소시엄과 계약을 체결하였다. 이번 계약에는 군자역에 적용된 스마트 스테이션 기능을 보완하는 내용도 들어 있다. 휠체어를 자동으로 감지하여 역 직원에게 통보해주는 기능을 추가하는 등 교통약자 서비스를 강화하고, 직원이 역무실 밖에서도 역사를 모니터링할 수 있도록 모바일 버전을 구축하는 것이 주요 개선사항이다.

서울교통공사는 2호선을 시작으로 점진적으로 전 호선에 스마트 스테이션 도입을 확대해 나갈 예정이다. 또 스마트 스테이션을 미래형 도시철도 역사 관리 시스템의 표준으로 정립하고, 향후 해외에 수출할 수 있도록 기회를 모색해 나갈 계획이라고 밝혔다.

〈스마트 스테이션의 특징〉

• 역무실 공백 상태가 줄어든다.
• 상황 대응이 정확하고 빨라진다.
• 출입관리가 강화된다.

〈일반 CCTV와 지능형 CCTV의 특징〉

구분	일반 CCTV	지능형 CCTV
특징	사람이 영상을 항시 감시·식별	영상분석 장치를 통해 특정 사람, 사물, 행위 등을 인식
장단점	– 유지보수가 용이함 – 24시간 모니터링 필요 – 모니터링 요원에 의해 사건·사고 인지	– 정확한 식별을 통한 관리의 용이성 – 자동화된 영상분석 장치를 통해 특정 상황 발생 시 알람 등을 이용해 관제요원에게 통보 – 개발이 어려움

25 다음 중 기사문의 내용과 일치하는 것은?

① 스마트 스테이션은 2020년 말까지 2호선 전 역사에 구축될 예정이다.
② 스마트 스테이션은 2019년 4월에 처음으로 시범 운영되었다.
③ 현재 5호선 군자역에서는 분야별 역사 관리 정보를 통합하여 관리한다.
④ 현재 군자역의 직원은 역무실 밖에서도 모바일을 통해 역사를 모니터링할 수 있다.
⑤ 2호선에 도입될 스마트 스테이션에는 새롭게 개발된 통합 모니터링 시스템이 적용된다.

26 다음 중 일반 역(스테이션)의 특징으로 옳지 않은 것은?

① 스마트 스테이션에 비해 순찰시간이 짧다.

② 스마트 스테이션에 비해 운영비용이 많이 든다.

③ 스마트 스테이션에 비해 돌발 상황에 대한 대응 시간이 길다.

④ 스마트 스테이션에 비해 더 많은 인력이 필요하다.

⑤ 스마트 스테이션에 비해 사건·사고 등을 실시간으로 인지하기 어렵다.

27 다음은 스마트 스테이션의 3D맵이다. 다음을 보고 판단한 내용으로 옳지 않은 것은?

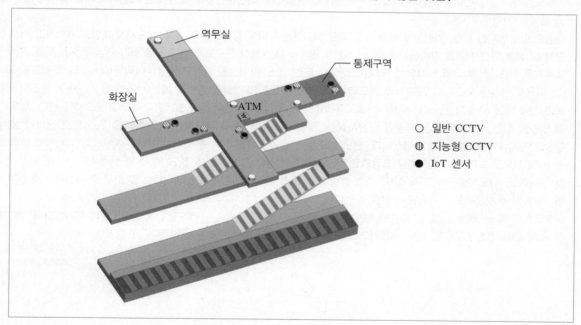

① 역무실의 CCTV는 고장이 나더라도 유지보수가 용이하다.

② ATM기 오른편의 CCTV보다 맞은편의 CCTV를 통해 범죄자 얼굴을 쉽게 파악할 수 있다.

③ 역 내에 지능형 CCTV와 IoT센서는 같이 설치되어 있다.

④ 통제구역의 CCTV는 침입자를 실시간으로 알려준다.

⑤ 역무실에서는 역 내의 화장실 주변에 대한 가상순찰이 가능하다.

※ 다음은 철도국의 2020년 예산안에 관한 글이다. 다음 글을 읽고 이어지는 질문에 답하시오. **[28~29]**

<철도국 2020년 예산안>

국토교통부는 철도망 확충을 통한 지역 균형 발전과 촘촘한 철도안전 기반 조성을 위해 2020년 철도국 예산 정부안을 지난해(5.3조 원) 대비 19.3% 증가한 6.3조 원으로 편성하였다.

철도국 2020년 예산안은 고속·일반 철도 등 6개 분야(프로그램) 총 68개 세부사업으로 구성하였으며, 이 중 철도 부문 5개 분야 예산은 건설공사 설계, 착수 및 본격 추진, 안전 강화 등을 위한 필수 소요를 반영하여 증액 편성하였다. 특히 노후화된 철도시설 개량, 부족한 안전·편의시설에 대한 수요 증가 등으로 철도안전 분야 예산을 큰 폭으로 증액(10,360억 원 → 15,501억 원)하였다. 한편 예비타당성조사 면제사업의 조속한 추진 등을 위해 9개 사업을 신규로 선정하여 775억 원을 편성하였으며, 2020년에는 익산 ~ 대야 복선전철 등 5개 노선을 개통할 계획이다.

철도국 2020년 예산안의 주요 특징을 살펴 보면, 먼저 수도권 교통혼잡 해소를 위한 GTX-A·B·C 등의 노선을 본격 추진할 예정이다. 수도권 내 만성적인 교통난으로 인한 시민 불편을 획기적으로 개선하기 위해 수도권광역급행철도(GTX) 및 신안산선 등 광역철도 건설사업의 차질 없는 추진을 위한 적정 소요를 반영하여 관련 예산을 3,650억 원에서 4,405억 원으로 증액하였다. GTX는 지하 40m 이하의 대심도로 건설하여 평균 약 100km/h로 운행하는 신개념 고속전철 서비스로, 수도권 외곽지역에서 서울 도심까지 30분 내로 이동이 가능하다. 경기 서북부와 서울 도심, 경기 동남부를 가로지르는 GTX-A노선(파주 운정 ~ 동탄)의 경우 착공 후 현장 공사 추진 중으로, 2020년 공사 본격 추진을 위한 보상비, 건설보조금 등으로 1,350억 원을 편성하였다. 수도권 동북부와 남부지역을 잇는 GTX-C노선(양주 덕정 ~ 수원)은 예비타당성조사 통과 후 기본계획수립 중으로, 2020년 민간투자시설사업기본계획(RFP) 수립 등을 위해 10억 원이 신규 반영되었다. 아울러 지난 8월 서부 수도권과 동부 수도권을 횡으로 연결하는 GTX-B노선(송도 ~ 남양주 마석)의 예비타당성 조사 통과로 GTX 3개 노선의 사업 추진이 확정됨에 따라 신·구도심 간 균형 발전 촉진뿐만 아니라 수도권 교통지도 개편 및 노선 간 네트워크 효과를 기대하고 있다.

다음으로 노후시설 개량, 안전시설 확충 등을 위한 철도안전 투자가 강화되었다. 노후 철도시설 개량을 확대하고 시설 안전 관리 및 생활 안전 지원을 강화하기 위해 10,360억 원에서 15,501억 원으로 안전 투자를 확장 편성하였다. 이를 통해 시설 노후화로 각종 안전사고가 빈발하는 도시철도(서울·부산)의 노후 시설물 개량 지원을 414억 원에서 566억 원으로 확대하고, 이용객 편의를 도모하기 위해 노후 철도역사(282억 원, 신규)의 개량을 지원할 예정이다. 또한 시설물을 안전하게 관리하고 장애 발생 시 보다 신속히 대처할 수 있도록 IoT 기반 원격제어, 센서 등을 활용한 스마트 기술도 도입된다. 철도 이용객 안전을 위한 스크린도어 등 승강장 안전시설, 건널목 안전설비, 선로 무단횡단 사고 예방을 위한 방호 울타리 설치 등 생활 안전시설의 확충을 지원할 예정이다. 한편 철도차량 및 철도시설 이력 관리 정보시스템 구축에 대한 지원도 41억 원에서 94억 원으로 확대했다. 철도차량 고장으로 인한 운행장애 건수 감소를 위해 철도차량의 전 생애주기 관리를 위한 정보망을 구축하고, 철도시설물의 이력, 상태, 속성 정보 등을 통합 관리함으로써 적정 유지보수 및 교체 주기 등을 산출하여 시설물 안전 및 유지관리의 최적화를 구현할 예정이다.

국토교통부 철도국장은 "철도국 2020년 예산은 _____ 철도안전에 집중·확대 투자했으며, 예비타당성 조사 면제사업, GTX 등 철도 네트워크 확충을 위한 예산도 적정 소요를 반영했다."고 밝혔다.

28 다음 중 글의 내용과 일치하지 않는 것은?

① 철도국의 2020년 예산은 지난해보다 1조 원이 증가하였다.

② 철도국 2020년 예산안에서는 철도안전 분야 예산이 약 49.6% 증가하였다.

③ 철도국 2020년 예산안에서는 GTX – C노선의 RFP 수립을 위해 예산을 새로 편성하였다.

④ 철도국 2020년 예산안에서는 노후 시설물 개량을 위한 예산을 새로 편성하였다.

⑤ 철도국 2020년 예산안에서는 철도차량 및 철도시설 이력 관리 정보시스템을 구축하기 위해 예산을 확대 편성하였다.

29 다음 중 빈칸에 들어갈 내용으로 가장 적절한 것은?

① 지역의 균형적인 발전을 위해

② 수도권의 교통난을 개선하기 위해

③ 노선 확장 공사의 차질 없는 추진을 위해

④ 잦은 열차 지연으로 낮아진 고객의 신뢰도 향상을 위해

⑤ 예상치 못한 철도안전 사고 등을 선제적으로 예방하기 위해

※ 다음은 지점이동을 원하는 직원들에 대한 자료이다. 자료를 보고 이어지는 질문에 답하시오. [30~31]

〈직원 기록〉

성명	1차 희망지역	보직	경력	성명	1차 희망지역	보직	경력
A	대구	시내운전	3년	H	부산	연료주입	3년
B	대전	차량관리	5년	I	서울	시내운전	6년
C	서울	연료주입	4년	J	대구	차량관리	5년
D	경기	차량관리	2년	K	광주	연료주입	1년
E	서울	시내운전	6년	L	경기	연료주입	2년
F	부산	연료주입	7년	M	부산	시내운전	8년
G	경기	차량관리	1년	N	대구	차량관리	7년

조건

- 각 지역마다 희망지역을 신청한 사람 중 2명까지 이동할 수 있다.
- 우선 희망지역이 3명 이상이면 경력이 높은 사람이 우선된다.
- 1차 희망 지역에 가지 못한 사람들은 2차 희망지역에서 다음 순위 방법으로 선정된다.
  - 보직 우선순위 '시내운전 > 차량관리 > 연료주입'
  - 보직이 같을 경우 경력이 낮은 사람 우선
- 희망지역은 3차까지 신청 가능하다.
- 3차 희망지역도 안 될 경우 지점이동을 하지 못한다.

30 1차 희망지역인 서울과 경기지역으로 이동할 직원들이 바르게 연결된 것은?

①

서울
E, I
경기
G, L

②

서울
C, I
경기
D, L

③

서울
E, I
경기
D, L

④

서울
C, E
경기
D, G

⑤

서울
C, I
경기
D, G

31 다음은 지점이동을 지원한 직원들의 희망지역을 정리한 표이다. 표를 참고할 때 어느 지역으로도 이동하지 못하는 직원은?

〈희망지역 신청표〉

성명	1차 희망지역	2차 희망지역	3차 희망지역	성명	1차 희망지역	2차 희망지역	3차 희망지역
A	대구	울산	부산	H	부산	광주	울산
B	대전	광주	경기	I	서울	경기	–
C	서울	경기	대구	J	대구	부산	울산
D	경기	대전	–	K	광주	대전	–
E	서울	부산	–	L	경기	서울	–
F	부산	대구	포항	M	부산	대전	대구
G	경기	광주	서울	N	대구	포항	–

① A
② C
③ G
④ H
⑤ N

※ 다음은 통돌이 세탁기에 대한 사용설명서이다. 설명서를 읽고 이어지는 질문에 답하시오. [32~34]

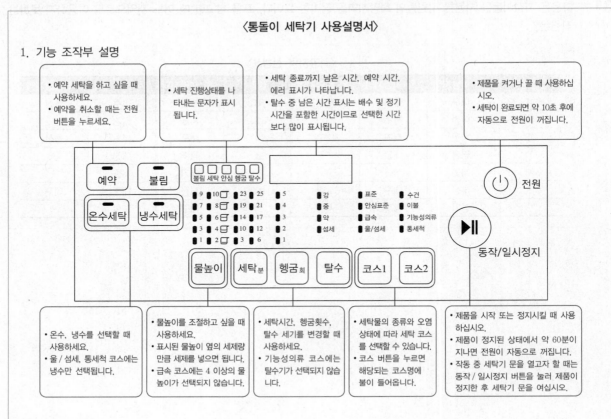

〈통돌이 세탁기 사용설명서〉

1. 기능 조작부 설명

• 예약 세탁을 하고 싶을 때 사용하세요.
• 예약을 취소할 때는 전원 버튼을 누르세요.

• 세탁 진행상태를 나타내는 문자가 표시됩니다.

• 세탁 종료까지 남은 시간, 예약 시간, 에러 표시가 나타납니다.
• 탈수 중 남은 시간 표시는 배수 및 정기 시간을 포함한 시간이므로 선택한 시간보다 많이 표시됩니다.

• 제품을 켜거나 끌 때 사용하십시오.
• 세탁이 완료되면 약 10초 후에 자동으로 전원이 꺼집니다.

• 온수, 냉수를 선택할 때 사용하세요.
• 울 / 섬세, 통세척 코스에는 냉수만 선택됩니다.

• 물높이를 조절하고 싶을 때 사용하세요.
• 표시된 물높이 옆의 세제량만큼 세제를 넣으면 됩니다.
• 급속 코스에는 4 이상의 물높이가 선택되지 않습니다.

• 세탁시간, 헹굼횟수, 탈수 세기를 변경할 때 사용하세요.
• 기능성의류 코스에는 탈수기가 선택되지 않습니다.

• 세탁물의 종류와 오염 상태에 따라 세탁 코스를 선택할 수 있습니다.
• 코스 버튼을 누르면 해당되는 코스명에 불이 들어옵니다.

• 제품을 시작 또는 정지시킬 때 사용하십시오.
• 제품이 정지된 상태에서 약 60분이 지나면 전원이 자동으로 꺼집니다.
• 작동 중 세탁기 문을 열고자 할 때는 동작 / 일시정지 버튼을 눌러 제품이 정지한 후 세탁기 문을 여십시오.

2. 제품 사용하기
   1) 세탁통에 세탁물을 넣고, 전원 버튼을 누르십시오.
   2) 원하는 세탁코스를 선택하십시오.
   3) 표시된 물높이 옆의 세제량만큼 세제를 넣고 도어를 닫아 주십시오.
   4) 동작 / 일시정지 버튼을 누르면 급수 후 세탁이 시작됩니다.

3. 기능별 소요시간

구분		소요시간
세탁	냉수세탁	12분
	온수세탁	14분
헹굼		10분/회
탈수	강	15분
	중	13분
	약	10분
	섬세	8분
불림		10분
통세척		5분

4. 세탁 코스 사용하기

구분	설명
표준	- '냉수세탁 10분 – 헹굼 2회 – 탈수(중)'의 일반적인 세탁을 해주는 코스입니다.
안심표준	- 표준 코스보다 세탁물을 깨끗하게 헹궈 주는 코스입니다.
급속	- 소량의 의류를 빠른 시간 내에 세탁할 수 있는 코스입니다. - 급속 코스의 적정 세탁량은 5.5kg 이하입니다.
울 / 섬세	- 수축이나 변형되기 쉬운 섬유, 속옷 등 섬세한 의류를 세탁해 주는 코스입니다.
수건	- 손세탁 표시가 있는 수건을 세탁해 주는 코스입니다. - 다른 의류와 분리해서 세탁하십시오.
이불	- 손세탁 표시가 있는 담요 또는 이불을 세탁해 주는 코스입니다. - 이불은 일반 세탁물과 분리하여 한 장씩 세탁하십시오.
기능성의류	- 등산복, 운동복 등 레저용 의류를 세탁해 주는 코스입니다.
통세척	- 세탁통 청소 시 사용합니다.

5. 옵션 사용하기

- 예약 : 원하는 시간에 세탁을 마치고 싶을 때 사용하십시오.
  1) 전원 버튼을 누르십시오.
  2) 원하는 코스를 선택하십시오.
  3) 예약 버튼을 눌러 예약 시간을 맞추십시오.
     - 예 현재 오후 1시이며 오후 7시에 세탁을 끝내고 싶을 경우 6시간 설정(7−1=6)
       - 예약 버튼에 불이 들어 오고 '3:00'가 표시됩니다.
       - 지금부터 세탁을 끝내고 싶을 때까지의 시간(6:00)이 될 때까지 예약 버튼을 누르십시오.
  4) 동작 / 일시정지 버튼을 누르십시오.
     - 예약 시간 후에 세탁이 끝납니다.
     - 예약을 취소할 때는 전원 버튼을 누르거나 예약이 취소될 때까지 예약 버튼을 반복해서 누르십시오.
  ※ 알아두기
     - 3 ~ 18시간까지 예약이 가능하며, 3시간 미만은 예약되지 않습니다.
     - 3 ~ 12시간까지는 1시간, 12 ~ 18시간까지는 2시간 단위로 예약이 가능합니다.
     - 울 / 섬세, 통세척 코스는 예약이 되지 않습니다.
- 세탁 : 세탁 시간을 변경하고자 할 때 선택하는 옵션입니다.
  - 세탁 버튼을 누르면 3분, 6분 순서로 변경됩니다.
  - 세탁이 완료된 후 배수가 되지 않습니다. 배수가 필요할 경우 탈수 버튼을 누른 후 동작 / 일시정지 버튼을 누르십시오.
- 헹굼 : 헹굼 횟수를 변경하고자 할 때 선택하는 옵션입니다.
  - 헹굼 버튼을 누르면 헹굼 1회, 헹굼 2회 순서로 변경됩니다.
  - 헹굼이 완료된 후 배수가 되지 않습니다. 배수가 필요할 경우 탈수 버튼을 누른 후 동작 / 일시정지 버튼을 누르십시오.
- 탈수 : 탈수의 세기를 변경하고자 할 때 선택하는 옵션입니다.
  - 탈수 버튼을 누르면 섬세, 약, 중, 강의 순서로 변경됩니다.

32 다음 중 통돌이 세탁기의 사용법을 잘못 이해한 사람은?

① A : 이미 작동 중인 세탁기에 세탁물을 추가로 넣으려면 먼저 동작 / 일시정지 버튼을 눌러야 하는군.

② B : 세제를 얼마나 넣어야 하나 걱정했었는데 물높이에 따른 적정 세제량이 표시되어 있어서 다행이야.

③ C : 급속 코스는 세탁물의 용량이 5.5kg 이하여야 하고, 물높이도 4 이상으로 선택할 수 없군.

④ D : 따뜻한 물로 세탁통을 청소하려면 통세척 코스를 선택한 뒤에 온수세탁을 누르면 되겠군.

⑤ E : 지금부터 2시간 뒤에 세탁이 끝나도록 예약하려고 했는데 아쉽게도 2시간은 예약 시간으로 설정할 수 없군.

33 A씨가 다음과 같은 방법으로 세탁기를 사용한다고 할 때. A씨는 세탁기 조작부의 버튼을 총 몇 번 눌러야 하는가?

> A씨 : 정해진 세탁 코스를 선택하지 않고, 수동으로 세탁 방법을 설정해야겠어. 먼저 19분 동안 온수세탁이 진행되
> 도록 설정하고, 헹굼은 표준 코스보다 한 번 더 진행되도록 추가해야겠어. 마지막으로 탈수 세기가 너무 강하
> 면 옷감이 손상될 수 있으니까 세기를 '약'으로 설정해야겠다. 아! 병원진료를 예약해둔 걸 잊어버릴 뻔 했네.
> 진료 시간을 생각해서 지금부터 4시간 뒤에 세탁이 끝나도록 예약 시간을 설정해야겠다.

① 13번

② 14번

③ 15번

④ 16번

⑤ 17번

34 다음 통돌이 세탁기 기능 조작부의 표시에 따라 세탁 시간이 가장 오래 걸리는 것은?(단, 배수 및 정지시간은 고려하지 않으며, 선택한 기능을 ⬭로 표시한다)

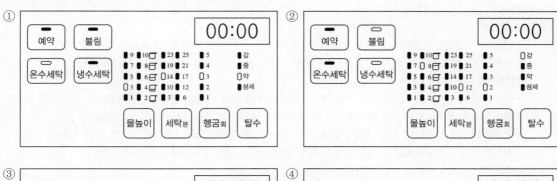

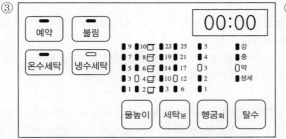

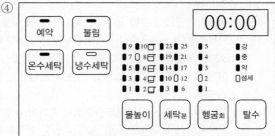

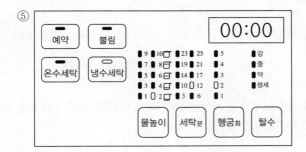

※ 다음은 국가유공자의 대상요건과 국가유공자 및 가족등록신청에 관한 자료이다. 다음 자료를 읽고 이어지는 질문에 답하시오. [35~37]

I. 대상요건
1. 전몰군경
   • 군인이나 경찰공무원으로서 전투 또는 이에 준하는 직무수행 중 상이를 입고 사망하신 분
   • 군무원으로서 1959년 12월 31일 이전에 전투 또는 이에 준하는 직무수행 중 사망하신 분
2. 전상군경
   • 군인이나 경찰공무원으로서 전투 또는 이에 준하는 직무수행 중 상이를 입고 전역하거나 퇴직하신 분으로서 그 상이정도가 국가보훈처장이 실시하는 신체검사에서 상이등급 1급 내지 7급으로 판정된 분
   • 군무원으로서 1959년 12월 31일 이전에 전투 또는 이에 준하는 직무수행 중 상이를 입고 퇴직하신 분으로서 그 상이정도가 국가보훈처장이 실시하는 신체검사에서 상이등급 1급 내지 7급으로 판정된 분
3. 순직군경
   • 군인이나 경찰·소방 공무원으로서 국가의 수호·안전보장 또는 국민의 생명, 재산보호와 직접적인 관련이 있는 직무수행이나 교육훈련 중 사망하신 분(질병으로 사망하신 분 포함)
   • 소방공무원은 국가유공자 예우법 개정 시행일인 2011년 6월 30일 이후 사망하신 분부터 적용(2011년 6월 29일 이전은 화재구조구급 업무와 관련 사망하신 분만 순직군경에 준하여 보상)
4. 공상군경
   • 군인이나 경찰·소방 공무원으로서 국가의 수호·안전보장 또는 국민의 생명·재산 보호와 직접적인 관련이 있는 직무수행이나 교육훈련 중 상이를 입고 전역하거나 퇴직하신 분으로서 그 상이정도가 국가보훈처장이 실시하는 신체검사에서 상이등급 1급 내지 7급으로 판정된 분
5. 무공수훈자
   무공훈장(태극, 을지, 충무, 화랑, 인헌)을 받으신 분(공무원 또는 군인 등은 전역 또는 퇴직하신 분만 해당)

II. 등록대상 유가족 및 가족요건
1. 배우자(1순위)
   사실상의 배우자(사실혼 관계의 배우자를 말함)를 포함(배우자 및 사실상의 배우자가 독립유공자와 혼인 또는 사실혼 후 당해 독립유공자외의 자와 사실혼 중에 있거나 있었던 경우는 제외)
2. 자녀(2순위)
   양자는 국가유공자가 직계비속이 없어 입양한 자 1인에 한하여 자녀로 봄
3. 부모(3순위)
   • 국가유공자를 양육하거나 부양한 사실이 있는 경우에 한함
   • 부의 배우자와 생모, 모의 배우자와 생부가 각각인 때에는 국가유공자를 주로 부양한 자 1인을 모·부로 인정
   • 부모 중 국가유공자를 주로 부양 또는 양육한 자가 우선 함
4. 성년인 직계비속이 없는 조부모(4순위)
   • 성년인 직계비속이 없는 것으로 보는 경우
     – 국가유공자 등 예우 및 지원에 관한 법률 시행령 별표2의 장애인
     – 현역병으로서 의무복무기간 중에 있는 자

Ⅲ. 국가유공자 및 유가족 등록신청
  1. 등록신청대상
    • 국가유공자가 되고자 하는 본인
    • 국가유공자 유족 및 가족이 되고자 하는 분
  2. 접수기관
    주소지 관할 보훈청 보상과
  3. 처리기간
    • 20일(전몰·전상군경, 순직·공상군경, 순직·공상공무원, 4·19혁명 부상·사망자 등)
    • 14일(무공·보국수훈자 및 4·19혁명 공로자에 한함)
  4. 구비서류
    • 본인
      - 등록신청서 1부
      - 병적증명서나 전역증(군인이 아닌 경우 경력증명서)
      - 가족관계기록사항에 관한 증명서 1통, 입양관계증명서 1통
      - 주민등록표등본 1통(담당 공무원이 행정정보의 공동이용을 통하여 확인하는 것에 동의하면 제출생략)
      - 반명함판 사진 1매(상이자는 2매)
    • 유족
      - 등록신청서 1부
      - 병적증명서나 전역증(군인이 아닌 경우 경력증명서)
      - 고인의 제적등본(사망일자 확인) 1통
      - 신청인의 가족관계 기록사항에 관한 증명서, 입양관계증명서, 혼인관계증명서(배우자인 경우) 각 1통
      - 신청인의 반명함판 사진 1매
    • 구비서류_개별서류
      - 전몰·전상군경, 순직·공상군경, 순직·공상공무원 : 국가유공자 등 요건관련확인서 발급신청서, 부상 또는 사망입증서류 각 1부
      - 무공수훈자, 보국수훈자 또는 4·19혁명 공로자 : 무공훈장증, 보국훈장증 또는 건국포장증 원본 또는 수훈사실확인서(행정자치부 발급) 1통
      - 4·19혁명사망자·부상자 : 4·19혁명 참가확인서 및 4·19혁명으로 인한 사망 또는 부상 확인서류 각 1통
      - 사실상의 배우자임을 입증할 수 있는 경위서 또는 증빙서류(사실상의 배우자에 한함)
      - 부양 또는 양육한 사실을 입증할 수 있는 서류(부양 또는 양육한 사실을 입증할 필요가 있는 자에 한함)
  5. 민원신청방법
    방문 또는 우편

35 다음 〈보기〉에서 국가유공자의 유형이 바르게 연결된 것을 모두 고르면?

> **보기**
>
> ㄱ. 1950년 8월 21일 전투 중 군무원으로 참전하여 사망한 A – 전몰군경
> ㄴ. 2011년 8월 2일 소방 공무원으로서 대형 화재를 진압하고 다수의 국민을 구출하는 직무를 수행하던 중 얻은 폐질환으로 인해 사망한 B – 전상군경
> ㄷ. 해군 장교로 복무 중 인헌 훈장을 받고 현재 전역한 C – 무공수훈자
> ㄹ. 군인으로서 해외에 파병되어 전투 중 상이를 입고 전역하였으며, 국가보훈처장이 실시하는 신체검사에서 상이등급 3급으로 판정된 D – 순직군경

① ㄱ, ㄴ ② ㄱ, ㄷ
③ ㄴ, ㄷ ④ ㄴ, ㄹ

36 다음 중 국가유공자 혹은 유족으로서 혜택을 받을 수 없는 사람은?

① 전상군경와 법률혼 관계를 10년 이상 유지하다가 이혼한 후 타인과 재혼한 배우자
② 순직군경에 해당되는 자를 부양해 온 유일한 자녀인 입양자녀
③ 무공수훈자와 현재까지 혼인신고를 하지 않고 동거를 하며 사실혼 상태에 있는 배우자
④ 공상군경인 아버지를 생전에 부양해 온 친자녀

37 다음은 A에 대한 상황이다. 다음 중 국가유공자 혜택을 받기 위해 A가 제출해야 하는 서류가 아닌 것은?

> **〈상황〉**
>
> • A의 아버지는 경찰공무원으로서 1968년 1·21사태 당시 전투 중 사망하였다.
> • A의 어머니는 아버지와 법률혼 관계를 유지하다가 2년 전 사망하였다.
> • A는 2020년 10월 20일에 아버지에 대하여 전몰군경으로 유공자 신청 및 자신에 대하여 유공자 유족 등록을 하고자 한다.

① 등록신청서 1부
② 아버지의 병적증명서 1부
③ 사망일자가 확인 가능한 고인의 제적등본 1부
④ A의 어머니의 혼인관계증명서 1통

38 다음은 상반기 및 하반기에 보도되었던 국민건강보험공단의 채용관련 자료 중 일부이다. 자료를 보고 서술한 내용으로 적절하지 않은 것은?

국민건강보험, 올해 상반기 신규직원 458명 채용

국민건강보험공단은 '코로나19' 사태로 위축된 채용시장에 활기를 불어넣고 사회적 가치를 실현하기 위해 상반기 신규 직원 458명을 채용한다고 밝혔다. 채용인원 458명 중 일반 채용 393명, 사회형평적 채용 65명(장애인 15명, 국가유공자 50명)을 채용할 계획으로, 원서접수는 4. 2(목)부터 4. 16(목)까지이며, 이후 서류심사, 필기, 면접시험을 거쳐 선발된 최종합격자는 7. 20(월) 임용될 예정이다.

전년도 채용과 달라지는 점은 모집지역이 6개 지역본부에서 14개 지역으로 세분화되고, 기존 자격기준인 모집지역에서 3년 이상 거주 또는 최종학력 소재지 응시자격을 없앴다는 것이다. 또한, 근무조건을 모집지역 5년 이상 근무하는 것으로 하여 지원자 본인은 생활권을 고려하여 지원해야 할 것으로 보인다.

국민건강보험공단은 현재 코로나19 사태와 관련, 안전한 채용을 위해 고사장 사전・사후 방역은 물론 마스크 착용, 발열확인 등 안전 대책방안을 수립하여 철저히 대비하여 추진할 것이나, 앞으로의 코로나19 확산추이 및 정부의 지침에 따라서는 필기시험 및 면접일정은 변경될 수도 있다고 보도했다.

국민건강보험, 올해 하반기 신규직원 465명 채용

국민건강보험공단은 '코로나19'로 위축된 채용시장에 활기를 불어넣고 공단의 직무역량에 맞는 전문성 있는 신규직원 465명을 채용한다고 밝혔다.

채용인원 465명 중 일반채용 345명, 사회형평적 채용 120명(고졸 70명, 국가유공자 50명)을 채용할 계획으로, 원서 접수는 8. 13(목)부터 8. 27(목)까지이며 상반기와 달리 채용 지원서를 온라인 접수로만 진행하기로 하였다. 또 하반기 채용에서는 사회배려계층인 한부모가정과 북한이탈주민까지 우대가점 대상을 확대하였다. 이후 서류심사, 필기, 면접시험을 거쳐 선발된 최종합격자는 12월에 임용될 예정이다.

모집지역은 상반기 채용과 동일하게 14개 지역이며, 근무조건 또한 모집지역 내에서 5년 이상 근무하는 것으로 이 역시 상반기와 동일하다.

국민건강보험공단은 '코로나19' 감염을 대비하여 상반기 신규직원 채용을 안전하게 치른 경험을 바탕으로 고사장 사전・사후 방역은 물론 마스크 착용, 발열확인 등 철저한 안전 대책방안을 수립하여 대비할 것이라고 밝혔다.

---

① 상반기 대비 하반기의 전체 채용 인원은 증가하였지만, 일반 채용인원은 감소하였다.

② 국가유공자 채용인원은 상반기와 하반기가 동일하다.

③ 하반기보다는 상반기에 사회적 가치실현에 더 중점을 두었다.

④ 하반기 지원 역시 지원자 본인의 생활권을 고려하여 지원해야 할 것이다.

〈시도별 질병 환자 현황〉

(단위 : 명)

구분	질병 환자 수	감기 환자 수	한 명당 가입한 의료보험의 수	발열 환자 수
전국	1,322,406	594,721	1.3	594,409
서울특별시	246,867	96,928	1.3	129,568
부산광역시	77,755	37,101	1.3	33,632
대구광역시	56,985	27,711	1.2	23,766
인천광역시	80,023	36,879	1.3	33,962
광주광역시	35,659	19,159	1.2	16,530
대전광역시	37,736	15,797	1.3	17,166
울산광역시	32,861	18,252	1.2	12,505
세종특별자치시	12,432	5,611	1.3	6,351
경기도	366,403	154,420	1.3	166,778
강원도	35,685	15,334	1.3	15,516
충청북도	40,021	18,556	1.3	17,662
충청남도	56,829	27,757	1.3	23,201
전라북도	38,328	18,922	1.3	16,191
전라남도	40,173	19,691	1.3	15,614
경상북도	61,237	30,963	1.3	24,054
경상남도	85,031	43,694	1.3	33,622
제주특별자치도	18,387	7,950	1.4	8,294

▮ 국민건강보험공단 / 수리능력

39 다음 자료에 대한 〈보기〉의 설명으로 옳은 것을 모두 고르면?

보기

ㄱ. 부산광역시는 경상남도보다 감기 환자의 수가 적다.
ㄴ. 대구광역시의 질병 환자가 가입한 의료보험의 총 수는 6만 5천개 이상이다.
ㄷ. 질병 환자 한 명당 발열 환자 수는 강원도가 제일 적다.
ㄹ. 질병 환자 한 명당 발열 환자 수는 서울특별시가 제일 크다.

① ㄱ, ㄴ
② ㄴ, ㄷ
③ ㄱ, ㄴ, ㄹ
④ ㄱ, ㄷ, ㄹ

40 다음 중 자료를 그래프로 나타낸 것으로 적절하지 않은 것은?

① 시도별 질병 환자 수

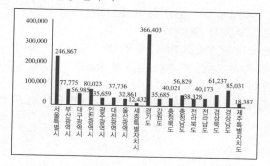

② 시도별 감기 환자 수

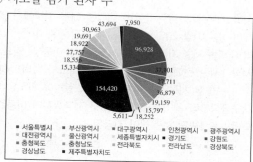

③ 한 명당 가입한 의료보험의 수

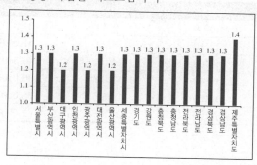

④ 질병 환자 한 명당 발열 환자 비율

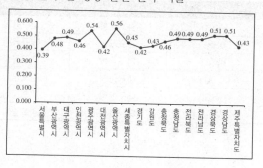

※ 다음 박 대리의 출장에 관한 자료를 읽고 이어지는 질문에 답하시오. [41~42]

〈상황〉

· 서울 지부에서 근무하는 박 대리는 대구 지부에서 열리는 세미나에 3박 4일간 참석하고자 한다.
· 세미나는 10월 20일 오후 1시에 시작하여, 10월 23일 오후 5시까지 진행된다.
· 박 대리는 서울 지부에서 대구 지부까지 이동 시 김포공항에서 대구공항으로 향하는 항공편을 이용한다. 박 대리는 세미나 시작 1시간 전에는 대구공항에 도착하고자 하며, 세미나 종료 후 2시간 이내에는 김포행 항공편에 탑승하고자 한다.
· 식비는 출장 시작일과 마지막일을 포함하여 하루당 3만 원이 지급된다.
· 대구공항부터 세미나 장소인 대구 지부까지의 이동수단 중 항공료를 제외한 교통비는 하루당 1만 원이 지급된다.
· 숙박비는 1박당 8만 원이 지급된다.

〈항공편 정보〉

박 대리는 다음 항공편 중에서 선택하여 이용한다.

항공편	출발	도착	출발시간	도착시간	편도요금
IA910	김포공항	대구공항	10:00	10:50	34,500원
JI831	김포공항	대구공항	12:10	13:20	41,000원
BQ381	김포공항	대구공항	14:00	14:50	40,500원
GO904	대구공항	김포공항	16:40	17:30	56,000원
TK280	대구공항	김포공항	18:00	18:50	58,000원
BV411	대구공항	김포공항	19:40	20:30	61,000원

| 한국수력원자력 / 자원관리능력

41 다음 중 박 대리의 3박 4일간 출장비 총액으로 옳은 것은?

① 408,000원 ② 423,500원
③ 458,000원 ④ 472,500원
⑤ 521,000원

| 한국수력원자력 / 자원관리능력

42 박 대리가 이용한 항공사의 마일리지 적립 규정이 다음과 같다고 할 때, 박 대리가 이번 출장으로 인해 적립하게 되는 마일리지로 옳은 것은?

항공편 가격	적립률(편도요금 기준)	비고
3만 원 미만	2%	10월 한 달 동안은
3만 원 이상 5만 원 미만	3%	1.0%p 추가 적립 제공
5만 원 이상 10만 원 미만	5%	−
10만 원 이상	7%	−

① 3,935점 ② 4,280점
③ 4,310점 ④ 4,550점
⑤ 4,810점

43 한국수력원자력에 근무하는 A대리는 국내 신재생에너지 산업에 대한 SWOT 분석 결과 자료를 토대로, SWOT 분석에 의한 경영전략에 따라 〈보기〉와 같이 판단하였다. 다음 〈보기〉 중 SWOT 전략과 내용이 잘못 연결된 것은?

〈국내 신재생에너지 산업에 대한 SWOT 분석 결과〉

구분	분석 결과
강점(Strength)	• 해외 기관과의 협업을 통한 풍부한 신재생에너지 개발 경험 • 에너지 분야의 우수한 연구개발 인재 확보
약점(Weakness)	• 아직까지 화석연료 대비 낮은 전력효율성 • 도입 필요성에 대한 국민적 인식 저조
기회(Opportunity)	• 신재생에너지에 대한 연구가 세계적으로 활발히 추진 • 관련 정부부처로부터 충분한 예산 확보
위협(Threat)	• 신재생에너지 특성상 설비 도입 시의 높은 초기 비용

보기

ㄱ. SO전략 – 충분한 예산과 개발 경험을 통해 쌓은 기술력을 바탕으로 향후 효과적인 신재생에너지 산업 개발 가능

ㄴ. ST전략 – 우수한 연구개발 인재들을 활용하여 초기 비용 감축방안 연구 추진

ㄷ. WO전략 – 확보한 예산을 토대로 우수한 연구원 채용

ㄹ. WT전략 – 세계의 신재생에너지 연구를 활용한 전력효율성 개선

① ㄱ, ㄴ
② ㄱ, ㄷ
③ ㄴ, ㄷ
④ ㄴ, ㄹ
⑤ ㄷ, ㄹ

44 다음은 한국수력원자력의 원전용 리튬이온전지 개발 승인관련 자료이다. 자료에 대한 내용으로 옳지 않은 것은?

> 한국수력원자력은 대한전기협회로부터 원자력발전소 비상 리튬이온전지 사용을 위한 기술기준 승인을 받았다고 밝혔다.
>
> 원자력발전소는 전기가 끊어졌을 때를 대비해 비상용으로 납축전지를 사용해 왔는데, 전원 차단으로 발생한 후쿠시마 원전 사고 이후 비상용 전지의 용량 확대 필요성이 제기돼 왔다. 이번에 기술기준 승인을 받은 리튬이온전지 용량은 납축전지의 2 ~ 3배에 달해 원전 안전성에 크게 기여할 것으로 평가받고 있다.
>
> 한수원 중앙연구원은 자체 R&D로 2013년부터 2016년까지 원전에 사용할 리튬이온전지의 성능과 안전성에 대한 시험을 수행해 왔다. 그 결과 4개의 기술기준을 세계 최초로 개발했고, 2017년 대한전기협회로부터 이 기술기준들을 전력산업기술기준으로 채택하는 최종 승인을 받았다.
>
> 전력산업기술기준(KEPIC)이란 안전한 전력생산을 위해 ASME, IEEE 같은 국제 전기표준에 맞춰 1995년 제정한 국내기술기준으로, 원자력발전소의 경우 신고리 1, 2호기 건설부터 적용 중이다.

① 리튬이온전지 기술개발을 위해서는 승인이 필요하다.
② 전원 차단이 없었다면, 후쿠시마 원전 사고는 일어나지 않았을 수도 있다.
③ 리튬이온전지 용량이 클수록 안전성도 커진다.
④ 한국수력원자력은 리튬이온전지를 세계 최초로 개발하였다.
⑤ 국내기술기준은 해외의 영향을 받았다.

45 다음은 키덜트(Kidult)에 대한 정의이다. 이에 대한 설명으로 옳지 않은 것은?

> 키덜트란 키드와 어덜트의 합성어로 20 ~ 40대의 어른이 되었음에도 불구하고 여전히 어린이의 분위기와 감성을 간직하고 추구하는 성인들을 일컫는 말이다. 한때 이들은 책임감 없고 보호받기만을 바라는 '피터팬증후군'이라는 말로 표현되기도 하였으나, 이와 달리 키덜트는 각박한 현대인의 생활 속에서 마음 한구석에 어린이의 심상을 유지하는 사람들로 긍정적인 이미지를 가지고 있다.
>
> 이들의 특징은 무엇보다 진지하고 무거운 것 대신 유치하고 재미있는 것을 추구한다는 점이다. 예를 들면 대학생이나 직장인들이 엽기토끼 같은 앙증맞은 인형을 가방이나 핸드폰에 매달고 다니는 것, 회사 책상 위에 인형을 올려놓는 것 등이다. 키덜트들은 이를 통해 얻은 영감이나 에너지가 일에 도움이 된다고 한다.
>
> 이렇게 생활하면 정서 안정과 스트레스 해소에 도움이 된다는 긍정적인 의견이 나오면서 키덜트 특유의 감성이 반영된 트렌드가 유행하고 있다. 기업들은 키덜트족을 타깃으로 하는 상품과 서비스를 만들어내고 있으며, 엔터테인먼트 쇼핑몰과 온라인 쇼핑몰도 쇼핑과 놀이를 동시에 즐기려는 키덜트족의 욕구를 적극 반영하고 있는 추세이다.

① 키덜트의 나이도 범위가 존재한다.
② 피터팬증후군과 키덜트는 혼용하여 사용한다.
③ 키덜트는 현대사회와 밀접한 관련이 있다.
④ 키덜트도 시장의 수요자의 한 범주에 속한다.
⑤ 키덜트의 행위가 긍정적인 영향을 끼치기도 한다.

46 편의점에서 근무하는 A씨는 물품 창고를 정리할 때 인기 있는 상품을 출입구와 가장 가까운 곳에 둔다. 다음 중 A씨의 물품 관리 과정에 적용된 보관의 원칙으로 가장 적절한 것은?

① 네트워크 보관의 원칙

② 형상 특성의 원칙

③ 통로 대면의 원칙

④ 회전 대응 보관의 원칙

47 K공사는 조직을 개편함에 따라 기획 1 ~ 8팀의 사무실 위치를 변경하려 한다. 다음 〈조건〉에 따라 변경한다고 할 때, 변경된 사무실 위치에 대한 설명으로 옳은 것은?

창고	입구	계단
1호실		5호실
2호실	복도	6호실
3호실		7호실
4호실		8호실

> **조건**
> • 외근이 잦은 1팀과 7팀은 입구와 가장 가깝게 위치한다.
> • 2팀과 5팀은 업무 특성상 같은 라인에 인접해 나란히 위치한다.
> • 3팀은 팀명과 동일한 호실에 위치한다.
> • 8팀은 입구에서 가장 먼 쪽에 위치하며, 복도 맞은편에는 2팀이 위치한다.
> • 4팀은 1팀과 5팀 사이에 위치한다.

① 기획 1팀의 사무실은 창고 뒤에 위치한다.

② 기획 2팀은 입구와 멀리 떨어진 4호실에 위치한다.

③ 기획 3팀은 기획 5팀과 앞뒤로 나란히 위치한다.

④ 기획 4팀과 기획 6팀은 복도를 사이에 두고 마주한다.

※ 다음은 어느 회사에 다니고 있는 김 대리의 회사에서 집까지의 주변지도이다. 주어진 지도와 자료를 바탕으로 이어지는 질문에 답하시오. [48~50]

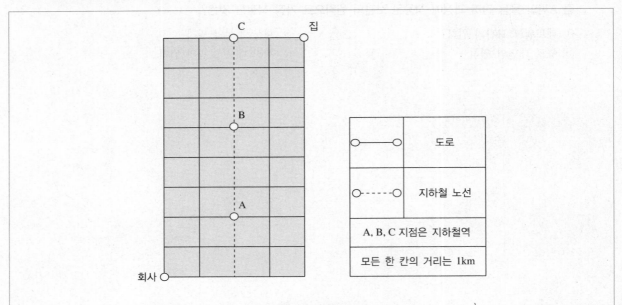

〈교통수단별 평균 속력〉

구분	속력
지하철	60km/h
버스	30km/h
택시	
도보	6km/h

〈교통수단별 요금 및 이용조건〉

구분	요금 및 이용조건
지하철	승차권 : 2,000원
	역이 위치한 A, B, C 지점에서만 승하차 가능
버스	승차권 : 1,500원
	어디서나 승·하차가능하나, 직선으로 2km씩 이동 가능
택시	기본요금 : 2,500원(5km까지), 추가 1km당 150원
	승·하차 및 이동에는 제약 없음(기사포함 최대 4인 탑승 가능)

48 지하철을 1번은 반드시 이용하여 가장 빠르게 집에 도착하였을 때의 소요시간은 얼마인가?(단, 환승 등의 소요시간은 고려하지 않는다)

① 18분　　　　　　　　　　　　　② 20분
③ 22분　　　　　　　　　　　　　④ 24분

49 김 대리는 회사에서 3명의 동료들과 함께 출발하여 집에서 식사를 한 후, 동료들은 김 대리의 집에서 가장 가까운 지하철역으로 가려고 한다. 이때 소요되는 교통비로 가장 저렴한 것은?(단, 회사에서 집으로, 집에서 지하철역으로 이동할 때 모든 인원은 동일하게 한 가지 수단을 이용하며, 도보로 이동하지 않는다)

① 7,400원　　　　　　　　　　　② 8,500원
③ 9,600원　　　　　　　　　　　④ 10,700원

50 외부 업무를 위해, 김 대리의 동료인 정 대리는 회사에서 택시를 타고 지하철역 B에 위치한 약속장소로 가려 한다. 오후 2시 30분에 예정된 약속을 위해 약속장소에 10분 미리 도착하여 일정을 준비하려고 할 때, 약속시간에 늦지 않기 위해 정 대리는 적어도 몇 시에 회사에서 택시에 탑승해야 하는가?

① 오후 1시 51분　　　　　　　　② 오후 1시 56분
③ 오후 2시 1분　　　　　　　　　④ 오후 2시 6분

51 다음은 2017년 직업별 실제 근무시간 및 희망 근무시간에 대한 자료이다. 다음 중 자료를 바탕으로 판단할 때, 주 52시간 근무제 도입으로 인한 변화를 추론한 것으로 옳은 것을 모두 고르면?

• 분야별 실제 근무시간

구분	사례 수(명)	주 40시간 이하(%)	주 41 ~ 52시간 이하(%)	주 53시간 이상(%)
소계	50,091	52.3	27.2	20.5
관리자	291	63.6	30.1	6.3
전문가 및 관련종사자	10,017	64.5	26.6	9.0
사무종사자	9,486	70.8	25.1	4.2
서비스종사자	6,003	39.6	21.9	38.5
판매종사자	6,602	34.7	29.1	36.1
농림어업 숙련종사자	2,710	54.8	24.5	20.7
기능원 및 관련기능종사자	4,853	35.1	37.1	27.8
장치, 기계조작 및 조립종사자	5,369	41.8	32.2	26.0
단순노무종사자	4,642	57.4	21.9	20.7
군인	118	71.9	23.8	4.3

• 분야별 희망 근무시간

구분	사례 수(명)	주 40시간 이하(%)	주 41 ~ 52시간 이하(%)	주 53시간 이상(%)
소계	50,037	63.8	25.1	11.1
관리자	291	73.8	23.8	2.4
전문가 및 관련종사자	10,006	76.5	19.7	3.8
사무종사자	9,469	80.2	17.6	2.2
서비스종사자	5,992	49.8	28.2	22.0
판매종사자	6,597	48.3	31.4	20.3
농림어업 숙련종사자	2,703	67.1	22.8	10.1
기능원 및 관련기능종사자	4,852	47.5	36.9	15.6
장치, 기계조작 및 조립종사자	5,368	56.0	30.1	13.9
단순노무종사자	4,641	66.6	22.5	10.9
군인	119	72.1	23.3	4.6

〈주 52시간 근무제〉

주 52시간 근무제는 주당 법정 근로시간을 기존 68시간에서 52시간(법정근로 40시간+연장근로 12시간)으로 단축한 근로제도이다. 국회가 2018년 2월 28일 주당 법정 근로시간을 52시간(법정근로 40시간+연장근로 12시간)으로 단축하는 내용의 '근로기준법 개정안'을 통과시킴에 따라, 그해 7월 1일부터 우선 종업원 300인 이상의 사업장을 대상으로 시행됐다. 개정안은 '일주일은 7일'이라는 내용을 명시하면서 주 최대 근로시간이 현재 68시간(평일 40시간+평일 연장 12시간+휴일근로 16시간)에서 52시간(주 40시간+연장근로 12시간)으로 16시간이 줄어들었다.

ㄱ. 주 52시간 근무제를 도입한 후, 주 근무시간이 감소하는 근로자의 수가 가장 많은 분야는 판매종사자이다.
ㄴ. 희망 근무시간이 53시간 이상인 근로자의 수가 가장 적은 분야는 관리자이다.
ㄷ. 주 52시간 근무제 도입 시, 근로시간 단축효과는 관리자보다 단순노무종사자에서 더욱 클 것이다.

① ㄱ   ② ㄱ, ㄴ
③ ㄱ, ㄷ   ④ ㄴ, ㄷ
⑤ ㄱ, ㄴ, ㄷ

| 주택도시보증공사 / 수리능력

52 이달 초 가격이 40만 원인 물건을 할부로 구입하고 이달 말부터 매달 일정한 금액을 12개월에 걸쳐 갚는다면 매달 얼마씩 갚아야 하는가?(단, $1.015^{12} = 1.2$, 월이율은 1.5%, 1개월마다 복리로 계산한다)

① 3만 2천 원   ② 3만 5천 원
③ 3만 6천 원   ④ 3만 8천 원
⑤ 4만 2천 원

| 주택도시보증공사 / 문제해결능력

53 철수는 장미에게 "43 41 54"의 문자를 전송하였다. 장미는 문자가 16진법으로 표현된 것을 발견하고 아래의 아스키 코드표를 이용하여 해독을 진행하려고 한다. 철수가 장미에게 보낸 문자의 의미는 무엇인가?

문자	아스키	문자	아스키	문자	아스키	문자	아스키
A	65	H	72	O	79	V	86
B	66	I	73	P	80	W	87
C	67	J	74	Q	81	X	88
D	68	K	75	R	82	Y	89
E	69	L	76	S	83	Z	90
F	70	M	77	T	84		
G	71	N	78	U	85		

① CAT   ② SIX
③ BEE   ④ CUP
⑤ WIN

54 다음 빈칸에 들어갈 사자성어로 가장 적절한 것은?

> _____은 중국 노(魯)나라 왕이 바닷새를 궁 안으로 데려와 술과 육해진미를 권하고 풍악과 무희 등으로 융숭한 대접을 했지만, 바닷새는 어리둥절하여 슬퍼하며 아무것도 먹지 않아 사흘 만에 죽었다는 일화에서 유래하였다. 장자는 노나라 왕의 이야기를 통해 아무리 좋은 것이라도 상대방의 입장을 고려하지 않으면 실패할 수밖에 없다는 것을 비유적으로 표현하였다.

① 노심초사(勞心焦思)　　　　　　　　　② 견강부회(牽強附會)
③ 설참신도(舌斬身刀)　　　　　　　　　④ 이청득심(以聽得心)
⑤ 경전하사(鯨戰蝦死)

55 A회사는 회사 신제품 광고 브로마이드를 중앙 기둥에 부착하려고 한다. 높이 3m에 반지름이 0.5m인 원기둥의 기둥에 딱 맞게 브로마이드를 부착하였을 때, 해당 브로마이드의 크기는 얼마인가?(단, $\pi = 3.14$)

① 6.16m^2　　　　　　　　　　　　② 9.42m^2
③ 9.84m^2　　　　　　　　　　　　④ 10.50m^2
⑤ 11.52m^2

56 14분과 22분을 잴 수 있는 두 모래시계가 있다. 두 모래시계를 이용하여 30분을 측정하는 데 걸리는 시간은 몇 분인가?

① 30분　　　　　　　　　　　　　　　② 36분
③ 44분　　　　　　　　　　　　　　　④ 52분
⑤ 56분

57 다음 중 엑셀(Excel)의 단축키에 대한 설명으로 옳은 것은?

① [Alt]+[F] : 삽입 메뉴　　　　　　　② [Alt]+[Enter] : 자동합계
③ [Shift]+[F5] : 함수 마법사　　　　　④ [F12] : 다름 이름으로 저장
⑤ [Ctrl]+[9] : 창 최소화

58 다음 중 바이오스(Basic Input Output System)에 대한 설명으로 옳은 것은?

① 한번 기록한 데이터를 빠른 속도로 읽을 수 있지만, 다시 기록할 수 없는 메모리

② 컴퓨터에서 전원을 켜면 맨 처음 컴퓨터의 제어를 맡아 가장 기본적인 기능을 처리해 주는 프로그램

③ 기억된 정보를 읽어내기도 하고, 다른 정보를 기억시킬 수도 있는 메모리

④ 주변 장치와 컴퓨터 처리 장치 간에 데이터를 전송할 때 처리 지연을 단축하기 위해 보조 기억 장치를 완충 기억 장치로 사용하는 것

⑤ 운영 체제와 응용 프로그램 중간에 위치하는 소프트웨어

59 전자우편을 보낼 때, 동일한 내용의 편지를 여러 사람에게 보낼 수 있는 기능은?

① 메일머지(Mail Merge)　　　　　　② 인덱스(Index)

③ 시소러스(Thesaurus)　　　　　　④ 액세스(Access)

⑤ 디더링(Dithering)

60 한국국토정보공사에 근무하는 A대리는 공간정보 품질관리사업 대한 SWOT 분석 결과 자료를 토대로 〈보기〉와 같이 판단하였다. 다음 〈보기〉 중 SWOT 분석에 의한 경영전략에 따른 판단으로 적절하지 않은 것은?

〈공간정보 품질관리 사업에 대한 SWOT 분석 결과〉

구분	분석 결과
강점(Strength)	• 도로명주소 서비스의 정확성 개선사업을 통한 국토정보 유지관리사업 추진 경험 • 위치기반 생활지원 서비스인 '랜디랑'의 성공적 구축
약점(Weakness)	• 국토정보 수집 관련 기기 및 설비 운용인력의 부족 • 공공수요에 편중된 국토정보 활용
기회(Opportunity)	• 국토정보체계 표준화에 성공한 해외 기관과의 지원협력 기회 마련
위협(Threat)	• 드론 조종사 양성을 위한 예산 확보 어려움

보기

ㄱ. 유지관리사업 추진 노하우를 해외 기관에 제공하고 이를 더욱 개선하기 위해 국내에서 예산을 확보하는 것은 SO전략에 해당한다.

ㄴ. 랜디랑의 성공적 구축 사례를 활용해 드론 운용사업의 잠재성을 강조하여 드론 조종사 양성 예산을 확보해 내는 것은 ST전략에 해당한다.

ㄷ. 해외 기관과의 협력을 통해 국토정보 유지관리사업을 개선하는 것은 WO전략에 해당한다.

ㄹ. 드론 조종사 양성을 위한 예산을 확보하여 기기 운용인력을 확충하기 위해 노력하는 것은 WT전략에 해당한다.

① ㄱ, ㄴ　　　　　　　　　　② ㄱ, ㄷ

③ ㄴ, ㄷ　　　　　　　　　　④ ㄴ, ㄹ

PART 1

직업기초능력평가

CHAPTER 01

의사소통능력

의사소통능력은 포함되지 않는 공사·공단이 없을 만큼 필기시험에서 중요도가 높은 영역이다. 또한, 일부 공사·공단을 제외하고 의사소통능력의 문제 출제 비중이 가장 높다. 이러한 점을 볼 때, 의사소통능력은 공사·공단 NCS를 준비하는 수험생이라면 정복해야 하는 숙명의 과목이다.

국가직무능력표준에 따르면 의사소통능력의 세부 유형은 문서이해, 문서작성, 의사표현, 경청, 기초외국어로 나눌 수 있다. 이때, 문서이해·문서작성과 같은 제시문에 대한 주제, 일치 문제의 출제 비중이 높으며, 공문서·기획서·보고서·설명서 등 문서의 특성을 파악하는 문제도 일부 공사·공단에서 출제되고 있다. 따라서 이러한 분석을 바탕으로 전략을 세우는 것이 매우 중요하다.

01 문제에서 요구하는 바를 먼저 파악하라!

의사소통능력에서 가장 중요한 것은 제한된 시간 안에 빠르고 정확하게 답을 찾아내는 것이다. 그러기 위해서는 우리가 의사소통능력을 공부하는 이유를 잊지 말아야 한다. 우리는 지식을 쌓기 위해 의사소통능력 지문을 보는 것이 아니다. 즉, 의사소통능력에서는 지문이 아닌 문제가 주인공이다! 지문을 보기 전 문제를 먼저 파악해야 한다. 주제찾기 문제라면 첫 문장과 마지막 문장 또는 접속어를 주목하자! 내용일치 문제라면 지문과 문항의 일치 / 불일치 여부만 파악한 뒤 빠져나오자! 지문에 빠져드는 순간 우리의 시간은 속절없이 흘러버린다!

02 잠재되어 있는 언어능력을 발휘하라!

의사소통능력에는 끝이 없다! 의사소통의 방대함에 포기한 적이 있는가? 세상에 글은 많고 우리가 학습할 수 있는 시간은 한정적이다. 이를 극복할 수 있는 방법은 다양한 글을 접하는 것이다. 실제 시험장에서 어떤 내용의 지문이 나올지 아무도 예측할 수 없다. 따라서 평소에 신문, 소설, 보고서 등 여러 글을 접하는 것이 필요하다. 잠재되어 있는 글에 대한 안목이 시험장에서 빛을 발할 것이다.

03   상황을 가정하라!

업무 수행에 있어 상황에 따른 언어 표현은 중요하다. 같은 말이라도 상황에 따라 다르게 해석될 수 있기 때문이다. 그런 의미에서 자신의 의견을 효과적으로 전달할 수 있는 능력을 평가하는 것은 당연하다. 따라서 다양한 상황에서의 언어 표현 능력을 함양하기 위한 연습의 과정이 요구된다. 업무를 수행하면서 발생할 수 있는 여러 상황을 가정하고 그에 따른 올바른 언어 표현을 정리하는 것이 필요하다. 의사표현 영역의 경우 출제 빈도가 높지는 않지만 상황에 따른 판단력을 평가하는 문항인 만큼 대비하는 것이 필요하다.

04   말하는 이의 입장에서 생각하라!

잘 듣는 것 또한 하나의 능력이다. 상대방의 이야기에 귀 기울이고 공감하는 태도는 업무를 수행하는 관계 속에서 필요한 요소이다. 그런 의미에서 다양한 상황에서의 듣는 능력을 평가한다. 말하는 이가 요구하는 듣는 이의 태도를 파악하고, 이에 따른 판단을 할 수 있도록 언제나 말하는 사람의 입장이 되어 보는 연습이 필요하다.

05   반복만이 살길이다!

학창 시절 외국어를 공부했을 때를 떠올려 보자! 셀 수 없이 많은 표현들을 익히기 위해 얼마나 많은 반복의 과정을 거쳤는가? 의사소통능력 역시 그러하다. 하나의 문제 유형을 마스터하기 위해 가장 중요한 것은 바로 여러 번, 많이 풀어보는 것이다.

┌연속출제┐

다음은 노인장기요양보험법의 일부 내용이다. 다음 중 법령을 잘못 이해한 것은?

풀이순서

1) 질문의도
  : 법령이해

제4조 국가 및 지방자치단체의 책무 등

① 국가 및 지방자치단체는 노인이 일상생활을 혼자서 수행할 수 있는 온전한 심신상태를 유지하는 데 필요한 사업(이하 "노인성질환예방사업"이라 한다)을 실시하여야 한다.

② 국가는 노인성질환예방사업을 수행하는 지방자치단체 또는 국민건강보험법에 따른 국민건강보험공단(이하 "공단"이라 한다)에 대하여 이에 소요되는 비용을 지원할 수 있다. ❷

③ 국가 및 지방자치단체는 노인인구 및 지역특성 등을 고려하여 장기요양급여가 원활하게 제공될 수 있도록 적정한 수의 장기요양기관을 확충하고 장기요양기관의 설립을 지원하여야 한다.

④ 국가 및 지방자치단체는 장기요양급여가 원활히 제공될 수 있도록 공단에 필요한 행정적 또는 재정적 지원을 할 수 있다. ❸

… (생략) …

제6조 장기요양기본계획

① 보건복지부장관은 노인 등에 대한 장기요양급여를 원활하게 제공하기 위하여 5년 단위로 다음 각 호의 사항이 포함된 장기요양기본계획을 수립·시행하여야 한다. ❶

  1. 연도별 장기요양급여 대상인원 및 재원조달 계획
  2. 연도별 장기요양기관 및 장기요양전문인력 관리 방안
  3. 장기요양요원의 처우에 관한 사항
  4. 그 밖에 노인 등의 장기요양에 관한 사항으로서 대통령령으로 정하는 사항

② 지방자치단체의 장은 제1항에 따른 장기요양기본계획에 따라 세부시행계획을 수립·시행하여야 한다. ❹

---

2) 선택지 키워드 찾기

3) 지문독해
  : 선택지와 비교

① 보건복지부장관은 5년 단위로 장기요양기본계획을 수립한다. ──── 국가

② 노인성질환예방사업을 수행하는 데에 소요되는 비용은 지방자치단체가 지원한다.

③ 국가는 공단의 장기요양급여 제공에 있어 행정적 또는 재정적으로 지원한다.

④ 장기요양기본계획에 따른 세부시행계획은 지방자치단체의 장이 수립·시행한다.

4) 정답도출

📋 **유형 분석**
- 주어진 지문을 읽고 일치하는 선택지를 고르는 전형적인 독해 문제이다.
- 지문은 주로 신문기사(보도자료 등), 업무 보고서, 시사 등이 제시된다.
- 대체로 지문이 긴 경우가 많아 푸는 시간이 많이 소요된다.
- 응용문제 : 지문의 주제를 찾는 문제나, 지문의 핵심내용을 근거로 추론하는 문제가 출제된다.

📋 **풀이 전략**
먼저 선택지의 키워드를 체크한 후, 지문의 내용과 비교하며 내용의 일치유무를 신속히 판단한다.

┌연속출제┐

다음은 외국인 건강보험 제도변경에 대한 안내문이다. 다음 안내문을 이해한 내용으로 적절하지 않은 것은?

풀이순서

1) 질문의도
   : 내용이해 → 적용

2) 지문파악

〈외국인 건강보험 제도변경 안내〉

- 6개월 이상 체류하는 경우 건강보험 당연 가입
  - 유학 또는 결혼이민의 경우는 입국하여 외국인 등록한 날 가입 ❶
    ※ 가입 제외 신청 대상 : 외국의 법령·보험 및 사용자의 계약에 따라 법 제41조에 따른 요양 급여에 상당하는 의료보장을 받을 수 있는 경우
- 자격은 등록된 체류지(거소지)에 따라 개인별로 관리(취득)되며, 건강보험료도 개인별로 부과
  - 다만, 같은 체류지(거소지)에 배우자 및 만 19세 미만 자녀와 함께 거주하여 가족 단위로 보험료 납부를 원하는 경우에는 가족관계를 확인할 수 있는 서류를 지참하여 방문 신청 필요 ❷
- 매월 25일까지 다음 달 보험료 납부 ❺-1
- 보험료 미납하면 불이익 발생
  - 병·의원 이용 시 건강보험 혜택 제한
  - 비자 연장 등 각종 체류 허가 제한(법무부 출입국·외국인 관서) ❹
  - 기한을 정하여 독촉하고, 그래도 납부하지 않으면 소득, 재산, 예금 등 압류하여 강제 징수 ❺-2
    ※ 건강보험 혜택은 대한민국 국민과 동일(입원, 외래진료, 중증질환, 건강검진 등) ❸

---

4) 지문독해
   : 선택지와 비교

① 외국인 유학생 A씨의 경우 체류 기간과 관계없이 외국인 등록을 한 날에 건강보험에 가입된다.
② 배우자와 국내에 함께 체류 중인 외국인 B씨가 가족 단위로 보험료를 납부하고자 할 경우에는 별도의 신청이 필요하다.
③ 보험료를 매월 납부하고 있는 외국인 C씨의 경우 외래진료 시에는 보험 혜택을 받을 수 있지만, 건강검진은 제공되지 않는다.
④ 보험료가 미납된 외국인 D씨가 비자 연장을 신청할 경우 신청이 제한될 수 있다.
⑤ 건강보험에 가입된 외국인 E씨는 보험료를 매월 25일까지 납부하여야 하며, 독촉 기한에도 납부하지 않을 경우 소득이나 재산이 압류될 수 있다.

3) 선택지 키워드 찾기

📋 **유형 분석**
- 주어진 지문에 대한 이해를 바탕으로 유추할 수 있는 내용을 고르는 문제이다.
- 지문은 주로 업무 보고서, 기획서, 보도자료 등이 제시된다.
- 일반적인 독해 문제와는 달리 선택지의 내용이 애매모호한 경우가 많으므로 꼼꼼히 살펴보아야 한다.

📋 **풀이 전략**
주어진 지문이 어떠한 내용을 다루고 있는지 파악한 후 선택지의 키워드를 체크한다. 그리고 나서 지문의 내용에서 도출할 수 있는 내용을 선택지에서 찾아야 한다.

문서작성 ①

다음 중 밑줄 친 단어와 의미가 유사한 것은?

> 흑사병은 페스트균에 의해 발생하는 급성 열성 감염병으로, 쥐에 기생하는 벼룩에 의해 사람에게 전파된다. 국가위생건강위원회의 자료에 따르면 중국에서는 최근에도 간헐적으로 흑사병 확진 판정이 나온 바 있다. 지난 2014년에는 중국 북서부에서 38세의 남성이 흑사병으로 목숨을 잃었으며, 2016년과 2017년에도 각각 1건씩 발병 사례가 확인됐다.

① 근근이   ② 자못
✓ 이따금   ④ 빈번히
⑤ 흔히

풀이순서

1) 질문의도
   : 유의어

2) 지문파악
   : 문맥을 보고 단어의
     뜻 유추

3) 정답도출

📝 **유형 분석**
- 주어진 지문에서 밑줄 친 단어의 유의어를 찾는 문제이다.
- 자료는 지문, 보고서, 약관, 공지 사항 등 다양하게 제시된다.
- 다른 문제들에 비해 쉬운 편에 속하지만 실수를 하기 쉽다.
- 응용문제 : 틀린 단어를 올바르게 고치는 등 맞춤법과 관련된 문제가 출제된다.

📝 **풀이 전략**
앞뒤 문장을 읽어 문맥을 파악하여 밑줄 친 단어의 의미를 찾는다.

문서작성 ②

PART 1 직업기초능력평가

┌─연속출제─┐

다음 중 공문서 작성 요령으로 적절하지 않은 것은?

① 전문 용어 사용을 지양한다.

☑ 1. → 1) → (1) → 가. → 가)와 같이 항목을 순서대로 표시한다.

③ 첨부물이 있다면 붙임 표시문 다음에 '끝'을 표시한다.

④ 뜻을 정확하게 전달하기 위해 괄호 안에 한자를 함께 적을 수 있다.

⑤ 쌍점(:)은 앞말에 붙여 쓰고 뒷말과는 띄어 쓴다.

┌─풀이순서─┐

1) 질문의도
: 문서작성 방법

2) 선택지 확인
: 공문서 작성법

3) 정답도출
: 공문서의 번호체계
는 1. → 가. → (1)
→ (가) → 1)과 같
이 적용한다.

📑 **유형 분석**
- 실무에서 적용할 수 있는 공문서 작성방법의 개념을 익히고 있는지 평가하는 문제이다.
- 지문은 실제 문서 형식, 조언하는 말하기, 조언하는 대화가 주로 제시된다.

응용문제 : 문서 유형별 문서작성방법에 대한 내용이 출제된다. 맞고 틀리고의 문제가 아니라 적합한 방법을 묻는
것이기 때문에 구분이 안 되어 있으면 틀리기 쉽다.

📑 **풀이 전략**   공문서 작성법을 익히고 해당 내용이 올바르게 적용되었는지 파악한다.

안심Touch

┌연속출제┐

다음 빈칸에 들어갈 경청 단계가 차례대로 연결된 것은?

풀이순서

1) 질문의도
 : 경청 방법

2) 지문파악
 : 경청 정도에 따른
 단계

〈경청의 5단계〉

단계	경청 정도	내용
㉠	0%	상대방은 이야기를 하지만, 듣는 사람에게 전달되는 내용은 하나도 없는 단계
㉡	30%	상대방의 이야기를 듣는 태도는 취하고 있지만, 자기 생각 속에 빠져 있어 이야기의 내용이 전달되지 않는 단계
㉢	50%	상대방의 이야기를 듣기는 하나, 자신이 듣고 싶은 내용을 선택적으로 듣는 단계
㉣	70%	상대방이 어떤 이야기를 하는지 내용에 집중하면서 듣는 단계
㉤	100%	상대방의 이야기에 집중하면서 의도와 목적을 추측하고, 이해한 내용을 상대방에게 확인하면서 듣는 단계

	㉠	㉡	㉢	㉣	㉤
①	선택적 듣기	무시	듣는 척하기	공감적 듣기	적극적 듣기
②	듣는 척하기	무시	선택적 듣기	적극적 듣기	공감적 듣기
③	듣는 척하기	무시	선택적 듣기	공감적 듣기	적극적 듣기
☑	무시	듣는 척하기	선택적 듣기	적극적 듣기	공감적 듣기

3) 정답도출

📋 **유형 분석**
- 경청 단계에 대해 이해하고 있는지를 묻는 문제이다.
- 경청 방법에 대한 지식이 있어도 대화 상황이나 예가 제시되었을 때 그 자료를 해석하지 못하면 소용이 없다. 지식과 예를 연결지어 학습해야 한다.

  응용문제 : 경청하는 태도와 방법에 대한 질문, 경청을 방해하는 요인 등의 지식을 묻는 문제들이 출제된다.

📋 **풀이 전략** 경청하는 단계에 대한 지식을 익히고 문제에 적용한다.

┌연속출제┐

다음 제시문에 나타난 의사소통의 저해요인으로 가장 적절한 것은?

'말하지 않아도 알아요.' TV 광고 음악에 많은 사람이 공감했던 것과 같이 과거 우리 사회에서는 자신의 의견을 직접적으로 드러내지 않는 것을 미덕이라고 생각했다. 하지만 직접 말하지 않아도 상대가 눈치껏 판단하고 행동해주길 바라는 '눈치' 문화가 오히려 의사소통 과정에서의 불신과 오해를 낳는다.

① 의사소통 기법의 미숙
② 부족한 표현 능력
③ 평가적이며 판단적인 태도
④ 선입견과 고정관념
⑤ 폐쇄적인 의사소통 분위기

풀이순서

1) 질문의도
  : 의사소통 저해요인

2) 지문파악
  : 과거의 미덕
    → 불신과 오해

3) 정답도출
  : 사회적으로 미덕으로 인식되던 긍정적 고정관념이 시대가 변함에 따라 불신과 오해를 낳는 이유가 되었다는 것이 제시문의 내용이다.

유형 분석
- 상황에 적합한 의사표현법에 대한 이해를 묻는 문제이다.
- 의사표현 방법에 대한 지식이 있어도 대화 상황이나 예가 제시되었을 때 그 자료를 해석하지 못하면 소용이 없다. 지식과 예를 연결지어 학습해야 한다.

  응용문제 : 의사표현방법, 의사표현을 방해하는 요인 등의 지식을 묻는 문제들이 출제된다.

풀이 전략
의사소통의 저해요인에 대한 지식을 익히고 문제에 적용한다.

01 다음 중 경청 훈련 방법과 사례가 잘못 연결된 것은?

	방법	사례
①	주의 기울이기	A씨는 말을 하고 있는 B씨의 얼굴과 몸의 움직임뿐만 아니라 호흡하는 자세까지도 주의하여 관찰하고 있다. 또한 B씨의 어조와 억양, 소리 크기에도 귀를 기울이고 있다.
②	상대방의 경험을 인정하고 더 많은 정보 요청하기	C씨는 자신의 경험담을 이야기하고 있는 D씨에게 관심과 존경을 보이고 있으며, D씨가 계속해서 이야기를 할 수 있도록 질문을 던지기도 한다.
③	정확성을 위해 요약하기	E씨는 유치원에서 친구와 다투었다는 아이의 말을 듣고는 "친구와 간식을 두고 다툼을 해서 너의 기분이 좋지 않구나."라며 아이의 이야기를 자신의 말로 반복하여 표현하였다.
④	개방적인 질문	F씨는 G씨에 대한 이해의 정도를 높이기 위해 주말에 부산으로 여행을 간다는 G씨에게 이번 여행은 누구와 가는지 질문하고 있다.
⑤	'왜?'라는 질문 삼가기	H씨는 부정적·강압적인 표현의 '왜?'라는 질문을 사용하지 않으려고 노력하고 있다.

02 다음 (가) ~ (라)는 문서의 종류이다. 문서 작성법에 따른 문서의 종류가 바르게 연결된 것은?

> (가) 상품이나 제품에 대해 정확하게 기술하기 위해서는 가급적 전문용어의 사용을 삼가고 복잡한 내용은 도표화한다.
> (나) 대외문서이고, 장기간 보관되는 문서이므로 정확하게 기술해야 하며, 한 장에 담아내는 것이 원칙이다.
> (다) 보통 업무 진행 과정에서 쓰는 경우가 대부분이므로 무엇을 도출하고자 했는지 핵심내용을 구체적으로 제시한다. 이때, 간결하고 핵심적인 내용의 도출이 우선이므로 내용의 중복을 피해야 한다.
> (라) 상대가 요구하는 것이 무엇인지 고려하여 설득력을 갖추어야 하며, 제출하기 전에 충분히 검토해야 한다.

	(가)	(나)	(다)	(라)
①	공문서	보고서	설명서	기획서
②	공문서	기획서	설명서	보고서
③	설명서	공문서	기획서	보고서
④	설명서	공문서	보고서	기획서
⑤	기획서	설명서	보고서	공문서

03 다음은 대화 과정에서 지켜야 할 협력의 원리에 대한 설명이다. 다음을 참고할 때, 〈보기〉의 사례에 대한 설명으로 옳은 것은?

> 협력의 원리란 대화 참여자가 대화의 목적에 최대한 기여할 수 있도록 서로 협력해야 한다는 것으로, 듣는 사람이 요구하지 않은 정보를 불필요하게 많이 제공하거나 대화의 목적이나 주제에 맞지 않는 내용을 말하는 것은 바람직하지 않다. 협력의 원리를 지키기 위해서는 다음과 같은 사항을 고려해야 한다.
> • 양의 격률 : 필요한 만큼만 정보를 제공해야 한다.
> • 질의 격률 : 타당한 근거를 들어 진실한 정보를 제공해야 한다.
> • 관련성의 격률 : 대화의 목적이나 주제와 관련된 것을 말해야 한다.
> • 태도의 격률 : 모호하거나 중의적인 표현을 피하고, 간결하고 조리 있게 말해야 한다.

> **보기**
> A사원 : 오늘 점심은 어디로 갈까요?
> B대리 : 아무거나 먹읍시다. 오전에 간식을 먹었더니 배가 별로 고프진 않은데, 아무 데나 괜찮습니다.

① B대리는 불필요한 정보를 제공하고 있으므로 양의 격률을 지키지 않았다.
② B대리는 거짓된 정보를 제공하고 있으므로 질의 격률을 지키지 않았다.
③ B대리는 질문에 적합하지 않은 대답을 하고 있으므로 관련성의 격률을 지키지 않았다.
④ B대리는 대답을 명료하게 하지 않고 있으므로 태도의 격률을 지키지 않았다.
⑤ A대리와 B대리는 서로 협력하여 의미 전달을 하고 있으므로 협력의 원리를 따르고 있다.

04 다음 상황의 A씨는 문서이해의 절차 중 어느 단계를 수행하고 있는가?

> 영업 지원팀의 A씨는 매일 협력업체들이 보내는 수십 건의 주문서를 처리하고, 상사의 지시에 따라 보고서나 기획서 등을 작성한다. 얼마 전 A씨는 급하게 처리해야 할 주문서를 찾아야 했는데, 책상에 가득 쌓인 주문서와 상사의 요청서, 보고서 등으로 곤욕을 치러야 했다. A씨는 문서를 종류별로 체계적으로 정리하기로 결심하였고, 고객의 주문서 중 핵심내용만 정리하여 요구사항별로 그룹화하고, 상사의 요청서에서 중요한 내용만 간추려 메모하기 시작하였다.

① 문서의 목적 이해하기
② 문서 작성의 배경과 주제 파악하기
③ 상대방의 의도를 메모하여 요약, 정리하기
④ 문서가 제시하는 현안문제 파악하기
⑤ 문서에서 이해한 목적 달성을 위해 취해야 할 행동 생각하기

05 다음 글의 내용과 일치하지 않는 것은?

> 저작권이란 저작물을 보호하기 위해 저작자에게 부여된 독점적 권리를 말한다. 저작권은 소유한 물건을 자기 마음
> 대로 이용하거나 처분할 수 있는 권리인 소유권과는 구별된다. 소설책을 구매한 사람은 책에 대한 소유권은 획득했
> 지만, 그렇다고 소설에 대한 저작권을 획득한 것은 아니다. 따라서 구매자는 다른 사람에게 책을 빌려줄 수는 있으
> 나, 저작자의 허락 없이 그 소설을 상업적 목적으로 변형하거나 가공하여 유통할 수는 없다. 이는 책에 대해서는
> 물건에 대한 소유권인 물권법이, 소설에 대해서는 저작권법이 각각 적용되기 때문이다.
> 저작권법에서 보호하는 저작물은 남의 것을 베낀 것이 아니라 저작자 자신의 것이어야 한다. 그리고 저작물의 수준
> 이 높아야 할 필요는 없지만, 저작권법에 의한 보호를 받을 가치가 있는 정도로 최소한의 창작성을 지니고 있어야
> 한다.
> 저작자란 사실상의 저작 행위를 하여 저작물을 생산해 낸 사람을 가리킨다. 직업적인 문인뿐만 아니라 저작 행위를
> 하면 누구든지 저작자가 될 수 있다. 자연인으로서의 개인뿐만 아니라 법인도 저작자가 될 수 있다. 그리고 저작물
> 에는 1차적 저작물뿐만 아니라 2차적 저작물도 포함되므로 2차적 저작물의 작성자도 저작자가 될 수 있다. 그러나
> 저작을 하는 동안 옆에서 도와주었거나 자료를 제공한 사람 등은 저작자가 될 수 없다.
> 저작자에게 저작권이라는 권리를 부여하여 보호하는 이유는 저작물이 곧 문화 발전의 원동력이 되기 때문이다. 저
> 작물이 많이 나와야 그 사회가 문화적으로 풍요로워질 수 있다. 또 다른 이유는 저작자의 창작 노력에 대해 적절한
> 보상을 해 줌으로써 창작 행위를 계속할 수 있는 동기를 제공하는 데 있다.

① 저작권은 저작자에게 부여된 독점적 권리로 소유권과 구별된다.
② 소설책을 구매한 사람이 다른 사람에게 책을 빌려줄 수 있는 이유는 책에 대해 물권법이 적용되기 때문이다.
③ 남의 것을 베끼더라도 최소한의 창작성을 지닌 저작물이라면 저작권법에 의해 보호받을 수 있다.
④ 2차적 저작물의 작성자도 저작자가 될 수 있지만, 저작의 과정에서 자료를 제공한 사람은 저작자가 될 수 없다.
⑤ 저작자에게 권리를 부여함으로써 저작자의 지속적인 창작 동기를 유발하고, 사회의 문화 발전에 기여하도록
　 한다.

06 다음 중 글의 내용과 일치하는 것은?

인류가 남긴 수많은 미술 작품을 살펴보다 보면 다양한 동물들이 등장하고 있음을 알 수 있다. 미술 작품 속에 등장하는 동물에는 일상에서 흔히 접할 수 있는 개나 고양이, 꾀꼬리 등도 있지만 해태나 봉황 등 인간의 상상에서 나온 동물도 적지 않음을 알 수 있다.

미술 작품에 등장하는 동물은 그 성격에 따라 나누어 보면 종교적·주술적인 동물, 신을 위한 동물, 인간을 위한 동물로 구분할 수 있다. 물론 이 구분은 엄격한 것이 아니므로 서로의 개념을 넘나들기도 하며, 여러 뜻을 동시에 갖기도 한다.

종교적·주술적인 성격의 동물은 가장 오랜 연원을 가진 것으로, 사냥 미술가들의 미술에 등장하거나 신앙을 목적으로 형성된 토템 등에서 확인할 수 있다. 여기에 등장하는 동물들은 대개 초자연적인 강대한 힘을 가지고 인간 세계를 지배하거나 수호하는 신적인 존재이다. 인간의 이지가 발달함에 따라 이들의 신적인 기능은 점차 감소하여, 결국 이들은 인간에게 봉사하는 존재로 전락하고 만다.

동물은 절대적인 힘을 가진 신의 위엄을 뒷받침하고 신을 도와 치세(治世)의 일부를 분담하기 위해 이용되기도 한다. 이 동물들 역시 현실 이상의 힘을 가지며 신성시되는 것이 보통이지만, 이는 어디까지나 신의 권위를 강조하기 위한 것에 지나지 않는다. 이들은 신에게 봉사하기 위해서 많은 동물 중에서 특별히 선택된 것들이다. 그리하여 그 신분에 알맞은 모습으로 조형화되었다.

① 미술 작품 속에는 일상에서 흔히 접할 수 있는 개나 고양이, 꾀꼬리 등이 주로 등장하고, 해태나 봉황 등은 찾아보기 어렵다.

② 미술 작품에 등장하는 동물은 성격에 따라 종교적·주술적인 동물, 신을 위한 동물, 인간을 위한 동물로 엄격하게 구분한다.

③ 종교적·주술적 성격의 동물은 초자연적인 강대한 힘으로 인간 세계를 지배하거나 수호하는 신적인 존재로 나타난다.

④ 인간의 이지가 발달함에 따라 신적인 기능이 감소한 종교적·주술적 동물은 신에게 봉사하는 존재로 전락한다.

⑤ 신의 위엄을 뒷받침하고 신을 도와 치세의 일부를 분담하기 위해 이용되는 동물은 별다른 힘을 지니지 않는다.

07 문맥상 다음 글에 이어질 내용으로 가장 적절한 것은?

테레민이라는 악기는 손을 대지 않고 연주하는 악기이다. 이 악기를 연주하기 위해 연주자는 허리 높이쯤에 위치한 상자 앞에 선다. 오른손은 상자에 수직으로 세워진 안테나 주위에서 움직인다. 오른손의 엄지와 집게손가락으로 고리를 만들고 손을 흔들면서 나머지 손가락을 하나씩 펴면 안테나에 손이 닿지 않고서도 음이 들린다. 이때 들리는 음은 피아노 건반을 눌렀을 때 나는 것처럼 정해진 음이 아니고 현악기를 연주하는 것과 같은 연속음이며, 소리는 손과 손가락의 움직임에 따라 변한다. 왼손은 손가락을 펼친 채로 상자에서 수평으로 뻗은 안테나 위에서 서서히 오르내리면서 소리를 조절한다.

오른손으로는 수직 안테나와의 거리에 따라 음고(音高)를 조절하고 왼손으로는 수평 안테나와의 거리에 따라 음량을 조절한다. 따라서 오른손과 수직 안테나는 음고를 조절하는 회로에 속하고 왼손과 수평 안테나는 음량을 조절하는 또 다른 회로에 속한다. 이 두 회로가 하나로 합쳐지면서 두 손의 움직임에 따라 음고와 음량을 변화시킬 수 있다.

어떻게 테레민에서 다른 음고의 음이 발생되는지 알아보자. 음고를 조절하는 회로는 가청주파수 범위 바깥의 주파수를 갖는 서로 다른 두 개의 음파를 발생시킨다. 이 두 개의 음파 사이에 존재하는 주파수의 차이 값에 의해 가청주파수를 갖는 새로운 진동이 발생하는데 그것으로 소리를 만든다. 가청주파수 범위 바깥의 주파수 중 하나는 고정된 주파수를 갖고 다른 하나는 연주자의 손 움직임에 따라 주파수가 바뀐다. 이렇게 발생한 주파수의 변화에 의해 진동이 발생되고 이 진동의 주파수는 가청주파수 범위 내에 있기 때문에 그 진동을 증폭시켜 스피커로 보내면 소리가 들린다.

① 수직 안테나에 손이 닿으면 소리가 발생하는 원리
② 왼손의 손가락 모양에 따라 음고가 바뀌는 원리
③ 수평 안테나와 왼손 사이의 거리에 따라 음량이 조절되는 원리
④ 음고를 조절하는 회로에서 가청주파수의 진동이 발생하는 원리
⑤ 오른손 손가락으로 가상의 피아노 건반을 눌러 음량을 변경하는 원리

08 다음 빈칸 안에 들어갈 단어들로 올바른 것은?

> 300km/h 속도의 KTX를 기반으로 한국이 ⊙ 개발 / 계발한 고속차량 KTX – 산천, ITX – 새마을 등 코레일의 여객 사업은 나날이 새로워지고 있습니다. KTX 인천국제공항 직통 노선 및 KTX 호남선, KTX 서울 – 포항 직결 노선을 개통하여 전국 반나절권 시대를 실현하고 국토 균형발전의 토대를 더욱 ⓒ 튼튼이 / 튼튼히 했습니다. 2017년 개통한 KTX 인천국제공항 – 강릉 노선은 수도권과 강원권을 1시간대로 운행, 2018년 평창 동계올림픽의 성공적 ⓒ 개최 / 계최와 지역 경제발전의 원동력이 되었습니다.

	⊙	ⓒ	ⓒ
①	개발	튼튼히	개최
②	개발	튼튼히	계최
③	개발	튼튼이	개최
④	계발	튼튼히	계최
⑤	계발	튼튼이	개최

09 다음을 읽고 이해한 것으로 올바르지 않은 것은?

> 인천은 예로부터 해상활동의 중심지였다. 지리적으로 한양과 인접해 있을 뿐 아니라 가깝게는 강화, 서산, 수원, 태안, 개성 등지와 멀리는 충청, 황해, 평안, 전라지방으로부터 온갖 지역 생산품이 모이는 곳이었다. 즉, 상권이 전국에 미치는 매우 중요한 지역이었으며 갑오개혁 이후에는 일본군, 관료, 상인들이 한양으로 들어오는 관문이었다. 현재 인천광역시 옥련동에 남아 있는 능허대는 백제가 당나라와 교역했던 사실을 말해주는 대표적인 유적이다. 고구려 역시 광개토대왕 이래 남진정책을 펼치면서 경기만을 활용해 해상활동을 활발하게 전개했고, 이를 국가 발전의 원동력으로 삼았다. 고려는 황해를 무대로 한 해상세력이 건국한 국가였으므로 인천을 비롯한 경기만은 송나라는 물론 이슬람 권역과 교역하는 주요거점이 되었다. 조선시대 인천은 조운선의 중간 기착지였다. 이처럼 고대로부터 인천지역이 해상교역에서 중요한 역할을 담당했던 것은 한반도의 허리이자, 황해의 핵심적 위치에서 자리하고 있기 때문이었다.
>
> 인천항의 근대 산업항으로서의 역사는 1883년 개항에 의해 본격적으로 시작된다. 그 무렵 인천 도호부는 인구 4,700여 명의 작은 마을이었다. 비록 외세에 의한 강제적 개항이며 식민지 찬탈의 창구였으나, 1900년대 초 인천은 우리나라 무역총액의 50%를 담당하는 국내 대표항구로서 자리 잡게 되었다. 그리고 이후 우리나라 근대화와 산업화를 이끈 주역으로 역할을 수행하게 된다.

① 인천은 지리적 특성으로 해상활동의 중심지였다.
② 능허대는 백제의 국내 교역이 활발했음을 말해주는 대표적인 유적이다.
③ 광개토대왕은 경기만을 이용한 해상활동으로 국가를 발전시킬 수 있었다.
④ 인천은 조선시대에 조운선의 중간 기착지로 활용되었다.
⑤ 근대 산업항으로서의 인천항은 외세에 의한 강제적 개항으로 시작되었다.

10 다음 글에서 철학의 여인의 논지를 따를 때, ㉠에 해당하는 것으로 적절한 것만을 〈보기〉에서 모두 고르면?

다음은 철학의 여인이 비탄에 잠긴 보에티우스에게 건네는 말이다.

"나는 이제 네 병의 원인을 알겠구나. 이제 네 병의 원인을 알게 되었으니 ㉠ 너의 건강을 회복할 방법을 찾을 수 있게 되었다. 그 방법은 병의 원인이 되는 잘못된 생각을 바로잡아 주는 것이다. 너는 너의 모든 소유물을 박탈당했다고, 사악한 자들이 행복을 누리게 되었다고, 네 운명의 결과가 불의하게도 제멋대로 바뀌었다는 생각으로 비탄에 빠져 있다. 그런데 그런 생각은 잘못된 전제에서 비롯된 것이다. 네가 눈물을 흘리며 너 자신이 추방당하고 너의 모든 소유물을 박탈당했다고 생각하는 것은 행운이 네게서 떠났다고 슬퍼하는 것과 다름없는데, 그것은 네가 운명의 본모습을 모르기 때문이다. 그리고 사악한 자들이 행복을 가졌다고 생각하는 것이나 사악한 자가 선한 자보다 더 행복을 누린다고 한탄하는 것은 네가 실로 만물의 목적이 무엇인지 모르고 있기 때문이다. 다시 말해 만물의 궁극적인 목적이 선을 지향하는 데 있다는 것을 모르고 있기 때문이다. 또한 너는 세상이 어떤 통치 원리에 의해 다스려지는지 잊어버렸기 때문에 제멋대로 흘러가는 것이라고 믿고 있다. 그러나 만물의 목적에 따르면 악은 결코 선을 이길 수 없으며 사악한 자들이 행복할 수는 없다. 따라서 세상은 결국에는 불의가 아닌 정의에 의해 다스려지게 된다. 그럼에도 불구하고 너는 세상의 통치 원리가 정의와는 거리가 멀다고 믿고 있다. 이는 그저 병의 원인일 뿐 아니라 죽음에 이르는 원인이 되기도 한다. 그러나 다행스럽게도 자연은 너를 완전히 버리지는 않았다. 이제 너의 건강을 회복할 수 있는 작은 불씨가 생명의 불길로 타올랐으니 너는 조금도 두려워할 필요가 없다."

보기

ㄱ. 만물의 궁극적인 목적이 선을 지향하는 데 있다는 것을 아는 것
ㄴ. 세상이 제멋대로 흘러가는 것이 아니라 정의에 의해 다스려진다는 것을 깨닫는 것
ㄷ. 자신이 박탈당했다고 여기는 모든 것, 즉 재산, 품위, 권좌, 명성 등을 되찾을 방도를 아는 것

① ㄱ   ② ㄴ
③ ㄱ, ㄴ   ④ ㄴ, ㄷ
⑤ ㄱ, ㄴ, ㄷ

11 다음 글의 서술상 특징으로 적절한 것은?

법조문도 언어로 이루어진 것이기에, 원칙적으로 문구가 지닌 보편적인 의미에 맞춰 해석된다. 일상의 사례로 생각해 보자. "실내에 구두를 신고 들어가지 마시오"라는 팻말이 있는 집에서는 손님들이 당연히 글자 그대로 구두를 신고 실내에 들어가지 않는다. 그런데 팻말에 명시되지 않은 '실외'에서 구두를 신고 돌아다니는 것은 어떨까? 이에 대해서는 금지의 문구로 제한하지 않았기 때문에, 금지의 효력을 부여하지 않겠다는 의미로 당연하게 받아들인다. 이처럼 문구에서 명시하지 않은 상황에 대해서는 그 효력을 부여하지 않는다고 해석하는 방식을 '반대 해석'이라 한다.

그런데 팻말에는 운동화나 슬리퍼에 대해서는 쓰여 있지 않다. 하지만 누군가 운동화를 신고 마루로 올라가려 하면, 집주인은 팻말을 가리키며 말릴 것이다. 이 경우에 '구두'라는 낱말은 본래 가진 뜻을 넘어 일반적인 신발이라는 의미로 확대된다. 이런 식으로 어떤 표현을 본래의 의미보다 넓혀 이해하는 것을 '확장 해석'이라 한다.

① 현실의 문제점을 분석하고 그 해결책을 제시한다.
② 비유의 방식을 통해 상대방의 논리를 반박하고 있다.
③ 일상의 소재를 통해 독자들의 이해를 돕고 있다.
④ 기존 견해를 비판하고 새로운 견해를 제시한다.
⑤ 하나의 현상에 대한 여러 가지 관점을 대조하며 비판한다.

12 다음 글을 근거로 판단할 때 옳은 것은?

2009년 미국의 설탕, 옥수수 시럽, 기타 천연당의 1인당 연평균 소비량은 140파운드로 독일, 프랑스보다 50%가 많았고, 중국보다는 9배가 많았다. 그런데 설탕이 비만을 야기하고 당뇨병 환자의 건강에 해롭다는 인식이 확산되면서 사카린과 같은 인공감미료의 수요가 증가하였다.

세계 최초의 인공감미료인 사카린은 1879년 미국 존스홉킨스대학에서 화학물질의 산화반응을 연구하다가 우연히 발견됐다. 당도가 설탕보다 약 500배 정도 높은 사카린은 대표적인 인공감미료로 체내에서 대사되지 않고 그대로 배출된다는 특징이 있다. 그런데 1977년 캐나다에서 쥐를 대상으로 한 사카린 실험 이후 유해성 논란이 촉발되었다. 사카린을 섭취한 쥐가 방광암에 걸렸기 때문이다. 그러나 사카린의 무해성을 입증한 다양한 연구결과로 인해 2001년 미국 FDA는 사카린을 다시 안전한 식품첨가물로 공식 인정하였고, 현재도 설탕의 대체재로 사용되고 있다. 아스파탐은 1965년 위궤양 치료제를 개발하던 중 우연히 발견된 인공감미료로 당도가 설탕보다 약 200배 높다. 그러나 아스파탐도 발암성 논란이 끊이지 않았다. 미국암협회가 안전하다고 발표했지만 이탈리아의 한 과학자가 쥐를 대상으로 한 실험에서 아스파탐이 암을 유발한다고 결론내렸기 때문이다.

① 사카린과 아스파탐은 설탕보다 당도가 높고, 사카린은 아스파탐보다 당도가 높다.
② 사카린과 아스파탐은 모두 설탕을 대체하기 위해 거액을 투자해 개발한 인공감미료이다.
③ 사카린은 유해성 논란으로 현재 미국에서는 더는 식품첨가물로 사용되지 않고 있다.
④ 2009년 기준 중국의 설탕, 옥수수 시럽, 기타 천연당의 1인당 연평균 소비량은 20파운드 이상이었을 것이다.
⑤ 아스파탐은 암 유발 논란에 휩싸였지만, 2001년 미국 FDA로부터 안전한 식품첨가물로 처음 공식 인정받았다.

13 다음 기사를 읽고 난 후의 감상으로 가장 적절하지 않은 것은?

> 고등학교 환경 관련 교과서 대부분이 특정 주장을 검증 없이 게재하는 등 많은 오류가 존재한다는 보수 환경·시민 단체의 지적이 제기됐다. 사단법인 환경정보평가원과 바른 사회시민행동은 지난 5월부터 6개월간 고등학교 환경 관련 교과서 23종을 분석한 결과 총 1,175개의 오류를 발견했다고 밝혔다. 이들 단체에 따르면 교과서 23종 모두 편향적 내용을 검증 없이 인용하거나 부실한 통계를 일반화하는 등의 문제점을 보였으며 환경과 녹색성장 교과서 5종에서만 오류 897건이 확인됐다.
>
> 우선 교과서 13종이 서울, 부산 등 6대 대도시의 온도 상승 평균값만을 보고 한반도의 기온 상승이 세계 평균보다 2배 높다고 과장해 기술한 것으로 나타났다. 도시화의 영향을 받지 않은 강원도 추풍령은 100년간 기온이 0.79℃ 상승했지만 이런 사실을 언급한 교과서는 1종에 불과했다. 방조제를 허물고 간척한 농경지를 갯벌로 만든 역간척 사례는 우리나라에서 찾을 수 없지만, 교과서 7종이 일부 환경단체의 주장만을 인용해 역간척을 사실인 것처럼 서술하고 있다고 이들 단체는 주장했다. 우리나라 전력 생산의 상당 부분을 차지하는 원자력 발전의 경우 단점만을 자세히 기술하고, 경제성과 효율성이 낮은 신재생에너지는 장점만 언급한 교과서도 있었다고 덧붙였다.
>
> 환경정보평가원의 최○○ 사무처장은 "환경 관련 교과서 대부분이 표면적으로 드러나는 사실을 검증하지 않고 그대로 싣는 문제점을 보였다."며 "고등학생들이 보는 교과서인 만큼 객관적 사실에 기반을 둬 균형 있는 내용을 실어야 한다."고 주장했다.

① 갑 : 교과서의 잘못된 내용을 바로잡는 일은 계속 이어져야 합니다.

② 을 : 교과서를 집필할 때 객관성 유지의 원칙을 지키지 못하면, 일부 자료를 확대하여 해석함으로써 사실을 왜곡할 수 있습니다.

③ 병 : 중·고교생들이 쓰는 교과서 전체를 검토해 사실이 아닌 것을 모두 솎아내는 일이 시급합니다.

④ 정 : 일부 환경 관련 교과서에 실린 원전 폐쇄 찬반문제에 대해 대부분의 환경 보호 단체들은 찬성하지만, 원전 폐쇄는 또 다른 사회적 혼란을 일으킬 수 있습니다.

⑤ 무 : 대부분 표면적으로 드러나는 사실을 검증하지 않고 그대로 사용해 잘못된 정보를 전달하는 경우가 있습니다.

14 다음 중 (가)와 (나)의 예시로 적절하지 않은 것은?

사회적 관계에 있어서 상호주의란 '행위자 갑이 을에게 베푼 바와 같이 을도 갑에게 똑같이 행하라'라는 행위 준칙을 의미한다. 상호주의 원형은 '눈에는 눈, 이에는 이'로 표현되는 탈리오의 법칙에서 발견된다. 그것은 일견 피해자의 손실에 상응하는 가해자의 처벌을 정당화한다는 점에서 가혹하고 엄격한 성격을 드러낸다. 만약 상대방의 밥그릇을 빼앗았다면 자신의 밥그릇도 미련 없이 내주어야 하는 것이다. 그러나 탈리오 법칙은 온건하고도 합리적인 속성을 동시에 함축하고 있다. 왜냐하면 누가 자신의 밥그릇을 발로 찼을 경우 보복의 대상은 밥그릇으로 제한되어야지 밥상 전체를 뒤엎는 것으로 확대될 수 없기 때문이다. 이러한 일대일 방식의 상호주의를 (가) 대칭적 상호주의라 부른다. 하지만 엄밀한 의미의 대칭적 상호주의는 우리의 실제 일상생활에서 별로 흔하지 않다. 오히려 '되로 주고 말로 받거나, 말로 주고 되로 받는' 교환 관계가 더 일반적이다. 이를 대칭적 상호주의와 대비하여 (나) 비대칭적 상호주의라 일컫는다.

그렇다면 교환되는 내용이 양과 질의 측면에서 정확한 대등성을 결여하고 있음에도 불구하고, 교환에 참여하는 당사자들 사이에 비대칭적 상호주의가 성행하는 이유는 무엇인가? 그것은 셈에 밝은 이른바 '경제적 인간(Homo Economicus)'들에게 있어서 선호나 기호 및 자원이 다양하기 때문이다. 말하자면 교환에 임하는 행위자들이 각인각색인 까닭에 비대칭적 상호주의가 현실적으로 통용될 수밖에 없으며, 어떤 의미에서는 그것만이 그들에게 상호이익을 보장할 수 있는 것이다.

① (가) - A국과 B국 군대는 접경지역에서 포로 5명씩을 맞교환했다.
② (가) - 오늘 우리 아이를 옆집에서 맡아주는 대신 다음에 하루 옆집 아이를 맡아주기로 했다.
③ (가) - 동생이 내 발을 밟아서 볼을 꼬집어주었다.
④ (나) - 필기노트를 빌려준 친구에게 고맙다고 밥을 샀다.
⑤ (나) - 옆집 사람이 우리 집 대문을 막고 차를 세웠기에 타이어에 펑크를 냈다.

※ 다음은 패시브 하우스(Passive House)와 액티브 하우스(Active House)에 관한 설명이다. 이어지는 질문에 답하시오.
　[15~16]

패시브 하우스(Passive House)

수동적(Passive)인 집이라는 뜻으로, 능동적으로 에너지를 끌어 쓰는 액티브 하우스에 대응하는 개념이다. 액티브 하우스는 태양열 흡수 장치 등을 이용하여 외부로부터 에너지를 끌어 쓰는 데 비하여 패시브 하우스는 집안의 열이 밖으로 새나가지 않도록 최대한 차단함으로써 화석연료를 사용하지 않고도 실내온도를 따뜻하게 유지한다.

구체적으로는 냉방 및 난방을 위한 최대 부하가 $1m^2$당 10W 이하인 에너지 절약형 건축물을 가리킨다. 이를 석유로 환산하면 연간 냉방 및 난방 에너지 사용량이 $1m^2$당 1.5ℓ 이하에 해당하는데, 한국 주택의 평균 사용량은 16ℓ이므로 80% 이상의 에너지를 절약하는 셈이고 그만큼 탄소배출량을 줄일 수 있다는 의미이기도 하다.

기본적으로 남향(南向)으로 지어 남쪽에 크고 작은 창을 많이 내는데, 실내의 열을 보존하기 위하여 3중 유리창을 설치하고, 단열재도 일반 주택에서 사용하는 두께의 3배인 30cm 이상을 설치하는 등 첨단 단열공법으로 시공한다. 단열재는 난방 에너지 사용을 줄이는 것이 주목적이지만, 여름에는 외부의 열을 차단하는 구실도 한다.

또 폐회수형 환기장치를 이용하여 신선한 바깥 공기를 내부 공기와 교차시켜 온도차를 최소화한 뒤 환기함으로써 열손실을 막는다. 이렇게 함으로써 난방시설을 사용하지 않고도 한겨울에 실내온도를 약 20℃로 유지하고, 한여름에 냉방시설을 사용하지 않고도 약 26℃를 유지할 수 있다. 건축비는 단열공사로 인하여 일반 주택보다 $1m^2$당 50만 원 정도 더 소요된다.

액티브 하우스(Active House)

태양에너지를 비롯한 각종 에너지를 차단하는 데 목적을 둔 패시브 하우스와 반대로 자연 에너지를 적극적으로 활용한다. 주로 태양열을 적극적으로 활용하기 때문에 액티브 솔라하우스로 불리며 지붕에 태양전지나 반사경을 설치하고 축열조를 설계하여 태양열과 지열을 저장한 후 난방이나 온수시스템에 활용한다. 에너지를 자급자족하는 형태이며 화석연료처럼 사용 후 환경오염을 일으키지 않아 패시브 하우스처럼 친환경적인 건축물로서 의의가 있으며, 최근에는 태양열뿐 아니라 풍력·바이오매스 등 신재생에너지를 활용한 액티브 하우스가 개발되고 있다.

15　패시브 하우스(Passive House) 건축 형식이 아닌 것은?

① 폐열회수형 환기장치를 이용해 설치한다.
② 일반 주택에 사용하는 두께보다 3배인 단열재를 설치한다.
③ 실내의 열을 보존하는 것이 중요하므로 창문의 개수를 최소화한다.
④ 최대 부하가 $1m^2$당 10W 이하인 에너지 절약형 건축물이다.
⑤ 기본적으로 남향(南向)으로 짓는다.

16 다음 중 올바르지 않은 것은?

패시브(Passive) 기술	액티브(Active) 기술

• 남향, 남동향 배치, 단열성능 강화
  – 고성능 단열재 벽재, 지붕, 바닥 단열
  – 블록형 단열재, 열반사 단열재, 진공 단열재, 흡음 단열재,
    고무발포 단열재 등
  – 고기밀성 단열창호
  – 로이유리
  – 단열현관문
  – 열차단 필름
• 외부차양(처마, 전동블라인드)
• LED・고효율 조명
• 옥상녹화(단열＋친환경)
• 자연채광, 자연환기
• 패시브(Passive) 기술의 예
  – 고성능 단열재, 고기밀성 단열창호, 열차단 필름, LED조명
	• 기존의 화석연료를 변환시켜 이용하거나 햇빛, 물, 지열, 강수, 생물유기체 등을 포함하여 재생 가능한 에너지를 변환시켜 이용하는 에너지
	  – 재생에너지 : 태양광, 태양열, 바이오, 풍력, 수력, 해양, 폐기물, 지열
	  – 신에너지 : 연료전지, 석탄액화가스화 및 중질잔사유가스화, 수소에너지
	• 2030년까지 총 에너지의 11%를 신재생에너지로 보급
	• 액티브(Active) 기술의 예
	  – 태양광 발전, 태양열 급탕, 지열 냉난방, 수소연료전지, 풍력발전시스템, 목재 팰릿보일러

① 패시브 기술을 사용할 때 남향, 남동향으로 배치하는 것은 일조량 때문이다.

② 패시브 기술의 핵심은 단열이다.

③ 태양열 급탕은 액티브 기술의 대표적인 예 중 하나다.

④ 액티브 기술은 화석연료를 제외하고 재생 가능한 에너지를 변환시켜 이용한다.

⑤ 액티브 기술은 2030년까지 총 에너지의 11%를 신재생에너지로 보급하는 것이 목표이다.

17 다음 글을 통해 알 수 있는 내용이 아닌 것은?

인간의 사유는 특정한 기준을 바탕으로 다른 것과의 차이를 인식하는 것이라 할 수 있다. 이때의 기준을 이루는 근간(根幹)은 당연히 현실 세계의 경험과 인식이다. 하지만 인간은 현실적 경험으로 인식되지 않는 대상을 사유하기도 하는데, 그중 하나가 신화적 사유이며, 이는 상상력의 산물이다.

상상력은 통념(通念)상 현실과 대립되는 위치에 속한다. 또한, 현대 문명에서 상상은 과학적·합리적 사고와 반대되는 사유 체계로 간주되기도 한다. 그러나 신화적 사유를 떠받치고 있는 상상력은 '현실적 – 비현실적', '논리적 – 비논리적', '합리적 – 비합리적' 등과 같은 단순한 양항 체계 속으로 환원될 수 없다.

초기 인류학에서는 근대 문명과 대비시켜 신화적 사유를 미개한 존재들의 미숙한 단계의 사고로 간주(看做)했었다. 이러한 입장을 대표하는 레비브륄에 따르면 미개인은 논리 이전의 사고방식과 비현실적 감각을 가진 존재이다. 그러나 신화 연구에 적지 않은 영향을 끼쳤고 오늘날에도 여전히 유효한 레비스트로스의 논의에 따르면 미개인과 문명인의 사고방식은 사물을 분류하는 방식과 주된 관심 영역 등이 다를 뿐, 어느 것이 더 합리적이거나 논리적이라고 할 수는 없다. 또한, 그것은 세계를 이해하는 두 가지의 서로 다른 방식 혹은 태도일 뿐이다. 신화적 사유를 비롯한 이른바 미개인의 사고방식을 가리키는 레비스트로스가 말하는 '야생의 사고'는, 이러한 사고방식이 근대인 혹은 문명인 못지않게 질서와 체계에 민감하고 그 나름의 현실적, 논리적, 합리적 기반을 갖추고 있음을 함축하고 있는 개념이다.

레비스트로스의 '야생의 사고'는 신화시대와 신화적 사유를 근대적 문명에 입각한 발전론적 시각이 아닌 상대주의적 시각으로 바라보았다는 점에서 의미가 크다. 그러나 그가 신화 자체의 사유 방식이나 특성을 특정 시대의 것으로 한정(限定)하는 오류를 범하고 있다는 점에 유의해야 한다. 과거 신화시대에 생겨난 신화적 사유는, 신화가 재현되고 재생되는 한 여전히 시간과 공간을 뛰어넘어 현재화되고 있기 때문이다.

이상에서 보듯이 신화적 사유는 현실적·경험적 차원의 '진실'이나 '비진실'로 구분될 수 없다. 신화는 허구적이거나 진실한 것 모두를 '재료'로 사용할 수 있으며, 이러한 재료들은 신화적 사유 고유의 규칙과 체계에 따라 배열된다. 그러므로 신화 텍스트에서 이러한 재료들의 구성 원리를 밝히는 것은 그 신화에 반영된 신화적 사유 체계를 밝히는 것이라 할 수 있다. 또한, 이는 신화를 공유하고 전승(傳承)해 왔던 집단의 원형적 사유 체계에 접근하는 작업이라고도 할 수 있다.

① 신화적 사유는 그 고유의 규칙과 체계를 갖고 있다.
② 신화적 사유는 상상력의 산물이라 할 수 있다.
③ 신화적 사유는 특정 시대의 사유 특성에 한정된다.
④ 신화적 상상력은 상상력에 대한 통념적 인식과 차이가 있다.
⑤ 신화적 사유에 대한 레비스트로스의 논의는 의의와 한계가 있다.

18 다음 글의 내용과 부합하는 것은?

'청렴(淸廉)'은 현대 사회에서 좁게는 반부패와 동의어로 사용되며 넓게는 투명성과 책임성 등을 포괄하는 통합적 개념으로 사용되고 있다. 유학자들은 청렴을 효제와 같은 인륜의 덕목보다는 하위에 두었지만 군자라면 마땅히 지켜야 할 일상의 덕목으로 중시하였다. 조선의 대표적 유학자였던 이황과 이이는 청렴을 사회 규율이자 개인 처세의 지침으로 강조하였다. 특히 공적 업무에 종사하는 사람이라면 사회 규율로서의 청렴이 개인의 처세와 직결된다는 점에 유념해야 한다고 보았다.

청렴에 대한 논의는 정약용의 『목민심서』에서 본격적으로 나타난다. 정약용은 청렴이야말로 목민관이 지켜야 할 근본적인 덕목이며 목민관의 직무는 청렴이 없이는 불가능하다고 강조하였다. 정약용은 청렴을 당위의 차원에서 주장하는 기존의 학자들과 달리 행위자 자신에게 실질적 이익이 된다는 점을 들어 설득하고자 한다. 그는 청렴은 큰 이득이 남는 장사라고 말하면서, 지혜롭고 욕심이 큰 사람은 청렴을 택하지만 지혜가 짧고 욕심이 작은 사람은 탐욕을 택한다고 설명한다. 정약용은 "지자(知者)는 인(仁)을 이롭게 여긴다."라는 공자의 말을 빌려 "지혜로운 자는 청렴함을 이롭게 여긴다."라고 하였다. 비록 재물을 얻는 데 뜻이 있더라도 청렴함을 택하는 것이 결과적으로는 지혜로운 선택이라고 정약용은 말한다. 목민관의 작은 탐욕은 단기적으로 보면 눈 앞의 재물을 취하여 이익을 얻을 수 있겠지만 궁극에는 개인의 몰락과 가문의 불명예를 가져올 수 있기 때문이다.

정약용은 청렴을 지키는 것은 두 가지 효과가 있다고 보았다. 첫째, 청렴은 다른 사람에게 긍정적 효과를 미친다. 목민관이 청렴할 경우 백성을 비롯한 공동체 구성원에게 좋은 혜택이 돌아갈 것이다. 둘째, 청렴한 행위를 하는 것은 목민관 자신에게도 좋은 결과를 가져다준다. 청렴은 그 자신의 덕을 높이는 것일 뿐 아니라 자신의 가문에 빛나는 명성과 영광을 가져다줄 것이다.

① 정약용은 청렴이 목민관이 반드시 지켜야 할 덕목임을 당위론 차원에서 정당화하였다.
② 정약용은 탐욕을 택하는 것보다 청렴을 택하는 것이 이롭다는 공자의 뜻을 계승하였다.
③ 정약용은 청렴한 사람은 욕심이 작기 때문에 재물에 대한 탐욕에 빠지지 않는다고 보았다.
④ 정약용은 청렴이 백성에게 이로움을 줄 뿐 아니라 목민관 자신에게도 이로운 행위라고 보았다.
⑤ 이황과 이이는 청렴을 개인의 처세에 있어 주요 지침으로 여겼으나 사회 규율로는 보지 않았다.

19 다음 글을 읽고 〈보기〉의 내용과 일치하는 것을 모두 고르면?

> 뉴턴 역학은 갈릴레오나 뉴턴의 근대과학 이전 중세를 지배했던 아리스토텔레스의 역학관에 정면으로 반대된다. 아리스토텔레스에 의하면 물체가 똑같은 운동 상태를 유지하기 위해서는 외부에서 끝없이 힘이 제공되어야만 한다. 이렇게 물체에 힘을 제공하는 기동자가 물체에 직접적으로 접촉해야 운동이 일어난다. 기동자가 없어지거나 물체와의 접촉이 중단되면 물체는 자신의 운동 상태를 유지할 수 없다. 그러나 관성의 법칙에 의하면 외력이 없는 한 물체는 자신의 원래 운동 상태를 유지한다. 아리스토텔레스는 기본적으로 물체의 운동을 하나의 정지 상태에서 다른 정지 상태로의 변화로 이해했다. 즉, 아리스토텔레스에게는 물체의 정지 상태가 물체의 운동 상태와는 아무런 상관이 없었다. 그러나 근대 과학의 시대를 열었던 갈릴레오나 뉴턴에 의하면 물체가 정지한 상태는 운동하는 상태의 특수한 경우이다. 운동 상태가 바뀌는 것은 물체의 외부에서 힘이 가해지는 경우이다. 즉, 힘은 운동의 상태를 바꾸는 요인이다. 지금 우리는 뉴턴 역학이 옳다고 자연스럽게 생각하고 있지만 이론적인 선입견을 배제하고 일상적인 경험만 떠올리면 언뜻 아리스토텔레스의 논리가 더 그럴듯하게 보일 수도 있다.

보기

㉠ 뉴턴 역학은 올바르지 않으므로, 아리스토텔레스의 역학관을 따라야 한다.
㉡ 아리스토텔레스는 '외부에서 힘이 작용하지 않으면 운동하는 물체는 계속 그 상태로 운동하려 하고, 정지한 물체는 계속 정지해 있으려고 한다.'고 주장했다.
㉢ 뉴턴이나 갈릴레오 또한 당시에는 아리스토텔레스의 논리가 옳다고 판단하였다.
㉣ 아리스토텔레스는 정지와 운동을 별개로 보았다.

① ㉡
② ㉣
③ ㉠, ㉢
④ ㉡, ㉣
⑤ ㉠, ㉡, ㉢

20 다음 글의 주제로 가장 적절한 것은?

유전학자들의 최종 목표는 결함이 있는 유전자를 정상적인 유전자로 대체하는 것이다. 이렇게 가장 기본적인 세포 내 차원에서 유전병을 치료하는 것을 '유전자 치료'라 일컫는다. '유전자 치료'를 하기 위해서는 이상이 있는 유전자를 찾아야 한다. 이를 위해 과학자들은 DNA의 특성을 이용한다.

DNA는 두 가닥이 나선형으로 꼬여 있는 이중 나선 구조로 이루어진 분자이다. 그런데 이 두 가닥에 늘어서 있는 염기들은 임의적으로 배열되어 있는 것이 아니다. 한쪽에 늘어선 염기에 따라, 다른 쪽 가닥에 늘어선 염기들의 배열이 결정되는 것이다. 즉 한쪽에 A염기가 존재하면 거기에 연결되는 반대쪽에는 반드시 T염기가, 그리고 C염기에 대응해서는 반드시 G염기가 존재하게 된다. 염기들이 짝을 지을 때 나타나는 이러한 선택적 특성을 이용하여 유전병을 일으키는 유전자를 찾아낼 수 있다.

유전자를 찾기 위해 사용하는 첫 번째 도구는 DNA 한 가닥 중 극히 일부이다. '프로브(Probe)'라 불리는 이 DNA 조각은, 염색체상의 위치가 알려져 있는 이십여 개의 염기들로 이루어진다. 한 가닥으로 이루어져 있는 특성으로 인해, 프로브는 자신의 염기 배열에 대응하는 다른 쪽 가닥의 DNA 부분에 가서 결합할 것이다. 대응하는 두 가닥의 DNA가 이렇게 결합하는 것을 '교잡'이라고 일컫는다. 조사 대상인 염색체로부터 추출한 많은 한 가닥의 염색체 조각들과 프로브를 섞어 놓았을 때, 프로브는 신비스러울 정도로 자신의 짝을 정확하게 찾아 교잡한다. 두 번째 도구는 '겔 전기영동'이라는 방법이다. 생물을 구성하고 있는 단백질·핵산 등 많은 분자들은 전하를 띠고 있어서 전기장 속에서 각 분자마다 독특하게 이동을 한다. 이러한 성질을 이용해 생물을 구성하고 있는 물질의 분자량, 각 물질의 전하량이나 형태의 차이를 이용하여 물질을 분리하는 것이 전기영동법이다. 이를 활용하여 DNA를 분리하려면 우선 DNA 조각들을 전기장에서 이동시키고, 이것을 젤라틴 판을 통과하게 함으로써 분리하면 된다.

이러한 조사 도구들을 갖추고서, 유전학자들은 유전병을 일으키는 유전자를 추적하는 데 나섰다. 유전학자들은 먼저 겔 전기영동법으로 유전병을 일으키는 유전자로 의심되는 부분과 동일한 부분에 존재하는 프로브를 건강한 사람에게서 떼어내었다. 그리고 건강한 사람에게서 떼어낸 프로브에 방사성이나 형광성을 띠게 하였다. 그 후에 유전병 환자들에게서 채취한 DNA 조각들과 함께 교잡 실험을 반복하였다. 유전병과 관련된 유전 정보가 담긴 부분의 염기 서열이 정상인과 다르므로 이 부분은 프로브와 교잡하지 않는다는 점을 이용하는 것이다. 교잡이 일어난 후 프로브가 위치하는 곳은 X선 필름을 통해 쉽게 찾아낼 수 있고, 이로써 DNA의 특정 조각은 염색체상에서 프로브와 같은 위치에 존재한다는 것을 알 수 있다.

언뜻 보기에는 대단한 진보를 이룬 것 같지 않지만, 유전자 치료는 최근 들어 공상 과학을 방불케 하는 첨단 의료 기술의 대표적인 주자로 부각되고 있다. DNA 연구 결과로 인해, 우리는 지금까지 절망적이라고 여겨 온 질병들을 치료할 수 있다는 희망을 갖게 되었다.

① 유전자 추적의 도구와 방법
② 유전자의 종류와 기능
③ 유전자 치료의 의의와 한계
④ 유전자 치료의 상업적 가치
⑤ 유전 질환의 종류와 발병 원인

CHAPTER 02

수리능력

합격 CHEAT KEY

수리능력은 사칙연산, 통계, 확률의 의미를 정확하게 이해하고, 이를 업무에 적용하는 능력으로, 기초연산과 기초통계, 도표분석 및 작성의 문제 유형으로 출제된다. 수리능력 역시 포함되지 않는 공사·공단이 거의 없을 만큼 필기시험에서 중요도가 높은 영역이다.

수리능력은 NCS 기반 채용을 진행한 거의 모든 기업에서 다루었으며, 문항 수는 전체의 평균 16% 정도로 많이 출제되었다. 특히, 난이도가 높은 공사·공단의 시험에서는 도표분석, 즉 자료해석 유형의 문제가 많이 출제되고 있고, 응용수리 역시 꾸준히 출제하는 공사·공단이 많기 때문에 기초연산과 기초통계에 관한 공식의 암기와 자료해석능력을 기를 수 있는 꾸준한 연습이 필요하다.

01 응용수리능력의 공식은 반드시 암기하라!

응용수리능력은 지문이 짧지만, 풀이 과정은 긴 문제도 자주 볼 수 있다. 그렇기 때문에 응용수리능력의 공식을 반드시 암기하여 문제의 상황에 맞는 공식을 적절하게 적용하여 답을 도출해야 한다. 따라서 문제에서 묻는 것을 정확하게 파악하여 그에 맞는 공식을 적절하게 적용하는 꾸준한 연습과 공식을 암기하는 연습이 필요하다.

02 통계에서의 사건이 동시에 발생하는지 개별적으로 발생하는지 구분하라!

통계에서는 사건이 개별적으로 발생했을 때, 경우의 수는 합의 법칙, 확률은 덧셈정리를 활용하여 계산하며, 사건이 동시에 발생했을 때, 경우의 수는 곱의 법칙, 확률은 곱셈정리를 활용하여 계산한다. 특히, 기초통계능력에서 출제되는 문제 중 순열과 조합의 계산 방법이 필요한 문제도 다수 출제되는 편이므로 순열(순서대로 나열)과 조합(순서에 상관없이 나열)의 차이점을 숙지하는 것 또한 중요하다. 통계 문제에서의 사건 발생 여부만 잘 판단하여도 계산과 공식을 적용하기가 수월하므로 문제의 의도를 잘 파악하는 것이 중요하다.

03 자료의 해석은 자료에서 즉시 확인할 수 있는 지문부터 확인하라!

대부분의 공사·공단 취업준비생들이 어려워하는 영역이 수리영역 중 도표분석, 즉 자료해석능력이다. 자료는 표 또는 그래프로 제시되고, 쉬운 지문은 증가 혹은 감소 추이, 간단한 사칙연산으로 풀이가 가능한 지문 등이 있고, 자료의 조사기간 동안 전년 대비 증가율 혹은 감소율이 가장 높은 기간을 찾는 지문들도 있다. 따라서 일단 증가·감소 추이와 같이 눈으로 확인이 가능한 지문을 먼저 확인한 후 복잡한 계산이 필요한 지문을 확인하는 방법으로 문제를 풀이한다면, 시간을 조금이라도 아낄 수 있다. 특히, 그래프와 같은 경우에는 그래프에 대한 특징을 알고 있다면, 그래프의 길이 혹은 높낮이 등으로 대강의 수치를 빠르게 확인이 가능하므로 이에 대한 숙지도 필요하다. 또한, 여러 가지 보기가 주어진 문제 역시 지문을 잘 확인하고 문제를 풀이한다면 불필요한 계산이 줄어들 수 있으므로 항상 지문부터 확인하는 습관을 들이기를 바란다.

04 도표작성능력에서 지문에 작성된 도표의 제목을 반드시 확인하라!

도표작성은 하나의 자료 혹은 보고서와 같은 수치가 표현된 자료를 도표로 작성하는 형식으로 출제되는데, 대체로 표보다는 그래프를 작성하는 형태로 많이 출제된다. 지문을 살펴보면 각 지문에서 주어진 도표에도 소제목이 있는 경우가 대부분이다. 이때, 자료의 수치와 도표의 제목이 일치하지 않는 경우 함정이 존재하는 문제의 비중이 높으므로 도표의 제목을 반드시 확인하는 것이 중요하다. 도표작성의 경우 대부분 비율 계산이 많이 출제되는데, 도표의 제목과는 다른 수치로 작성된 도표가 존재하는 경우가 있다. 그렇기 때문에 지문에서 작성된 도표의 소제목을 먼저 확인하는 연습을 하여 간단하지 않은 비율 계산을 두 번 하는 일이 없도록 해야 한다.

┌─연속출제─┐

일정한 규칙으로 숫자와 문자를 나열할 때, 빈칸에 들어갈 숫자 또는 문자로 옳은 것은?

	1		3		8		21		
a	2	c	5	h	13	( )		34	

↑
u

① k
② n
③ q
④ u ✓
⑤ r

풀이순서

1) 질문의도
   : 규칙찾기

2) 규칙찾기
   (i) 알파벳
       → 숫자변환
   (ii) 피보나치 수열

3) 정답도출
   21 → u

📋 **유형 분석**
- 나열된 숫자의 규칙을 찾아 정답을 고르는 수열 문제이다.
- 기존 적성검사의 수 추리 문제와 유사한 유형이다.
- 등차·등비수열 등 다양한 수열 규칙을 미리 알아두면 쉽게 풀어나갈 수 있다.

응용문제 : 나열된 숫자들의 관계가 사칙연산으로 이루어진 형식의 문제가 출제된다.

📋 **풀이 전략**   수열 규칙을 바탕으로 나열된 숫자들의 관계를 찾아내어 정답을 고른다. 사전에 수열 규칙에 대해 학습하도록 한다.

┌연속출제┐

금연프로그램을 신청한 흡연자 A씨는 K공단에서 진료 및 상담비용과 금연보조제 비용의 일정 부분을 지원받고 있다. A씨는 <u>의사와 상담을 6회</u> 받았고, 금연보조제로 <u>니코틴 패치 3묶음을 구입</u>했다고 할 때, 다음 지원 현황에 따라 흡연자 A씨가 [지불하는 부담금]은 얼마인가?

풀이순서

1) 질문의도
  : 지불하려는 부담금

〈금연프로그램 지원 현황〉

구분	진료 및 상담	금연보조제(니코틴패치)
가격	30,000원/회	12,000원/묶음
지원금 비율	90%	75%

※ 진료 및 상담료 지원금은 6회까지 지원한다.

2) 조건확인
  ⓐ 일정 부분 지원
  ⓑ 상담 6회
  ⓒ 금연보조제 3묶음

① 21,000원

② 23,000원

③ 25,000원

✔ 27,000원

3) 정답도출

$$(30,000 \times 0.1 \times 6) + (12,000 \times 0.25 \times 3) = 27,000원$$

📋 **유형 분석**
- 문제에서 제공하는 정보를 파악한 뒤 사칙연산을 활용하여 계산하는 전형적인 수리문제이다.
- 다양한 직무상황과 연관을 지어 복잡하게 문제를 출제하지만 실제로 정답을 도출하는 과정은 단순하다.
- 문제를 풀기 위한 정보가 산재되어 있는 경우가 많으므로 꼼꼼히 읽어야 한다.
  응용문제 : 최소공배수 등 수학 이론을 활용하여 계산하는 문제도 출제된다.

📋 **풀이 전략**
문제에서 묻는 것을 정확하게 확인한 후, 필요한 조건 또는 정보를 구분하여 신속하게 풀어간다. 단, 계산에 착오가 생기지 않도록 유의하여야 한다.

기초연산 ②

┌연속출제┐

K건설회사 ○○시 신도시 아파트 분양을 위하여 다음 주에 모델하우스를 오픈한다. 아파트 입주자 모집을 성황리에 마무리 짓기 위해 방문하시는 고객에게 소정의 사은품을 나눠 줄 예정이다. K건설회사에 근무 중인 A사원은 오픈행사 시 고객 1인당 1개의 쇼핑백을 나눠 줄 수 있도록 준비 중인데, 각 쇼핑백에 각티슈 1개, 위생장갑 1pack, 롤팩 3개, 물티슈 2개, 머그컵 1개가 들어가야 한다. 각 물품 수량을 다음과 같이 보유하고 있다면 최대 몇 명에게 사은품을 줄 수 있는가?(단, 사은품 구성 물품과 수량은 1개라도 부족해서는 안 된다)

ⓐ
ⓑ
ⓒ

풀이순서

2) 조건확인
: ⓐ~ⓒ

1) 질문의도
: 최대 증정 인원 수

3) 계산

4) 정답도출
: 최대 150명

$$\text{각티슈 200개, 위생장갑 250pack, 롤백 600개, 물티슈 400개, 머그컵 150개}$$
$$\frac{200}{1}=200 \quad \frac{250}{1}=250 \quad \frac{600}{3}=200 \quad \frac{400}{2}=200 \quad \frac{150}{1}=150$$
(K건설회사 로고가 찍힌 쇼핑백은 사은품 구성 Set만큼 주문할 예정임)

✔ 150명   ② 200명
③ 250명   ④ 300명
⑤ 350명

📋 **유형 분석**
- 문제에서 제공하는 정보를 파악한 뒤 사칙연산을 활용하여 계산하는 전형적인 수리문제이다.
- 다양한 직무상황과 연관을 지어 복잡하게 문제를 출제하지만 실제로 정답을 도출하는 과정은 단순하다.
- 문제를 풀기 위한 정보가 산재되어 있는 경우가 많으므로 꼼꼼히 읽어야 한다.

응용문제 : 표, 그림 및 도표 등이 제시되고 문제에서 요구하는 정보를 찾아야 하는 문제가 출제된다. 이러한 문제의 경우에는 계산이 복잡하거나 단위가 커서 실수하기 쉽다.

📋 **풀이 전략**
문제에서 묻는 것을 정확하게 확인한 후, 필요한 조건 또는 정보를 구분하여 신속하게 풀어간다. 단, 계산에 착오가 생기지 않도록 유의하여야 한다.

─연속출제─

다음은 의약품 종류별 상자 수에 따른 가격표이다. 종류별 상자 수를 <u>가중치로 적용</u>하여 가격[ⓐ]에 대한 <u>가중평균</u>을 구하면 66만 원이다. 이때, 빈칸에 들어갈 가격으로 적절한 것은?

<ⓑ 의약품 종류별 가격 및 상자 수>

(단위 : 만 원, 개)

구분	A	B	C	D
원값 ← 가격	( )	70	60	65
가중치 ← 상자 수	30	20	30	20

① 60만 원
② 65만 원
❸ 70만 원
④ 75만 원
⑤ 80만 원

풀이순서

1) 질문의도
   : 빈칸 구하기

2) 규칙찾기
   ⓐ 가중치 적용
   ⓑ 가중평균

3) 정답도출

$$\frac{(a \times 30) + (70 \times 20) + (60 \times 30) + (65 \times 20)}{30 + 20 + 30 + 30} = 66 \rightarrow \frac{30a + 4,500}{100} = 66$$

$$\rightarrow 30a = 6,600 - 4,500 \rightarrow a = \frac{2,100}{30} \rightarrow a = 70$$

📋 **유형 분석**
• 통계와 관련한 이론을 활용하여 계산하는 문제이다.
• 기초연산능력과 마찬가지로 중·고등 수준의 통계 이론을 알아두어야 한다.
• 주로 상대도수, 평균, 표준편차, 최댓값, 최솟값, 가중치 등이 활용된다.

📋 **풀이 전략** 우선 질문을 꼼꼼히 읽고 정답을 이끌어내기 위한 통계 이론을 적절하게 활용하여 정확히 계산한다.

안심Touch

─연속출제─

다음은 2019년도 국가별 국방예산 그래프이다. 그래프를 이해한 내용으로 옳지 않은 것은?
(단, 비중은 소수점 이하 둘째 자리에서 반올림한다)

풀이순서

1) 질문의도
   : 도표분석

3) 도표분석
   : 국가별 국방예산

2) 선택지 키워드 찾기

4) 정답도출

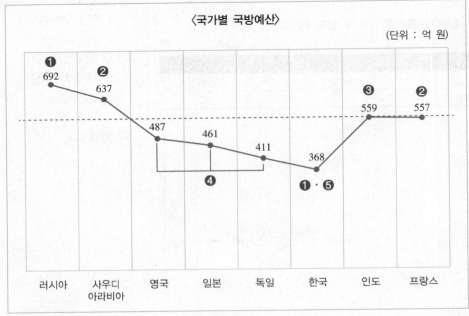

〈국가별 국방예산〉

(단위 : 억 원)

① 692
② 637
③ 559
② 557
487
461
411
368
❶·⑤
④

러시아 사우디아라비아 영국 일본 독일 한국 인도 프랑스

① 국방예산이 가장 많은 국가와 가장 적은 국가의 예산 차이는 324억 원이다.

② 사우디아라비아 국방예산은 프랑스 예산보다 14% 이상 많다.

③ 인도보다 국방예산이 적은 국가는 5개 국가이다.

☑ 영국과 일본의 국방예산 차액은 독일과 일본의 국방예산 차액의 55% 이상이다.

⑤ 8개 국가 국방예산 총액에서 한국이 차지하는 비중은 약 8.8%이다.

📋 **유형 분석**
• 문제에서 주어진 도표를 분석하여 각 선택지의 정답 유무를 판단하는 문제이다.
• 주로 그래프와 표로 많이 제시되며, 경영·경제·산업과 관련된 최신 이슈를 많이 다룬다.
• 정답을 도출하는 데 상당한 시간이 걸리며, 증감률·비율·추세 등을 자주 묻는다.
응용문제 : 도표(그래프, 표)와 함께 신문기사 혹은 보도자료 등을 함께 제공하여 복합적으로 판단하는 형식의 문제도 출제된다. 때로는 선택지에 경제·경영학 이론을 묻는 경우도 있다.

📋 **풀이 전략**
선택지를 먼저 읽고 필요한 정보를 도표(그래프, 표)에서 찾아 정답 유무를 판단한다.

┌연속출제┐

※ 다음 글을 읽고 이어지는 질문에 답하시오.

풀이순서

(가) 지난해 콜탄 1, 2위 생산국은 민주콩고와 르완다로, 두 나라가 전 세계 콜탄 생산량의 66%를 차지하고 있다. 미국 지질조사국에 의하면 콜탄은 미국에서만 1년 새 소비량이 27% 늘었고, 2017년 9월 1kg의 가격은 224달러로 2015년의 193달러에서 16%가 올랐다. 스마트폰이 나오기 직전인 2006년 1kg당 70달러였던 가격에 비하면 300% 이상 오른 것이다. ⓐ · ⓑ

(나) 이 콜탄이 민주콩고의 내전 장기화에 한몫했다는 주장이 곳곳에서 나오고 있다. 휴대폰 이용자들이 기기를 바꿀 때마다 콩고 주민 수십 명이 죽는다는 말도 있다. '피 서린 휴대폰(Bloody Mobile)'이란 표현이 나올 정도다. 1996년 시작된 콩고 내전은 2003년 공식 종료되면서 500만 명을 희생시켰으나, 이후로도 크고 작은 분쟁이 그치질 않고 있다.

3) 정답도출
   (가) 문단
   • 스마트폰 사용 현황
   • 콜탄의 가격 상승

글의 내용을 효과적으로 전달하기 위해 다음과 같은 자료를 만들었다고 할 때, (가) ~ (나) 문단 중 다음 자료에 해당하는 문단은?

1) 질문의도
   : 자료의 시각화

2) 도표제목 확인
   ⓐ 스마트폰 교체 주기
   ⓑ 콜탄 값 얼마나 올랐나

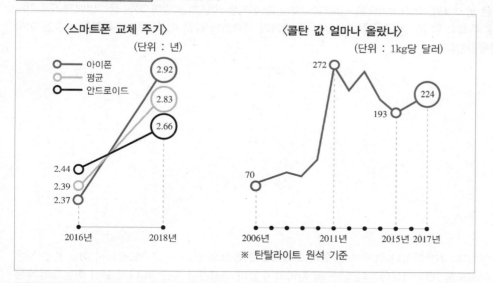

유형 분석
• 문제에서 주어진 자료를 읽고 도표를 작성하는 문제이다.
• 주어진 자료에 있는 수치와 그래프 또는 표에 있는 수치가 서로 일치하는지 여부를 판단하는 것이다.
• 문제에서 주어지는 자료는 보고서나 신문기사 등의 일부 내용을 제시하거나 혹은 표를 제시하고 있다.

풀이 전략
각 선택지에 있는 도표의 제목을 먼저 확인한다. 제목에서 어떠한 정보가 필요한지 확인한 후에 문제에서 주어진 자료를 읽으면서 일치 여부를 판단한다.

정답 및 해설 p.17

01 어느 과수원에서 작년에 생산된 사과와 배의 개수를 모두 합하면 500개였다. 올해는 작년보다 사과의 생산량은 절반으로 감소하고 배의 생산량은 두 배로 증가하였다. 올해 사과와 배의 개수를 합하여 모두 700개를 생산했을 때, 올해 생산한 사과의 개수는?

① 100개　　　　　　　　　　　　　② 200개
③ 300개　　　　　　　　　　　　　④ 400개
⑤ 500개

02 커피 동아리 회원은 남자 4명, 여자 6명으로 구성되어 있다. 동아리는 송년회를 맞아 회원 중 3명에게 드립커피 세트를 사은품으로 주려고 할 때, 사은품을 받을 3명 중 남자가 여자보다 많을 확률은?(단, 확률은 소수점 이하 셋째 자리에서 반올림한다)

① 12.55%　　　　　　　　　　　　② 20.17%
③ 28.36%　　　　　　　　　　　　④ 33.33%
⑤ 40.25%

03 흥선이네 가족은 부산에 사는 할머니 댁에 가기 위해 고속도로를 달리고 있었다. 고속도로에서 어느 순간 남은 거리를 나타내는 이정표를 보니 가운데 0이 있는 세 자리의 수였다. 3시간이 지난 후 다시 보니 이정표의 수는 처음 본 수의 양 끝 숫자가 바뀐 두 자리의 수였다. 또 1시간이 지나서 세 번째로 본 이정표의 수는 공교롭게도 처음 본 세 자리의 수 사이에 0이 빠진 두 자리의 수였다. 흥선이네 가족이 탄 자동차가 일정한 속력으로 달렸다면 이정표 3개에 적힌 수의 합은 얼마인가?

① 297　　　　　　　　　　　　　　② 306
③ 315　　　　　　　　　　　　　　④ 324
⑤ 333

04 M회사에서는 컴퓨터 모니터를 생산한다. 저번 달에 주문받아 생산한 모니터의 불량률은 10%였고, 모니터 한 대당 원가 17만 원에 판매하였다. 이번 달도 저번 달과 같은 주문량을 받고 생산을 하였지만, 불량률이 15%로 올랐다고 한다. 불량률이 10%일 때와 매출액을 같게 하려면 모니터 원가는 얼마로 책정해야 하는가?(단, 주문받아 생산한 제품의 불량품은 매출액에서 제외한다)

① 18만 원

② 19만 원

③ 20만 원

④ 21만 원

⑤ 22만 원

05 슬기, 효진, 은경, 민지, 은빈 5명은 여름휴가를 떠나기 전 원피스를 사러 백화점에 갔다. 모두 마음에 드는 원피스 하나를 발견해 각자 원하는 색깔의 원피스를 고르기로 하였다. 원피스가 노란색 2벌, 파란색 2벌, 초록색 1벌이 있을 때, 5명이 각자 한 벌씩 고를 수 있는 경우의 수는 얼마인가?

① 28가지

② 30가지

③ 32가지

④ 34가지

⑤ 36가지

06 비가 온 다음 날 비가 올 확률은 $\frac{1}{3}$, 비가 안 온 다음 날 비가 올 확률은 $\frac{1}{8}$ 이다. 내일 비가 올 확률이 $\frac{1}{5}$ 일 때, 모레 비가 안 올 확률은?

① $\frac{1}{4}$

② $\frac{5}{6}$

③ $\frac{5}{7}$

④ $\frac{6}{11}$

⑤ $\frac{7}{11}$

다음은 우리나라 7대 도시의 주차장 수용가능 차량 대수 현황 자료로, A부터 K까지의 자료는 현재 소실된 상태이다. 자료에 대한 〈보기〉의 설명으로 옳은 것을 모두 고르면?

〈7대 도시 주차장 수용가능 차량 대수 현황〉

(단위 : 대)

구분	노상주차장			노외주차장			부설 주차장	전체
	유료	무료	소계	공영	민영	소계		
7대 도시 전체	248,234	206,460	454,694	108,234	232,029	340,263	4,481,351	5,276,308
서울	196,032	0	196,032	39,746	83,144	122,890	2,312,538	2,631,460
부산	A	B	83,278	C	59,468	D	474,241	629,749
대구	8,397	81,917	90,314	9,953	26,535	36,488	E	F
인천	3,362	43,918	47,280	13,660	17,899	31,559	469,977	548,816
광주	815	12,939	13,754	2,885	17,112	19,997	231,977	265,728
대전	I	7,849	H	J	13,907	23,758	K	G
울산	1,192	14,018	15,210	19,377	13,964	33,341	217,794	266,345

※ 전체 주차장은 노상, 노외, 부설주차장으로 구성됨

보기

ㄱ. 대전의 공영 노외주차장의 수용가능 차량 대수는 7대 도시 공영 노외주차장의 평균 수용가능 차량 대수보다 많다.
ㄴ. 대구, 인천, 광주는 각각 노상주차장 중 유료주차장 수용가능 차량 대수가 차지하는 비율이 노외주차장 중 공영 주차장 수용가능 차량 대수가 차지하는 비율보다 낮다.
ㄷ. 서울의 부설주차장 수용가능 차량 대수는 전국 부설주차장 수용가능 차량 대수의 50% 이상을 차지한다.
ㄹ. 각 도시의 전체 주차장 수용가능 차량 대수 중 노외주차장 수용가능 차량 대수가 차지하는 비율은 부산이 광주보다 높다.

① ㄱ, ㄴ
② ㄱ, ㄷ
③ ㄴ, ㄷ
④ ㄴ, ㄹ
⑤ ㄷ, ㄹ

08 A기업은 NCS기반 능력중심채용을 진행하고 있다. 오늘은 마지막 단계인 NCS기반 면접평가가 치러졌다. 추후 면접 결과를 토대로 상위득점자 20명에게 합격통지서를 보낼 예정이다. 면접 결과는 다음과 같은 표로 정리되었는데, 담당자의 실수로 일부 알아볼 수 없게 되었다. 최종 합격자는 최소 몇 점 이상을 받았는가?

면접 점수(점)	인원(명)	백분위수(%)
30	1	100.00
29	( )	98.75
28	2	( )
27	( )	92.50
26	2	( )
25	( )	85.00
24	6	75.00
23	3	67.50
22	( )	63.75
15	6	22.50
14	8	( )
13	2	5.00
12	( )	2.50
11	0	1.25
10	( )	1.25

※ 백분위수는 해당 면접 점수 이하에 전체 면접 참가자의 몇 퍼센트가 분포되어 있는가를 나타내는 수치이다.
※ 면접 점수의 최저는 10점이고, 최고는 30점이다.

① 22점
② 23점
③ 24점
④ 25점
⑤ 26점

다음은 1월부터 11월까지 4개 지역 국제선에 대한 통계이다. 다음 자료에 대한 설명으로 옳은 것은?

〈지역별 여객 및 화물 현황〉

(단위 : 명, 톤)

지역명	여객			화물		
	도착	출발	합계	도착	출발	합계
일본	3,661,457	3,683,674	7,345,131	49,302.60	49,812.30	99,114.90
미국	222	107	329	106.7	18.4	125.1
동남아	2,785,258	2,757,248	5,542,506	36,265.70	40,503.50	76,769.20
중국	1,884,697	1,834,699	3,719,396	25,217.60	31,315.80	56,533.40

〈지역별 운항 현황〉

(단위 : 편)

지역명	운항		
	도착	출발	합계
일본	21,425	21,433	42,858
미국	5	1	6
동남아	16,713	16,705	33,418
중국	12,427	12,446	24,873

① 중국 국제선의 출발 여객 1명당 출발 화물량은 도착 여객 1명당 도착 화물량보다 적다.

② 미국 국제선의 전체 화물 중 도착 화물이 차지하는 비중은 90%를 초과한다.

③ 동남아 국제선의 도착 운항 1편당 도착 화물량은 2톤 이상이다.

④ 중국 국제선의 도착 운항편수는 일본 국제선의 도착 운항편수의 70% 이상이다.

⑤ 지역별 화물 합계에서 도착 화물이 차지하는 비중은 동남아 국제선이 일본 국제선보다 높다.

10 다음은 K공항의 2019년과 2020년 에너지 소비량 및 온실가스 배출량에 대한 자료이다. 〈보기〉의 설명 중 다음 자료에 대한 설명으로 옳은 것을 모두 고르면?

〈K공항 에너지 소비량〉

(단위 : TOE)

구분	에너지 소비량									
	총계	건설 부문				이동 부문				
		소계	경유	도시가스	수전전력	소계	휘발유	경유	도시가스	천연가스
2019년	11,658	11,234	17	1,808	9,409	424	25	196	13	190
2020년	17,298	16,885	58	2,796	14,031	413	28	179	15	191

〈K공항 온실가스 배출량〉

(단위 : 톤CO_2eq)

구분	온실가스 배출량				
	총계	고정연소	이동연소	공정배출	간접배출
2019년	30,823	4,052	897	122	25,752
2020년	35,638	6,121	965	109	28,443

보기

ㄱ. 2020년 에너지 소비량 중 이동 부문에서 경유가 차지하는 비중은 전년 대비 10%p 이상 감소하였다.

ㄴ. 2020년 건설 부문의 도시가스 소비량은 전년 대비 30% 이상 증가하였다.

ㄷ. 2020년 온실가스 배출량 중 간접배출이 차지하는 비중은 2019년 온실가스 배출량 중 고정연소가 차지하는 비중의 5배 이상이다.

① ㄱ

② ㄴ

③ ㄱ, ㄷ

④ ㄴ, ㄷ

⑤ ㄱ, ㄴ, ㄷ

11 다음은 직무분야별 기능사 자격통계 현황에 관한 자료이다. 이에 대한 설명으로 옳지 않은 것은?

〈직무분야별 기능사 시험 응시 및 합격 현황〉

(단위 : 명, %)

구분		필기시험				실기시험			
		신청자	응시자	합격자	합격률	신청자	응시자	합격자	합격률
디자인 분야	전체	29,661	25,780	16,601	64.4	24,453	19,274	11,900	61.7
	여성	20,585	18,031	12,283	68.1	17,138	13,367	8,333	62.3
	남성	9,076	7,749	4,318	55.7	7,315	5,907	3,567	60.4
영사 분야	전체	471	471	181	38.4	281	281	103	36.7
	여성	123	123	49	39.8	65	65	34	52.3
	남성	348	348	132	37.9	216	216	69	31.9
운전·운송 분야	전체	391	332	188	56.6	189	175	149	85.1
	여성	7	6	1	16.7	1	1	0	0
	남성	384	326	187	57.4	188	174	149	85.6
토목 분야	전체	10,225	8,974	4,475	49.9	8,406	7,733	5,755	74.4
	여성	950	794	459	57.8	881	771	493	63.9
	남성	9,275	8,180	4,016	49.1	7,525	6,962	5,262	75.6
건축 분야	전체	13,105	11,072	5,085	45.9	24,040	20,508	14,082	68.7
	여성	5,093	4,292	2,218	51.7	5,666	4,620	3,259	70.5
	남성	8,012	6,780	2,867	42.3	18,374	15,888	10,823	68.1

※ 합격률은 응시자 대비 합격자이며, 소수점 이하 둘째 자리에서 반올림한 값이다.

① 각 분야에서 필기시험 전체 합격률이 실기시험 전체 합격률보다 높은 직무분야는 두 분야이다.
② 남성 실기시험 응시자가 가장 많은 분야는 남성 필기시험 응시자도 가장 많다.
③ 여성 필기시험 응시자가 남성보다 많은 분야는 실기시험 응시자도 여성이 더 많다.
④ 건축 분야의 여성 실기시험 합격률은 토목 분야의 남성 실기시험 합격률보다 5.1%p 낮다.
⑤ 필기·실기시험 전체 응시율이 100%인 직무분야는 영사 분야이다.

12 다음은 민간 분야 사이버 침해사고 발생현황에 관한 자료이다. 이를 보고 판단한 〈보기〉의 내용 중 올바르지 않은 것을 모두 고르면?

〈민간 분야 사이버 침해사고 발생현황〉

(단위 : 건)

구분	2017년	2018년	2019년	2020년
홈페이지 변조	6,490	10,148	5,216	3,727
스팸릴레이	1,163	988	731	365
기타 해킹	3,175	2,743	4,126	2,961
단순침입시도	2,908	3,031	3,019	2,783
피싱 경유지	2,204	4,320	3,043	1,854
전체	15,940	21,230	16,135	11,690

보기

ㄱ. 단순침입시도 분야의 침해사고 건수는 매년 스팸릴레이 분야의 침해사고 건수의 두 배 이상이다.

ㄴ. 2020년 침해사고 건수가 2017년 대비 50% 이상 감소한 분야는 2개 분야이다.

ㄷ. 2019년 홈페이지 변조 분야의 침해사고 건수가 전체에서 차지하는 비중은 35% 이하이다.

ㄹ. 2020년은 모든 분야의 침해사고 건수가 2018년 대비 감소하였다.

① ㄱ, ㄴ
② ㄱ, ㄹ
③ ㄴ, ㄷ
④ ㄴ, ㄹ
⑤ ㄷ, ㄹ

13 다음은 2020년 8월부터 2021년 1월까지의 산업별 월간 국내카드 승인액이다. 이에 대한 〈보기〉의 설명으로 옳은 것을 모두 고르면?

〈산업별 월간 국내카드 승인액〉

(단위 : 억 원)

산업별	2020년 8월	2020년 9월	2020년 10월	2020년 11월	2020년 12월	2021년 1월
도매 및 소매업	3,116	3,245	3,267	3,261	3,389	3,241
운수업	161	145	165	159	141	161
숙박 및 음식점업	1,107	1,019	1,059	1,031	1,161	1,032
사업시설관리 및 사업지원 서비스업	40	42	43	42	47	48
교육 서비스업	127	104	112	119	145	122
보건 및 사회복지 서비스업	375	337	385	387	403	423
예술, 스포츠 및 여가관련 서비스업	106	113	119	105	89	80
협회 및 단체, 수리 및 기타 개인 서비스업	163	155	168	166	172	163

보기

ㄱ. 교육 서비스업의 2021년 1월 국내카드 승인액의 전월 대비 감소율은 25% 이상이다.

ㄴ. 2020년 11월 운수업과 숙박 및 음식점업의 국내카드 승인액의 합은 도매 및 소매업의 국내카드 승인액의 40% 미만이다.

ㄷ. 2020년 10월부터 2021년 1월까지 사업시설관리 및 사업지원 서비스업과 예술, 스포츠 및 여가관련 서비스업 국내카드 승인액의 전월 대비 증감 추이는 동일하다.

ㄹ. 2020년 9월 협회 및 단체, 수리 및 기타 개인 서비스업의 국내카드 승인액은 보건 및 사회복지 서비스업 국내카드 승인액의 35% 이상이다.

① ㄱ, ㄴ
② ㄱ, ㄷ
③ ㄴ, ㄷ
④ ㄴ, ㄹ
⑤ ㄷ, ㄹ

14 다음은 우리나라 건강보험 재정현황에 대한 자료이다. 이에 대한 설명으로 옳지 않은 것은?

〈건강보험 재정현황〉

(단위 : 조 원)

구분	2012년	2013년	2014년	2015년	2016년	2017년	2018년	2019년
수입	33.6	37.9	41.9	45.2	48.5	52.4	55.7	58.0
보험료 등	28.7	32.9	36.5	39.4	42.2	45.3	48.6	51.2
정부지원	4.9	5.0	5.4	5.8	6.3	7.1	7.1	6.8
지출	34.9	37.4	38.8	41.6	43.9	48.2	52.7	57.3
보험급여비	33.7	36.2	37.6	40.3	42.5	46.5	51.1	55.5
관리운영비 등	1.2	1.2	1.2	1.3	1.4	1.7	1.6	1.8
수지율(%)	104	98	93	92	91	92	95	99

※ [수지율(%)] = $\dfrac{(지출)}{(수입)} \times 100$

① 2019년 건강보험 수입의 2012년 대비 증가율과 건강보험 지출의 증가율의 차이는 15%p 이상이다.
② 2013년부터 건강보험 수지율이 전년 대비 감소하는 해에는 정부지원 수입이 전년 대비 증가했다.
③ 2017년 보험료 등이 건강보험 수입에서 차지하는 비율은 75% 이상이다.
④ 건강보험 수입과 지출의 전년 대비 증감 추이는 2013년부터 2018년까지 동일하다.
⑤ 2013년부터 2015년까지 건강보험 지출 중 보험급여비가 차지하는 비중은 매년 90%를 초과한다.

15 다음은 세계 주요 터널 화재 사고 A ~ F에 관한 자료이다. 이에 대한 설명으로 옳은 것은?

〈세계 주요 터널 화재 사고 통계〉

사고	터널길이(km)	화재규모(MW)	복구비용(억 원)	복구기간(개월)	사망자(명)
A	50.5	350	4,200	6	1
B	11.6	40	3,276	36	39
C	6.4	120	72	3	12
D	16.9	150	312	2	11
E	0.2	100	570	10	192
F	1.0	20	18	8	0

※ (사고비용) = (복구비용) + {(사망자 수) × 5억 원}

① 터널길이가 길수록 사망자가 많다.
② 화재규모가 클수록 복구기간이 길다.
③ 사고 A를 제외하면 복구기간이 길수록 복구비용이 크다.
④ 사망자가 가장 많은 사고 E는 사고비용도 가장 크다.
⑤ 사망자가 30명 이상인 사고를 제외하면 화재규모가 클수록 복구비용이 크다.

16 다음은 전국의 전력발전량 및 소비량에 관한 자료이다. 이에 대한 〈보기〉의 설명으로 옳은 것은 총 몇 개인가?(단, 자립도 및 비율은 소수점 이하 둘째 자리에서 반올림한다)

〈전국의 전력발전량 및 소비량〉

(단위 : GWh)

구분	전력발전량	전력소비량
서울	1,384	46,903
인천	68,953	22,241
경기	23,791	97,003
대전	156	9,060
충북	1,580	20,453
충남	118,041	42,650
광주	37	8,047
전북	7,181	21,168
전남	69,481	27,137
부산	39,131	20,562
대구	198	14,822
울산	10,750	28,198
경북	71,706	44,167
경남	69,579	33,071
강원	12,047	15,876
제주	2,878	3,710

※ [자립도(%)]＝(전력발전량)÷(전력소비량)×100
※ 수도권 : 서울, 인천, 경기
※ 충청권 : 대전, 충북, 충남
※ 호남권 : 광주, 전북, 전남
※ 영남권 : 부산, 대구, 울산, 경북, 경남

보기

ㄱ. 서울지역의 자립도는 5% 미만이다.
ㄴ. 인천지역의 자립도와 부산지역의 자립도 차이는 109.7%p이다.
ㄷ. 서울과 충남지역의 전력소비량의 합은 경기지역의 전력소비량보다 적다.
ㄹ. 전력발전량이 가장 많은 지역의 전력소비량은 전국에서 세 번째로 많다.
ㅁ. 호남권의 전력소비량 대비 수도권의 전력발전량 비율은 170% 이상이다.

① 1개   ② 2개
③ 3개   ④ 4개
⑤ 5개

17 다음은 5가지 커피에 대한 소비자 선호도 조사를 정리한 자료이다. 조사는 541명의 동일한 소비자를 대상으로 1차와 2차 구매를 통해 이루어졌다. 자료에 대한 설명으로 옳은 것을 모두 고르면?

〈커피에 대한 소비자 선호도 조사〉

(단위 : 명)

1차 구매	2차 구매					합계
	A	B	C	D	E	
A	93	17	44	7	10	171
B	9	46	11	0	9	75
C	17	11	155	9	12	204
D	6	4	9	15	2	36
E	10	4	12	2	27	55
합계	135	82	231	33	60	541

ㄱ D, E를 제외하고 대부분의 소비자들이 취향에 맞는 커피를 꾸준히 선택하고 있다.
ㄴ 1차에서 A를 구매한 소비자가 2차 구매에서 C를 구입하는 경우가 그 반대의 경우보다 더 적다.
ㄷ 1차, 2차 모두 C를 구입하는 소비자가 제일 많다.

① ㄱ
② ㄱ, ㄷ
③ ㄴ, ㄷ, ㄹ
④ ㄴ, ㄹ
⑤ ㄱ, ㄴ, ㄷ

18 다음은 주요 곡물별 수급 현황에 관한 자료이다. 자료를 보고 판단한 내용으로 적절하지 않은 것은?

<주요 곡물별 수급 현황>

(단위 : 백만 톤)

구분		2017년	2018년	2019년
소맥	생산량	697	656	711
	소비량	697	679	703
옥수수	생산량	886	863	964
	소비량	883	860	937
대두	생산량	239	268	285
	소비량	257	258	271

① 2017년부터 2019년까지 대두의 생산량과 소비량이 지속적으로 증가했다.

② 전체적으로 2019년에 생산과 소비가 가장 활발했다.

③ 2018년의 옥수수 소비량은 다른 곡물에 비해 소비량의 변화가 가장 작았다.

④ 2017년 전체 곡물 생산량과 2019년 전체 곡물 생산량의 차는 138백만 톤이다.

⑤ 2019년 곡물별 생산량 대비 소비량의 비중이 가장 낮았던 곡물은 대두이다.

19 다음은 A대학 재학생의 교육에 관한 영역별 만족도와 중요도 점수이다. 이에 대한 〈보기〉의 설명 중 옳은 것을 모두 고르면?

〈영역별 만족도 점수〉

(단위 : 점)

영역＼연도	2017년	2018년	2019년
교과	3.60	3.41	3.45
비교과	3.73	3.50	3.56
교수활동	3.72	3.52	3.57
학생복지	3.39	3.27	3.31
교육환경 및 시설	3.66	3.48	3.56
교육지원	3.57	3.39	3.41

〈영역별 중요도 점수〉

(단위 : 점)

영역＼연도	2017년	2018년	2019년
교과	3.74	3.54	3.57
비교과	3.77	3.61	3.64
교수활동	3.89	3.82	3.81
학생복지	3.88	3.73	3.77
교육환경 및 시설	3.84	3.69	3.73
교육지원	3.78	3.63	3.66

※ 해당영역별 요구충족도(%) $= \dfrac{(해당영역\ 만족도\ 점수)}{(해당영역\ 중요도\ 점수)} \times 100$

보기

ㄱ. 중요도 점수가 높은 영역부터 차례대로 나열하면 그 순서는 매년 동일하다.
ㄴ. 2019년 만족도 점수는 각 영역에서 전년보다 높다.
ㄷ. 만족도 점수가 가장 높은 영역과 가장 낮은 영역의 만족도 점수 차이는 2018년이 2017년보다 크다.
ㄹ. 2019년 요구충족도가 가장 높은 영역은 교과 영역이다.

① ㄱ, ㄴ
② ㄱ, ㄷ
③ ㄷ, ㄹ
④ ㄱ, ㄴ, ㄹ
⑤ ㄴ, ㄷ, ㄹ

20 다음은 성별 및 행정구역별 연내 구강진료 비율에 대한 자료이다. 이에 대한 〈보기〉의 설명 중 옳지 않은 것을 모두 고르면?

〈성별 및 행정구역별 연내 구강진료 비율〉

(단위 : %)

구분		전체조사 대상자 수 (명)	정기 구강검진	예방 처치	충치치료 (신경치료 포함)	잇몸병 치료	유치 발거	보철 치료	교정 / 심미치료	기타
성별	남성	8,125	50.87	18.36	40.59	4.01	18.72	3.70	5.69	2.98
	여성	7,873	52.55	18.42	45.79	5.01	21.24	3.16	7.67	2.17
행정 구역	서울	1,479	59.11	22.96	41.55	5.11	22.55	3.21	8.82	2.72
	부산	1,073	63.96	17.11	42.64	4.95	19.87	3.08	5.21	2.63
	대구	981	40.10	16.81	44.30	4.91	21.23	3.03	5.90	1.17
	인천	1,058	54.43	17.49	43.03	5.55	15.94	3.37	4.39	2.56
	광주	910	51.07	14.77	49.47	5.36	26.67	3.32	5.05	1.71
	대전	697	59.93	17.98	47.93	6.05	22.86	3.28	8.89	3.18
	울산	891	50.88	18.64	35.73	4.07	17.20	4.21	5.39	2.44
	경기	1,966	55.28	21.26	40.15	4.90	18.32	2.61	7.24	2.76
	강원	825	49.96	23.57	45.30	4.08	20.37	5.63	6.90	2.18
	충북	900	45.63	12.10	43.05	4.45	21.51	5.00	7.26	1.71
	충남	604	31.54	15.10	41.48	3.96	20.61	4.16	7.19	3.01
	전북	924	44.41	17.67	55.45	7.64	22.08	6.17	8.50	2.23
	전남	905	35.63	9.83	46.22	4.03	15.97	3.43	4.48	1.30
	경북	1,100	43.94	12.76	45.44	3.18	22.96	4.49	4.09	3.80
	경남	1,131	51.89	16.54	45.83	4.21	16.81	3.39	5.67	3.31
	제주	554	29.86	6.63	44.21	3.05	14.37	3.23	2.37	1.38
합계		15,998	51.69	18.39	43.12	4.52	19.95	3.44	6.65	2.58

보기

ㄱ. 연내에 정기구강검진을 받은 사람 수의 비율이 50%가 넘는 행정구역 수는 연내에 예방처치를 받은 사람 수의 비율이 20%가 넘는 행정구역의 수보다 2배 이상 많다.

ㄴ. 연내에 부산의 유치발거를 한 사람의 수는 서울의 교정 / 심미치료를 한 사람의 수보다 많다.

ㄷ. 조사대상 중 연내에 잇몸병치료를 받은 사람의 수는 남성이 여성보다 많다.

ㄹ. 전북, 전남, 경북, 경남 중 연내에 보철치료를 받은 사람 수의 비율이 높은 행정구역일수록 연내에 예방처치를 받은 사람의 수가 많다.

① ㄱ, ㄴ
② ㄱ, ㄷ
③ ㄴ, ㄷ
④ ㄷ, ㄹ
⑤ ㄴ, ㄷ, ㄹ

AI면접은 win 시대로 www.winsidaero.com

CHAPTER 03

문제해결능력

합격 CHEAT KEY

문제해결능력은 업무를 수행하면서 여러 가지 문제 상황이 발생하였을 때, 창의적이고 논리적인 사고를 통하여 이를 올바르게 인식하고 적절히 해결하는 능력을 말한다. 하위능력으로는 사고력과 문제처리능력이 있다.

문제해결능력은 NCS 기반 채용을 진행하는 대다수의 기업에서 다루어졌으며, 문항 수는 평균 24% 정도로 상당히 많이 출제되고 있다. 하지만 많은 수험생들은 더 많이 출제되는 다른 영역에 몰입하고 문제해결능력은 집중하지 않는 실수를 하고 있다. 다른 영역보다 더 많은 노력이 필요할 수는 있지만 그렇기에 차별화할 수 있는 득점영역이므로 포기하지 말고 꾸준하게 노력해야 한다.

01 질문의 의도를 정확하게 파악하라!

문제해결능력은 문제에서 무엇을 묻고 있는지 정확하게 파악하여 풀이방향을 설정하는 것이 가장 효율적인 방법이다. 특히, 조건이 주어지고 답을 찾는 창의적, 분석적인 문제가 주로 출제되고 있기 때문에 처음에 정확한 풀이방향이 설정되지 않는다면 시간만 허비하고 결국 문제도 풀지 못하게 되므로 첫 번째로 문제의도 파악에 집중해야 한다.

02 중요한 정보는 반드시 표시하라!

위에 말한 정확한 문제의도를 파악하기 위해서는 문제에서 중요한 정보는 반드시 표시나 메모를 하여 하나의 조건, 단서도 잊고 넘어가는 일이 없도록 해야 한다. 실제 시험에서는 시간의 압박과 긴장감으로 정보를 잘못 적용하거나 잊고 지나쳐 틀리는 실수가 많이 발생하므로 사전에 충분한 연습이 필요하다. 가령 명제문제의 경우 주어진 명제와 그 명제의 대우를 본인이 한 눈에 파악할 수 있도록 기호화, 도식화하여 메모하면 흐름을 이해하기가 더 수월하다. 이를 통해 자신만의 풀이순서와 방향, 기준 또한 생길 것이다.

03 반복풀이를 통해 취약유형을 파악하라!

길지 않은 한정된 시간 동안 모든 문제를 다 푸는 것은 조금은 어려울 수도 있다. 따라서 고득점을 얻을 수 있는 방법은 효율적인 문제풀이다. 반복적인 문제풀이를 통해 본인의 취약한 유형을 파악하는 것이 중요하다. 취약유형 파악은 종료시간이 임박했을 때 빛을 발할 것이다. 풀 수 있는 문제부터 빠르게 풀고 취약한 유형은 나중에 푸는 효율적인 문제풀이를 통해 최대한의 고득점을 받는 것이 중요하다. 본인의 취약유형을 파악하기 위해서는 많은 문제를 풀어봐야 한다.

04 타고나는 것이 아니므로 열심히 노력하라!

대부분의 수험생들이 문제해결능력은 공부해도 실력이 늘지 않는 영역이라고 생각한다. 하지만 그렇지 않다. 문제해결능력이야말로 노력을 통해 충분히 득점이 가능한 영역이다. 정확한 질문 의도 파악, 취약한 유형의 반복적인 풀이, 빈출유형 파악 등의 방법으로 충분히 실력을 향상할 수 있다. 자신감을 갖고 공부하기 바란다.

┌연속출제┐

다음 명제가 모두 참일 때, 반드시 참인 명제는?

- 도보로 걷는 사람은 자가용을 타지 않는다.
  p $\sim q$
- 자전거를 타는 사람은 자가용을 탄다.
  r q
- 자전거를 타지 않는 사람은 버스를 탄다.
  $\sim r$ s

① 자가용을 타는 사람은 도보로 걷는다. $q \rightarrow p$

② 버스를 타지 않는 사람은 자전거를 타지 않는다. $\sim s \rightarrow \sim r$

③ 버스를 타는 사람은 도보로 걷는다. $s \rightarrow p$

④ 도보로 걷는 사람은 버스를 탄다. $p \rightarrow s$

풀이순서

1) 질문의도
   : 명제추리

2) 문장분석
   : 기호화

3) 정답도출

📋 **유형 분석**
- 주어진 문장을 토대로 논리적으로 추론하여 참 또는 거짓을 구분하는 문제이다.
- 대체로 연역추론을 활용한 명제 문제가 출제되고 있다.

응용문제 : 자료를 제시하고 새로운 결과나 자료에 주어지지 않은 내용을 추론해 가는 형식의 문제가 출제된다.

📋 **풀이 전략**
각 문장에 있는 핵심단어 또는 문구를 기호화하여 정리한 뒤, 선택지와 비교하여 참 또는 거짓을 판단한다.

┌연속출제┐

다음은 2019년 상반기 노동시장의 특징 및 주요 요인에 대한 자료이다. 다음 〈보기〉 중 자료에 대한 설명으로 옳지 않은 것을 모두 고른 것은?

풀이순서

1) 질문의도
   : 요인 → 주요 특징
   ⇒ 피라미드 기법

2) 사고법 적용

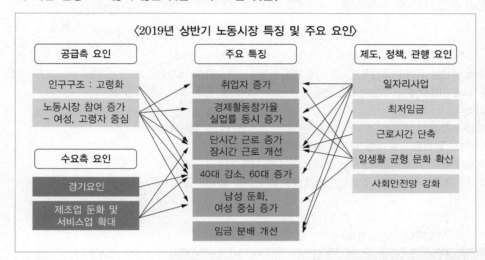

〈2019년 상반기 노동시장 특징 및 주요 요인〉

보기

ㄱ. 정부의 일자리사업으로 60대 노동자가 증가하였다.
ㄴ. 제조업이 둔화함에 따라 남성 중심의 노동시장이 둔화하고 있다.
ㄷ. 정부의 최저임금 정책으로 단시간 근로자 수가 증가하였다.
ㄹ. 여성의 노동시장 참여가 늘어나면서 전체 취업자 수가 증가하였다.
ㅁ. 인구 고령화가 심화됨에 따라 경제활동참가율과 실업률이 동시에 증가하고 있다.

① ㄱ, ㄴ 　　　　　　② ㄱ, ㄷ
③ ㄴ, ㄹ 　　　　　　④ ㄴ, ㅁ
⑤ ㄷ, ㅁ

3) 정답도출

📋 **유형 분석**
- 문제해결에 필요한 사고력을 평가하기 위한 문제이다.
- 주로 피라미드 구조 기법, 5Why 기법, So What 기법 등을 활용한 문제들이 출제되고 있다.

📋 **풀이 전략**　질문을 읽고 문제를 해결하기 위해 필요한 사고법을 선별한 뒤 적용하여 풀어 나간다.
- 피라미드 구조 기법 : 하위의 사실이나 현상으로부터 상위의 주장을 만들어 나가는 방법
- 5Why 기법 : 주어진 문제에 대해서 계속하여 이유를 물어 가장 근본이 되는 원인을 찾는 방법
- So What 기법 : '그래서 무엇이지?'라고 자문자답하며 눈앞에 있는 정보로부터 의미를 찾아내어 가치 있는 정보를 이끌어 내는 방법

┌연속출제┐

다음은 한국전력공사가 추진 중인 '그린수소' 사업에 관한 보도 자료와 한국전력공사에 대한 SWOT 분석 결과이다. SWOT 분석 결과를 참고할 때, '그린수소' 사업이 해당하는 전략은 무엇인가?

풀이순서

1) 질문의도
   : SWOT 분석

> 한국전력공사는 전라남도, 나주시와 '그린수소 사업 협력 MOU'를 체결하였다. 지난 5월 정부는 탄소 배출 없는 그린수소 생산을 위해 한국전력공사를 사업자로 선정하였고, 재생에너지 잉여전력을 활용한 수전해(P2G) 기술을 통해 그린수소를 만들어 저장하는 사업을 정부 과제로 선정하여 추진하기로 하였다.
> 그린수소 사업은 정부의 '재생에너지 3020 계획'에 따라 계속 증가하는 재생에너지를 활용해 수소를 생산함으로써 재생에너지 잉여전력 문제를 해결할 것으로 예상된다.
> MOU 체결식에서 한국전력공사 사장은 "한국전력공사는 전라남도, 나주시와 지속적으로 협력하여 정부 에너지전환 정책에 부응하고, 사업에 필요한 기술개발을 위해 더욱 노력할 것"이라고 밝혔다.

〈SWOT 분석 결과〉

2) 결과분석

장점(Strength)	약점(Weakness)
• 적극적인 기술개발 의지 • 차별화된 환경기술 보유	• 해외시장 진출에 대한 두려움 • 경험 많은 기술 인력의 부족
기회(Opportunity)	위협(Threat)
• 발전설비를 동반한 환경설비 수출 유리 • 세계 전력 시장의 지속적 성장	• 재생에너지의 잉여전력 증가 • 친환경 기술 경쟁 심화

① SO전략
② ST전략 ✓
③ WO전략
④ WT전략
⑤ OT전략

3) 정답도출

📑 **유형 분석** • 상황에 대한 환경 분석 결과를 통해 주요 과제를 도출하는 문제이다.
  • 주로 3C 분석 또는 SWOT 분석을 활용한 문제들이 출제되고 있으므로 해당 분석도구에 대한 사전 학습이 요구된다.

📑 **풀이 전략** 문제에서 제시된 분석도구가 무엇인지 확인한 후, 분석 결과를 종합적으로 판단하여 각 선택지의 전략 과제와 일치하는지를 판단한다.

문제해결능력 | 기출유형 4

문제처리 ②

┌ 연속출제 ┐

K씨는 인터넷뱅킹 사이트에 가입하기 위해 가입절차에 따라 정보를 입력하는데 그중 패스워드 만드는 과정이 까다로워 계속 실패 중이다. 사이트 가입 시 패스워드 〈조건〉이 다음과 같을 때, 〈조건〉에 부합하는 패스워드 는 무엇인가?

┌ 조건 ┐
- 패스워드는 7자리이다. ❺
- 영어 대문자와 소문자, 숫자, 특수기호를 적어도 하나씩 포함해야 한다. ❹ · ❺
- 숫자 0은 다른 숫자와 연속해서 나열할 수 없다. ❶
- 영어 대문자는 다른 영어 대문자와 연속해서 나열할 수 없다. ❶ · ❺
- 특수기호를 첫 번째로 사용할 수 없다. ❸

① a?102CB
② ✓ 7!z0bT4
③ #38Yup0
④ ssng99&
⑤ 6LI◇23

풀이순서

1) 질문의도
   : 패스워드 조합

2) 조건확인

3) 정답도출

📑 **유형 분석**
- 주어진 상황과 정보를 종합적으로 활용하여 풀어 가는 문제이다.
- 비용, 시간, 순서, 해석 등 다양한 주제를 다루고 있어 문제유형을 한 가지로 단일화하기가 어렵다.
- 대체로 2문제 혹은 3문제가 묶여서 출제되고 있으며, 문제가 긴 경우가 많아 푸는 시간이 많이 걸린다.

📑 **풀이 전략**   먼저 문제에서 묻는 것을 파악한 후, 필요한 상황과 정보를 찾아 이를 활용하여 문제를 풀어 간다.

안심Touch

※ Y공단이 운영하는 대학장학회에서는 매년 10명씩 선정하여 장학금과 함께 부상으로 문화상품권을 준다. 다음은 문화상품권 구매처와 각 장학금 종류에 따른 부상내역에 관한 자료이다. 제시된 자료를 보고 이어지는 질문에 답하시오. **[1~2]**

〈문화상품권 구매처별 현황〉

구분	종류	할인율	비고
A업체	만 원권, 오만 원권	100만 원 이상 구입 시 8% 할인 및 포장비 무료	• 택배비 4천 원 • 포장비 개당 5백 원
B업체	오천 원권, 만 원권, 십만 원권	50만 원 이상 구입 시 50만 원 단위로 6%할인	• 택배비 4천 원 • 포장비 개당 7백 원
C업체	오만 원권, 십만 원권	100만 원 이상 구입 시 5% 할인	• 직접 방문 구매 • 봉투만 무료 지급
D업체	만 원권, 오만 원권	100만 원 이상 구입 시 100만 원 단위로 4% 할인 및 포장비 무료	• 택배비 5천 원 • 포장비 개당 5백 원

※ 택배비는 한 번만 계산하며, 포장비는 인원만큼 계산한다.

〈장학금 및 부상내역〉

구분	장학금	인원	부상
성적 우수 장학금	450만 원	4명	문화상품권 30만 원
근로 장학금	450만 원	4명	문화상품권 30만 원
이공계 장학금	500만 원	2명	문화상품권 40만 원

※ 장학금 및 부상은 한 명당 받는 금액이다.

01 문화상품권 종류에 상관없이 가장 저렴하게 구입할 때, 대학장학회에서 장학금과 부상에 사용한 총액은 얼마인가?(단, 택배비 및 포장비도 포함한다)

① 48,948,000원
② 48,938,000원
③ 48,928,000원
④ 48,918,000원
⑤ 48,908,000원

02 다음 조건에 맞는 문화상품권 구매처에서 할인받을 수 있는 금액은 얼마인가?(단, 택배비 및 포장비는 제외한다)

> **조건**
> • 오만 원권 또는 십만 원권으로 구매하려고 한다.
> • 직접 방문하여 구매하기가 어렵다.
> • 최소한의 비용으로 구매한다.

① 120,000원   ② 180,000원
③ 206,000원   ④ 256,000원
⑤ 301,000원

03 A, B, C, D, E, F의 사람들이 있다. 다음 조건을 바탕으로 세 번째로 큰 사람은 누구인가?

> **조건**
> • A는 E보다 작다.
> • C는 D보다 크며 E보다 작다.
> • D는 가장 작다.
> • A는 C보다 크며 B보다 작다.
> • B는 E보다 작고 A보다 크다.
> • F는 E보다 크다.

① C   ② A
③ B   ④ D
⑤ E

04 다음을 읽고 D기업이 문제를 해결하는 데 있어 미흡했던 부분으로 가장 적절한 것은?

> 기능성 화장품 제조업체인 D기업은 최근 몇 년 동안 재무상황이 좋지 못하였다. 이러한 상황을 극복하고자 비용을 축소하기 위해 수년간 노력해온 중국시장 진출을 철회하기로 하였다. D기업이 철회한 이후 중국 경제의 활황으로 국산 화장품에 대한 수요가 급증하였고, 중국 시장을 함께 노려온 경쟁업체인 E기업은 성공적으로 안착할 수 있었을 뿐만 아니라 큰 수익도 얻었다. 결국 D기업은 비용을 절감한 것이 아니라 수익을 버린 결과를 초래했던 것이다.

① 기대하는 결과를 정확히 명시하지 못했을 뿐만 아니라 효과적으로 달성하는 방법을 올바르게 구상하지 못했다.
② 문제를 해결하는 데 있어 내·외부자원을 효과적으로 활용하지 못했다.
③ 문제에 대한 상식적인 수준과 편견 등을 타파하지 못해 객관적인 사실로부터 문제해결을 이끌어내지 못했다.
④ 당면한 문제에만 집착한 나머지 전체적인 틀에서 문제 상황을 분석하지 못했다.
⑤ 기존에 가지고 있던 인식을 전환하여 새로운 관점에서 바라보는 사고를 갖추지 못하였다.

05 같은 해에 입사한 동기 A, B, C, D, E는 모두 S전자 소속으로 서로 다른 부서에서 일하고 있다. 이들이 근무하는 부서와 해당 부서의 성과급은 다음과 같다. 부서배치에 관한 조건, 휴가에 관한 조건을 참고했을 때 다음 중 항상 옳은 것은?

<표: 부서별 성과급>

비서실	영업부	인사부	총무부	홍보부
60만 원	20만 원	40만 원	60만 원	60만 원

※ 각 사원은 모두 각 부서의 성과급을 동일하게 받는다.

〈부서배치 조건〉

• A는 성과급이 평균보다 적은 부서에서 일한다.
• B와 D의 성과급을 더하면 나머지 세 명의 성과급 합과 같다.
• C의 성과급은 총무부보다는 적지만 A보다는 많이 받는다.
• C와 D 중 한 사람은 비서실에서 일한다.
• E는 홍보부에서 일한다.

〈휴가 조건〉

• 영업부 직원은 비서실 직원보다 휴가를 더 늦게 가야 한다.
• 인사부 직원은 첫 번째 또는 제일 마지막으로 휴가를 가야 한다.
• B의 휴가 순서는 이들 중 세 번째이다.
• E는 휴가를 반납하고 성과급을 두 배로 받는다.

① A의 3개월 치 성과급은 C의 2개월 치 성과급보다 많다.
② C가 맨 먼저 휴가를 갈 경우, B가 맨 마지막으로 휴가를 가게 된다.
③ D가 C보다 성과급이 많다.
④ 휴가철이 끝난 직후, 급여명세서에 D와 E의 성과급 차이는 세 배이다.
⑤ B는 A보다 휴가를 먼저 출발한다.

06 안전본부 사고분석 개선처에 근무하는 B대리는 혁신우수 연구대회에 출전하여 첨단장비를 활용한 차종별 보행자 사고 모형개발을 발표했다. SWOT 분석을 통해 추진방향을 도출하기 위해 아래의 표를 작성했다. 주어진 분석 결과에 대응하는 전략과 그 내용이 틀리게 짝지어진 것은?

강점(Strength)	약점(Weakness)
10년 이상 지속적인 교육과 연구로 신기술 개발을 위한 인프라 구축	보행자사고 모형개발을 위한 예산 및 실차 실험을 위한 연구소 부재
기회(Opportunity)	위협(Threat)
첨단 과학장비(3D스캐너, MADYMO) 도입으로 정밀 시뮬레이션 분석 가능	교통사고에 대한 국민의 관심과 분석수준 향상으로 공단의 사고 분석 질적 제고 필요

① SO전략 : 과학장비를 통한 정밀 시뮬레이션 분석을 토대로 국내 차량의 전면부 형상을 취득하고 보행자사고를 분석해 신기술 개발에 도움
② WO전략 : 실차 실험 대신 과학장비를 통한 시뮬레이션 연구로 모형개발
③ ST전략 : 지속적 교육과 연구로 쌓아온 데이터를 바탕으로 사고분석 프로그램 신기술 개발을 통해 사고분석 질적 향상에 기여
④ WT전략 : 신기술 개발을 위한 연구대회를 개최해 인프라를 더욱 탄탄히 구축
⑤ WT전략 : 보행자사고 실험을 위한 연구소를 만들어 사고 분석 데이터를 축적한다.

07 다음 자료는 휴대전화를 구입하기 위하여 작성한 것이다. 경제적 의사결정과 관련하여 옳은 설명은?(단, 만족도 1단위는 화폐 1만 원의 가치와 같다)

상품 \ 만족도 / 가격	광고의 호감도 (5)	디자인 (12)	카메라 기능 (8)	단말기 크기 (9)	A/S (6)	만족도 합계 (40)
A 35만 원	5	10	6	8	5	34
B 28만 원	4	9	6	7	5	31
C 25만 원	3	7	5	6	4	25

※ ( ) 안은 만족도의 만점임

① 합리적으로 선택한다면 상품 B를 구입할 것이다.
② 단말기 크기보다 카메라 기능을 더 중시하고 있다.
③ 만족도가 가장 큰 대안을 선택하는 것이 가장 합리적이다.
④ 예산을 25만 원으로 제한하면 휴대전화 구입을 포기할 것이다.
⑤ 구매 선택의 기준으로 휴대전화의 성능을 지나치게 중시하고 있다.

※ A건설회사에서는 B시에 건물을 신축하고 있다. 다음 자료를 보고 이어지는 질문에 답하시오. **[8~9]**

B시에서는 친환경 건축물 인증제도를 시행하고 있다. 이는 건축물의 설계, 시공 등의 건설과정이 쾌적한 거주환경과 자연환경에 미치는 영향을 점수로 평가하여 인증하는 제도로, 건축물에 다음과 같이 인증등급을 부여한다.

〈평가점수별 인증등급〉

평가점수	인증등급
80점 이상	최우수
70점 이상 80점 미만	우수
60점 이상 70점 미만	우량
50점 이상 60점 미만	일반

또한 친환경 건축물 최우수, 우수 등급이면서 건축물 에너지효율 1등급 또는 2등급을 추가로 취득한 경우, 다음과 같은 취·등록세액 감면 혜택을 얻게 된다.

〈취·등록세액 감면 비율〉

구분	최우수 등급	우수 등급
에너지효율 1등급	12%	8%
에너지효율 2등급	8%	4%

08 다음 상황에 근거할 때, 〈보기〉에서 옳은 것을 모두 고르면?

〈상황〉

- A건설회사가 신축하고 있는 건물의 예상되는 친환경 건축물 평가점수는 63점이고 에너지효율은 3등급이다.
- 친환경 건축물 평가점수를 1점 높이기 위해서는 1,000만 원, 에너지효율을 한 등급 높이기 위해서는 2,000만 원의 추가 투자비용이 든다.
- 신축 건물의 감면 전 취·등록세 예상액은 총 20억 원이다.
- A건설회사는 경제적 이익을 극대화하고자 한다.
- ※ 경제적 이익 또는 손실 : (취·등록세 감면액)-(추가 투자액)
- ※ 기타 비용과 이익은 고려하지 않는다.

보기

ㄱ. 추가 투자함으로써 경제적 이익을 얻을 수 있는 최소 투자금액은 1억 1,000만 원이다.
ㄴ. 친환경 건축물 우수 등급, 에너지효율 1등급을 받기 위해 추가 투자할 경우 경제적 이익이 가장 크다.
ㄷ. 에너지효율 2등급을 받기 위해 추가 투자하는 것이 3등급을 받는 것보다 A건설회사에 경제적으로 더 이익이다.

① ㄱ
② ㄷ
③ ㄱ, ㄴ
④ ㄴ, ㄷ
⑤ ㄱ, ㄴ, ㄷ

09 A건설회사의 직원들이 신축 건물에 대해 이야기를 나누고 있다. 다음 중 옳지 않은 말을 하는 사람은?

① 갑 : 현재 우리회사 신축 건물의 등급은 '우량' 등급이야.

② 을 : 신축 건물 예상평가결과 취·등록세액 감면 혜택을 받을 수 있어.

③ 병 : 추가 투자를 해서 에너지효율을 높일 필요가 있어.

④ 정 : 경제적 이익을 극대화하기 위해서 친환경 건축물 평가점수를 7점, 에너지효율을 2등급 높여야 해.

⑤ 무 : 추가 투자에 예산을 배정하기에 앞서 우선순위를 결정해야 해.

10 전주국제영화제에 참석한 충원이는 A, B, C, D, E, F영화를 다음 〈조건〉에 맞춰 5월 1일부터 5월 6일까지 하루에 한 편씩 보려고 한다. 다음 중 항상 옳은 것은?

> **조건**
> • F영화는 3일과 4일 중 하루만 상영한다.
> • D영화는 C영화가 상영된 날 이틀 후에 상영한다.
> • B영화는 C, D영화보다 먼저 상영된다.
> • 첫째 날 B영화를 볼 가능성이 가장 높다면 5일에 반드시 A영화를 본다.

① A영화는 C영화보다 먼저 상영될 수 없다.

② C영화는 E영화보다 먼저 상영된다.

③ D영화는 5일이나 폐막작으로 상영될 수 없다.

④ B영화는 1일 또는 2일에 상영된다.

⑤ E영화는 개막작이나 폐막작으로 상영된다.

※ 아래의 제시 상황을 보고 이어지는 질문에 답하시오. **[11~12]**

〈사회통합프로그램 소개〉

Ⅰ. 과정 및 이수시간(2020년 5월 현재)

구분	0단계	1단계	2단계	3단계	4단계	5단계
과정	한국어와 한국문화					한국사회의 이해
	기초	초급1	초급2	중급1	중급2	
이수시간	15시간	100시간	100시간	100시간	100시간	50시간
사전평가	구술 3점 미만 (지필점수 무관)	3점 ~ 20점	21점 ~ 40점	41점 ~ 60점	61점 ~ 80점	81점 ~ 100점

Ⅱ. 사전평가

1. 평가 대상 : 사회통합프로그램 참여 신청자는 모두 응시해야 함
2. 평가 내용 : 한국어 능력 등 기본소양 정도
3. 평가 장소 : 관할 출입국에서 지정하는 별도 장소
4. 평가 방법 : 필기시험(45) 및 구술시험(5) 등 총 50문항
   가. 필기시험(45문항, 90점)
      – 문항 수는 총 45문항으로 객관식(43), 단답형 주관식(2)
      – 시험시간은 총 50분
      – 답안지는 OMR카드를 사용함
   나. 구술시험(5문항, 10점)
      – 문항 수는 총 5문항으로 읽기, 이해하기, 대화하기, 듣고 말하기 등으로 구성
      – 시험시간은 총 10분
      ※ 사전평가일로부터 6개월 이내에 교육에 참여하지 않은 경우 해당 평가는 무효가 되며, 다시 사전 평가에 응시하여 단계배정을 다시 받아야만 교육 참여가능 → 이 경우에는 재시험 기회가 추가로 부여되지 않음(평가 결과에 불만이 있더라도 재시험을 신청할 수 없음)
      ※ 사회통합프로그램의 '0단계(한국어 기초)'부터 참여하기를 희망하는 경우에 한해 사전평가를 면제 받을 수 있습니다. 사전평가를 면제받고자 할 경우에는 사회통합프로그램 참여신청 화면의 '사전평가 응시여부'에 '아니오'를 체크하셔야 합니다.

Ⅲ. 참여 시 참고사항

1. 참여 도중 출산, 치료, 가사 등 불가피한 사유로 30일 이상 계속 참여가 불가능할 경우 참여자는 사유발생일로부터 15일 이내에 사회통합정보망(마이페이지)을 통해 이수정지 신청을 해야 함 → 이 경우 사유 종료 후 계속해서 해당 과정에 참여하며, 과거 이수사항 및 이수시간을 계속 승계하며, 이수정지 후 2년 이상 재등록하지 않을 경우 직권제적 대상이 되므로, 계속 참여 의사가 있는 경우에는 2년 이내에 재등록해야 함
2. 참여 도중 30일 이상 무단으로 결석할 경우 제적 조치하고, 이 경우에는 해당단계에서 이미 이수한 사항은 모두 무효 처리함

11 A사원은 온라인 상담게시판에 올라와 있는 한 고객의 상담문의를 읽었다. 문의내용에 따른다면 고객이 다음 단계에 이수해야 할 과정과 이수시간을 올바르게 나열한 것은?

고객 상담 게시판	
[1:1 상담요청] 제목 : 이수 과목 관련 문의드립니다.	2020 – 05 – 01

안녕하세요. 2018년 11월에 한국어와 한국문화 초급2 과정을 수료한 후, 중급1 과정 30시간을 듣다가 출산 때문에 이수정지 신청을 했었습니다. 다음 달부터 다시 프로그램에 참여하고자 하는데, 어떤 과정을 몇 시간 더 들어야 하나요? 답변 부탁드립니다.

	과정	이수시간
①	기초	15시간
②	초급2	70시간
③	초급2	100시간
④	중급1	70시간
⑤	중급1	100시간

12 〈보기〉 중 2020년 5월에 같은 강의를 듣는 사람끼리 올바르게 짝지은 것은?

> 보기
>
> ㄱ. 사전평가에서 구술 10점, 필기 30점을 받은 A씨
> ㄴ. 사전평가에서 구술 2점, 필기 40점을 받은 B씨
> ㄷ. 1년 전 초급1 과정을 30시간 들은 후 이수정지 신청을 한 후 재등록한 C씨
> ㄹ. 사전평가에 응시하지 않겠다고 의사를 표시한 후 참여를 신청한 D씨

① ㄱ, ㄴ   ② ㄱ, ㄷ
③ ㄴ, ㄷ   ④ ㄴ, ㄹ
⑤ ㄷ, ㄹ

※ 다음은 L홈쇼핑에서 F/W시즌에 론칭할 겨울 방한의류별 특성을 정리한 제품 특성표이다. 자료를 보고 이어지는 질문에 답하시오. [13~14]

〈제품 특성표〉

구분	가격	브랜드가치	무게	디자인	실용성
A	★★★☆☆	★★★★★	★★★★☆	★★☆☆☆	★★★☆☆
B	★★★★★	★★★★☆	★★★★☆	★★★☆☆	★★☆☆☆
C	★★★☆☆	★★★☆☆	★★★☆☆	★★★★☆	★★★★☆
D	★★★★☆	★★★★★	★★☆☆☆	★★★★☆	★★★☆☆
E	★★★★☆	★★★☆☆	★★★☆☆	★★☆☆☆	★★★☆☆

★★★★★ : 매우좋음 / ★★★★☆ : 좋음 / ★★★☆☆ : 보통 / ★★☆☆☆ : 나쁨 / ★☆☆☆☆ : 매우나쁨

13 시장조사 결과 50대 고객은 브랜드가치가 높고, 무게가 가벼우며, 실용성이 높은 방한 의류를 선호한다고 한다. 제품 특성표를 참고하여 50대 고객을 대상으로 방한의류를 판매한다면, 어떤 제품이 가장 합리적인가?(단, 무게는 가벼울수록 좋다.)

① A제품
② B제품
③ C제품
④ D제품
⑤ E제품

14 다음은 연령별 소비자 선호 특성을 나타낸 표이다. 20대와 30대 고객에게 그들의 선호 특성에 맞게 방한의류를 판매하려면, 어떤 제품이 가장 합리적인가?

〈연령별 소비자 선호도〉

연령대	선호 특성
20대	가격, 디자인
30대	무게, 실용성
40대	브랜드가치, 실용성

① A제품
② B제품
③ C제품
④ D제품
⑤ E제품

15 B여행사는 H공사에서 공고한 외국인 농촌여행상품 운영 및 홍보지원을 보고 궁금한 점이 생겨 문의사항을 게시판에 남겼다. 대답으로 올바르지 않은 것은?

〈외국인 농촌여행상품 운영 및 홍보지원〉

1. **지원기간** : 2020. 01. 06(목) ~ 2020. 07. 13(금) (예산소진 시까지)
2. **참가자격**
   외국인 관광객을 유치하는 일반여행업
   - 관광진흥법 제4조 및 법 시행령 제2조 제1항 제1호 가목으로 등록된 업체
     * 일반여행업 : 국내외를 여행하는 내국인 및 외국인을 대상으로 하는 여행업
3. **상품구성**
   농촌관광지 1회 이상 유료 방문 및 주변 관광지로 구성
   * 8개 지자체(경기, 강원, 충북, 충남, 전남, 경북, 경남, 제주)의 농촌체험휴양마을 829개소, 7개 지자체(경기, 강원, 충북, 충남, 전남, 경북, 경남)의 6차산업기업 854개소
   ※ 전북지역 농촌관광상품의 경우 별도 공고 예정
4. **지원내용**
   ① 운영비 : 체험, 숙박, 식사비, 버스임차료 등 지원
      - 기존상품 : 체험, 숙박, 식사비의 50%, 항목별 최대 한도 3만 원/인(숙박비 5만 원/인)
        예 산머루농원, 돼지보러오면돼지, 아홉굿마을, 의야지바람골, 은아목장, 수미마을, 산머루마을 등 포함 농촌여행상품
      - 특별상품 : 체험, 숙박, 식사비의 90%, 항목별 최대 한도 3만 원/인(숙박비 5만 원/인)
      - 버스임차료 : 버스임차료의 50%(최대 40만 원/일)
   ② 홍보비 : 홍보물 제작비, 팸투어 행사비, 해외박람회 참가비 등 지원
      - 홍보물 제작비용의 50%, 팸투어 행사비의 50%, 해외박람회 참가비 50%
5. **농촌관광지 적용 대상** : 농촌관광지 적용 대상 리스트 첨부파일 참고
6. **결과 발표** : 농촌여행의 모든 것, 웰촌 홈페이지, 공지사항 게시 및 개별 연락
7. **접수 및 문의처**
   이메일 접수 후 원본은 우편으로 제출
   ※ 유의사항 : 서류는 반드시 한글 또는 워드파일로 작성하여 1개 파일로 제출

---

① Q : 여행업체로 등록되어 있지는 않지만 국내외 내국인 및 외국인을 대상으로 여행업을 3년간 해왔습니다. 신청이 가능한가요?
   A : 관광진흥법 제4조 및 법 시행령 제2조 제1항 제1호 가목으로 등록된 업체여야 신청 가능합니다.
② Q : 농촌관광지를 2회 유료 방문하는 상품구성을 하려고 합니다. 횟수는 상관 없나요?
   A : 농촌관광지를 1회 이상 유료 방문해야 하는 최소 충족조건만 지키면 됩니다.
③ Q : 기존상품과 특별상품의 버스임차료 지원율은 다른가요?
   A : 기존상품과 특별상품 모두 버스임차료의 지원율은 50%로 최대 40만 원입니다.
④ Q : 홍보물 제작비나 해외박람회 참가비에 대한 지원금은 있습니까?
   A : 네, 홍보비는 홍보물 제작비, 팸투어 행사비, 해외박람회 참가비 등으로 항목당 50%씩 지원합니다.
⑤ Q : 접수는 이메일로 가능한가요?
   A : 이메일 접수는 받지 않으며 서류는 한글 또는 워드파일로 작성하여 우편으로 제출해야 합니다.

※ B씨는 자동차 등록에 관한 업무를 하고 있다. 그의 주요업무 중 하나는 자동차 번호판 부여이다. 자동차에 번호판을 부여하는 규칙이 다음과 같을 때, 이어지는 질문에 답하시오. **[16~17]**

〈자동차 번호판 부여 규칙〉

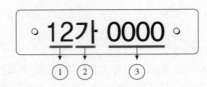

각 숫자는 다음의 사항을 나타낸다.
① 자동차의 종류
② 자동차의 용도
③ 자동차의 등록번호

▶ 자동차의 종류

구분	숫자 기호
승용차	01 ~ 69
승합차	70 ~ 79
화물차	80 ~ 97
특수차	98 ~ 99

▶ 자동차의 용도

구분		문자 기호
비사업용		가, 나, 다, 라, 마, 거, 너, 더, 러, 머, 서, 어, 저, 고, 노, 도, 로, 모, 보, 소, 오, 조, 구, 누, 두, 루, 무, 부, 수, 우, 주
사업용	택시	아, 바, 사, 자
	택배	배
	렌터카	하, 허, 호

▶ 자동차의 등록번호 : 차량의 고유번호로 임의로 부여

16 A씨는 이사를 하면서 회사와 거리가 멀어져 출퇴근을 위해 새 승용차를 구입하였다. A씨가 부여받을 수 있는 자동차 번호판으로 올바르지 않은 것은?

① 23겨 4839

② 67거 3277

③ 42서 9961

④ 31주 5443

⑤ 12모 4839

17 다음 중 용도가 다른 번호판은?

① 80가 8425

② 84배 7895

③ 92보 1188

④ 81오 9845

⑤ 97주 4763

※ 다음은 바이오에너지 구상도이다. 이어지는 질문에 답하시오. [18~19]

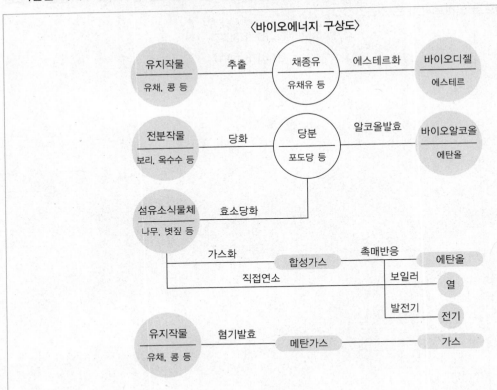

〈바이오에너지 구상도〉

바이오매스(Biomass)란?

바이오매스란 식물이나 미생물 등을 에너지원으로 이용하는 생물체이다. 바이오매스에 들어 있는 석유성분을 추출하거나, 사람이나 동물의 배설물을 메테인발효하거나, 특수한 해조나 폐기물 바이오매스를 메테인발효 또는 알코올발효 등에 의하여 연료로 만드는 것 등이 바이오매스를 에너지로 사용하는 방법이다.

생물체를 열분해하거나 발효하여 메테인·에탄올·수소와 같은 연료, 즉 바이오매스 에너지를 채취하는 방법도 연구되고 있다. 브라질은 사탕수수와 카사바(마조카)에서 알코올을 채취하여 자동차 연료로 쓰고 있고, 미국은 켈프라는 거대한 다시마를 바다에서 재배하여 거기서 메테인을 만드는 연구를 하였다.

이처럼 바이오매스는 지역의 특색을 살릴 수 있기 때문에 로컬에너지에 속한다.

공정	추출	에스테르화	당화	알코올발효	효소당화	가스화	혐기발효
점수	5점	5점	10점	3점	7점	8점	6점

※ 단, 공정 단계별로 가격을 매긴다.
 1점 이상 4점 미만 : 20,000원/점
 4점 이상 8점 미만 : 30,000원/점
 8점 이상 11점 미만 : 40,000원/점

18 바이오매스 물질을 연료로 바꾸기 위해서는 다양한 공정이 필요하다. 공정에서 드는 가격을 점수로 매겼을 때 최종 공정이 끝난 후 가격으로 올바르지 않은 것은?

	에너지원	연료	공정가격
①	보리	바이오알코올	460,000원
②	나무	바이오알코올	270,000원
③	콩	가스	180,000원
④	유채	바이오디젤	180,000원
⑤	옥수수	바이오알코올	460,000원

19 다음 중 올바르지 않은 것은?

① 바이오매스는 지역의 특색을 살릴 수 있으므로 로컬에너지에 속한다.
② 보리와 옥수수는 당화 과정이 필요하다.
③ 유채, 콩은 추출을 하느냐 혐기발효를 하느냐에 따라 최종 에너지가 달라진다.
④ 섬유소식물체로는 한 종류의 바이오매스 에너지만 만들 수 있다.
⑤ 바이오매스 에너지에는 액체, 가스, 전기, 열에너지 등이 있다.

20 다음 설명을 읽고 제시된 분석결과에 가장 적절한 전략인 것은?

SWOT는 Strength(강점), Weakness(약점), Opportunity(기회), Threat(위협)의 머리글자를 따서 만든 단어로 경영 전략을 세우는 방법론이다. SWOT로 도출된 조직의 내·외부 환경을 분석하고, 이 결과를 통해 대응전략을 구상하는 분석방법론이다.

'SO(강점 – 기회)전략'은 기회를 활용하기 위해 강점을 사용하는 전략이고, 'WO(약점 – 기회)전략'은 약점을 보완 또는 극복하여 시장의 기회를 활용하는 전략이다. 'ST(강점 – 위협)전략'은 위협을 피하기 위해 강점을 활용하는 방법이며 'WT(약점 – 위협)전략'은 위협요인을 피하기 위해 약점을 보완하는 전략이다.

내부 외부	강점(Strength)	약점(Weakness)
기회(Opportunity)	SO(강점 – 기회)전략	WO(약점 – 기회)전략
위협(Threat)	ST(강점 – 위협)전략	WT(약점 – 위협)전략

〈S유기농 수제버거 전문점 환경 분석 결과〉

SWOT	환경 분석
강점(Strength)	• 주변 외식업 상권 내 독창적 아이템 • 커스터마이징 고객 주문 서비스 • 주문 즉시 조리 시작
약점(Weakness)	• 높은 재료 단가로 인한 비싼 상품 가격 • 대기업 버거 회사에 비해 긴 조리 과정
기회(Opportunity)	• 웰빙을 추구하는 소비 행태 확산 • 치즈 제품을 선호하는 여성들의 니즈 반영
위협(Threat)	제품 특성상 테이크 아웃 및 배달 서비스 불가

① SO전략 : 주변 상권의 프랜차이즈 샌드위치 전문업체의 제품을 벤치마킹해 샌드위치도 함께 판매한다.
② WO전략 : 유기농 채소와 유기농이 아닌 채소를 함께 사용하여 단가를 낮추고 가격을 내린다.
③ ST전략 : 테이크 아웃이 가능하도록 버거의 사이즈를 조금 줄이고 사이드 메뉴를 서비스로 제공한다.
④ WT전략 : 조리과정을 단축시키기 위해 커스터마이징 형식의 고객 주문 서비스 방식을 없애고, 미리 제작해놓은 버거를 배달 제품으로 판매한다.
⑤ ST전략 : 치즈의 종류를 다양하게 구성해 커스터마이징 주문 시 선택할 수 있도록 한다.

CHAPTER 04

자원관리능력

합격 CHEAT KEY

자원관리능력은 현재 많은 NCS 기반 채용을 진행하는 공사·공단에서 핵심영역으로 자리 잡아, 일부를 제외한 대부분의 공사·공단에서 출제 영역으로 꼽히고 있다. 전체 문항수의 10 ~ 15% 비중으로 출제되고 있고, 난이도가 상당히 높기 때문에 공사·공단 NCS를 치를 수험생이라면 반드시 준비해야 할 필수 과목이다.

실제 시험 기출 키워드를 살펴보면 비용 계산, 해외파견 지원금 계산, 주문 제작 단가 계산, 일정 조율, 일정 선정, 행사 대여 장소 선정, 최단거리 구하기, 시차 계산, 소요시간 구하기, 해외파견 근무 기준에 부합한 또는 부합하지 않는 직원 고르기 등 크게 자원 계산, 자원관리문제 유형이 출제된다. 대표유형을 바탕으로 응용되는 방식의 문제가 출제되고 있기 때문에 비슷한 유형을 계속해서 풀어보면서 감을 익히는 것이 중요하다.

01 시차를 먼저 계산하자!

시간자원관리문제의 대표유형 중 시차를 계산하여 일정에 맞는 항공권을 구입하거나 회의시간을 구하는 문제에서는 각각의 나라 시간을 한국 시각으로 전부 바꾸어 계산하는 것이 편리하다. 조건에 맞는 나라들의 시각을 전부 한국 시각으로 바꾸고 한국 시각과의 시차만 더하거나 빼주면 시간을 단축하여 풀수 있다.

02 보기를 활용하자!

예산자원관리문제의 대표유형에서는 계산을 해서 값을 요구하는 문제들이 있다. 이런 문제유형에서는 문제 보기를 먼저 본 후 자리 수가 몇 단위로 끝나는지 확인한다. 예를 들어 412,300원, 426,700원, 434,100원, 453,800원인 보기가 있다고 하자. 이 보기는 100원 단위로 끝나기 때문에 제시된 조건에서 100원 단위로 나올 수 있는 항목을 찾아 그 항목만 계산하여 시간을 단축시키는 방법이 있다.

또한, 일일이 계산하는 문제가 많은데 예를 들어 640,000원, 720,000원, 810,000원 등의 수를 이용해 푸는 문제는 만 원 단위를 절사하고 계산하여 64, 72, 81처럼 요약하여 적는 것도 시간을 단축하는 방법이다.

03 최적의 값을 구하는 문제인지 파악하자!

물적자원관리문제의 대표유형에서는 제한된 자원 내에서 최대의 만족 또는 이익을 얻을 수 있는 방법을 강구하는 문제가 출제된다. 이때, 구하고자 하는 값을 x, y로 정하고 연립방정식을 이용해 x, y값을 구한다. 최소 비용으로 목표생산량을 달성하기 위한 업무 및 인력 할당, 정해진 시간 내에 최대 이윤을 낼 수 있는 업체 선정, 정해진 인력으로 효율적 업무 배치 등을 구하는 문제에서 사용되는 방법이다.

04 각 평가항목을 비교해보자!

인적자원관리문제의 대표유형에서는 각 평가항목을 비교하여 기준에 적합한 인물을 고르기, 저렴한 업체나, 총점이 높은 업체를 선정하는 문제가 출제된다. 이런 문제를 해결할 때는 평가항목에서 가격이나 점수 차이에 영향을 많이 미치는 항목을 찾아 1 ~ 2개의 보기를 삭제하고 3 ~ 4개의 보기만 계산하여 시간을 단축한다.

05 문제의 단서를 이용하자!

자원관리능력은 계산문제가 많기 때문에, 복잡한 계산은 딱 떨어지게끔 조건을 제시하는 경우가 많다. 단서를 보고 부합하지 않는 보기를 1 ~ 2개 먼저 소거한 뒤 계산을 하는 것도 시간을 단축하는 방법이다.

┌연속출제┐

Q회사는 해외지사와 <u>화상 회의</u> 1시간을 갖기로 하였다. 모든 지사의 <u>업무시간은 오전 9시부</u>터 오후 6시까지이며, 점심시간은 낮 12시부터 오후 1시까지이다. 〈조건〉이 다음과 같을 때, <u>회의가 가능한 시간</u>은 언제인가?(단, 회의가 가능한 시간은 서울 기준이다)

풀이순서

1) 질문의도
: 회의 시간

───── 조건 ─────

• 헝가리는 서울보다 7시간 느리고, 현지시간으로 오전 10시부터 2시간 외부출장이 있다.
• 호주는 서울보다 1시간 빠르고, 현지시간으로 오후 2시부터 3시간 동안 회의가 있다.
• 베이징은 서울보다 1시간 느리다.
• 헝가리와 호주는 서머타임 +1시간을 적용한다.

2) 조건확인
(i) 업무시간 확인
(ii) 시차 확인

① 오전 10시 ~ 오전 11시
② 오전 11시 ~ 낮 12시
③ 오후 1시 ~ 오후 2시
④ 오후 2시 ~ 오후 3시
✓ 오후 3시 ~ 오후 4시

3) 정답도출
: ① 헝가리 근무시간
아님, 호주 점심
② 헝가리 근무시간
아님
③ 헝가리 근무시간
아님, 호주 회의,
베이징 점심
④ 헝가리 근무시간
아님, 호주 회의

📋 **유형 분석**
• 시간자원과 관련된 다양한 정보를 활용하여 문제를 풀어가는 문제이다.
• 대체로 교통편 정보나 국가별 시차 정보가 제공되며, 이를 근거로 '현지 도착시간 또는 약속된 시간 내에 도착하기 위한 방안'을 고르는 문제가 출제된다.

📋 **풀이 전략**
먼저 문제에서 묻는 것을 정확히 파악한다. 특히 제한사항에 대해서는 빠짐없이 확인해 두어야 한다. 이후 제시된 정보(시차 등)에서 필요한 것을 선별하여 문제를 풀어간다.

┌연속출제┐

다음은 J공사에 근무하는 K사원의 급여명세서이다. K사원이 10월에 시간외근무를 10시간 했을 경우 시간외수당으로 받는 금액 은 얼마인가?

풀이순서

1) 질문의도
   : 시간외수당 도출

〈급여지급명세서〉

사번	A26	성명	K
소속	회계팀	직급	사원

• 지급 내역

지급항목(원)		공제항목(원)	
기본급여	1,800,000	주민세	4,500
시간외수당	( )	고용보험	14,400
직책수당	0	건강보험	58,140
상여금	0	국민연금	81,000
특별수당	100,000	장기요양	49,470
교통비	150,000		
교육지원	0		
식대	100,000		
급여 총액	2,150,000	공제 총액	207,510

※ (시간외수당)=(기본급)×$\frac{(시간외근무\ 시간)}{200}$×150%

2) 조건확인
   : 시간외수당 공식

✔ 135,000원

② 148,000원

③ 167,000원

④ 195,000원

⑤ 205,000원

3) 정답도출

$$1,800,000×\frac{10}{200}×1.5=135,000$$

📋 **유형 분석** 한정된 예산 내에서 수행할 수 있는 업무에 대해 묻는 문제이다.

📋 **풀이 전략** 제한사항인 예산을 고려하여 문제에서 묻는 것을 정확히 파악한 후 제시된 정보에서 필요한 것을 선별하여 문제를 풀어간다.

PART 1 직업기초능력평가

┌연속출제┐

K공사에 근무하는 L주임은 입사할 신입사원에게 지급할 <u>볼펜과 스케줄러</u>를 구매하기 위해 A, B, C 세 도매업체의 판매정보를 아래와 같이 정리하였다. 입사예정인 <u>신입사원은 총 600명</u>이고, 신입사원 <u>1명당 볼펜과 스케줄러를 각각 1개씩</u> 증정한다고 할 때, 가장 저렴하게 구매할 수 있는 <u>업체와 구매가격</u>을 올바르게 나열한 것은?

풀이순서

1) 질문의도
  : 구매업체, 구매가격

2) 조건확인
  (i) 볼펜과 스케줄러
  (ii) 신입사원 600명

〈세 업체의 상품가격표〉

업체명	품목	수량(1SET당)	가격(1SET당)
A도매업체	볼펜	150개	13만 원
	스케줄러	100권	25만 원
B도매업체	볼펜	200개	17만 원
	스케줄러	600권	135만 원
C도매업체	볼펜	100개	8만 원
	스케줄러	300권	65만 원

〈세 업체의 특가상품 정보〉

업체명	볼펜의 특가상품 구성	특가상품 구매 조건
A도매업체	300개 25.5만 원 or 350개 29만 원	스케줄러 150만 원 이상 구입
B도매업체	600개 48만 원 or 650개 50만 원	스케줄러 100만 원 이상 구입
C도매업체	300개 23.5만 원 or 350개 27만 원	스케줄러 120만 원 이상 구입

※ 각 물품은 묶음 단위로 판매가 가능하며, 개당 판매는 불가하다.
※ 업체별 특가상품은 둘 중 한 가지만 선택해 1회 구입 가능하다.

(iii) 특가상품 정보

3) 정답도출

도매업체	구매가격
① A업체	183만 원
② B업체	177.5만 원
③ B업체	183만 원
✓ C업체	177.5만 원
⑤ C업체	183만 원

• A업체 : 150+51.5=201.5만 원
• B업체 : 135+48=183만 원
• C업체 : 130+47.5=177.5만 원

📝 유형 분석 • 물적자원과 관련된 다양한 정보를 활용하여 풀어가는 문제이다.
            • 주로 공정도·제품·시설 등에 대한 가격·특징·시간 정보가 제시되며, 이를 종합적으로 고려하는 문제가 출제된다.

📝 풀이 전략 문제에서 묻고자 하는 바를 정확히 파악하는 것이 중요하다. 문제에서 제시한 물적자원의 정보를 문제의 의도에 맞게 선별하면서 풀어간다.

인적자원관리

┌연속출제┐

H공사에서 2019년도 하반기 신규 직원 채용시험을 3일 동안 시행하기로 하고 시험 감독관을 파견하였다. 직전 시험에 감독으로 파견된 사람은 다음 시험에 감독관을 할 수 없다고 할 때, 10월 19일 세 지역의 시험 감독관으로 가능한 최대 인원은 총 몇 명인가? ⓐ

ⓑ

〈시험 날짜별 감독관 인원〉

(단위 : 명)

구분	울산 본부	부산 본부	대구 본부
총 인력 인원	358	1,103	676
10월 05일	31	57	44
10월 12일	24	48	46
10월 19일			

① 1,887명
② 1,989명
☑ 2,019명
④ 2,049명
⑤ 2,174명

$$(358+1,103+676)-(24+48+46)=2,137-118=2,019명$$

풀이순서

1) 질문의도
 : 시험 감독관 파견

2) 조건확인
 : 직전 시험 감독 인원
   제외

3) 정답도출

📋 **유형 분석**
 • 인적자원과 관련된 다양한 정보를 활용하여 문제를 풀어가는 문제이다.
 • 주로 근무명단, 휴무일, 업무할당 등의 주제로 다양한 정보를 활용하여 종합적으로 풀어나가는 문제가 출제된다.

📋 **풀이 전략**
 문제에서 근무자배정 혹은 인력배치 등의 주제가 출제될 경우에는 주어진 규정 혹은 규칙을 꼼꼼히 확인하여야 한다. 이를 근거로 각 선택지가 어긋나지 않는지 검토하며 문제를 풀어간다.

안심Touch

01 다음은 4단계의 자원관리 과정을 나타낸 표이다. 다음 빈칸에 해당하는 단계에 대한 설명으로 가장 적절한 것은?

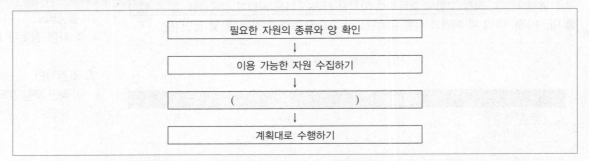

① 구체적으로 어떤 활동을 할 것이며, 이 활동에 어느 정도의 자원이 필요한지를 파악해야 한다.
② 계획에 얽매일 필요는 없지만, 최대한 계획에 맞게 업무를 수행해야 한다.
③ 계획을 수정해야 하는 경우 전체 계획에 미칠 수 있는 영향을 고려해야 한다.
④ 실제 활동에서는 계획과 차이를 보일 수 있으므로 가능한 필요한 양보다 좀 더 여유 있게 자원을 확보해야 한다.
⑤ 자원을 실제 필요한 업무에 할당하여 계획을 세우되, 업무나 활동의 우선순위를 고려해야 한다.

02 다음 중 인적자원의 특성을 다음과 같이 나누어 살펴볼 때, 인적자원에 대한 설명으로 가장 적절하지 않은 것은?

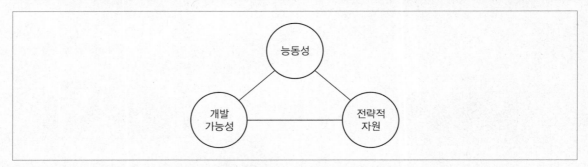

① 인적자원은 능동적이고 반응적인 성격을 지니고 있으므로 이를 잘 관리하면 기업의 성과를 높일 수 있다.
② 인적자원은 오랜 기간 동안에 걸쳐서 개발될 수 있는 많은 잠재능력과 자질을 보유하고 있다.
③ 환경변화에 따른 조직변화가 심해질수록 인적자원 개발가능성의 중요성은 점점 작아질 것이다.
④ 인적자원은 조직에 필요한 자원 활용을 담당하므로 어느 자원보다도 전략적 중요성이 강조된다.
⑤ 인적자원의 모든 특성을 고려할 때 인적자원에 대한 관리는 조직의 성과에 큰 영향을 미친다.

03 다음은 과제나 프로젝트 수행 시 예산을 관리하기 위한 예산 집행 실적 워크시트이다. ㉠ ~ ㉤에 대한 설명으로 적절하지 않은 것은?

〈예산 집행 실적〉

항목	배정액	당월 집행 실적	누적 집행 실적	잔액	사용률(%)	비고
㉠			㉡	㉢	㉣	㉤
합계						

① ㉠ – 기관에 따라 예산 항목의 이동이 자유로운 곳도 있지만, 다양한 기준으로 제한된 경우도 있다.

② ㉡ – 빈칸에는 해당 사업의 누적 집행 금액이 들어가는 것이 적절하다.

③ ㉢ – 당월 실적에서 ㉡을 뺀 값을 작성한다.

④ ㉣ – ㉡을 배정액으로 나눈 값에 100을 곱한 값을 작성한다.

⑤ ㉤ – 어떠한 목적으로 예산이 사용되었는지에 대한 정보를 기입한다.

04 다음 대화에서 시간관리에 대해 바르게 이해하고 있는 사람은?

A사원 : "나는 얼마 전에 맡은 중요한 프로젝트도 무사히 마쳤어. 나는 회사에서 주어진 일을 잘하고 있기 때문에 시간관리도 잘하고 있다고 생각해."

B사원 : "나는 평소에는 일의 진도가 잘 안 나가는 편인데, 마감일을 앞두면 이상하게 일이 더 잘돼. 나는 오히려 시간에 쫓겨야 일이 잘되니까 괜히 시간을 관리할 필요가 없어."

C사원 : "나는 달력에 모든 일정을 표시해 두었어. 이번 달에 해야 할 일도 포스트잇에 표시해두고 있지. 이 정도면 시간관리를 잘하고 있는 것 아니겠어?"

D사원 : "내가 하는 일은 시간관리와는 조금 거리가 있어. 나는 영감이 떠올라야 작품을 만들 수 있는데 어떻게 일정에 맞춰서 할 수 있겠어. 시간관리는 나와 맞지 않는 일이야."

E사원 : "마감 기한을 넘기더라도 일을 완벽하게 끝내야 한다는 생각은 잘못되었다고 생각해. 물론 완벽하게 일을 끝내는 것도 중요하지만, 모든 일은 정해진 기한을 넘겨서는 안 돼."

① A사원   ② B사원
③ C사원   ④ D사원
⑤ E사원

05 자원의 낭비요인을 다음과 같이 4가지로 나누어볼 때, 〈보기〉의 사례에 해당하는 낭비요인이 바르게 연결된 것은?

〈자원의 낭비요인〉

(가) 비계획적 행동 : 자원을 어떻게 활용할 것인가에 대한 계획 없이 충동적이고 즉흥적으로 행동하여 자원을 낭비하게 된다.

(나) 편리성 추구 : 자원을 편한 방향으로만 활용하는 것을 의미하며, 물적자원뿐만 아니라 시간, 돈의 낭비를 초래할 수 있다.

(다) 자원에 대한 인식 부재 : 자신이 가지고 있는 중요한 자원을 인식하지 못하는 것으로, 무의식적으로 중요한 자원을 낭비하게 된다.

(라) 노하우 부족 : 자원관리의 중요성을 인식하면서도 자원관리에 대한 경험이나 노하우가 부족한 경우를 말한다.

보기

㉠ 가까운 거리에 있는 패스트푸드점을 직접 방문하지 않고 배달 앱을 통해 배달료를 지불하고 음식을 주문한다.

㉡ 의자를 만들어 달라는 고객의 주문에 공방에 남은 재료와 주문할 재료를 떠올리고는 일주일 안으로 완료될 것이라고 이야기하였지만, 생각지 못한 재료의 배송 기간으로 제작 시간이 부족해 약속된 기한을 지키지 못하였다.

㉢ 처음으로 프로젝트를 담당하게 되면서 나름대로 계획을 세우고 열심히 수행했지만, 예상치 못한 상황이 발생하자 당황하여 처음 계획했던 대로 진행할 수 없었고 결국 아쉬움을 남긴 채 프로젝트를 완성하였다.

㉣ TV에서 홈쇼핑 채널을 시청하면서 품절이 임박했다는 쇼호스트의 말을 듣고는 무작정 유럽 여행 상품을 구매하였다.

	(가)	(나)	(다)	(라)
①	㉡	㉣	㉠	㉢
②	㉢	㉣	㉡	㉠
③	㉢	㉠	㉡	㉣
④	㉣	㉠	㉡	㉢
⑤	㉣	㉢	㉡	㉠

06 A유통업체의 물류창고에서는 다량의 물품에 대한 정보를 다음과 같이 기호화하여 관리하고 있다. 다음 중 A유통업체가 사용한 물품관리 방법에 대한 설명으로 적절하지 않은 것은?

9 791125 459972

① 문자나 숫자를 기계가 읽을 수 있는 흑과 백의 막대모양 기호로 조합하였다.
② 데이터를 빠르게 입력할 수 있으며, 컴퓨터가 판독하기 쉽다.
③ 물품의 수명기간 동안 무선으로 물품을 추적 관리할 수 있다.
④ 광학식 마크판독장치를 통해 판독이 가능하다.
⑤ 막대의 넓이와 수, 번호에 따라 물품을 구분한다.

07 P회사에서는 업무효율을 높이기 위해 근무여건 개선방안에 대하여 논의하고자 한다. 귀하는 논의 자료를 위하여 전 직원의 야간근무 현황을 조사하였다. 다음 중 올바르지 않은 것은?

〈야간근무 현황(주 단위)〉

(단위 : 일, 시간)

구분	임원	부장	과장	대리	사원
평균 야근 빈도	1.2	2.2	2.4	1.8	1.4
평균 야근 시간	1.8	3.3	4.8	6.3	4.2

※ 60분의 3분의 2 이상을 채울 시 1시간으로 야근수당을 계산한다.

① 과장은 한 주에 평균적으로 2.4일 정도 야간근무를 한다.
② 전 직원의 주 평균 야근 빈도는 1.8일이다.
③ 사원은 한 주 동안 평균 4시간 12분 정도 야간근무를 하고 있다.
④ 1회 야간근무 시 평균적으로 가장 긴 시간 동안 일하는 직원은 대리이다.
⑤ 야근수당이 시간당 10,000원이라면 과장은 주 평균 50,000원을 받는다.

08 신입사원 J씨는 A ~ E 과제 중 어떤 과제를 먼저 수행하여야 하는지를 결정하기 위해 평가표를 작성하였다. 다음 자료를 근거로 할 때 가장 먼저 수행할 과제는?(단, 평가 항목 최종 합산 점수가 가장 높은 과제부터 수행한다)

〈과제별 평가표〉

(단위 : 점)

구분	A	B	C	D	E
중요도	84	82	95	90	94
긴급도	92	90	85	83	92
적용도	96	90	91	95	83

※ 과제별로 다음과 같은 가중치를 부여하여 계산한다.
  (중요도×0.3)+(긴급도×0.2)+(적용도×0.1)
※ 항목당 최하위 점수에 해당하는 과제는 선정하지 않는다.

① A
③ C
⑤ E
② B
④ D

09 J기업은 창고업체에 아래 세 제품군에 대한 보관비를 지급하려고 한다. 전체 지급금액은 얼마인가?(단, A제품군은 매출액의 1%, B제품군은 1m³당 20,000원, C제품군은 톤당 80,000원을 지급하기로 되어 있다)

구분	매출액(억 원)	용량	
		용적(m³)	무게(톤)
A제품군	300	3,000	200
B제품군	200	2,000	300
C제품군	100	5,000	500

① 3억 2천만 원
③ 3억 6천만 원
⑤ 4억 원
② 3억 4천만 원
④ 3억 8천만 원

10 귀하는 L호텔에서 연회장 예약 일정을 관리하고 있다. 곧 연말이라 다양한 행사를 위해 연회장 예약문의가 빈번히 접수되고 있다. 다음과 같이 고객의 전화를 받았을 때, 귀하의 판단으로 옳지 않은 것은?

〈12월 연회장 예약 일정〉

*예약 : 연회장 이름(시작시간)

일	월	화	수	목	금	토
1 라벤더(13) 팬지(17)	2 팬지(15)	3 민트(14) 세이지(16)	4 세이지(14)	5 라벤더(11) 세이지(16)	6 민트(13) 세이지(18)	7 민트(11) 세이지(16)
8 민트(12) 라벤더(17)	9 민트(17)	10 세이지(15)	11 라벤더(13) 팬지(16)	12 라벤더(15) 세이지(16)	13 세이지(14) 팬지(15)	14 민트(11) 팬지(16)

〈호텔 연회장 현황〉

구분	수용 가능 인원	최소 투입인력	이용시간
민트	300명	35	3시간
라벤더	300명	30	2시간
팬지	250명	25	3시간
세이지	200명	20	2시간

※ 오전 10시부터 시작하여 오후 9시에 모든 업무를 종료함
※ 연회부의 동 시간대 투입인력은 총 50명을 넘을 수 없음
※ 연회시작 전, 후 1시간씩 연회장 세팅 및 정리

〈고객〉

저희 회사에서 연말을 맞이하여 12월 초에 송년회를 개최하려고 합니다. 그래서 연회장을 예약하려고 하는데, 가능한지 확인 부탁드립니다. 인원은 총 250명이고, 월, 화, 수요일은 피하고 싶습니다. 그리고 행사는 정오에서 저녁 7시 사이에 진행할 수 있도록 알아봐 주십시오.

① 12월 초에 행사를 진행하길 원하니까, 최대한 첫 번째 주에 예약이 될 수 있도록 검토해야겠군.
② 송년회 참석인원을 고려했을 때, 세이지를 제외한 나머지 연회장은 모두 가능하겠군.
③ 저녁 7시 이전에 마칠 수 있는 시간대를 고려하여 일자를 확인해야해.
④ 목요일부터 일요일까지 일정을 검토했을 때, 주말은 예약이 불가능해.
⑤ 만약 팬지가 가능하다면 최소 투입인력은 25명이 되어야겠어.

※ 부산환경공단 신기술안전처에서 근무하는 K부장은 적도기니로 출장을 가려고 한다. 다음 자료를 참고하여 이어지는 질문에 답하시오. [11~12]

〈경유지, 도착지 현지시각〉

국가(도시)	현지시각
한국(인천)	2021. 04. 05 AM 08:40
중국(광저우)	2021. 04. 05 AM 07:40
에티오피아(아디스아바바)	2021. 04. 05 AM 02:40
적도기니(말라보)	2021. 04. 05 AM 00:40

〈경로별 비행시간〉

비행경로	비행시간
인천 → 광저우	3시간 50분
광저우 → 아디스아바바	11시간 10분
아디스아바바 → 말라보	5시간 55분

〈경유지별 경유시간〉

경유지	경유시간
광저우	4시간 55분
아디스아바바	6시간 10분

11 K부장은 2021년 4월 5일 오전 8시 40분 인천에서 비행기를 타고 적도기니로 출장을 가려고 한다. K부장이 두 번째 경유지인 아디스아바바에 도착하는 현지 날짜 및 시각으로 올바른 것은?

① 2021. 04. 05 PM 10:35
② 2021. 04. 05 PM 11:35
③ 2021. 04. 06 AM 00:35
④ 2021. 04. 06 AM 01:35
⑤ 2021. 04. 06 AM 02:40

12 기상악화로 인하여 광저우에서 출발하는 아디스아바바행 비행기의 출발이 2시간 지연되었다고 한다. 총 소요시간과 적도기니에 도착하는 현지 날짜 및 시각으로 올바른 것은?

	총 소요시간	현지 날짜 및 시각
①	31시간	2021. 04. 06 AM 07:40
②	32시간	2021. 04. 06 AM 08:40
③	33시간	2021. 04. 06 AM 09:40
④	34시간	2021. 04. 06 AM 10:40
⑤	36시간	2021. 04. 06 AM 10:50

13 제시된 자료를 읽고 K사원이 2020년 1월 출장여비로 받을 수 있는 총액을 올바르게 구한 것은?

〈출장여비 계산기준〉
• 출장여비는 출장수당과 교통비의 합으로 계산한다.
• 출장수당의 경우 업무추진비 사용 시 1만 원을 차감하며, 교통비의 경우 관용차량 사용 시 1만 원을 차감한다.

〈출장지별 출장여비〉

출장지	출장수당	교통비
D시	10,000원	20,000원
D시 이외	20,000원	30,000원

※ D시 이외 지역으로 출장을 갈 경우 13시 이후 출장 시작 또는 15시 이전 출장 종료 시 출장수당에서 1만 원 차감된다.

〈K사원의 2020년 1월 출장내역〉

출장일	출장지	출장 시작 및 종료 시각	비고
1월 8일	D시	14시 ~ 16시	관용차량 사용
1월 16일	S시	14시 ~ 18시	
1월 19일	B시	09시 ~ 16시	업무추진비 사용

① 6만 원 ② 7만 원
③ 8만 원 ④ 9만 원
⑤ 10만 원

14 기획팀 A사원은 다음 주 금요일에 열릴 세미나 장소를 섭외하라는 부장님의 지시를 받았다. 세미나에 참여할 인원은 총 17명이며, 모든 인원이 앉을 수 있는 테이블과 의자, 발표에 사용할 빔프로젝터 1개가 필요하다. A사원은 모든 회의실의 잔여상황을 살펴보고 가장 적합한 대회의실을 선택하였고, 필요한 비품은 다른 회의실과 창고에서 확보한 후 부족한 물건을 주문하였다. 주문한 비품이 도착한 후 물건을 확인했지만 수량을 착각해 빠트린 것이 있었다. 다시 주문하게 된다면 A사원이 주문할 물품 목록으로 알맞은 것은?

〈회의실별 비품현황〉

구분	대회의실	1회의실	2회의실	3회의실	4회의실
테이블(2인용)	1	1	2	–	–
의자	3	2	–	–	4
빔프로젝터	–	–	–	–	–
화이트보드	–	–	–	–	–
보드마카	2	3	1	–	2

〈창고 내 비품보유현황〉

구분	테이블(2인용)	의자	빔프로젝터	화이트보드	보드마카
창고	–	2	1	5	2

〈1차 주문서〉

2020년 5월 12일
1. 테이블 4개
2. 의자 1개
3. 화이트보드 1개
4. 보드마카 2개

① 빔프로젝터 : 1개, 의자 : 3개
② 빔프로젝터 : 1개, 테이블 : 1개
③ 테이블 : 1개, 의자 : 5개
④ 테이블 : 9개, 의자 : 6개
⑤ 테이블 : 9개, 의자 : 3개

15 다음은 부서별 핵심역량 중요도와 신입사원들의 핵심역량평가 결과이다. 결과표를 바탕으로 한 C사원과 E사원의 부서배치로 올바른 것은?(단, '-'는 중요도를 따지지 않는다는 표시이다)

〈핵심역량 중요도〉

구분	창의성	혁신성	친화력	책임감	윤리성
영업팀	-	중	상	중	-
개발팀	상	상	하	중	상
지원팀	-	중	-	상	하

〈핵심역량평가 결과표〉

구분	창의성	혁신성	친화력	책임감	윤리성
A사원	상	하	중	상	상
B사원	중	중	하	중	상
C사원	하	상	상	중	하
D사원	하	하	상	하	중
E사원	상	중	중	상	하

	C사원	E사원
①	개발팀	지원팀
②	영업팀	지원팀
③	개발팀	영업팀
④	지원팀	개발팀
⑤	지원팀	영업팀

안심Touch

※ 다음은 재료비 상승에 따른 분기별 국내 철강사 수익 변동을 조사하기 위해 수집한 자료이다. 다음 자료를 참고하여 이어지는 질문에 답하시오. [16~17]

〈제품가격과 재료비에 따른 분기별 수익〉

(단위 : 천 원/톤)

구분	2019년	2020년			
	4분기	1분기	2분기	3분기	4분기
제품가격	627	597	687	578	559
재료비	178	177	191	190	268
수익	449	420	496	388	291

※ 제품가격은 재료비와 수익의 합으로 책정된다.

〈제품 1톤당 소요되는 재료〉

(단위 : 톤)

철광석	원료탄	철 스크랩
1.6	0.5	0.15

16 위의 자료에 대한 해석 중 옳은 것은?

① 수익은 지속해서 증가하고 있다.
② 모든 금액에서 2020년 4분기가 2019년 4분기보다 높다.
③ 재료비의 변화량과 수익의 변화량은 밀접한 관계가 있다.
④ 조사 기간에 수익이 가장 높을 때는 재료비가 가장 낮을 때이다.
⑤ 이전 분기 대비 수익 변화량은 2020년 3분기에 가장 큰 것으로 나타난다.

17 2021년 1분기에 재료당 단위가격이 철광석 70,000원, 원료탄 250,000원, 철 스크랩 200,000원으로 예상된다는 보고를 받았다. 2021년 1분기의 수익을 2020년 4분기와 같게 유지한다면 제품가격은 얼마인가?

① 558,000원　　　　　　　　　　② 559,000원
③ 560,000원　　　　　　　　　　④ 578,000원
⑤ 597,000원

※ A회사는 1년에 15일의 연차를 제공하고, 매달 3일까지 연차를 쓸 수 있다. 이어지는 질문에 답하시오. [18~19]

<A ~ E사원의 연차 사용 내역(1 ~ 9월)>

1 ~ 2월	3 ~ 4월	5 ~ 6월	7 ~ 9월
• 1월 9일 : D, E사원 • 1월 18일 : C사원 • 1월 20 ~ 22일 : B사원 • 1월 25일 : D사원	• 3월 3 ~ 4일 : A사원 • 3월 10 ~ 12일 : B, D사원 • 3월 23일 : C사원 • 3월 25 ~ 26일 : E사원	• 5월 6 ~ 8일 : E사원 • 5월 12 ~ 14일 : B, C사원 • 5월 18 ~ 20일 : A사원	• 7월 7일 : A사원 • 7월 18 ~ 20일 : C, D사원 • 7월 25 ~ 26일 : E사원 • 9월 9일 : A, B사원 • 9월 28일 : D사원

18 연차를 가장 적게 쓴 사원은 누구인가?

① A사원　　　　　　　　　　　　　② B사원

③ C사원　　　　　　　　　　　　　④ D사원

⑤ E사원

19 A회사에서는 11월을 집중 근무 기간으로 정하여 연차를 포함한 휴가를 전면 금지할 것이라고 발표하였다. 이런 상황에서 9월 30일 기준으로 휴가에 관한 손해를 보지 않는 사원은?

① A, C사원　　　　　　　　　　　　② B, C사원

③ B, D사원　　　　　　　　　　　　④ C, D사원

⑤ D, E사원

20 T컨벤션에서 회의실 예약업무를 담당하고 있는 K씨는 2주 전 B기업으로부터 오전 10시 ~ 12시에 35명, 오후 1 ~ 4시에 10명이 이용할 수 있는 회의실 예약문의를 받았다. K씨는 회의실 예약 설명서를 B기업으로 보냈고 B기업은 자료를 바탕으로 회의실을 선택하여 621,000원을 결제했다. 하지만 이용일 4일 전 B기업이 오후 회의실 사용을 취소했을 때, 〈조건〉에 따라 B기업에 주어야 할 환불금액은?(단, 회의에서는 노트북과 빔프로젝터를 이용하며, 부대장비 대여료도 환불규칙에 포함된다)

〈회의실 사용료(VAT 포함)〉

회의실	수용 인원(명)	면적(m²)	기본임대료(원)		추가임대료(원)	
			기본시간	임대료	추가시간	임대료
대회의실	90	184		240,000		120,000
별실	36	149		400,000		200,000
세미나 1	21	43		136,000		68,000
세미나 2			2시간		시간당	
세미나 3	10	19		74,000		37,000
세미나 4	16	36		110,000		55,000
세미나 5	8	15		62,000		31,000

〈부대장비 대여료(VAT 포함)〉

장비명	사용료(원)				
	1시간	2시간	3시간	4시간	5시간
노트북	10,000	10,000	20,000	20,000	30,000
빔프로젝터	30,000	30,000	50,000	50,000	70,000

조건
• 기본임대 시간은 2시간이며, 1시간 단위로 연장할 수 있습니다.
• 예약 시 최소 인원은 수용 인원의 과반수 이상이어야 합니다.
• 예약 가능한 회의실 중 비용이 저렴한 쪽을 선택해야 합니다.

〈환불규칙〉

• 결제완료 후 계약을 취소하시는 경우 다음과 같이 취소 수수료가 발생합니다.
 – 이용일 기준 7일 이전 : 취소수수료 없음
 – 이용일 기준 6일 ~ 3일 이전 : 취소수수료 10%
 – 이용일 기준 2일 ~ 1일 이전 : 취소수수료 50%
 – 이용일 당일 : 환불 없음
• 회의실에는 음식물을 반입하실 수 없습니다.
• 이용일 7일 전까지(7일 이내 예약 시에는 금일 중) 결제하셔야 합니다.
• 결제변경은 해당 회의실 이용시간 전까지 가능합니다.

① 162,900원 ② 183,600원
③ 211,500원 ④ 246,600원
⑤ 387,000원

CHAPTER 05

조직이해능력

합격 CHEAT KEY

조직이해능력은 업무를 원활하게 수행하기 위해 조직의 체제와 경영을 이해하고 국제적인 추세를 이해하는 능력이다. 현재 많은 공사·공단에서 출제 비중을 높이고 있는 영역이기 때문에 미리 대비하는 것이 중요하다. 실제 업무 능력에서 조직이해능력을 요구하기 때문에 중요도는 점점 높아질 것이다.

국가직무능력표준에 따르면 조직이해능력의 세부 유형은 조직체제이해능력·경영이해능력·업무이해능력·국제감각으로 나눌 수 있다. 조직도를 제시하는 문제가 출제되거나 조직의 체계를 파악해 경영의 방향성을 예측하고, 업무의 우선순위를 파악하는 문제가 출제된다.

조직이해능력은 NCS 기반 채용을 진행한 기업 중 70% 정도가 다뤘으며, 문항 수는 전체에서 평균 5% 정도로 상대적으로 적게 출제되었다.

01 문제 속에 정답이 있다!

경력이 없는 경우 조직에 대한 이해가 낮을 수밖에 없다. 그러나 문제 자체가 실무적인 내용을 담고 있어도 문제 안에는 해결의 단서가 주어진다. 부담을 갖지 않고 접근하는 것이 중요하다.

02 경영·경제학원론 정도의 수준은 갖추도록 하라!

지원한 직군마다 차이는 있을 수 있으나, 경영·경제이론을 접목시킨 문제가 꾸준히 출제되고 있다. 따라서 기본적인 경영·경제이론은 익혀 둘 필요가 있다.

03 지원하는 공사·공단의 조직도를 파악하자!

출제되는 문제는 각 공사·공단의 세부내용일 경우가 많기 때문에 지원하는 공사·공단의 조직도를 파악해두어야 한다. 조직이 운영되는 방법과 전략을 이해하고, 조직을 구성하는 체제를 파악하고 간다면 조직이해능력영역에서 조직도가 나올 때 단기간에 문제를 풀 수 있을 것이다.

04 실제 업무에서도 요구되므로 이론을 익혀두자!

각 공사·공단의 직무 특성상 일부 영역에 중요도가 가중되는 경우가 있어서 많은 취업준비생들이 일부 영역에만 집중하지만, 실제 업무 능력에서 직업기초능력 10개 영역이 골고루 요구되는 경우가 많고, 현재는 필기시험에서도 조직이해능력을 출제하는 기관의 비중이 늘어나고 있기 때문에 미리 이론을 익혀 둔다면 모듈형 문제에서 고득점을 노릴 수 있다.

┌연속출제┐

직장생활을 하면 해외 바이어를 만날 일이 생기기도 한다. 이를 대비해 알아두어야 할 국제매너로 옳지 않은 것은?

① 악수를 한 후 명함을 건네는 것이 순서이다.

② 러시아, 라틴아메리카 사람들은 포옹으로 인사를 하는 경우도 많다.

③ 이라크 사람들은 상대방이 약속시간이 지나도 기다려 줄 것으로 생각한다.

④ 미국인들과 악수를 할 때에는 손끝만 살짝 잡아서 해야 한다.

풀이순서

1) 질문의도
: 국제매너

2) 정답도출
: 손끝만 ×
→ 잠시 힘주어
잡아야 함

≣ 유형 분석
• 국제 예절에 대한 이해를 묻는 문제이다.
• 문제에서 별다른 단서가 주어지지 않고 국제 예절을 알고 있는지 직접적으로 묻기 때문에 정확한 정리가 필수이다.
응용문제 : 국제 공통 예절과 국가별 예절을 구분해서 알아야 하고, 특히 식사예절은 필수로 알아두어야 한다.

≣ 풀이 전략
질문에서 무엇을 묻고 있는지(옳은, 옳지 않은)를 분명히 표시해 놓고 선택지를 읽어야 한다.

조직경영

┌연속출제┐

다음 중 경영의 4요소 에 대한 설명으로 적절한 것을 모두 고르면?

㉠	조직의 목적을 달성하기 위해 경영자가 수립하는 것으로 더욱 구체적인 방법과 과정이 담겨 있다. ⟶ 경영목적
㉡	조직에서 일하는 구성원으로 경영은 이들의 직무수행에 기초하여 이루어지기 때문에 이것의 배치 및 활용이 중요하다. ⟶ 인적자원
ㄷ.	생산자가 상품 또는 서비스를 소비자에게 유통하는 데 관련된 모든 체계적 경영 활동이다.
ㄹ.	특정의 경제적 실체에 관하여 이해관계를 이루는 사람들에게 합리적인 경제적 의사결정을 하는 데 유용한 재무적 정보를 제공하기 위한 일련의 과정 또는 체계이다.
㉤	경영하는 데 사용할 수 있는 돈으로 이것이 충분히 확보되는 정도에 따라 경영의 방향과 범위가 정해지게 된다. ⟶ 운영자금
㉦	조직이 변화하는 환경에 적응하기 위하여 경영활동을 체계화하는 것으로, 목표달성을 위한 수단이다. ⟶ 경영전략

① ㄱ, ㄴ, ㄷ, ㄹ

② ㄱ, ㄴ, ㄷ, ㅁ

③ ㄱ, ㄴ, ㅁ, ㅂ

④ ㄷ, ㄹ, ㅁ, ㅂ

⑤ ㄴ, ㄷ, ㅁ, ㅂ

풀이순서

1) 질문의도
   : 경영의 4요소

2) 선택지 분석

3) 정답도출

📋 **유형 분석**
- 경영을 구성하는 요소에 대한 이해를 묻는 문제이다.
- 지식이 없으면 어려운 문제이다. 조직의 유지에는 경영이 필수이기 때문에 이 영역(조직이해)에서 경영 이론에 대한 기본적인 내용은 정리해 두어야 한다.

  응용문제 : 경영 단계와 그 특징에 관한 문제가 출제된다.

📋 **풀이 전략**
문제를 읽어 질문을 확인한 뒤 지문을 읽는다. 지문은 묻는 질문에 대한 진술과 아닌 진술이 섞여 있는 형태이므로 키워드를 표시하면서 걸러내야 한다.

01 H부서의 A부장은 직원들의 업무 효율성이 많이 떨어졌다는 생각이 들어 각자의 의견을 들어 보고자 회의를 열었다. 다음 회의에서 나온 의견 중 올바르지 않은 것은?

① B대리 : 요즘 업무 외적인 통화에 시간을 낭비하는 경우가 많은 것 같습니다. 확실한 목표업무량을 세우고 목표량 달성 후 퇴근을 하는 시스템을 운영하면 개인 활동으로 낭비되는 시간이 줄어 생산성이 높아지지 않을까요?

② C주임 : 여유로운 일정이 주원인이라고 생각합니다. 1인당 최대 작업량을 잡아 업무를 진행하면 업무 효율성이 극대화될 것입니다.

③ D대리 : 계획을 짜면 업무를 체계적으로 진행할 수 있다는 의미에서 C주임의 말에 동의하지만, 갑자기 발생할 수 있는 일에 대해 대비해야 한다고 생각합니다. 어느 정도 여유 있게 계획을 짜는 게 좋지 않을까요?

④ E사원 : 목표량 설정 이외에도 업무 진행과정에서 체크리스트를 사용해 기록하고 전체적인 상황을 파악할 수 있게 하면 효율이 높아질 것입니다.

⑤ F사원 : 업무시간 내에 끝내지 못한 일이 있다면 무리해서 하는 것보다 다음날 예정사항에 적어놓고 차후에 적절히 시간을 분배해 마무리하면 작업 능률이 더 오를 것입니다.

02 다음은 A회사의 직무전결표의 일부분이다. 이에 따라 문서를 처리하였을 경우 올바르지 않은 것은?

직무 내용	대표이사	위임 전결권자		
		전무이사	상무이사	부서장
정기 월례 보고				○
각 부서장급 인수인계		○		
3천만 원 초과 예산 집행	○			
3천만 원 이하 예산 집행		○		
각종 위원회 위원 위촉	○			
해외 출장			○	

① 인사부장의 인수인계에 관하여 전무이사에게 결재받은 후 시행하였다.
② 인사징계위원회 위원을 위촉하기 위하여 대표이사 부재중에 전무이사가 전결하였다.
③ 영업팀장의 해외 출장을 위하여 상무이사에게 사인을 받았다.
④ 3천만 원에 해당하는 물품 구매를 위하여 전무이사 전결로 처리하였다.
⑤ 정기 월례 보고서를 작성한 후 부서장의 결재를 받았다.

03 다음 밑줄 친 부분에 대한 설명으로 가장 적절한 것은?

> 산업민주주의의 발달과 함께 근로자 또는 노동조합을 경영의 파트너로 인정하는 협력적 노사관계가 중시됨에 따라 이들을 조직의 경영의사결정 과정에 참여시키는 <u>경영참가제도</u>가 논의되고 있다. 특히, 최근에는 국제경쟁의 가속화와 저성장, 급격한 기술발전과 같은 환경변화에 따라 대립적인 노사관계만으로는 한계가 있다고 지적되면서 점차 경영참가의 중요성이 커지고 있다.

① 경영자의 고유한 권리인 경영권이 강화될 수 있다.
② 모든 근로자의 참여로 보다 합리적인 의사결정이 가능하다.
③ 분배 문제를 해결함으로써 노동조합의 단체교섭 기능이 강화된다.
④ 가장 큰 목적은 경영의 민주성을 제고하는 것이다.
⑤ 경영자의 일방적인 의사결정보다 빠른 의사결정이 가능하다.

04 다음 집단에서 공통적으로 볼 수 있는 특징으로 적절한 것은?

스터디 모임	봉사활동 동아리	각종 친목회

① 조직의 공식적인 목표를 추구하기 위한 집단이다.
② 집단의 목표나 임무가 비교적 명확하게 규정되어 있다.
③ 참여하는 구성원들은 인위적으로 결정되는 경우가 많다.
④ 공식적인 업무수행 이외에 다양한 요구들에 의해 이루어진다.
⑤ 비교적 영속적이며, 명령체계를 가진다.

05 다음은 대한전자의 직무전결표의 일부분이다. 이에 따라 문서를 처리한 것 중 적절하게 처리하지 못한 것을 〈보기〉에서 모두 고르면?

직무내용	대표이사	위임전결권자		
		전무이사	상무이사	부서장
직원 채용 승인	○			
부서별 직원 채용 결과 통보				○
교육훈련 대상자 선정			○	
교육훈련 프로그램 승인		○		
직원 국내 출장 승인			○	
직원 해외 출장 승인		○		
임원 국내 출장 승인		○		
임원 해외 출장 승인	○			

보기

㉮ 전무이사가 출장 중이어서 교육훈련 프로그램 승인을 위해서 일단 상무이사 전결로 처리하였다.
㉯ 인사부장 명의로 영업부 직원 채용 결과서를 통보하였다.
㉰ 영업부 대리의 국내 출장을 승인받기 위해서 상무이사의 결재를 받았다.
㉱ 기획부의 교육 대상자를 선정하기 위해서 기획부장의 결재를 받아 처리하였다.

① ㉮, ㉯
② ㉮, ㉯, ㉰
③ ㉮, ㉯, ㉱
④ ㉮, ㉰, ㉱
⑤ ㉮, ㉯, ㉰, ㉱

06 현재 시각은 오전 11시이다. 오늘 중 마쳐야 하는 다음 네 가지의 업무가 있을 때 업무의 우선순위는 어떻게 되는가?(단, 업무시간은 오전 9시부터 오후 6시까지이며, 점심시간은 12시부터 1시간이다)

업무 내용	처리 시간
ㄱ. 기한이 오늘까지인 비품 신청	1시간
ㄴ. 오늘 내에 보고해야 하는 보고서 초안을 작성해 달라는 부서장의 지시	2시간
ㄷ. 가능한 빨리 보내 달라는 인접 부서의 협조 요청	1시간
ㄹ. 오전 중으로 고객에게 보내기로 한 자료 작성	1시간

① ㄱ - ㄴ - ㄷ - ㄹ
② ㄴ - ㄷ - ㄹ - ㄱ
③ ㄷ - ㄴ - ㄹ - ㄱ
④ ㄴ - ㄱ - ㄷ - ㄹ
⑤ ㄹ - ㄴ - ㄷ - ㄱ

07 다음 〈보기〉 중 경영의 4요소로 옳은 것을 모두 고르면?

> **보기**
>
> ㄱ. 조직의 목적을 달성하기 위해 경영자가 수립하는 것으로 더욱 구체적인 방법과 과정이 담겨 있다.
> ㄴ. 조직에서 일하는 구성원으로 경영은 이들의 직무수행에 기초하여 이루어지기 때문에 이것의 배치 및 활용이 중요하다.
> ㄷ. 생산자가 상품 또는 서비스를 소비자에게 유통하는 데 관련된 모든 체계적 경영 활동이다.
> ㄹ. 특정의 경제적 실체에 관하여 이해관계를 이루는 사람들에게 합리적인 경제적 의사결정을 하는 데 유용한 재무적 정보를 제공하기 위한 일련의 과정 또는 체계이다.
> ㅁ. 경영하는 데 사용할 수 있는 돈으로 이것이 충분히 확보되는 정도에 따라 경영의 방향과 범위가 정해지게 된다.
> ㅂ. 조직이 변화하는 환경에 적응하기 위하여 경영활동을 체계화하는 것으로, 목표달성을 위한 수단이다.

① ㄱ, ㄴ, ㄷ, ㄹ
② ㄱ, ㄴ, ㄷ, ㅁ
③ ㄱ, ㄴ, ㅁ, ㅂ
④ ㄷ, ㄹ, ㅁ, ㅂ
⑤ ㄴ, ㄷ, ㅁ, ㅂ

08 다음 글의 밑줄 친 법칙에 부합하는 사례로 알맞은 것은?

> 돈이 되는 20%의 고객이나 상품만 있으면 80%의 수익이 보장된다는 파레토 법칙이 그간 진리로 여겨졌다. 그런데 최근 롱테일(Long tail) 법칙이라는 새로운 개념이 자리를 잡고 있다. 이는 하위 80%가 상위 20%보다 더 많은 수익을 낸다는 법칙이다. 한마디로 '티끌 모아 태산'이 가능하다는 것이다.

① A은행은 VIP전용 창구를 확대하였다.
② B기업은 생산량을 늘려 단위당 생산비를 낮추었다.
③ C서점은 극소량만 팔리는 책이라도 진열한다.
④ D극장은 주말 요금을 평일 요금보다 20% 인상하였다.
⑤ E학원은 인기가 없는 과목은 더는 강의를 열지 않도록 했다.

09 A, B, C, D 중에서 아래 조직도를 바르게 이해한 사람을 모두 고른 것은?

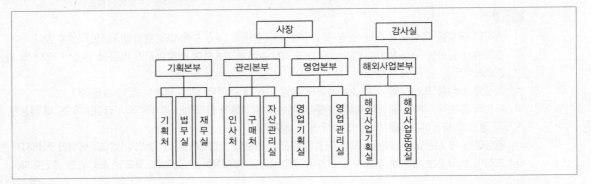

보기

A : 조직도를 보면 4개 본부, 3개의 처, 8개의 실로 구성돼 있어.

B : 사장 직속으로 4개의 본부가 있고, 그 중 한 본부에서는 인사를 전담하고 있네.

C : 감사실은 사장 직속이지만 별도로 분리되어 있구나.

D : 해외사업기획실과 해외사업운영실은 둘 다 해외사업과 관련이 있으니까 해외사업본부에 소속되어 있는 것이 맞아.

① A, B
② A, C
③ A, D
④ B, C
⑤ B, D

10 새로운 조직 개편 기준에 따라 아래에 제시된 조직도 (가)를 조직도 (나)로 변경하려 할 때 조직도 (나)의 빈칸에 들어갈 팀으로 옳지 않은 것은?

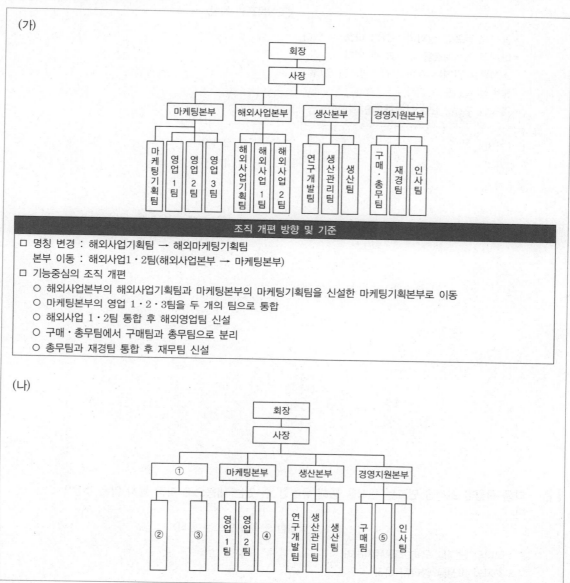

① 마케팅기획본부

② 해외마케팅기획팀

③ 영업3팀

④ 해외영업팀

⑤ 재무팀

11 다음은 조직목표의 특징을 나타낸 것이다. 5가지의 특징 중 옳지 않은 내용은 총 몇 가지인가?

〈조직목표의 특징〉

- 공식적 목표와 실제적 목표가 다를 수 있다.
- 다수의 조직목표를 추구할 수 있다.
- 조직목표 간에는 수평적 상호관계가 있다.
- 불변적 속성을 가진다.
- 조직의 구성요소와 상호관계를 가진다.

① 1가지   ② 2가지
③ 3가지   ④ 4가지
⑤ 5가지

12 다음 탁월한 조직을 만드는 원칙을 통해 유추할 수 있는 내용으로 가장 옳지 않은 것은?

〈탁월한 조직을 만드는 원칙〉

- 리더의 단결을 구축하고 유지하라.
- 조직의 비전을 명확히 하라.
- 조직의 비전에 대해 자주 의사소통하라.
- 인력시스템 구축으로 조직의 비전을 강화하라.

① 조직의 비전에 관한 내용을 직원들에게 전달할 경우 세부적으로 자세하게 설명해야 한다.
② 조직 구성원 모두에게 필요하다고 판단될 때는 채용되고, 관리되고, 보수를 받고, 해고될 수 있다는 사실을 분명히 밝혀야 한다.
③ '어떤 차별화된 전략으로 사업에 임하고 있는가.'와 같은 질문에 대답할 수 있어야 한다.
④ 비전이 명확한 조직은 구성원들이 회사의 가치관, 목표와 전략 등에 대해 같은 입장을 취한다.
⑤ 리더의 단결을 위해서는 조직 내 정치적 행동이 없어져야 한다.

※ 다음은 조직의 유형을 나타낸 것이다. 이어지는 질문에 답하시오. **[13~14]**

〈조직의 유형〉

13 다음 조직의 유형에 대해 이해한 내용으로 옳지 않은 것은?

① 기업과 같이 이윤을 목적으로 하는 조직은 영리조직이다.
② 조직 규모를 기준으로 보면, 가족 소유의 상점은 소규모조직, 대기업은 대규모조직의 사례로 볼 수 있다.
③ 공식조직 내에서 인간관계를 지향하면서 비공식조직이 새롭게 생성되기도 한다.
④ 비공식조직은 조직의 구조, 기능, 규정 등이 조직화되어 있다.
⑤ 비영리조직은 공익을 목적으로 하는 단체이다.

14 다음 중 밑줄 친 조직으로 보기 어려운 것은?

① 종친회
② 병원
③ 대학
④ 시민단체
⑤ 대기업

15 다음 업무수행 시트에 대한 설명으로 옳지 않은 것은?

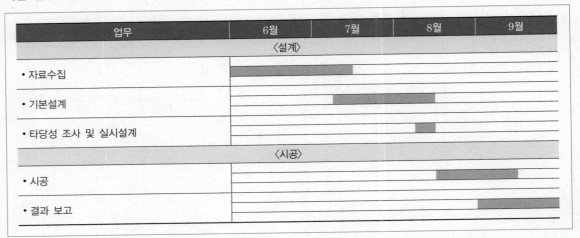

업무	6월	7월	8월	9월
〈설계〉				
• 자료수집				
• 기본설계				
• 타당성 조사 및 실시설계				
〈시공〉				
• 시공				
• 결과 보고				

① 작업을 시간적, 수량적으로 일목요연하게 표시한다.

② 작업계획과 실적의 계속적인 파악에 용이하다.

③ 작업의 지체요인을 규명하여, 다음 연결된 작업의 일정 조정에 활용할 수 있다.

④ 작업별, 부문별 업무성과의 객관적인 상호비교가 가능하다.

⑤ 작업 상호 간의 유기적인 관련성 파악에 용이하다.

CHAPTER 06

기술능력

기술능력은 업무를 수행함에 있어 도구, 장치 등을 포함하여 필요한 기술에 어떠한 것들이 있는지 이해하고, 실제 업무를 수행함에 있어 적절한 기술을 선택하여 적용하는 능력이다. 사무직을 제외한 특수 직렬을 지원하는 수험생이라면 전공을 포함하여 반드시 준비해야 하는 영역이다.

국가직무능력표준에 따르면 기술능력의 세부 유형은 기술이해능력·기술선택능력·기술적용능력으로 나눌 수 있다. 제품설명서나 상황별 매뉴얼을 제시하는 문제 또는 명령어를 제시하고 규칙을 대입할 수 있는지 묻는 문제가 출제되기 때문에 이런 유형들을 공략할 수 있는 전략을 세워야 한다.

기술능력은 NCS 기반 채용을 진행한 기업 중 50% 정도가 다뤘으며, 문항 수는 전체에서 평균 2% 정도 출제되었다.

01 긴 지문이 출제될 때는 보기의 내용을 미리 보자!

기술능력에서 자주 출제되는 제품설명서나 상황별 매뉴얼을 제시하는 문제에서는 기술을 이해하고, 상황에 알맞은 원인 및 해결방안을 고르는 문제가 출제된다. 실제 시험장에서 문제를 풀 때, 시간적 여유가 없기 때문에 보기를 먼저 읽고, 지문을 보면서 보기와 일치하는 내용을 확인하는 것이 좋다.

02 모듈형에 대비하라!

모듈형 문제의 비중이 늘어나는 추세이므로 공기업을 준비하는 취업준비생이라면 모듈형 문제에 대비해야 한다. 기술능력의 모듈형 이론부분을 학습하고 모듈형 문제를 풀어보며 다회독하여 이론을 확실히 익혀두면 실제 시험장에서 이론을 묻는 문제가 나왔을 때 단번에 답을 고를 수 있다.

03 **전공이론도 익혀두자!**

지원하는 직렬의 전공이론이 기술능력으로 출제되는 경우가 많기 때문에 전공이론을 익혀 두는 것이
좋다. 깊이 있는 지식을 묻는 문제가 아니더라도 출제되는 문제의 소재가 전공과 관련된 내용일 가능성
이 크기 때문에 최소한 지원하는 직렬의 전공 용어는 확실히 익혀 두는 것이 좋다.

04 **포기하지 말자!**

직업기초능력에서 주요 영역이 아니면 소홀한 경우가 많다. 시험장에서 기술능력을 읽어 보지도 않고
포기하는 경우가 많은데 차근차근 읽어 보면 지문만 잘 읽어도 풀리는 문제들이 출제되는 경우가 있다.
이론을 모르더라도 풀 수 있는 문제인지 파악해 보자.

기술이해

귀하는 반도체 회사의 기술연구팀에서 연구원으로 근무하고 있다. 하루는 인사팀에서 기술능력이 뛰어난 신입사원 한 명을 추천해달라는 요청을 받았다. 귀하는 추천에 앞서 먼저 해당 추천서에 필요한 평가 항목을 정하려 한다. 다음 중 추천서의 평가 항목으로 적절하지 않은 것은 무엇인가?

① 문제를 해결하기 위해 다양한 해결책을 개발하고 평가하려는 사람인가?
② 실질적 문제해결을 위해 필요한 지식이나 자원을 선택하고 적용할 줄 아는 사람인가?
③ 아무런 제약이 없다면 자신의 능력을 최대한 발휘할 수 있는 사람인가?
④ 처리하는 기술적 문제 사항이 실제 업무에 효용성이 있는가?
⑤ 해결에 필요한 문제를 예리하게 간파할 줄 아는 사람인가?

풀이순서

1) 질문의도
: 뛰어난 기술능력
→ 평가항목

2) 정답도출
: 제약하에서 최대
능력 발휘

📋 **유형 분석** • NCS E-book [기술능력]에서 설명하고 있는 이론을 토대로 출제된 문제이다.
  • 특히 기술능력이 뛰어난 사람의 특징, 지속가능한 기술, 친환경 기술 등의 주제로 자주 출제되고 있다.

📋 **풀이 전략** 문제에서 묻고자 하는 바를 이해하고 선택지에서 정답을 고른다. 사전에 NCS E-book [기술능력]을 미리 학습해 두면 풀이시간을 줄일 수 있다.

┌연속출제┐

※ P회사에서는 화장실의 청결을 위해 비데를 구매하고 화장실과 가까운 곳에 위치한 귀하의 팀원들에게 비데를 설치하도록 지시하였다. 다음 내용은 비데를 설치하기 위해 참고할 제품 설명서의 일부 내용이다. 이어지는 질문에 답하시오.

풀이순서

〈A/S 신청 전 확인 사항〉

현상	원인	조치방법
물이 나오지 않을 경우	급수밸브가 잠김	매뉴얼을 참고하여 급수밸브를 열어 주세요.
	정수필터가 막힘	매뉴얼을 참고하여 정수필터를 교체하여 주세요 (A/S상담실로 문의하세요).
	본체 급수호스 등이 동결	더운물에 적신 천으로 급수호스 등의 동결부위를 녹여 주세요.
기능 작동이 되지 않을 경우	ⓐ 수도필터가 막힘	흐르는 물에 수도필터를 닦아 주세요.
	ⓑ 착좌센서 오류	착좌센서에서 의류, 물방울, 이물질 등을 치워 주세요.
수압이 약할 경우	수도필터에 이물질이 낌	흐르는 물에 수도필터를 닦아 주세요.
	본체의 호스가 꺾임	호스의 꺾인 부분을 펴 주세요.
노즐이 나오지 않을 경우	착좌센서 오류	착좌센서에서 의류, 물방울, 이물질을 치워 주세요.
본체가 흔들릴 경우	고정 볼트가 느슨해짐	고정 볼트를 다시 조여 주세요.
비데가 작동하지 않을 경우	급수밸브가 잠김	매뉴얼을 참고하여 급수밸브를 열어 주세요.
	급수호스의 연결문제	급수호스의 연결상태를 확인해 주세요. 계속 작동하지 않는다면 A/S상담실로 문의하세요.
변기의 물이 샐 경우	급수호스가 느슨해짐	급수호스 연결부분을 조여 주세요. 계속 샐 경우 급수밸브를 잠근 후 A/S상담실로 문의하세요.

3) 원인확인
: ⓐ~ⓑ

귀하는 지시에 따라 비데를 설치하였다. 일주일이 지난 뒤, 동료 K사원으로부터 비데의 기능이 작동하지 않는다는 사실을 접수하였다. 다음 중 귀하가 해당 ⎡문제점에 대한 원인을 파악하기 위해 확인해야 할 사항⎦으로 적절한 것은?

① 급수밸브의 잠김 여부
② 수도필터의 청결 상태
③ 정수필터의 청결 상태
④ 급수밸브의 연결 상태
⑤ 비데의 고정 여부

1) 질문의도
: 원인 → 확인사항

2) 상황확인
: 비데 기능 작동 ×

4) 정답도출

📋 **유형 분석**
- 제품설명서 등을 읽고 제시된 문제 상황에 적절한 해결책을 찾는 문제이다.
- 흔히 기업에서 사용하고 있는 제품이나 기계들의 설명서가 제시된다.
- 문제에서 제시하는 정보가 많고 길이가 긴 경우가 많아 실수를 하기 쉽다.

📋 **풀이 전략**
문제에서 의도한 바(문제원인, 조치사항 등)를 확인한 후, 이를 해결할 수 있는 정보를 찾아 문제를 풀어간다.

안심Touch

01 다음 글을 읽고 이해한 내용으로 가장 적절한 것은?

> 최근 환경오염의 주범이었던 화학회사들이 환경 보호 정책을 표방하고 나섰다. 기업의 분위기가 변하면서 대학의 엔지니어뿐만 아니라 기업에 고용된 엔지니어들도 점차 대체기술, 환경기술, 녹색 디자인 등을 추구하는 방향으로 전환해 가고 있는 것이다.
> 또한, 최근 각광받고 있는 3R의 구호[줄이고(Reduce), 재사용하고(Reuse), 재처리하자(Recycle)]는 엔지니어들로 하여금 미래 사회를 위한 자신들의 역할에 대해 방향을 제시해주고 있다.

① 개발이라는 이름으로 행해지는 개발독재의 사례로 볼 수 있어.
② 자연과학기술에 대한 연구개발의 사례로 적절하구나.
③ 균형과 조화를 위한 지속가능한 개발의 사례로 볼 수 있어.
④ 기술이나 자금을 위한 개발수입의 사례인 것 같아.
⑤ 기업의 생산능률을 위한 조직개발의 사례로 볼 수 있겠구나.

02 다음 중 산업재해에 대한 원인으로 옳지 않은 것은?

> 전선 제조 사업장에서 고장난 변압기 교체를 위해 K전력 작업자가 변전실에서 작업 준비하던 중 특고압 배전반 내 충전부 COS 1차 홀더에 접촉 감전되어 치료 도중 사망하였다. 증언에 따르면 변전실 TR – 5 패널의 내부는 협소하고, 피재해자의 키에 비하여 경첩의 높이가 높아 문턱 위에 서서 불안전한 작업자세로 작업을 실시하였다고 한다. 또한 피재해자는 전기 관련 자격이 없었으며, 복장은 일반 안전화, 면장갑, 패딩점퍼를 착용한 상태였다.

① 불안전한 행동
② 불안전한 상태
③ 작업 관리상 원인
④ 기술적 원인
⑤ 작업 준비 불충분

03 다음은 제품 매뉴얼과 업무 매뉴얼을 설명한 것이다. 다음을 읽고 이해한 내용으로 옳지 않은 것은?

> 제품 매뉴얼이란 사용자를 위해 제품의 특징이나 기능 설명, 사용방법과 고장 조치방법, 유지 보수 및 A/S, 폐기까지 제품에 관련된 모든 서비스에 대해 소비자가 알아야할 모든 정보를 제공하는 것을 말한다.
> 다음으로 업무 매뉴얼이란 어떤 일의 진행 방식, 지켜야할 규칙, 관리상의 절차 등을 일관성 있게 여러 사람이 보고 따라할 수 있도록 표준화하여 설명하는 지침서이다.

① 제품 매뉴얼은 제품의 설계상 결함이나 위험 요소를 대변해야 한다.
② '재난대비 국민행동 매뉴얼'은 업무 매뉴얼의 사례로 볼 수 있다.
③ 제품 매뉴얼은 제품의 의도된 안전한 사용과 사용 중 해야 할 일 또는 하지 말아야 할 일까지 정의해야 한다.
④ 제품 매뉴얼과 업무 매뉴얼 모두 필요한 정보를 빨리 찾을 수 있도록 구성되어야 한다.
⑤ 제품 매뉴얼은 혹시 모를 사용자의 오작동까지 고려하여 만들어져야 한다.

04 다음은 기술 시스템의 발전 단계를 나타낸 것이다. 빈칸에 들어갈 단계로 적절한 것은?

〈기술 시스템의 발전 단계〉

1단계 : 발명, 개발, 혁신의 단계
↓
2단계 : 기술 이전의 단계
↓
3단계 : _____
↓
4단계 : 기술 공고화 단계

① 기술 협조의 단계
② 기술 경영의 단계
③ 기술 평가의 단계
④ 기술 경쟁의 단계
⑤ 기술 투자의 단계

※ 귀하는 사무실에서 사용 중인 기존 공유기에 새로운 공유기를 추가하여 무선 네트워크 환경을 개선하려고 한다. 아래의 내용을 참고하여 다음에 이어지는 질문에 답하시오. **[5~6]**

〈공유기를 AP / 스위치(허브)로 변경하는 방법〉

[안내]
공유기 2대를 연결하기 위해서는 각각의 공유기가 다른 내부 IP를 사용하여야 하며, 이를 위해 스위치(허브)로 변경하고자 하는 공유기에 내부 IP 주소 변경과 DHCP 서버 기능을 중단해야 합니다.

[절차요약]
– 스위치(허브)로 변경하고자 하는 공유기의 내부 IP 주소 변경
– 스위치(허브)로 변경하고자 하는 공유기의 DHCP 기능 중지
– 인터넷에 연결된 공유기에 스위치(허브)로 변경한 공유기를 연결

[세부절차 설명]
(1) 공유기의 내부 IP 주소 변경
 • 공유기의 웹 설정화면에 접속하여 [관리도구] – [고급설정] – [네트워크관리] – [내부 네트워크 설정]을 클릭합니다.
 • 내부 IP 주소의 끝자리를 임의적으로 변경한 후 [적용 후 시스템 다시 시작] 버튼을 클릭합니다.
(2) 공유기의 DHCP 기능 중지
 • 변경된 내부 IP 주소로 재접속 후 [관리도구] – [고급설정] – [네트워크관리] – [내부 네트워크 설정]을 클릭합니다.
 • 하단의 [DHCP 서버 설정]을 [중지]로 체크 후 [적용]을 클릭합니다.
(3) 스위치(허브)로 변경된 공유기의 연결

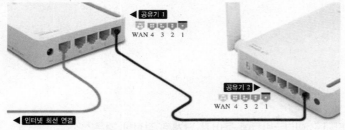

 • 위의 그림과 같이 스위치로 변경된 〈공유기 2〉의 LAN 포트 1 ~ 4 중 하나를 원래 인터넷에 연결되어 있던 〈공유기 1〉의 LAN 포트 1 ~ 4 중 하나에 연결합니다.
 • 〈공유기 2〉는 스위치로 동작하게 되므로 〈공유기 2〉의 WAN 포트에는 아무것도 연결하지 않습니다.

[최종점검]
이제 스위치(허브)로 변경된 공유기를 기존 공유기에 연결하는 모든 과정이 완료되었습니다. 설정이 완료된 상태에서 정상적으로 인터넷 연결이 되지 않는다면 상단 네트워크 〈공유기 1〉에서 IP 할당이 정상적으로 이루어지지 않는 경우입니다. 이와 같은 경우 PC에서 IP 갱신을 해야 하며 PC를 재부팅하거나 공유기를 재시작하시기 바랍니다.

[참고]
(1) Alpha3 / Alpha4의 경우는 간편설정이 가능하므로 (1) ~ (2) 과정을 쉽게 할 수 있습니다.
(2) 스위치(허브)로 변경되어 연결된 공유기가 무선 공유기로 필요에 따라 무선 연결 설정이 필요한 경우 〈공유기 1〉 또는 〈공유기 2〉에 연결된 PC 어디에서나 〈공유기 2〉의 변경된 IP 주소를 인터넷 탐색기의 주소란에 입력하면 공유기 관리도구에 쉽게 접속할 수 있으며 필요한 무선 설정을 진행할 수 있습니다.

[경고]

(1) 상단 공유기에도 '내부 네트워크에서 DHCP 서버 발견 시 공유기의 DHCP 서버 기능 중단' 설정이 되어 있을 경우 문제가 발생할 수 있으므로 상단 공유기의 설정을 해제하시기 바랍니다.

(2) 일부 환경에서 공유기를 스위치(허브)로 변경 후, UPNP 포트포워딩 기능이 실행 중이라면 네트워크 장애를 유발할 수 있으므로 해당 기능을 중단해 주시기 바랍니다.

05 귀하는 새로운 공유기를 추가로 설치하기 전 판매업체에 문의하여 위와 같은 설명서를 전달받았다. 다음 중 올바르게 이해하지 못한 것은?

① 새로 구매한 공유기가 Alpha3 또는 Alpha4인지 먼저 확인한다.

② 네트워크를 접속할 때 IP를 동적으로 할당받을 수 있도록 하는 DHCP 기능이 활성화되도록 설정한다.

③ 기존에 있는 공유기의 내부 IP 주소와 새로운 공유기의 내부 IP 주소를 서로 다르게 설정한다.

④ 기존 공유기와 새로운 공유기를 연결할 때, 새로운 공유기의 LAN 포트를 기존에 있는 공유기의 LAN 포트에 연결한다.

⑤ 새로운 공유기의 WAN 포트에는 아무것도 연결되지 않아야 한다.

06 귀하는 설명서 내용을 토대로 새로운 공유기를 기존 공유기와 연결하고 설정을 마무리하였는데 제대로 작동하지 않아 귀하의 동료 중 IT기술 관련 능력이 뛰어난 A주임에게 문의를 한 결과, 다음과 같은 답변을 받았다. 다음 중 올바른 답변이 아닌 것은?

① "기존 공유기와 새로운 공유기를 연결하는 LAN선이 제대로 꼽혀 있지 않네요."

② "PC에서 IP 갱신이 제대로 되지 않은 것 같습니다. 공유기와 PC 모두 재시작해보는 게 좋을 것 같습니다."

③ "기존 공유기로부터 연결된 LAN선이 새로운 공유기에 LAN 포트에 연결되어 있네요. 이를 WAN 포트에 연결하면 될 것 같습니다."

④ "기존 공유기에서 DHCP 서버가 발견될 경우 DHCP 서버 기능을 중단하도록 설정되어 있어서 오작동한 것 같아요. 해당 설정을 해제하면 될 것 같습니다."

⑤ "공유기를 스위치로 변경 후, UPNP 포트포워딩 기능이 실행 중이라면 네트워크 장애를 유발할 수 있습니다. 해당 기능을 중단해 주시기 바랍니다."

※ 다음은 신입사원에게 전화기 사용법을 알려주기 위한 매뉴얼이다. 자료를 읽고 이어지는 질문에 답하시오. **[7~8]**

〈사내전화기 사용방법〉

■ **전화걸기**
- 수화기를 들고 전화번호를 입력한 후 2초간 기다리거나 [#] 버튼을 누른다.
- 이전 통화자와 다시 통화하기를 원하면 수화기를 들고 [재다이얼] 버튼을 누른다.
- 통화 중인 상태에서 다른 곳으로 전화를 걸기 원하면 [메뉴 / 보류] 버튼을 누른 뒤 새로운 번호를 입력한 후 2초간 기다리거나 [#] 버튼을 누른다. 다시 이전 통화자와 연결을 원하면 [메뉴 / 보류] 버튼을 누른다.

■ **전화받기**
- 벨이 울릴 때 수화기를 들어 올린다.
- 통화 중에 다른 전화를 받기를 원하면 [메뉴 / 보류] 버튼을 누른다. 다시 이전 통화자와 연결을 원하면 [메뉴 / 보류] 버튼을 누른다.

■ **통화내역 확인**
- [통화내역] 버튼을 누르면 LCD 창에 '발신', '수신', '부재중' 3가지 메뉴가 뜨며, [볼륨조절] 버튼으로 원하는 메뉴에 위치한 후 [통화내역] 버튼을 눌러 내용을 확인한다.

■ **당겨받기**
- 다른 전화가 울릴 때 자신의 전화로 받을 수 있는 기능이며, 동일 그룹 안에 있는 경우만 가능하다.
- 수화기를 들고 [당겨받기] 버튼을 누른다.

■ **돌려주기**
- 걸려온 전화를 다른 전화기로 돌려주는 기능이다.
- 통화 중일 때 [돌려주기] 버튼을 누른 뒤 돌려줄 번호를 입력하고 [#] 버튼을 누르면 새 통화가 연결되며, 그 후에 수화기를 내려놓는다.
- 즉시 돌려주기를 할 경우에는 위 통화 중일 때 [돌려주기] 버튼을 누른 후 돌려줄 번호를 입력하고 수화기를 내려놓는다.

■ **3자통화**
- 동시에 3인과 통화할 수 있는 기능이다.
- 통화 중일 때 [메뉴 / 보류] 버튼을 누르고 통화할 번호를 입력한 후, [#] 버튼을 눌러 새 통화가 연결되면 [3자통화] 버튼을 누른다.
- 통화 중일 때 다른 전화가 걸려 왔다면, [메뉴 / 보류] 버튼을 누른 후 새 통화가 연결되면 [3자통화] 버튼을 누른다.

■ **수신전환**
- 전화가 오면 다른 전화기로 받을 수 있도록 하는 기능으로, 무조건·통화중·무응답 세 가지 방법으로 설정할 수 있다.
- 전화기 내 [수신전환] 버튼을 누른 뒤 [볼륨조절] 버튼으로 전환방법을 선택한 후 [통화내역] 버튼을 누르고 다른 전화기 번호를 입력한 후 다시 [통화내역] 버튼을 누른다.
- 해제할 경우에는 [수신전환] 버튼을 누르고 [볼륨조절] 버튼으로 '사용 안 함' 메뉴에 위치한 후 [통화내역] 버튼을 누른다.

07 오늘 첫 출근한 귀하에게 선배 사원은 별다른 설명 없이 전화기 사용법 매뉴얼을 건네주었다. 마침 매뉴얼을 한 번 다 읽어본 후에 옆 테이블에 있는 전화기가 울렸다. 그러나 주변에는 아무도 없었다. 이런 상황에서 전화기의 어떤 기능을 활용하면 되는가?

① 전화걸기
③ 돌려주기
⑤ 수신전환

② 3자통화
④ 당겨받기

08 귀하가 근무한 지 벌써 두 달이 지나 새로운 인턴사원이 입사하게 되었다. 귀하가 새로운 인턴에게 전화기 사용법 매뉴얼을 전달하고자 한다. 그러나 글로만 되어 있던 매뉴얼이 불편했던 기억이 생각나 더욱 쉽게 이해할 수 있도록 그림을 추가하고자 한다. 다음 중 전화걸기 항목에 들어갈 그림으로 올바른 것은?

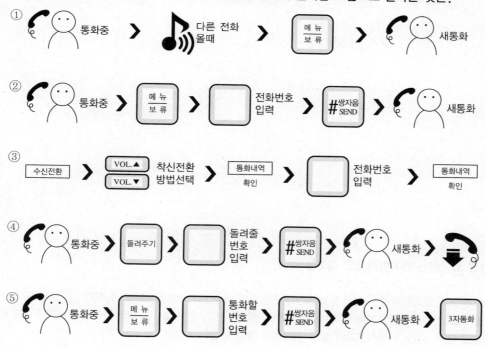

안심Touch

09 다음은 기술선택을 설명한 글이다. 다음 글을 읽고 이해한 내용으로 옳지 않은 것은?

기술선택이란 기업이 어떤 기술에 대하여 외부로부터 도입하거나 또는 그 기술을 자체 개발하여 활용할 것인가를 결정하는 것이다. 기술을 선택하는 데에 대한 의사결정은 크게 다음과 같이 두 가지 방법으로 볼 수 있다.
먼저 상향식 기술선택(Bottom Up Approach)은 기업 전체 차원에서 필요한 기술에 대한 체계적인 분석이나 검토 없이 연구자나 엔지니어들이 자율적으로 기술을 선택하도록 하는 것이다.
다음으로 하향식 기술선택(Top – Down Approach)은 기술경영진과 기술기획담당자들에 의한 체계적인 분석을 통해 기업이 획득해야 하는 대상기술과 목표기술수준을 결정하는 것이다.

① 상향식 기술선택은 기술자들의 창의적인 아이디어를 얻기 어려운 단점을 볼 수 있다.
② 하향식 기술선택은 먼저 기업이 직면하고 있는 외부환경과 보유 자원에 대한 분석을 통해 중·장기적인 사업목표를 설정하는 것이다.
③ 상향식 기술선택은 시장의 고객들이 요구하는 제품이나 서비스를 개발하는 데 부적합한 기술이 선택될 수 있다.
④ 하향식 기술선택은 사업전략의 성공적인 수행을 위해 필요한 기술들을 열거하고, 각각의 기술에 대한 획득의 우선순위를 결정하는 것이다.
⑤ 상향식 기술선택은 경쟁기업과의 경쟁에서 승리할 수 없는 기술이 선택될 수 있다.

10 다음 설명에 해당하는 벤치마킹으로 적절한 것은?

프로세스에 있어 최고로 우수한 성과를 보유한 동일업종의 비경쟁적 기업을 대상으로 한다. 접근 및 자료 수집이 용이하고, 비교 가능한 업무 / 기술 습득이 상대적으로 용이한 반면, 문화 및 제도적인 차이로 발생되는 효과에 대한 검토가 없을 경우, 잘못된 분석결과의 발생 가능성이 높은 단점이 있다.

① 내부 벤치마킹   ② 경쟁적 벤치마킹
③ 비경쟁적 벤치마킹   ④ 글로벌 벤치마킹
⑤ 간접적 벤치마킹

I wish you the best of luck!

CHAPTER 07

대인관계능력

합격 CHEAT KEY

대인관계능력은 직장생활에서 접촉하는 사람들과 원만한 관계를 유지하고 조직구성원들에게 도움을 줄 수 있으며 조직내부 및 외부의 갈등을 원만히 해결하고 고객의 요구를 충족시켜줄 수 있는 능력을 의미한다. 또한, 직장생활을 포함한 일상에서 스스로를 관리하고 개발하는 능력을 말한다.

국가직무능력표준에 따르면 대인관계능력의 세부 유형은 팀워크능력·갈등관리능력·협상능력·고객서비스능력으로 나눌 수 있다. 대인관계능력은 NCS 기반 채용을 진행한 기업 중 68% 정도가 다루었으며, 문항 수는 전체의 평균 4% 정도로 출제되었다.

01 일반적인 수준에서 판단하라!

일상생활에서의 대인관계를 생각하면서 문제에 접근하면 어렵지 않게 풀 수 있다. 그러나 수험생들 입장에서 직장 속 상황, 특히 역할(직위)에 따른 대인관계를 묻는 문제는 까다롭게 느껴질 수 있고 일상과는 차이가 있을 수 있기 때문에 이런 유형에 대해서는 따로 알아둘 필요가 있다.

02 이론을 먼저 익혀라!

대인관계능력 이론을 접목한 문제가 종종 출제된다. 물론 상식수준에서도 풀 수 있지만 정확하고 신속하게 해결하기 위해서는 이론을 정독한 후 자주 출제되는 부분들은 암기를 필수로 해야 한다. 자주 출제되는 부분은 리더십과 멤버십의 차이, 단계별 협상과정, 고객불만 처리 프로세스 등이 있다.

03 실제 업무에 대한 이해를 높여라!

출제되는 문제의 수는 많지 않으나, 고객과의 접점에 있는 서비스 직군 시험에 출제될 가능성이 높은 영역이다. 특히 상황 제시형 문제들이 많이 출제되므로 실제 업무에 대한 이해를 높여야 한다.

04 애매한 유형의 빈출 문제, 선택지를 파악하라!

대인관계능력의 출제 문제들을 보면 이것도 맞고, 저것도 맞는 것 같은 선택지가 많다. 하지만 정답은 하나이다. 출제자들은 대인관계능력이란 공부를 통해 얻는 것이 아닌 본인의 독립적인 성품으로부터 자연스럽게 나오는 것이라고 생각한다. 수험생들이 선택하는 보기로 그 수험생들을 파악한다. 그러므로 대인관계능력은 빈출 유형의 문제와 선택지를 파악하고 가는 것이 애매한 문제들의 정답률을 높이는 데 도움이 될 것이다. 내가 맞다고 생각하는 선택지가 답이 아닐 가능성이 있기 때문이다.

┌─연속출제─┐

C대리는 2015년 10월, 이직에 성공하였다. C대리는 새로운 회사로 출근한 지 3주가 지났지만 **팀원들이 C대리를 무시하고 선을 긋는 느낌을 받아 적응에 힘들어 하고 있다.** 이런 상황에서 ⌐C대리가 취할 행동⌐은?

☑ 팀장에게 면담을 신청해 자신이 느끼는 점을 이야기한다.

② 자신이 팀원들과 어울리지 않는 것이라고 생각한다.

③ 인사팀에 팀을 옮겨 달라고 한다.

④ 이전 회사 팀장님에게 다시 돌아가고 싶다고 말한다.

⑤ 그냥 지금 상태를 유지하기로 마음먹는다.

풀이순서

1) 질문의도
   : 상황
   → 적절한 행동

2) 선택지 분석
   : 이직 → 적응 ×

3) 정답도출
   : 상사에게 면담신청
   → 해결책 모색

📋 **유형 분석**
- 하나의 조직 안에서 구성원 간의 관계. 즉 '팀워크'에 관한 이해를 묻는 문제이다.
- 직장 내 상황 중에서도 주로 갈등 상황이 제시되고 그 속에서 구성원으로서 어떤 결정을 해야 하는지를 묻는다.
- 상식으로도 풀 수 있지만 개인의 가치가 개입될 가능성이 높기 때문에 자의적인 판단을 유의해야 한다.

📋 **풀이 전략**
질문으로 실제 회사에서 있음직한 상황이 제시된다. 자신이 문제 속의 입장이라고 생각하고 가장 모범적인 답이라고 생각되는 것을 찾아야 한다.

┌연속출제┐

갈등을 관리하고 해소하는 방법을 보다 잘 이해하기 위해서는 갈등을 증폭시키는 원인이 무엇인지 알 필요가 있다. 다음 중 조직에서 갈등을 증폭시키는 행위로 볼 수 없는 것은?

① 상대보다 더 높은 인사고과를 얻기 위해 팀원 간에 경쟁한다.
② 팀의 공동목표 달성보다 본인의 승진을 더 중요하게 생각한다.
③ 다른 팀원이 중요한 프로젝트를 맡은 경우, 자신이 알고 있는 노하우를 알려 주지 않는다.
❹ 갈등이 발견되면 문제를 즉각적으로 다루려고 한다.
⑤ 팀 내에 대립이 있을 때는 미리 정한 모델로 해결한다.

풀이순서

1) 질문의도
   : 갈등 증폭 행위 ×

2) 정답도출
   : 빠른 처리
   → 갈등해소
   　가능성↑

📋 유형 분석　• 조직 내 갈등을 심화하게 하는 요인에 대한 이해를 묻는 문제이다.
　　　　　　　• 여러 사람이 협력해야 하는 직장에서 구성원 간의 갈등은 불가피하고 실제로 흔히 찾아볼 수 있기 때문에 갈등에 관한 문제는 출제 빈도가 높다.
　　　　　　　• 크게 어렵지 않지만 자의적인 판단을 하지 않도록 유의해야 한다.
　　　　　　　응용문제 : 갈등 발생 시 대처 방법에 대해서는 꼭 알아두도록 한다. 갈등의 개념·특징은 상식으로도 알 수 있지만 대처 방법은 정리해둘 필요가 있다.

📋 풀이 전략　제시된 문제의 질문이 옳은 것을 묻는지, 옳지 않은 것을 고르라는 것인지를 정확히 표시한 뒤 선택지를 확인하면 된다.

┌ 연속출제 ┐

다음의 사례 와 관련이 있는 협상전략 은?

> A시에 쓰레기 소각장이 들어선다고 하자, 마을 주민과 환경단체들이 교육·주거 환경 악화
> 및 위험 요소 발생 등을 이유로 데모를 하기 시작하였다. 이에 정부에서는 주민들을 상대로
> 쓰레기 소각장 건설에 대한 프레젠테이션 및 선진국의 관련시설 탐방을 실시했다. 이를 통해 ──→ See
> 쓰레기 소각장이 혐오시설이 아님을 입증하였고, 결국 주민들의 동의를 얻어내었다. ──→ Feel
> ──→ Change

☑ See Feel Change 전략   ② 상대방 이해 전략
③ 헌신과 일관성 전략   ④ 사회적 입증 전략
⑤ 연결 전략

풀이순서

1) 질문의도
　: 사례＋협상전략

2) 지문파악

3) 정답도출

📑 **유형** 분석
- 협상전략에 대한 이해를 묻는 문제이다.
- 지문은 특징을 제시하고 이에 해당하는 협상이 무엇인지 묻는 단순한 형태도 나오지만 상황이 주어지는 경우가 더 많다. 예시 문제는 상황이 개념에 대한 분명한 이해가 없으면 오히려 더 혼동될 수 있기 때문에 유의해야 한다.

  응용문제 : 전략 명칭과 각각의 예가 섞여서 선택지로 제시될 수도 있다.

📑 **풀이** 전략
사례를 읽으면서 키워드를 찾는다. 협상전략마다 특징이 있기 때문에 어떤 예시든 그 안에 특징이 제시된다. 이를 바탕으로 적절한 협상전략을 찾으면 된다.

대인관계능력 | 기출유형 4

고객서비스

┌연속출제┐

※ 고객서비스의 향상을 위해서는 기업에 대한 고객의 불만을 해소하는 것이 매우 중요하다. 다음에서 제시된 상황을 읽고 이어지는 질문에 답하시오.

> 백화점 의류매장에 한 손님이 옷을 사기 위해 들렀다. 그는 매장에 진열된 옷들이 품위가 없다. 너무 싸구려 같다. 촌스럽고 유행에 뒤쳐져 보인다며 불평하면서 매장 직원에게 더 값비싸 보이고 고급스런 옷을 보여달라고 요청하였다.

풀이순서

2) 상황분석
   : 거만형 고객

01 백화점 매장을 찾은 손님은 어떤 불만유형에 해당하는가?

① 의심형
❷ 거만형

② 트집형
④ 빨리빨리형

1) 질문의도
   : 고객 불만 유형,
     응대 시 주의사항

3) 정답도출

02 위의 사례에 해당하는 불만족 고객의 유형을 응대하기 위해 백화점 매장 직원이
주의해야 할 사항으로 가장 적절하지 않은 것은?

① 정중하게 대하는 것이 좋다.
② 손님의 과시욕이 채워지도록 뽐내든 말든 내버려 둔다
❸ 만사를 시원스럽게 처리하는 모습을 보이면 응대하기 쉽다. ──▶ 빨리빨리형 고객 응대 방법
④ 의외로 단순한 면이 있으므로 고객의 호감을 얻게 되면 여러 면에서 득이 될 수 있다.

📋 **유형 분석**
• 대인관계능력 중에서도 직업 상황의 특성이 가장 두드러지게 나타나는 문제 유형이다.
• 지문은 주로 상황이 제시되고 꼭 서비스 직종이 아니어도 알 수 있을 만한 수준의 문제이다.

응용문제 : 고객의 유형에 따른 응대 방법의 차이는 정리해서 알아둘 필요가 있다. 태도 차원에서 적절한 것을 찾는 것이 아니라 유형에 따라 적합한 것을 찾아야 하기 때문이다.

📋 **풀이 전략**
문제를 먼저 보고 지문으로 제시된 상황을 확인해도 되고, 상황을 빠르게 확인한 뒤 문제로 접근해도 큰 차이가 없다. 중요한 것은 고객이 어떤 유형에 해당하는지를 드러내는 키워드를 정확히 찾아내는 것이다.

01 프랜차이즈 커피숍에서 바리스타로 근무하고 있는 귀하는 종종 "가격을 깎아달라."는 고객 때문에 고민이 이만저만이 아니다. 이를 본 선배가 귀하에게 도움이 될 만한 몇 가지 조언을 해주었다. 다음 중 선배가 귀하에게 한 조언으로 가장 적절한 것은?

① "절대로 안 된다."고 딱 잘라 거절하는 태도가 필요합니다.

② 이번이 마지막이라고 말하면서 한 번만 깎아주세요.

③ 못 본 체하고 다른 손님의 주문을 받으면 됩니다.

④ 규정상 임의로 깎아줄 수 없다는 점을 상세히 설명해드리세요.

⑤ 다음에 오실 때 깎아드리겠다고 약속드리고 지키면 됩니다.

02 다음 자료는 갈등해결을 위한 6단계 프로세스이다. 3단계에 해당하는 대화의 예로 가장 적절한 것은?

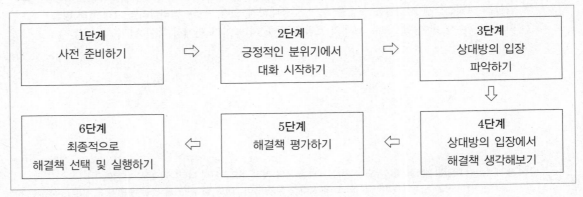

① 그럼 A씨의 생각대로 진행해 보시죠.

② 제 생각은 이런데, A씨의 생각은 어떠신지 말씀해 주시겠어요?

③ 저도 좋아요. 그것으로 결정해요.

④ 저는 모두가 만족하는 해결책을 찾고 싶어요.

⑤ A씨의 말은 아무리 들어도 이해가 안 되는데요.

03 과거에는 한 사람의 출세와 성공에 가장 큰 영향을 주는 것은 학교성적, 즉 공부를 잘하는 것이라고 생각하였다. 그러나 최근의 연구 결과를 보면, 대인관계능력이 높은 사람이 성공하는 경우가 더 많았으며, 학교성적은 성공과 크게 관련이 없다는 것이 밝혀졌다. 대인관계능력이 성공과 밀접한 관련이 있다고 할 경우, 다음 중 직장생활에서 가장 성공하기 어려운 사람은?

- B가 근무하는 부서에 신입사원 A가 입사하였다. 평소 B는 입사 때 회사선배로부터 일을 제대로 못 배워 동기들보다 승진이 늦어졌다고 생각하여, A에게 일을 제대로 가르친다는 생각으로 잘한 점은 도외시하고 못한 점만 과장하여 지적하여 A가 항상 긴장상태에서 일 처리를 하도록 하였다.
- C의 입사동기이자 업무능력이 뛰어난 동료 D는 회사의 큰 프로젝트를 담당하고 있으며, 이 프로젝트를 성공리에 완수할 경우 올해 말에 C보다 먼저 승진할 가능성이 높았음에도 불구하고, D가 업무 도움을 요청하자 C는 흔쾌히 D의 업무를 도와주었다.
- E는 자기 팀이 작년 연말평가에서 최하 등급을 받아서 팀 내 분위기가 어수선해지자, 팀의 발전이 자신의 발전이라고 생각하여 매일 아침에 모닝커피를 타서 팀원 전체에게 돌리고, 팀 내의 힘들고 궂은일을 솔선수범하여 처리하였다.
- F는 대인관계에서 가장 중요한 것은 인간관계 기법과 테크닉이라고 생각하여, 진심에서 우러나오지 않지만 항상 무엇을 말하느냐, 어떻게 행동하느냐를 중시하였다.

---

① B, C

③ C, E

⑤ C, F

② B, F

④ E, F

04 최근 K은행에 입사한 Y행원은 며칠 전 민원상담을 진행하는 데 어려움을 겪었다고 선임인 귀하에게 토로하였다. 귀하는 Y행원이 민원상담을 잘 수행할 수 있도록 민원처리 매뉴얼에 대해 설명하고자 한다. 다음 중 귀하의 발언으로 가장 적절하지 않은 것은?

① 고객이 민원을 제기할 때는 주장하는 내용을 정확하게 파악할 수 있도록 경청하는 것이 중요해. 만약 부정확한 내용이 있다면 반드시 다시 확인해야 해.

② 사실을 확인한 민원에 대해서는 적절한 해결책이 무엇인지 모색하여야 하는데, 만약 은행의 과실에 대한 것이라면 이를 인정하고 먼저 사과해야 해.

③ 적절한 해결책이 있다면 고객에게 제시하여 해결하도록 하고, 향후 반복적인 문제가 발생하지 않도록 개인 업무 노트에 기록해 두고 수시로 확인하는 것이 중요해.

④ 민원처리 결과에 대하여 고객의 의견 및 만족 여부를 확인하여 은행의 신뢰를 조성하도록 노력해야 해.

⑤ 민원처리 시 감정이 상한 고객이 있다면 먼저 공감하는 자세로 고객의 마음을 헤아리도록 노력해야 해.

05 다음 중 대인관계능력을 향상시키는 방법을 모두 고른 것은?

> ㉠ 상대방에 대한 이해심
> ㉡ 사소한 일까지 관심을 두지 않는 것
> ㉢ 약속을 이행하는 것
> ㉣ 처음부터 너무 기대하지 않는 것
> ㉤ 진지하게 사과하는 것

① ㉠, ㉡, ㉣　　　　　　　　　　　　② ㉠, ㉡, ㉢
③ ㉠, ㉢, ㉤　　　　　　　　　　　　④ ㉠, ㉢, ㉣, ㉤
⑤ ㉠, ㉡, ㉣, ㉤

06 '감정은행계좌'라는 용어가 있다. 은행에 계좌를 만들어 예입과 인출을 하듯이, 인간관계에서 구축하는 신뢰의 정도를 은행계좌에 빗댄 말이다. 다른 사람의 입장을 이해하고 배려하는 바람직한 인간관계는 감정 예입에 해당하며, 그 반대는 감정 인출에 해당한다. 다음 중 감정은행계좌에 대한 설명으로 옳지 않은 것은?

> • A는 술만 먹으면 아무 것도 아닌 일로 동료들과 언성을 높인다. 그런 일이 있고난 후에는 그 동료에게 사과하고 음료수나 점심을 사곤 했는데, 어제도 또다시 동료하고 술자리에서 다퉜고, 오늘 아침에 다시 그 동료에게 음료수를 주며 사과하였다.
> • 해외 출장업무를 떠나는 상사가 팀원들에게 '내가 없더라도 맡은 일을 충실히 하라'고 당부하자, B는 "여기 일은 아무 염려 마시고 출장 잘 다녀오십시오"라고 답변하였다. 그 후 상사가 해외 출장업무를 떠나자 B는 몸이 아파 병원에 다녀온다고 나가서는 퇴근시간이 다 되어서야 들어왔다.
> • 원래 비가 내린다는 예보가 없었는데 퇴근시간에 갑자기 비가 쏟아지기 시작하였다. 상사 C는 마침 우산이 2개가 있어서 한 개를 두 여직원 중에서 정장을 입고 온 여직원에게 빌려주었다. 다음 날 우산을 빌려 간 여직원은 밝게 웃으며 업무를 하고 있었지만, 다른 여직원은 아침부터 한 마디도 하지 않고 업무만 하고 있었다.
> • D는 자신의 팀이 맡은 프로젝트가 끝나면 크게 회식을 하자고 약속을 해놓고는, 프로젝트가 끝난 지 한 달이 넘도록 아무 말 없이 회식을 하지 않았다.
> • E는 평소 예의 바르기로 소문이 자자한 사람이다. 업무능력도 뛰어나고 동료들과의 마찰도 거의 없다. 하지만 점심을 먹을 때나 회식 자리에서 자리에 없는 동료들에 대해 비난을 쏟아내곤 한다.

① A는 자신의 잘못이 반복될 때마다 매번 사과하였으므로 감정은행계좌 예입 행위에 해당한다.
② B는 본인이 한 말과 다르게 행동하였으므로 감정은행계좌 인출 행위에 해당한다.
③ C의 행위는 배제되는 사람에 대한 관심을 소홀히 한 행위이므로 감정은행계좌 인출 행위에 해당한다.
④ D의 행위는 상대방과 한 약속을 지키지 않은 행위이므로 감정은행계좌 인출 행위에 해당한다.
⑤ E의 행위는 자신에 대한 상대방의 평가에 반대되는 행위이므로 감정은행계좌 인출 행위에 해당한다.

07 다음 중 조직 내 갈등에 관한 설명으로 적절하지 않은 것은?

① 갈등상황을 형성하는 구성요소로서는 조직의 목표, 구성원의 특성, 조직의 규모, 분화, 의사전달, 권력구조, 의사결정에의 참여의 정도, 보상제도 등이 있다.
② 갈등은 직무의 명확한 규정, 직위 간 관계의 구체적 규정, 직위에 적합한 인원의 선발 및 훈련 등을 통해서 제거할 수 있다.
③ 갈등은 순기능이 될 수 없으므로, 갈등이 없는 상태가 가장 이상적이다.
④ 회피는 갈등을 일으킬 수 있는 의사결정을 보류하거나 갈등상황에 처한 당사자들이 접촉을 피하도록 하는 것이나 갈등행동을 억압하는 것이다.
⑤ 조직 내 갈등은 타협을 통해서도 제거할 수 있다.

08 다음 중 효과적인 팀의 특성으로 옳은 것은?

① 주관적인 결정이 이루어진다.
② 결과에 초점을 맞춘다.
③ 구성원 간의 의존도가 높지 않다.
④ 갈등의 존재를 개방적으로 다루지 않는다.
⑤ 의견의 불일치를 배제한다.

09 다음 중 '고객만족관리'의 필요성에 대한 설명으로 올바르지 않은 것은?

① 고객만족은 기업의 단골 증대로 이어지며 공생의 개념과 관계가 있다.
② 경제성장으로 인해 고객의 욕구는 더욱 진화하였으며, 기대수준 또한 높아졌다.
③ 기업의 제품이나 서비스에 대해 만족한 고객의 구전이 신규고객의 창출로 이어진다.
④ 기업의 제품이나 서비스의 불만족은 고객이탈로 이어지지 않으나 기업 이미지에 큰 영향을 미친다.
⑤ 불만족 고객의 대부분은 회사가 적극적인 자세로 신속하게 해결해 줄 경우 재거래율이 높아진다.

10 다음은 S전자 총무부에 근무하는 최 과장과 S전자에 사무용품을 납품하는 협력업체 사장의 대화이다. 거래처 관리를 위한 최 과장의 업무처리 방식으로 가장 바람직한 것은?

> • 협력업체 : 과장님, 이번 달 사무용품 주문량이 급격히 감소하여 궁금해 찾아왔습니다. 저희 물품에 무슨 문제라도 있습니까?
>
> • 최 과장 : 사장님께서 지난 7년간 계속 납품해 주고 계시는 것에 저희는 정말 만족하고 있습니다. 그런데 아시다시피 요즘 들어 경기가 침체되어 저희 내부에서도 비용절약운동을 하고 있어요. 그래서 개인책상 및 서랍 정리를 통해 사용 가능한 종이와 펜들이 많이 수거되었지요. 아마 이런 이유 때문이 아닐까요?
>
> • 협력업체 : 그렇군요. 그런데 얼마 전 저희에게 주문하시던 종이가방을 다른 업체에서도 견적서를 받으신 것을 우연히 알게 되었습니다. 저희 종이가방에 어떤 하자가 있었나요?
>
> • 최 과장 : 아, 그러셨군요. 사실 회사의 임원께서 종이가방의 비용이 많이 든다는 지적을 하셨습니다. 그래서 가격비교 차원에서 다른 업체의 견적서를 받아 본 것입니다.

① 유사 서비스를 제공하는 업체는 많으므로 늘 가격 비교 및 서비스 비교를 통해 업체를 자주 변경하는 것이 유리하다.

② 오래된 거래업체라고 해도 가끔 상호관계와 서비스에 대해 교차점검을 하는 것이 좋다.

③ 사내 임원이나 동료의 추천으로 거래처를 소개받았을 경우에는 기존의 거래처에서 변경하는 것이 좋다.

④ 한 번 선정된 업체는 될 수 있는 대로 변경하지 않고 동일 조건으로 계속 거래를 유지하는 것이 가장 바람직하다.

⑤ 거래할 때마다 다른 거래처와 거래를 함으로써 여러 거래처를 아는 것이 좋다.

PART 2

실전모의고사

제1회
실전모의고사

※ 부산환경공단 실전모의고사는 채용공고를 기준으로 구성한 것으로 실제 시험과 다를 수 있습니다.

취약영역 분석

번호	O/×	영역	번호	O/×	영역	번호	O/×	영역
01		의사소통능력	21		수리능력	41		
02		수리능력	22			42		
03		의사소통능력	23		문제해결능력	43		
04			24			44		
05		문제해결능력	25		수리능력	45		조직이해능력 / 대인관계능력
06			26		의사소통능력	46		
07		의사소통능력	27			47		
08		수리능력	28		문제해결능력	48		
09		의사소통능력	29			49		
10		수리능력	30			50		
11			31					
12			32					
13			33					
14		의사소통능력	34					
15			35		자원관리능력 / 기술능력			
16		문제해결능력	36					
17			37					
18			38					
19		의사소통능력	39					
20		수리능력	40					

평가 문항	50문항	맞힌 개수	문항	시작시간	:
평가 시간	50분	취약 영역		종료시간	:

FINAL

제 **1** 회

실전모의고사

모바일
OMR
답안분석
서비스

정답 및 해설 p.36

⏰ 응시시간 : 50분　　📝 문항 수 : 50문항

| 공통영역 |

01 다음에 나타난 의사소통능력 개발 과정에서의 피드백에 대한 설명으로 적절하지 않은 것은?

> 피드백(Feedback)이란 상대방에게 그의 행동의 결과가 어떠한지에 대하여 정보를 제공해 주는 것을 말한다. 즉, 그의 행동이 나의 행동에 어떤 영향을 미치고 있는가에 대하여 상대방에게 솔직하게 알려주는 것이다. 말하는 사람 또는 전달자는 피드백을 이용하여 메시지의 내용이 실제로 어떻게 해석되고 있는가를 조사할 수 있다.

① 대인관계에 있어서의 행동을 개선할 수 있는 기회를 제공해 줄 수 있다.
② 의사소통의 왜곡에서 오는 오해와 부정확성을 줄일 수 있다.
③ 상대방의 긍정적인 면뿐만 아니라 부정적인 면도 솔직하게 전달해야 한다.
④ 말뿐만 아니라 얼굴 표정 등으로 정확한 반응을 얻을 수 있다.
⑤ 효과적인 개선을 위해서는 긍정적인 면보다 부정적인 면을 강조하여 전달해야 한다.

02 철수는 친구들을 초대하여 생일 파티를 열 계획이다. 10,000원짜리 피자와 7,000원짜리 치킨 그리고 5,000원짜리 햄버거 여러 개를 주문하고자 하며, 주문한 피자와 치킨, 햄버거의 총개수는 10개이다. 각 음식마다 적어도 1개 이상을 주문해야 하고 피자는 치킨 개수의 2배를 주문할 때, 총금액이 가장 큰 경우와 가장 적은 경우의 차액은 얼마인가?

① 6,000원
② 8,000원
③ 12,000원
④ 24,000원
⑤ 36,000원

03 다음은 직장에서 문서를 작성할 경우 지켜야 하는 문서작성 원칙이다. 다음 중 문서작성 원칙에 대해 잘못 이해하고 있는 사람은?

〈문서작성의 원칙〉

1. 문장은 짧고, 간결하게 작성하도록 한다.
2. 상대방이 이해하기 쉽게 쓴다.
3. 중요하지 않은 경우 한자의 사용을 자제해야 한다.
4. 간결체로 작성한다.
5. 문장은 긍정문의 형식으로 써야 한다.
6. 간단한 표제를 붙인다.
7. 문서의 주요한 내용을 먼저 쓰도록 한다.

① A : 문장에서 끊을 수 있는 부분은 가능한 한 끊어서 짧은 문장으로 작성하되, 실질적인 내용을 담아 작성해야 해.

② B : 상대방이 이해하기 어려운 글은 좋은 글이 아니야. 우회적인 표현이나 현혹적인 문구는 되도록 삭제하는 것이 좋겠어.

③ C : 문장은 되도록 자세하게 작성하여 빠른 이해를 돕도록 하고, 문장마다 행을 바꿔 문서가 깔끔하게 보이도록 해야겠군.

④ D : 표제는 문서의 내용을 일목요연하게 파악할 수 있게 도와줘. 간단한 표제를 붙인다면 상대방이 내용을 쉽게 이해할 수 있을 거야.

⑤ E : 일반적인 글과 달리 직장에서 작성하는 문서에서는 결론을 먼저 쓰는 것이 좋겠군.

04 다음 중 효과적인 경청 방법에 대한 설명으로 적절하지 않은 것은?

① 말하는 사람의 모든 것에 집중해서 적극적으로 들어야 하며, 말하는 사람의 속도와 말을 이해하는 속도 사이에 발생하는 간격을 메우는 방법을 학습해야 한다.

② 대화를 하는 동안 시간 간격이 있으면, 다음에 무엇을 말할 것인가를 추측하려고 노력해야 한다.

③ 상대방이 전달하려는 메시지가 무엇인가를 생각해보고 자신의 삶, 목적, 경험과 관련지어 본다.

④ 대화 도중에 주기적으로 대화의 내용을 요약하면 상대방이 전달하려는 메시지를 이해하고, 사상과 정보를 예측하는 데 도움이 된다.

⑤ 상대방이 말하는 사이에 질문을 하면 질문에 대한 답이 즉각적으로 이루어질 수 없으므로 되도록 질문하지 않고 상대방의 이야기에 집중한다.

05 다음은 문제해결절차의 문제 인식 단계에 대한 설명이다. 다음 빈칸에 들어갈 말이 바르게 연결된 것은?

> 문제 인식 단계에서는 일련의 절차를 통해 해결해야 할 문제를 파악한다. 문제가 발생하였을 때, 가장 먼저 해야 하는 일은 ___㉠___(으)로, 주로 3C 분석이나 SWOT 분석이 사용된다. ___㉠___을 통해 현상을 파악한 후에는 ___㉡___의 단계를 거친다. ___㉡___을 위해서는 다양한 후보안을 찾는 것이 바람직하다. 마지막으로 ___㉢___은 과제안 중 효과 및 실행 가능성 측면을 평가하여 우선순위를 부여하여 가장 우선순위가 높은 안을 선정하며, 우선순위 평가 시에는 과제의 목적, 목표 등을 종합적으로 고려하여 평가한다.

	㉠	㉡	㉢
①	과제 도출	과제 선정	과제 실행
②	과제 분석	주요 과제 도출	과제 선정
③	과제 분석	과제 선정	주요 과제 도출
④	환경 분석	과제 선정	주요 과제 도출
⑤	환경 분석	주요 과제 도출	과제 선정

06 다음 중 비판적 사고에 대해 잘못 설명하고 있는 사람을 모두 고른 것은?

> A : 비판적 사고의 목적은 주장의 단점을 명확히 파악하는 것이다.
> B : 맹목적이고 무원칙적인 사고는 비판적 사고라 할 수 없다.
> C : 비판적 사고를 하기 위해서는 감정을 철저히 배제한 중립적 입장에서 주장을 파악해야 한다.
> D : 비판적 사고는 타고난 것이므로 학습을 통한 배움에는 한계가 있다.
> E : 비판적 사고는 어떤 주장에 대해 적극적으로 분석하는 것이다.

① A, C
② A, D
③ C, D
④ C, E
⑤ D, E

07 다음 글을 읽고 바르게 이해하지 못한 것은?

폐자원 에너지화, 환경을 지키는 신기술

사람들이 살아가기 위해서는 물, 토양, 나무 등 수많은 자원을 소비해야 한다. 산업이 발전하면서 소비되는 자원들의 종류와 양도 급격히 늘어났다. 그만큼 폐기물도 꾸준히 발생했고, 자원고갈과 폐기물 처리는 인간의 지속 가능한 삶을 위해 중요한 문제로 떠올랐다. 우리나라에서 하루 평균 발생하는 폐기물은 약 40만 5천 톤으로 추정된다. 건설폐기물, 사업장폐기물, 생활폐기물 등 종류도 다양하다. 과거에는 폐기물을 소각하거나 매립했지만 이로 인해 또 다른 환경오염이 추가로 발생해 사람들의 삶을 위협하는 수준까지 이르렀다.

폐자원 에너지화(Waste to Energy)는 폐기물을 이용해 다시 에너지로 만드는 친환경적인 방법이다. 고형연료 제조, 열분해, 바이오가스, 소각열 회수 등 다양한 폐기물 에너지화 기술이 대표적이다. 화석연료 등 한정된 자원의 사용빈도를 줄이고 폐기물을 최대한 재이용 또는 재활용함으로써 폐기물의 부피를 줄이는 장점이 있다. 또한, 폐기물 처리 비용이 획기적으로 줄어들어 폐자원 에너지화는 환경을 지키는 대안으로 주목받고 있다. 하지만 우리나라는 이와 관련한 대부분 핵심기술을 해외에 의지하고 있다. 전문 인력의 수도 적어 날로 발전하는 환경기술 개발과 현장 대응에 어려움을 겪는 상황이다.

① 폐기물 소각 시 또 다른 환경오염을 일으킬 수 있어서, 소각 또는 매립하는 것이 고민이었다.
② 폐기물을 다시 에너지화하여 재활용한다면 폐기물 처리 비용이 줄어들 수 있다.
③ 하루 평균 약 40만 5천 톤의 폐기물이 발생하는데, 여기에는 건설폐기물, 사업장폐기물, 생활폐기물 등이 있다.
④ 우리나라는 폐자원 에너지화에 대한 기술과 인력이 부족해 현재 시행하지 않고 있다.
⑤ 우리나라는 폐자원 에너지화에 긍정적인 생각을 하고 있으나, 해외에 의존하고 있다.

08 다음은 A회사에서 공개한 2020년 구분 손익계산서이다. 다음 중 자료에 대한 설명으로 옳은 것은?

〈2020년 구분 손익계산서〉

(단위 : 억 원)

구분	합계	손실보전대상사업					토지은행 사업	일반 사업
		공공주택 (보금자리)	산업단지 개발	주택관리 사업	행정중심 복합도시	혁신도시 개발		
매출액	180,338	68,245	7,349	13,042	6,550	2,617	2,486	80,049
매출원가	146,978	55,230	4,436	22,890	3,421	1,846	2,327	56,828
매출총이익	33,360	13,015	2,913	−9,848	3,129	771	159	23,221
판매비와 관리비	7,224	2,764	295	1,789	153	7	60	2,156
영업이익	26,136	10,251	2,618	−11,637	2,976	764	99	21,065
기타수익	9,547	296	77	96	56	133	0	8,889
기타비용	3,451	68	5	1	1	11	1	3,364
기타이익(손실)	−60	−7	0	0	0	−3	0	−50
금융수익	2,680	311	18	0	112	13	0	2,226
금융원가	6,923	−2,610	487	6,584	585	−7	57	1,827
지분법적용관계 기업이익(손실)	33	0	0	0	0	0	0	33
법인세비용 차감 전 순이익	27,962	13,393	2,221	−18,126	2,558	903	41	26,972
법인세비용	7,195	3,446	572	−4,664	658	232	11	6,940
당기순이익	20,767	9,947	1,649	−13,462	1,900	671	30	20,032

① 주택관리사업의 판매비와 관리비는 공공주택사업의 판매비와 관리비의 80% 이상이다.

② 금융원가가 높은 사업의 순위와 기타수익이 높은 사업의 순위는 동일하다.

③ 행정중심복합도시의 영업이익이 2020년 총 영업이익에서 차지하는 비율은 20% 이상이다.

④ 혁신도시개발의 매출총이익은 법인세비용 차감 전 순이익의 75% 이상이다.

⑤ 산업단지개발의 매출원가는 일반사업의 매출원가의 15% 이상이다.

09 다음 글을 읽고 폐기물 처리 최적화 전략의 효과로 옳은 것을 〈보기〉에서 모두 고르면?

폐기물 처리 최적화 전략을 위한 발걸음

폐기물 처리 최적화 전략을 위한 발걸음은 이미 시작됐다. 최적화 완료를 위해 63개의 중권역을 최적화 관리권역으로 설정했다. 권역은 기존 행정구역 경계를 넘어 처리시설 규모, 지역특성, 행정구역 통합안(행정안전부) 등을 고려해 선택했다. 2012년부터 매년 '최적화 성과평가 워크숍'을 개최하여, 폐기물 처리시설 광역화·최적화 추진사례를 전국 지자체 담당자와 공유하고 있다. 또한, 공공부문 폐기물 처리시설 631개소의 운영수준을 향상하기 위해 2015년부터 설치·운영 실태평가를 하고 있다. 평가방법은 폐기물 처리방법에 따라 6개 분야로 구분하여 분야별로 운영실적, 가동률, 운영비, 에너지사용량, 환경오염물질 배출현황 및 안전관리 등 11개 지표를 기준으로 평가한다. 평가 결과 최우수 운영시설은 환경부 장관 표창, 우수·발전·공로 시설은 B공단 이사장 표창을 수여하고 있으며 최적화 성과평가 워크숍을 통해 우수 운영비법을 전파하여 전국 처리시설의 운영수준을 향상하고 있다.

'폐기물 처리 최적화 전략'의 이행은 수립 당시보다 많은 고민과 노력, 관심과 참여가 필요한 일이다. 2개 이상의 시군이 통합하여 광역 폐기물 처리시설을 설치함으로써 2016년까지 19개 중권역에서 건설비 1,171억 원을 절감하였다. 또한, 최적화를 통해 폐기물 매립량이 감소하면 매립지 사용연한 증가로 이어지고, 이는 매립지 추가 증설을 줄임으로써 효율적 국토 이용을 가능하게 한다. 폐기물 처리시설은 소각열 활용과 에너지화를 통해 원유의 수입을 대체해 2016년 기준으로 연간 3,774억 원의 효과가 발생하였고, 연간 195만 톤가량의 온실가스 감축 효과가 있었다.

> **보기**
>
> ㉠ 매립지 사용연한 감소
> ㉡ 효율적인 국토 이용
> ㉢ 원유 수입 대체
> ㉣ 온실가스 감축 효과
> ㉤ 매립지 추가 증설

① ㉠, ㉡, ㉢　　　　　　　　　② ㉠, ㉢, ㉣

③ ㉡, ㉢, ㉣　　　　　　　　　④ ㉡, ㉢, ㉤

⑤ ㉢, ㉣, ㉤

10 12세인 철민이는 2살 위인 누나와 여동생이 있다. 아버지의 나이는 철민이, 누나, 여동생 나이 합의 2배이다. 아버지와 철민이의 나이 차이가 여동생 나이의 10배와 같다고 할 때, 여동생의 나이는 몇 세인가?

① 5세   ② 6세
③ 8세   ④ 9세
⑤ 10세

11 5%의 소금물 800g에서 물이 증발된 후 소금 30g을 더 넣었더니 14%의 소금물이 되었다. 증발된 물의 양은 몇 g인가?

① 230g   ② 250g
③ 280g   ④ 330g
⑤ 350g

12 사고 난 차를 견인하기 위해 A와 B, 두 견인업체에서 견인차를 보내려고 한다. 사고지점은 B업체보다 A업체와 40km 더 가깝고, A업체의 견인차가 시속 63km의 일정한 속력으로 달리면 40분 만에 사고지점에 도착한다. B업체에서 보낸 견인차가 A업체의 견인차보다 늦게 도착하지 않으려면 B업체의 견인차가 내야 하는 최소 속력은?

① 119km/h   ② 120km/h
③ 121km/h   ④ 122km/h
⑤ 123km/h

13 다음은 2017 ~ 2019년 상위 5개국의 음주율을 나타낸 자료이다. 〈보기〉에서 자료에 대한 내용 중 옳은 것만을 모두 고르면?

〈2019년 상위 5개국 음주율〉

(단위 : %)

순위	국가	남성	여성	전체
1	대한민국	37.5	12.8	24.7
2	리투아니아	50.8	6.3	24.4
3	헝가리	37.1	8.6	21.5
4	슬로베니아	32.8	7.2	19.8
5	핀란드	28.9	9.0	18.8

〈2018년 상위 5개국 음주율〉

(단위 : %)

순위	국가	남성	여성	전체
1	리투아니아	51.2	8.2	27.6
2	대한민국	38.6	14.2	26.4
3	헝가리	38.2	9.1	26.1
4	슬로베니아	33.4	8.4	23.6
5	스위스	32.1	7.9	20.4

〈2017년 상위 5개국 음주율〉

(단위 : %)

순위	국가	남성	여성	전체
1	리투아니아	53.1	8.2	28.5
2	대한민국	39.7	18.4	28.1
3	슬로베니아	33.2	9.4	25.4
4	헝가리	33.0	8.8	25.2
5	벨기에	32.7	9.2	23.8

보기
ㄱ. 2017 ~ 2019년 동안 음주율의 순위가 동일한 국가는 4개이다.
ㄴ. 대한민국, 리투아니아, 헝가리, 슬로베니아의 2018년과 2019년 전체 음주율은 전년 대비 낮아졌다.
ㄷ. 2017년에 음주율 1위인 국가의 남성 음주율은 2018년과 2019년에 전년 대비 낮아졌지만, 여성 음주율은 그렇지 않다.
ㄹ. 2019년 전체 음주율 감소율은 대한민국이 리투아니아보다 2017년 전체 음주율 대비 낮다.

① ㄱ, ㄴ
② ㄱ, ㄷ
③ ㄴ, ㄷ
④ ㄴ, ㄹ
⑤ ㄷ, ㄹ

※ 다음 글을 읽고 이어지는 질문에 답하시오. [14~15]

(가) 인류의 생명을 위협하는 미세먼지와의 전쟁

먼지는 인류가 지구상에 등장하기 훨씬 전부터 지구 대기를 가득 채우고 있었다. 구름 속에서 눈과 비를 만들고 따가운 햇볕을 가려주는 등 인류에게 이로운 존재였던 먼지가 문제가 된 것은 산업화, 도시화로 인해 자연의 먼지보다 훨씬 작고 위험한 미세먼지가 대기를 덮기 시작했기 때문이다.

보통 지름이 $10\mu m$(머리카락 굵기의 $1/5 \sim 1/7$)보다 작고, $2.5\mu m$(머리카락 굵기의 $1/20 \sim 1/30$)보다 큰 입자를 미세먼지라고 부른다. 주로 자동차가 많은 도로변이나 화석연료를 쓰는 산업단지 등에서 발생한다. 지름이 $2.5\mu m$ 이하의 입자는 '초미세먼지'로 분류되며, 담배 연기나 연료의 연소 시에 생성된다.

이러한 미세먼지가 우리 몸속으로 들어오면 면역력이 급격히 떨어져 감기 천식 기관지염 같은 호흡기 질환은 물론 심혈관질환, 피부질환, 안구질환 등 각종 질병에 노출될 수 있다. 세계보건기구(WHO)는 지난 2014년 한 해 동안 미세먼지로 인해 기대수명보다 일찍 사망한 사람이 700만 명에 이른다고 발표했다. 흡연으로 연간 발생하는 조기 사망자가 600만 명임을 고려하면 미세먼지의 유해성이 얼마나 심각한지 잘 알 수 있다.

(나)

2010년 전 세계 자동차 보유대수는 10억 대를 넘었고, 우리나라는 2014년 10월 말에 세계 15번째로 2,000만 대(차량 1대당 인구 2.26명)를 돌파했다. 궁극적으로 미세먼지를 없애려면 도시에서 자동차 통행을 전면 금지하면 된다. 하지만 이것은 현실적으로 불가능하기에 자동차 통행수요를 줄임으로써 미세먼지 발생을 최소화하는 정책이 필요하다. 실제로 유럽이나 미국, 일본 등 많은 나라에서 다양한 자동차 배출가스 정책을 통해 미세먼지를 줄이려고 노력하고 있다.

(다) 미세먼지 없는 깨끗한 세상을 위한 우리의 정책

우리나라 역시 자동차 배출가스 저감을 통해 미세먼지를 줄이려는 세계적인 추세에 보조를 맞추고 있다. 우선, 자동차 배출가스 배출허용기준을 강화하고, 경유차에 배출가스 저감장치를 부착하도록 함으로써 저공해화를 유도한다. 이 밖에도 연료 품질기준 강화, 자동차배출가스검사 강화, 자동차 배출가스 단속 강화 등 다양한 정책을 추진 중이다. 따라서 대도시 미세먼지 기여도 1위의 불명예를 안고 있는 노후 경유차 77%를 퇴출하는 한편, 어린이집, 유치원 밀집지역을 '미세먼지 프리존(Free Zone)'으로 선정해 노후 경유차 출입 제한 등의 규제 조치를 취한다.

최대 미세먼지 배출국인 중국과 공조도 활발히 전개하기로 했다. 기존의 연구협력 수준을 넘어 환경기술사업 분야의 협력을 강화한다. 아울러 한중 정상회의에서 미세먼지 문제를 의제화해 공동선언 발표를 추진한다는 계획이다. 이처럼 미세먼지는 국가 간 협력해야 하는 전 세계적 문제라고 할 수 있다.

14 다음 중 (나)의 제목으로 옳지 않은 것은?

① 자동차의 공급, 대기오염의 원인
② 대기오염의 주범, 자동차 배출가스
③ 미세먼지, 자동차 배출가스 정책으로 줄여
④ 자동차 통행수요, 미세먼지에 영향
⑤ 친환경 자동차 공급, 미세먼지 감소

15 다음 중 바르게 이해하지 못한 사람은?

① 김 사원 : 미세먼지라고 위험성을 간과하면 안 되겠구나. 미세먼지 때문에 면역력이 감소하게 되면 각종 질병에 노출되니까 말이야.
② 이 사원 : 담배 연기로 생성되는 지름이 $3\mu m$ 이하의 입자는 모두 '초미세먼지'라고 분류하는구나.
③ 홍 대리 : 프랑스 파리에서는 미세먼지가 심각한 날에는 무조건 차량 2부제를 실시한다고 하는데, 이는 (나)의 사례로 적절하네.
④ 손 대리 : 미국에서 자동차 배출가스 정화 장치를 부착하는 것은 미세먼지와 대기오염을 줄이기 위해 노력하는 방안 중 하나이구나.
⑤ 박 과장 : 우리나라의 노력도 중요하지만, 다른 나라와의 협력을 통해 대기오염을 개선하도록 노력하는 것도 매우 중요하구나.

※ 다음은 K공사가 작성한 중대성 평가 매트릭스와 주요 이슈 보고서이다. 이어지는 질문에 답하시오. [16~17]

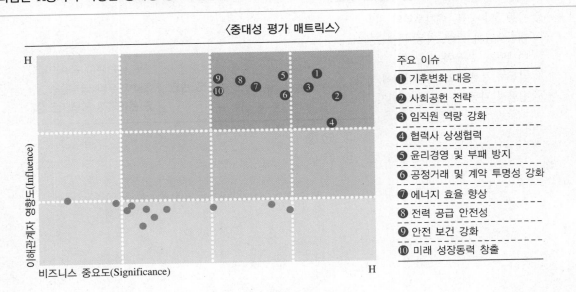

〈중대성 평가 매트릭스〉

주요 이슈
❶ 기후변화 대응
❷ 사회공헌 전략
❸ 임직원 역량 강화
❹ 협력사 상생협력
❺ 윤리경영 및 부패 방지
❻ 공정거래 및 계약 투명성 강화
❼ 에너지 효율 향상
❽ 전력 공급 안전성
❾ 안전 보건 강화
❿ 미래 성장동력 창출

세로축: 이해관계자 영향도(Influence)
가로축: 비즈니스 중요도(Significance)

〈주요 이슈 보고서〉

순번	Aspects	주요 이슈	내부	고객	주주, 투자자	지역 사회	정부, 유관기관	파트너	캐치프레이즈
1	대기배출	기후변화 대응	●	●			●		환경을 지켜갑니다
2	지역사회	사회공헌 전략	●			●			모두와 함께합니다
3	훈련 및 교육	임직원 역량 강화	●						사람을 생각합니다
4	구매관행	협력사 상생협력	●					●	모두와 함께합니다
5	반(反)부패	윤리경영 및 부패 방지	●	●	●			●	윤리경영
6	시장경쟁 저해행위	공정거래 및 계약 투명성 강화	●					●	모두와 함께합니다
7	에너지	에너지 효율 향상	●				●		환경을 지켜갑니다
8	효용 및 신뢰	전력 공급 안정성	●	●			●		(가)
9	보건 및 안전	안전 보건 강화	●			●		●	(나)
10	추가 이슈	미래 성장동력 창출	●		●		●		(다)

보고 경계 / 외부

16 K공사는 지속가능한 경영을 위한 내·외부 이해관계자로부터 제기되는 다양한 기대 및 관심사항을 조사하였다. 이를 바탕으로 주요 이슈들을 도출하기 위해 중대성 평가 매트릭스를 다음과 같이 작성하였다. 해석으로 틀린 것은?

① 선정된 10개의 이슈 중 협력사 상생협력의 이해관계자 영향도 순위가 가장 낮다.

② 에너지 효율 향상 이슈보다 이해관계자 영향도나 비즈니스 중요도가 높은 것은 모두 9개다.

③ 사회공헌 전략이 비즈니스 중요도 측면에서 가장 높지만, 이해관계자 영향도 측면에서는 전체 이슈 중 두 번째로 낮다.

④ 기후변화 대응은 이해관계자 영향도 측면에서 가장 높지만, 비즈니스 중요도 측면에서는 사회공헌 전략보다 낮다.

⑤ 안전 보건 강화와 미래 성장동력 창출은 이해관계자 영향도의 결과가 순위 결정에 영향을 미쳤을 것이다.

PART 2 실전모의고사

17 다음 중 (가) ~ (다)의 빈칸에 들어갈 내용으로 바른 것은?

	(가)	(나)	(다)
①	환경을 지켜갑니다	사람을 생각합니다	미래로 나아갑니다
②	기술을 더해갑니다	모두와 함께합니다	환경을 지켜갑니다
③	기술을 더해갑니다	안전을 생각합니다	모두와 함께합니다
④	약속을 지켜갑니다	안전을 생각합니다	모두와 함께합니다
⑤	약속을 지켜갑니다	안전을 생각합니다	미래로 나아갑니다

18 문제해결절차의 문제 도출 단계는 (가)와 (나)의 절차를 거쳐 수행된다. 다음 중 (가)에 대한 설명으로 적절하지 않은 것은?

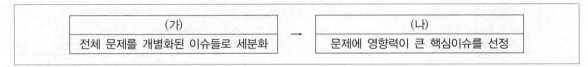

(가)		(나)
전체 문제를 개별화된 이슈들로 세분화	→	문제에 영향력이 큰 핵심이슈를 선정

① 문제의 내용 및 영향 등을 파악하여 문제의 구조를 도출한다.

② 본래 문제가 발생한 배경이나 문제를 일으키는 메커니즘을 분명히 해야 한다.

③ 현상에 얽매이지 말고 문제의 본질과 실제를 봐야 한다.

④ 눈앞의 결과를 중심으로 문제를 바라봐야 한다.

⑤ 문제 구조 파악을 위해서 Logic Tree 방법이 주로 사용된다.

19 다음 제시된 단락을 읽고, 이어질 단락을 논리적 순서대로 알맞게 나열한 것은?

초콜릿은 많은 사람이 좋아하는 간식이다. 어릴 때 초콜릿을 많이 먹으면 이가 썩는다는 부모님의 잔소리를 안 들어 본 사람은 별로 없을 것이다. 그렇다면 이러한 초콜릿은 어떻게 등장하게 된 것일까?

(A) 한국 또한 초콜릿의 열풍을 피할 수는 없었는데, 한국에 초콜릿이 전파된 것은 개화기 이후 서양 공사들에 의해서였다고 전해진다. 일제강점기 이후 한국의 여러 제과회사는 다양한 변용을 통해 다채로운 초콜릿 먹거리를 선보이고 있다.

(B) 초콜릿의 원료인 카카오 콩의 원산지는 남미로 전해진다. 대항해시대 이전, 즉 유럽인들이 남미에 진입하기 이전에는 카카오 콩은 예식의 예물로 선물하기도 하고 의약품의 대용으로 사용하는 등 진귀한 대접을 받는 물품이었다.

(C) 유럽인들이 남미로 진입한 이후, 여타 남미산 작물이 그러하였던 것처럼 카카오 콩도 유럽으로 전파되어 선풍적인 인기를 끌게 된다. 다만 남미에서 카카오 콩에 첨가물을 넣지 않았던 것과는 달리 유럽에서는 설탕을 넣어 먹었다고 한다.

(D) 카카오 콩에 설탕을 넣어 먹은 것이 바로 우리가 간식으로 애용하는 초콜릿의 원형이라고 생각된다. 설탕과 카카오 콩의 결합물로서의 초콜릿은 알다시피 이후 세계를 풍미하는 간식의 대표주자가 된다.

① (B) – (C) – (D) – (A)
② (B) – (D) – (C) – (A)
③ (B) – (D) – (A) – (C)
④ (C) – (B) – (D) – (A)
⑤ (C) – (B) – (A) – (D)

20 다음은 주요 항만별 선박 입항 현황에 대한 자료이다. 이에 대한 설명으로 옳지 않은 것은?

〈주요 항만별 선박 입항 현황〉

(단위 : 대)

구분	2015년	2016년	2017년	2018년 3/4분기			2019년 3/4분기		
				소계	외항	내항	소계	외항	내항
전체	139,080	151,109	163,451	119,423	43,928	75,495	126,521	45,395	81,126
부산항	32,803	34,654	37,571	27,681	16,248	11,433	28,730	17,127	11,603
울산항	20,828	22,742	24,241	17,977	7,233	10,744	17,676	7,434	10,242
인천항	19,383	20,337	22,475	16,436	5,044	11,392	17,751	4,854	12,897
광양항	15,759	17,810	19,476	14,165	5,581	8,584	14,372	5,548	8,824
목포항	6,116	7,358	7,418	6,261	273	5,988	8,496	274	8,222
포항항	6,508	6,935	7,077	5,242	1,950	3,292	5,950	1,906	4,044

① 2015년부터 2017년까지 부산항은 가장 많은 입항 횟수를 지속적으로 유지하고 있다.

② 2019년 3/4분기에 전년 동분기 대비 가장 높은 증가율을 보이고 있는 항구는 목포항이다.

③ 2018년 3/4분기와 2019년 3/4분기의 내항의 입항 선박 차이가 가장 큰 항구는 인천항이다.

④ 2019년 입항 선박 규모가 전년 동분기 대비 감소한 항구는 1곳이다.

⑤ 2015년과 비교했을 때, 2017년 입항 선박 수가 가장 많이 늘어난 항은 부산항이다.

21 다음은 어느 해 개최된 올림픽에 참가한 6개국의 성적이다. 이에 대한 내용으로 옳지 않은 것은?

〈국가별 올림픽 성적〉

(단위 : 명, 개)

국가	참가선수	금메달	은메달	동메달	메달 합계
A	240	4	28	57	89
B	261	2	35	68	105
C	323	0	41	108	149
D	274	1	37	74	112
E	248	3	32	64	99
F	229	5	19	60	84

① 획득한 금메달 수가 많은 국가일수록 은메달 수는 적었다.
② 금메달을 획득하지 못한 국가가 가장 많은 메달을 획득했다.
③ 참가선수의 수가 많은 국가일수록 획득한 동메달 수도 많았다.
④ 획득한 메달의 합계가 큰 국가일수록 참가선수의 수도 많았다.
⑤ 참가선수가 가장 적은 국가의 메달 합계는 전체 6위이다.

22 다음은 K기업의 재화 생산량에 따른 총 생산비용의 변화를 나타낸 자료이다. 기업의 생산 활동과 관련하여 옳은 설명을 〈보기〉에서 모두 고른 것은?(단, 재화 1개당 가격은 7만 원이다)

생산량(개)	0	1	2	3	4	5
총 생산비용(만 원)	5	9	12	17	24	33

보기

ㄱ. 2개와 5개를 생산할 때의 이윤은 동일하다.
ㄴ. 이윤을 극대화하면서 가능한 최대 생산량은 4개이다.
ㄷ. 4개에서 5개로 생산량을 증가시킬 때 이윤은 증가한다.
ㄹ. 1개를 생산하는 것보다 생산을 하지 않는 것이 손해가 적다.

① ㄱ, ㄴ 　　　　　　　　② ㄱ, ㄷ
③ ㄴ, ㄷ 　　　　　　　　④ ㄴ, ㄹ
⑤ ㄷ, ㄹ

23 음료수를 생산하는 A회사의 SWOT 분석을 실시하기 위해 다음과 같이 조직 환경을 분석하였다. 다음 중 SWOT 분석의 정의에 따라 분석결과를 올바르게 분류한 것은?

ⓐ 생수시장 및 기능성 음료 시장의 급속한 성장
ⓑ 확고한 유통망(유통채널상의 지배력이 크다)
ⓒ 새로운 시장모색의 부족
ⓓ 경기 회복으로 인한 수요의 회복 추세
ⓔ 무역자유화(유통시장 개방, 다국적 기업의 국내진출)
ⓕ 종합식품업체의 음료시장 잠식
ⓖ 짧은 제품주기(마케팅비용의 증가)
ⓗ 지구온난화 현상(음료 소비 증가)
ⓘ 과다한 고정 / 재고비율로 인한 유동성 하락
ⓙ 계절에 따른 불규칙한 수요
ⓚ 대형할인점의 등장으로 인한 가격인하 압박 증가
ⓛ 매출액 대비 경상이익률의 계속적인 증가
ⓜ 국내 브랜드로서의 확고한 이미지
ⓝ 합병으로 인해 기업 유연성의 하락
ⓞ 주력 소수 제품에 대한 매출의존도 심각(탄산, 주스 음료가 많은 비중 차지)
ⓟ 경쟁업체에 비해 취약한 마케팅능력과 홍보력

---

① 강점(S) : ⓑ, ⓓ, ⓗ
　약점(W) : ⓒ, ⓔ, ⓘ, ⓝ, ⓟ
　기회(O) : ⓐ, ⓛ, ⓜ
　위협(T) : ⓕ, ⓖ, ⓙ, ⓞ, ⓚ

② 강점(S) : ⓑ, ⓛ, ⓜ
　약점(W) : ⓒ, ⓘ, ⓝ, ⓞ, ⓟ
　기회(O) : ⓐ, ⓓ, ⓗ
　위협(T) : ⓔ, ⓕ, ⓖ, ⓙ, ⓚ

③ 강점(S) : ⓐ, ⓛ, ⓜ
　약점(W) : ⓒ, ⓔ, ⓘ, ⓝ
　기회(O) : ⓑ, ⓓ, ⓗ
　위협(T) : ⓕ, ⓖ, ⓙ, ⓞ, ⓟ, ⓚ

④ 강점(S) : ⓑ, ⓛ, ⓜ
　약점(W) : ⓔ, ⓕ, ⓖ, ⓙ, ⓝ
　기회(O) : ⓐ, ⓓ, ⓗ
　위협(T) : ⓒ, ⓘ, ⓞ, ⓟ, ⓚ

⑤ 강점(S) : ⓑ, ⓓ, ⓗ
　약점(W) : ⓒ, ⓘ, ⓝ, ⓞ, ⓟ
　기회(O) : ⓐ, ⓛ, ⓜ
　위협(T) : ⓔ, ⓕ, ⓖ, ⓙ, ⓚ

24 올해 리모델링하는 H호텔에서 근무하는 귀하는 호텔 비품 구매를 담당하게 되었다. 제조사별 소파 특징을 알아본 귀하는 이탈리아제의 천, 쿠션재에 패더를 사용한 소파를 구매하기로 하였다. 천은 이탈리아제와 국내산뿐이고, 쿠션재는 패더와 우레탄뿐이며 이 소파는 침대 겸용은 아니지만 리클라이닝이 가능하고 '조립'이라고 표시되어 있었으며, 커버는 교환할 수 없다. 귀하가 구매하려는 소파의 제조사는?

<표>
〈제조사별 소파 특징〉

제조사	특징
A사	• 쿠션재에 스프링을 사용하지 않는 경우에는 이탈리아제의 천을 사용하지 않는다. • 국내산 천을 사용하는 경우에는 커버를 교환 가능하게 하지 않는다.
B사	• 쿠션재에 우레탄을 사용하는 경우에는 국내산 천을 사용한다. • 리클라이닝이 가능하지 않으면 이탈리아제 천을 사용하지 않는다.
C사	• 쿠션재에 패더를 사용하지 않는 경우에는 국내산 천을 사용한다. • 침대 겸용 소파의 경우에는 쿠션재에 패더를 사용하지 않는다.
D사	• 쿠션재에 패더를 사용하는 경우에는 이탈리아제의 천을 사용한다. • 조립이라고 표시된 소파의 경우에는 쿠션재에 우레탄을 사용한다.

① A사 또는 B사
② A사 또는 C사
③ B사 또는 C사
④ B사 또는 D사
⑤ C사 또는 D사

25 다음은 전력사용에 대한 절약현황에 관한 설문조사 자료이다. 이에 대한 설명으로 옳은 것은?(단, 인원과 비율은 소수점 이하 둘째 자리에서 반올림한다)

〈전력사용에 대한 절약현황〉

(단위 : %)

구분	2018년				2019년			
	노력 안함	조금 노력함	노력함	매우 노력함	노력 안함	조금 노력함	노력함	매우 노력함
남성	2.5	38.0	43.7	15.8	3.5	32.4	42.1	22.0
여성	3.4	34.7	45.1	16.8	3.9	35.0	41.2	19.9
10대	12.4	48.1	22.5	17.0	13.1	43.2	25.8	17.9
20대	10.4	39.5	27.6	22.5	10.2	38.2	28.4	23.2
30대	11.5	26.4	38.3	23.8	10.7	21.9	42.7	24.7
40대	10.5	25.7	42.1	21.7	9.4	23.9	44.0	22.7
50대	9.3	28.4	40.5	21.8	9.5	30.5	39.2	20.8
60대 이상	10.0	31.3	32.4	26.3	10.4	30.7	33.2	25.7

① 남성과 여성 모두 2019년에 노력함을 선택한 인원은 전년 대비 증가했다.
② 2018 ~ 2019년 모든 연령대에서 노력 안함의 비율은 50대가 가장 낮다.
③ 여성 조사인구가 매년 500명일 때, 매우 노력함을 택한 인원은 2019년에 전년 대비 15명 이상 늘어났다.
④ 2019년의 60대 이상 조금 노력함의 비율은 전년 대비 2% 이상 증가했다.
⑤ 각 연령대별 매우 노력함을 선택한 비율은 2019년에 2018년 대비 모두 증가하였다.

26 다음 A ~ C의 주장에 대한 평가로 적절한 것만을 〈보기〉에서 모두 고르면?

A : 정당에 대한 충성도와 공헌도를 공직자 임용 기준으로 삼아야 한다. 이는 전쟁에서 전리품은 승자에게 속한다는 국제법의 규정에 비유할 수 있다. 즉, 주기적으로 실시되는 대통령 선거에서 승리한 정당이 공직자 임용의 권한을 가져야 한다. 이러한 임용 방식은 공무원에 대한 정치 지도자의 지배력을 강화해 지도자가 구상한 정책 실현을 쉽게 할 수 있다.

B : 공직자 임용 기준은 개인의 능력·자격·적성에 두어야 하며 공개경쟁 시험을 통해서 공무원을 선발하는 것이 좋다. 그러면 신규 채용 과정에서 공개와 경쟁의 원칙을 준수하기 때문에 정실 개입의 여지가 줄어든다. 공개 경쟁 시험은 무엇보다 공직자 임용에서 기회균등을 보장하여 인재를 임용함으로써 행정의 능률을 높일 수 있고 공무원의 정치적 중립을 통하여 행정의 공정성이 확보될 수 있다는 장점이 있다. 또한, 공무원의 신분보장으로 행정의 연속성과 직업적 안정성도 강화될 수 있다.

C : 사회를 구성하는 모든 지역 및 계층으로부터 인구 비례에 따라 공무원을 선발하고, 그들을 정부 조직 내의 각 직급에 비례적으로 배치함으로써 정부 조직이 사회의 모든 지역과 계층에 가능한 한 공평하게 대응하도록 구성하여야 한다. 공무원들은 가치중립적인 존재가 아니다. 그들은 자신의 출신 집단의 영향을 받은 가치관과 신념을 가지고 정책 결정과 집행에 깊숙이 개입하고 있으며, 이 과정에서 자신의 견해나 가치를 반영하고자 노력한다.

보기

ㄱ. 공직자 임용의 정치적 중립성을 보장할 필요성이 대두된다면, A의 주장은 설득력을 얻는다.

ㄴ. 공직자 임용과정의 공정성을 높일 필요성이 두드러진다면, B의 주장은 설득력을 얻는다.

ㄷ. 인구의 절반을 차지하는 비수도권 출신 공무원의 비율이 1/4에 그쳐 지역 편향성을 완화할 필요성이 제기된다면, C의 주장은 설득력을 얻는다.

① ㄱ   ② ㄴ

③ ㄷ   ④ ㄱ, ㄷ

⑤ ㄴ, ㄷ

27 다음 〈보기〉의 문장이 들어갈 위치로 가장 적절한 것은?

탄수화물은 사람을 비롯한 동물이 생존하는 데 필수적인 에너지원이다. (가) 탄수화물은 섬유소와 비섬유소로 구분된다. 사람은 체내에서 합성한 효소를 이용하여 곡류의 녹말과 같은 비섬유소를 포도당으로 분해하고 이를 소장에서 흡수하여 에너지원으로 이용한다. (나) 소, 양, 사슴과 같은 반추 동물도 섬유소를 분해하는 효소를 합성하지 못하는 것은 마찬가지이지만, 비섬유소와 섬유소를 모두 에너지원으로 이용하며 살아간다. (다) 위(胃)가 넷으로 나누어진 반추 동물의 첫째 위인 반추위에는 여러 종류의 미생물이 서식하고 있다. 반추 동물의 반추위에는 산소가 없는데, 이 환경에서 왕성하게 생장하는 반추위 미생물들은 다양한 생리적 특성이 있다. (라) 식물체에서 셀룰로스는 그것을 둘러싼 다른 물질과 복잡하게 얽혀 있는데, F가 가진 효소 복합체는 이 구조를 끊어 셀룰로스를 노출한 후 이를 포도당으로 분해한다. F는 이 포도당을 자신의 세포 내에서 대사 과정을 거쳐 에너지원으로 이용하여 생존을 유지하고 개체 수를 늘림으로써 생장한다. (마) 이런 대사 과정에서 아세트산, 숙신산 등이 대사산물로 발생하고 이를 자신의 세포 외부로 배출한다. 반추위에서 미생물들이 생성한 아세트산은 반추 동물의 세포로 직접 흡수되어 생존에 필요한 에너지를 생성하는 데 주로 이용되고 체지방을 합성하는 데에도 쓰인다. (바)

> **보기**
>
> ㉠ 반면, 사람은 풀이나 채소의 주성분인 셀룰로스와 같은 섬유소를 포도당으로 분해하는 효소를 합성하지 못하므로 섬유소를 소장에서 이용하지 못한다.
> ㉡ 그중 피브로박터 숙시노젠(F)은 섬유소를 분해하는 대표적인 미생물이다.

	㉠	㉡
①	(가)	(라)
③	(나)	(라)
⑤	(다)	(바)

	㉠	㉡
②	(가)	(마)
④	(나)	(마)

28 연경, 효진, 다솜, 지민, 지현 5명 중에 1명이 선생님의 책상에 있는 화병에 꽃을 꽂아 두었다. 이 가운데 두 명의 이야기는 모두 거짓인 반면, 세 명의 이야기는 모두 참이라고 할 때 선생님 책상에 꽃을 꽂아둔 사람은?

• 연경 : 화병에 꽃을 꽂아두는 것을 나와 지현이만 보았다. 효진이의 말은 모두 맞다.
• 효진 : 화병에 꽃을 꽂아둔 사람은 지민이다. 지민이가 그러는 것을 지현이가 보았다.
• 다솜 : 지민이는 꽃을 꽂아두지 않았다. 지현이의 말은 모두 맞다.
• 지민 : 화병에 꽃을 꽂아두는 것을 세 명이 보았다. 효진이는 꽃을 꽂아두지 않았다.
• 지현 : 나와 연경이는 꽃을 꽂아두지 않았다. 나는 누가 꽃을 꽂는지 보지 못했다.

① 연경
② 효진
③ 다솜
④ 지민
⑤ 지현

29 아래의 〈조건〉을 바탕으로 팀을 구성할 때 옳은 것은?

조건

- 분야별 인원 구성
  - A분야 : a(남자), b(남자), c(여자)
  - B분야 : 가(남자), 나(여자)
  - C분야 : 갑(남자), 을(여자), 병(여자)
- 4명씩 나누어 총 2팀(1팀, 2팀)으로 구성한다.
- 같은 분야의 같은 성별인 사람은 같은 팀에 들어갈 수 없다.
- 각 팀에는 분야별로 적어도 한 명 이상이 들어가야 한다.
- 한 분야의 모든 사람이 한 팀에 들어갈 수 없다.

---

① 갑과 을이 한 팀이 된다면 가와 나도 한 팀이 될 수 있다.
② 4명으로 나뉜 두 팀에는 남녀가 각각 2명씩 들어간다.
③ a가 1팀으로 간다면 c는 2팀으로 가야 한다.
④ 가와 나는 한 팀이 될 수 없다.
⑤ c와 갑은 한 팀이 될 수 있다.

30 문제 해결을 위해서는 전체를 각각의 요소로 나누어 분석하는 분석적 사고가 필요하다. 지향하는 문제 유형에 따라 분석적 사고가 다르게 요구된다고 할 때, 다음 중 빈칸에 들어갈 말이 바르게 연결된 것은?

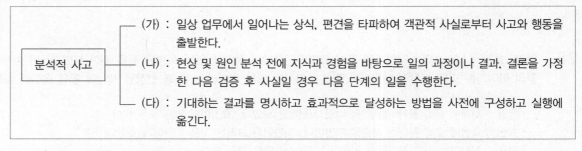

	(가)	(나)	(다)
①	사실 지향의 문제	가설 지향의 문제	성과 지향의 문제
②	사실 지향의 문제	성과 지향의 문제	가설 지향의 문제
③	성과 지향의 문제	가설 지향의 문제	사실 지향의 문제
④	성과 지향의 문제	사실 지향의 문제	가설 지향의 문제
⑤	가설 지향의 문제	사실 지향의 문제	성과 지향의 문제

31 다음 중 A씨가 시간관리를 통해 일상에서 얻을 수 있는 일차적인 효과로 가장 적절하지 않은 것은?

> A씨는 일과 생활의 균형을 유지하기 위해 항상 노력한다. 매일 아침 가족들과 함께 아침 식사를 하며 대화를 나눈 후 출근 준비를 한다. 출근길 지하철에서는 컴퓨터 자격증 공부를 틈틈이 하고 있다. 업무를 진행하는 데 있어서 컴퓨터 사용 능력이 부족하다는 것을 스스로 느꼈기 때문이다. 회사에 출근 시간보다 여유롭게 도착하면 먼저 오늘의 업무 일지를 작성하여 무슨 일을 해야 하는지 파악한다. 근무 시간에는 일정표를 바탕으로 정해진 순서대로 일을 진행한다. 퇴근 후에는 가족과 영화를 보거나 저녁 식사를 하며 시간을 보낸다. A씨는 철저한 시간관리를 통해 후회 없는 생활을 하고 있다.

① 스트레스 감소　　　　　　　　　② 균형적인 삶
③ 사회적 인정　　　　　　　　　　④ 목표 성취
⑤ 생산성 향상

32 다음 중 예산 집행 관리에 대한 설명으로 가장 적절한 것은?

① 예산을 관리하기 위해서는 예산 사용을 얼마만큼 했는지를 알아볼 수 있도록 수시로 정리해야 한다.

② 예산에 대한 계획을 제대로 세워놓았다면, 실제 예산 집행 과정에서 관리가 필요하지 않다.

③ 예산 집행 과정에서의 관리 및 통제는 사업과 같은 큰 단위에서만 필요하므로 직장인의 월급이나 용돈 등에는 필요하지 않다.

④ 예산 사용 내역에서 계획된 지출보다 계획되지 않은 지출이 더 많은 경우 비교적 예산 집행에 대한 관리를 잘하고 있다고 할 수 있다.

⑤ 프로젝트나 과제의 경우 가계부를 작성함으로써 효과적으로 예산 집행 과정을 관리할 수 있다.

33 다음은 팀원들을 적절한 위치에 효과적으로 배치하기 위한 3가지 원칙에 대한 글이다. 다음 중 ㉠ ~ ㉣에 들어갈 말이 바르게 연결된 것은?

> ___㉠___는 개인에게 능력을 발휘할 수 있는 기회와 장소를 부여하고, 그 성과를 바르게 평가한 뒤 평가된 실적에 대해 그에 상응하는 부상을 주는 원칙을 말한다. 이때, 미래에 개발 가능한 능력까지도 함께 고려해야 한다. 반면, ___㉡___는 팀의 효율성을 높이기 위해 팀원의 능력이나 성격 등과 가장 적합한 위치에 배치하여 팀원 개개인의 능력을 최대로 발휘해 줄 것을 기대하는 것이다. 즉, 작업이나 직무가 요구하는 요건과 개인이 보유하고 있는 조건이 서로 균형 있고 적합하게 대응되어야 한다. 결국 ___㉢___는 ___㉣___의 하위개념이라고 할 수 있다.

	㉠	㉡	㉢	㉣
①	적재적소주의	능력주의	능력주의	적재적소주의
②	능력주의	적재적소주의	능력주의	적재적소주의
③	능력주의	적재적소주의	적재적소주의	능력주의
④	적재적소주의	능력주의	적재적소주의	능력주의
⑤	능력주의	균형주의	균형주의	능력주의

34 D회사에서 제품 1개를 생산할 때 필요로 하는 부품의 개수와 각 부품 생산에 소요되는 시간이 다음과 같다. 모든 부품이 동시에 생산을 시작한다고 할 때, 제품 500개 생산을 위한 부품을 마련하기 위해서는 며칠이 걸리겠는가? (단, 하루 8시간씩 매일 각 부품생산이 이루어진다)

〈제품 1개당 부품 필요 개수와 부품 1개당 생산 소요시간〉

구분	필요 개수	부품 1개당 생산 소요시간
A부품	2개	1시간
B부품	1개	3시간
C부품	2개	2시간

① 125일
② 180일
③ 200일
④ 250일
⑤ 300일

※ G공사는 직원들의 명함을 아래의 명함 제작 기준에 따라 제작한다. 다음을 읽고 이어지는 질문에 답하시오. **[35~36]**

〈명함 제작 기준〉

(단위 : 원)

구분	100장	추가 50장
국문	10,000	3,000
영문	15,000	5,000

※ 고급종이로 제작할 경우 정가의 10% 가격 추가

35 올해 신입사원이 입사해서 국문명함을 만들었다. 명함은 1인당 150장씩 지급하며, 일반 종이로 만들어 총 제작비
용은 195,000원이다. 신입사원은 총 몇 명인가?

① 12명
② 13명
③ 14명
④ 15명
⑤ 16명

36 이번 신입사원 중 해외영업 부서로 배치받은 사원이 있다. 해외영업부 사원들에게는 고급종이로 영문명함을 200
장씩 만들어 주려고 한다. 총 인원이 8명일 때 총 가격은 얼마인가?

① 192,500원
② 210,000원
③ 220,000원
④ 247,500원
⑤ 265,000원

※ 특허출원 수수료는 다음과 같은 계산식에 의하여 결정되고, 아래 표는 계산식에 의하여 산출된 세 가지 사례를 나타낸 것이다. 이어지는 질문에 답하시오. [37~39]

〈계산식〉

- (특허출원 수수료)=(출원료)+(심사청구료)
- (출원료)=(기본료)+[(면당 추가료)×(전체 면수)]
- (심사청구료)=(청구항당 심사청구료)×(청구항수)

※ 특허출원 수수료는 개인은 70%가 감면되고, 중소기업은 50%가 감면되지만, 대기업은 감면되지 않음

〈특허출원 수수료 사례〉

구분	사례 A	사례 B	사례 C
	대기업	중소기업	개인
전체 면수(장)	20	20	40
청구항수(개)	2	3	2
감면 후 수수료(원)	70,000	45,000	27,000

37 청구항당 심사청구료는?

① 15,000원
② 20,000원
③ 25,000원
④ 30,000원
⑤ 35,000원

38 면당 추가료는?

① 1,000원
② 1,500원
③ 2,000원
④ 2,500원
⑤ 3,000원

39 출원 시 기본료는?

① 10,000원
② 12,000원
③ 15,000원
④ 18,000원
⑤ 20,000원

40 다음 자료는 부산환경공단 인사팀의 하계휴가 스케줄이다. A사원은 휴가를 신청하기 위해 하계휴가 스케줄을 확인하였다. 인사팀 팀장인 P부장은 25 ~ 28일은 하계워크숍 기간이므로 휴가 신청이 불가능하며, 하루에 6명 이상은 사무실에 반드시 있어야 한다고 팀원들에게 공지했다. A사원이 휴가를 쓸 수 있는 기간으로 올바른 것은?

구분	8월 휴가																			
	3	4	5	6	7	10	11	12	13	14	17	18	19	20	21	24	25	26	27	28
	월	화	수	목	금	월	화	수	목	금	월	화	수	목	금	월	화	수	목	금
P부장	■	■	■																	
K차장								■	■											
J과장	■	■	■	■	■															
H대리										■	■	■	■							
A주임														■	■	■				
B주임										■	■									
A사원																				
B사원						■	■	■												

※ A사원은 4일 이상 휴가를 사용해야 한다(토, 일 제외).

① 8월 7일 ~ 8월 11일

② 8월 19일 ~ 8월 24일

③ 8월 13일 ~ 8월 18일

④ 8월 11일 ~ 8월 16일

⑤ 8월 6일 ~ 8월 11일

41 다음은 조직의 문화를 기준을 통해 4가지 문화로 구분한 것이다. (가) ~ (라)에 대한 설명으로 옳지 않은 것은?

	유연성, 자율성 강조 (Flexibility & Discretion)		
내부지향성, 통합 강조 (Internal Focus & Integration)	(가)	(나)	외부지향성, 차별 강조 (External Focus & Differentiation)
	(다)	(라)	
	안정, 통제 강조 (Stability & Control)		

① (가)는 조직구성원 간 인화단결, 협동, 팀워크, 공유가치, 사기, 의사결정과정에 참여 등을 중요시한다.

② (나)는 규칙과 법을 준수하고, 관행과 안정, 문서와 형식, 명확한 책임소재 등을 강조하는 관리적 문화의 특징을 가진다.

③ (다)는 조직내부의 통합과 안정성을 확보하고, 현상유지 차원에서 계층화되는 조직문화이다.

④ (라)는 실적을 중시하고, 직무에 몰입하며, 미래를 위한 계획을 수립하는 것을 강조한다.

⑤ (가)는 개인의 능력개발에 대한 관심이 높고, 조직구성원에 대한 인간적 배려와 가족적인 분위기를 만들어내는 특징을 가진다.

42 다음은 경영참가제도의 유형을 나타낸 것이다. 밑줄 친 ㉠~㉢을 설명한 내용으로 옳지 않은 것은?

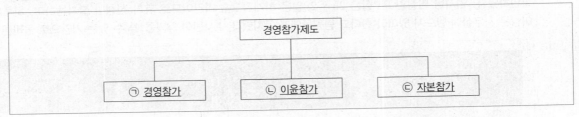

① ㉠의 경우 초기단계에서는 경영자가 경영 관련 정보를 근로자에게 제공한다.
② ㉡은 구성원의 몰입과 관심을 높일 수 있는 방법이다.
③ ㉡은 생산의 판매 가치나 부가가치의 증대를 기준으로 성과배분을 하기도 한다.
④ ㉢은 근로자들이 퇴직 후에 생활자금을 확보할 수 있는 방법이 될 수 있다.
⑤ ㉢의 사례로는 공동의사결정제도와 노사협의회제도를 볼 수 있다.

43 다음을 읽고 외부경영활동으로 볼 수 있는 것은?

> 경영활동은 외부경영활동과 내부경영활동으로 구분하여 볼 수 있다. 외부경영활동은 조직외부에서 조직의 효과성을 높이기 위해 이루어지는 활동이다. 다음으로 내부경영활동은 조직내부에서 자원들을 관리하는 것이다.

① 마케팅 활동 ② 직원 부서 배치
③ 직원 채용 ④ 직원 교육훈련
⑤ 사내행사 진행

44 다음은 민츠버그(Mintzberg)가 구분한 경영자의 역할을 나타낸 표이다. 밑줄 친 (A), (B), (C)에 대한 설명 중 옳은 것은?

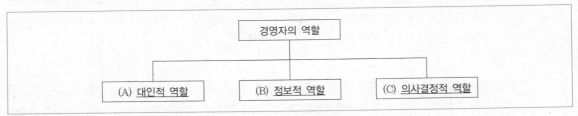

① (A)는 외부 환경의 변화를 모니터링 하는 것이다.
② (B)는 조직을 이끄는 리더로서의 역할을 의미한다.
③ (C)는 분쟁조정자, 자원배분자로서의 역할을 의미한다.
④ (B)는 조직 내의 문제를 해결하는 것이다.
⑤ (C)는 대외적으로 조직을 대표하는 것이다.

45 다음을 읽고 (A)에 들어갈 용어에 대한 설명으로 옳지 않은 것은?

> (A)은/는 조직이 변화하는 환경에 적응하기 위하여 경영활동을 체계화하는 것으로, 전략은 목표가 아니라 목표달성을 위한 수단이 된다. (A)은/는 조직의 경영자가 수립하게 되지만, 모든 직업인은 자신이 속한 조직의 (A)을/를 이해해야 조직목표를 달성하는 데 기여할 수 있다.

① (A)에 있어 최적의 대안을 수립하기 위하여 조직의 내·외부 환경을 분석해야 하며, 이를 위해 SWOT분석이 가장 많이 활용되고 있다.

② (A)은/는 조직전략, 사업전략, 부문전략으로 구분할 수 있으며, 이들은 수평적 수준을 가지고 있다.

③ (A)은/는 경영자의 경영이념이나 조직의 특성에 따라 다양하다.

④ (A)의 추진과정은 '전략목표설정 → 환경분석 → 경영전략 도출 → 경영전략 실행 → 평가 및 피드백' 순서로 이루어진다.

⑤ (A)에 대한 정의는 학자에 따라 경영목적과 구분할 수도, 구분하지 않을 수도 있다.

46 다음을 읽고 브레인스토밍에 대한 설명으로 옳지 않은 것은?

> 집단에서 의사결정을 하는 대표적인 방법으로 브레인스토밍이 있다. 브레인스토밍은 일정한 테마에 관하여 회의형식을 채택하고, 구성원의 자유발언을 통해 아이디어의 제시를 요구하여 발상을 찾아내려는 방법으로 볼 수 있다.

① 다른 사람이 아이디어를 제시할 때, 비판을 통해 새로운 아이디어를 창출한다.

② 아이디어는 적게 나오는 것 보다는 많이 나올수록 좋다.

③ 자유분방하고 엉뚱하기까지 한 의견을 출발점으로 해서 아이디어를 전개시켜 나갈 수 있다.

④ 문제에 대한 제안은 자유롭게 이루어질 수 있다.

⑤ 모든 아이디어들이 제안되고 나면 이를 결합하고 해결책을 마련한다.

47 다음 체크리스트의 성격을 볼 때, (A)에 추가적으로 들어갈 내용으로 가장 적절한 것은?

No.	항목	현재능력				
		매우 낮음	낮음	보통	높음	매우 높음
1	경쟁국 업체의 주요 현황을 알고 있다.	①	②	③	④	⑤
2	다른 나라의 문화적 차이를 인정하고 이에 대해 개방적인 태도를 견지하고 있다.	①	②	③	④	⑤
3	현재 세계의 정치적 이슈가 무엇인지 잘 알고 있다.	①	②	③	④	⑤
4	업무와 관련된 최근 국제이슈를 잘 알고 있다.	①	②	③	④	⑤
5	(A)	①	②	③	④	⑤

① 분기별로 고객 구매 데이터를 분석하고 있다.

② 업무와 관련된 국제적인 법규를 이해하고 있다.

③ 인사 관련 경영 자료의 내용을 파악하고 있다.

④ 자신의 연봉과 연차수당을 계산할 수 있다.

⑤ 구성원들의 제증명서를 관리하고 발급할 수 있다.

48 다음 설명에 해당하는 조직 유형은?

> 의사결정 권한이 조직의 상층부에 집중되어 있다. 조직의 규모가 작거나 신설 조직이며 조직의 활동에 많은 예산이 필요할 때, 조직이 위기에 처하거나 직원들의 능력이 부족할 때 장점을 가지게 되는 구조로 행정의 통일성, 빠른 결정 등이 가능하다.

① 분권화 ② 유기적
③ 수평적 ④ 공식성
⑤ 집권화

49 다음의 사례에서 필요한 가장 중요한 역량은 무엇인가?

> 스칸디나비아항공은 고객이 예약 문의전화를 하고, 공항카운터를 방문하고, 티켓을 받은 후 탑승을 하고, 기내서비스를 받고, 공항을 빠져나오는 등의 모든 순간에 고객이 항공사와 함께 있다는 기분을 느낄 수 있도록 다양한 광고와 질 높은 서비스를 제공하는 MOT마케팅을 도입함으로써 수년간의 적자경영을 흑자경영으로 돌려놓는 결과를 낳았다. MOT마케팅은 고객이 여러 번에 걸쳐 최상의 서비스를 경험했다 하더라도 단 한 번의 불만족스러움을 느낀다면 결국 전체 서비스에 대한 만족도를 0으로 만들어버린다는 곱셈의 법칙($100-1=99$가 아니라 $100 \times 0 = 0$이라는 법칙)에 따라 고객과의 접점의 순간에서 최상의 서비스를 제공할 것을 강조한다.

① 근면 ② 성실
③ 봉사 ④ 정직
⑤ 책임감

50 C사원은 베트남에서의 국내 자동차 판매량에 대해 조사를 하던 중에 한 가지 특징을 발견했다. 베트남 사람들은 간접적인 방법을 통해 구매하는 것보다 매장에 직접 방문해 구매하는 것을 더 선호한다는 사실이다. 이를 참고하여 C사원이 기획한 신사업 전략으로 옳지 않은 것은?

① 인터넷과 TV광고 등 비대면채널 홍보를 활성화한다.
② 쾌적하고 깔끔한 매장 환경을 조성한다.
③ 언제 손님이 방문할지 모르므로 매장에 항상 영업사원을 배치한다.
④ 매장 곳곳에 홍보물을 많이 비치해둔다.
⑤ 정확한 설명을 위해 사원들에게 신차에 대한 정보를 숙지하게 한다.

31 다음은 기술혁신의 과정과 역할을 도표로 나타낸 것이다. (A) ~ (E)에 대한 설명으로 옳지 않은 것은?

〈기술혁신의 과정과 역할〉

기술 혁신 과정	혁신 활동	필요한 자질과 능력
아이디어 창안 (Idea Generation)	• 아이디어를 창출하고 가능성을 검증한다. • _____(A)_____ • 혁신적인 진보를 위해 탐색한다.	• 각 분야의 전문지식 • 추상화와 개념화 능력 • 새로운 분야의 일을 즐기는 능력
(B) 챔피언 (Entrepreneuring or Championing)	• 아이디어를 전파한다. • 혁신을 위한 자원을 확보한다. • 아이디어 실현을 위해 헌신한다.	• 정력적이고 위험을 감수하는 능력 • 아이디어의 응용에 관심을 가짐
프로젝트 관리 (Project Leading)	• 리더십을 발휘한다. • 프로젝트를 기획하고 조직한다. • _____(C)_____	• 의사결정 능력 • 업무 수행 방법에 대한 지식
정보 수문장 (Gate Keeping)	• 조직 내 정보원 기능을 수행한다.	• 높은 수준의 기술적 역량 • _____(D)_____
_____(E)_____	• 혁신에 대해 격려하고 안내한다. • 불필요한 제약에서 프로젝트를 보호한다. • 혁신에 대한 자원 획득을 지원한다.	• 조직의 주요 의사결정에 대한 영향력

① (A)에 들어갈 내용으로 '일을 수행하는 새로운 방법을 고안한다.'를 볼 수 있다.

② 밑줄 친 (B)는 '기술적인 난관을 해결하는 방법을 찾아 시장상황에 대처할 수 있는 인재'를 의미한다.

③ (C)에 들어갈 내용으로 '조직 외부의 정보를 내부 구성원들에게 전달한다.'를 볼 수 있다.

④ (D)에 들어갈 내용으로 '원만한 대인관계능력'을 볼 수 있다.

⑤ (E)에 들어갈 용어는 '후원(Sponsoring or Coaching)'이다.

※ 다음은 TV 제품설명서의 일부이다. 자료를 읽고 이어지는 질문에 답하시오. [32~33]

〈제품설명서〉

■ **설치관련 주의사항**

• 제품을 들어 운반할 때는 화면 표시부를 만지지 말고 2명 이상이 안전하게 운반하세요. 제품이 떨어지면 다치거나 고장이 날 수 있습니다.

• 전원코드는 다른 제품을 사용하지 말고 정품만 사용하세요. 감전 및 화재의 원인이 될 수 있습니다.

• 스탠드는 반드시 평평한 바닥 위에 설치하세요. 울퉁불퉁한 장소는 제품이 떨어져 고장이 나거나 상해를 입을 수 있습니다.

• 제품 설치 시 벽과 일정 거리를 두어 통풍이 잘되게 하세요. 내부 온도 상승으로 인한 화재의 원인이 될 수 있습니다.

• 고온 다습한 곳이나 제품의 무게를 견디지 못하는 벽에는 설치하지 마세요. 제품이 고장나거나 떨어질 수 있습니다.

• 벽걸이 부착 공사는 전문업체에 맡기세요. 비전문가의 공사로 상해를 입을 수 있습니다.

• 책장이나 벽장 등 통풍이 안 되는 좁은 공간에 설치하지 마세요. 내부 온도 상승으로 인한 화재의 원인이 될 수 있습니다.

• 불을 사용하거나 열이 발생하는 제품 및 장소와 가까운 곳에 설치하지 마세요. 화재의 위험이 있습니다.

• 장식장 또는 선반 위에 설치 시 제품 밑면이 밖으로 나오지 않게 하세요. 제품이 떨어져 고장이 나거나 상해를 입을 수 있습니다.

• 직사광선에 장기간 노출되지 않도록 주의해 주세요. 패널 표면에 변색이 발생할 수 있습니다.

• 테이블보나 커튼 등으로 통풍구가 막히지 않도록 하세요. 내부 온도 상승으로 인해 화재가 발생할 수 있습니다.

■ **문제해결**

※ 다음과 같은 증상 및 원인 이외에 다른 문제가 있다면 즉시 서비스센터에 문의하여 주시길 바랍니다. 또한, 절대 임의로 수리하지 마시기 바랍니다.

증상	원인	조치사항
화면이 전혀 나오지 않아요.	전원 콘센트의 스위치가 꺼져 있음	TV 전면의 전원 램프에 불이 들어와 있는지 확인하고 꺼져 있다면 전원 스위치를 켜 주세요.
	전원코드가 빠져 있음	전원 코드를 연결해 주세요.
	TV가 외부입력 모드로 선택되어 있음	[TV / 외부입력] 버튼을 누르고 TV를 선택하세요.
	안테나 케이블의 연결 상태가 불량함	안테나 케이블 커넥터가 TV의 안테나 입력 단자에 바르게 삽입되어 있는지 확인해 주세요.
외부기기와 연결하였는데 화면이 나오지 않아요.	TV가 외부입력 모드로 변환되지 않았거나 설정이 잘못됨	[TV / 외부입력] 버튼을 누르고 해당 외부 기기가 연결된 단자를 선택하세요.
	TV와 해당 기기의 연결 상태가 불량함	TV와 해당 기기의 연결 상태를 확인해 주세요.
리모컨 동작이 안 돼요.	건전지의 수명이 다하여 동작이 안 됨	새 건전지로 교환해 보세요.
	리모컨 수신부를 향하지 않았거나 정상적인 수신 각도에서 벗어나 조작함	
제품에서 뚝뚝 소리가 나요.	TV 외관의 기구적 수축, 팽창때문에 발생함	'뚝뚝' 소리는 열에 의해 기구물이 수축·팽창하면서 나타나는 증상으로 제품의 고장이 아니니 안심하고 사용하세요.
제품이 뜨거워요.	장시간 시청 시 패널에서 열이 발생함	장시간 사용 시 제품 상단이 뜨거워질 수 있습니다. 제품의 결함이나 동작 사용상의 문제가 되는 것이 아니므로 안심하고 사용하세요.
제품에서 계속 소리가 나요.	화면 밝기의 변화에 따라 소음의 변화가 있으며, 일정 수준의 소음이 발생함	일정 수준의 소음은 TV 자체의 특성이며 교환 및 환불의 대상이 아님을 양지하여 주시길 바랍니다.

32 귀하는 새롭게 구매한 TV로 호텔을 광고할 계획을 하고 있다. 그래서 많은 고객에게 노출될 수 있도록 적절한 장소를 찾다가 로비 중앙에 TV를 설치하는 것이 가장 좋다고 판단하였다. 다음과 같은 가구를 구매하여 TV를 설치했을 때의 문제점으로 올바른 것은?

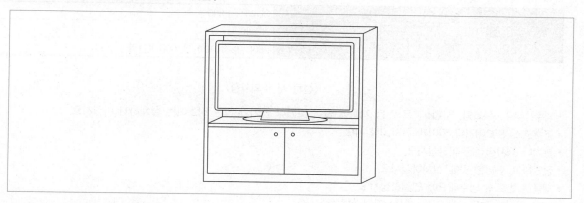

① 화재가 발생할 가능성이 있다.
② 패널 표면이 변색할 가능성이 있다.
③ 바닥이 울퉁불퉁하여 TV가 떨어져 고장이 날 위험이 있다.
④ 제품 밑면이 밖으로 나와 TV가 떨어질 위험이 있다.
⑤ 아무런 문제가 없다.

33 호텔은 많은 사람이 이용하는 장소인 만큼 화재 예방을 철저히 해야 한다. 귀하는 TV를 설치하기 전 화재와 관련된 주의사항을 점검하고자 한다. 다음 중 화재 위험과 관련성이 가장 먼 것은?

① 전원코드는 반드시 생산업체의 정품 제품만을 사용한다.
② TV를 벽면으로부터 일정 거리를 두어 통풍이 잘되도록 한다.
③ 햇빛에 장시간 노출되는 장소는 피하도록 한다.
④ 테이블보나 커튼 등으로 통풍구가 막히지 않도록 한다.
⑤ 난로나 화로와 같은 열이 발생하는 제품 주변에 TV를 설치하지 않는다.

※ 다음은 정수기 사용 설명서이다. 이어지는 질문에 답하시오. [34~36]

〈제품규격〉

모델명	SDWP – 8820
전원	AC 220V / 60Hz
외형치수	260(W)×360(D)×1100(H)(단위 : mm)

〈설치 시 주의사항〉

• 낙수, 우수, 목욕탕, 샤워실, 옥외 등 제품에 물이 닿거나 습기가 많은 장소에는 설치하지 마십시오.
• 급수호스가 꼬이거나 꺾이게 하지 마십시오.
• 화기나 직사광선은 피하십시오.
• 단단하고 수평한 곳에 설치하십시오.
• 제품은 반드시 냉수배관에 연결하십시오.
• 설치 위치는 벽면에서 20cm 이상 띄워 설치하십시오.

〈필터 종류 및 교환시기〉

구분	1단계	2단계	3단계	4단계
필터	세디먼트	프리카본	UF중공사막	실버블록카본
교환시기	약 4개월	약 8개월	약 20개월	약 12개월

〈청소〉

세척 부분	횟수	세척방법
외부	7일 1회	플라스틱 전용 세척제 및 젖은 헝겊으로 닦습니다(시너 및 벤젠은 제품의 변색이나 표면이 상할 우려가 있으므로 사용하지 마십시오).
물받이통	수시	중성세제로 닦습니다.
취수구	1일 1회	히든코크를 시계 반대 방향으로 돌려서 분리하고 취수구를 멸균 면봉을 사용하여 닦습니다. 히든코크는 젖은 헝겊을 사용하여 닦습니다.
피팅(연결구) 튜빙(배관)	2년 1회 이상	필터 교환 시 피팅 또는 튜빙을 점검하고 필요 시 교환합니다.

〈제품 이상 시 조치방법〉

현상	예상원인	조치방법
온수 온도가 낮음	공급 전원 낮음	공급 전원이 220V인지 확인하고 아니면 전원을 220V로 맞춰주십시오.
	온수 램프 확인	온수 램프에 전원이 들어오는지 확인하고 제품 뒷면의 온수 스위치가 켜져 있는지 확인하십시오.
냉수가 안 됨	공급 전원 낮음	공급 전원이 220V인지 확인하고 아니면 전원을 220V로 맞춰주십시오.
	냉수 램프 확인	냉수 램프에 전원이 들어오는지 확인하고 제품 뒷면의 냉수 스위치가 켜져 있는지 확인하십시오.
물이 나오지 않음	필터 수명 종료	필터 교환 시기를 확인하고 서비스센터에 연락하십시오.
	연결 호스 꺾임	연결 호스가 꺾인 부분이 있으면 그 부분을 펴 주십시오.
냉수는 나오는데 온수 안 됨	온도 조절기 차단	제품 뒷면의 온수 스위치를 끄고 서비스센터에 연락하십시오.
	히터 불량	

정수물이 너무 느리게 채워짐	필터 수명 종료	서비스센터에 연락하고 필터를 교환하십시오.
제품에서 누수 발생	조립 부위 불량	원수밸브를 잠근 후 작동을 중지시키고 서비스센터에 연락하십시오.
불쾌한 맛이나 냄새 발생	냉수 탱크 세척 불량	냉수 탱크를 세척하여 주십시오.

34 위 설명서를 기준으로 판단할 때 정수기에 대한 설명으로 옳지 않은 것을 고르면?

① 정수기의 크기는 가로 26cm, 깊이 36cm, 높이 110cm이다.

② 불쾌한 맛이나 냄새가 발생하면 냉수 탱크를 세척하면 된다.

③ 적정 시기에 필터를 교환하지 않으면 발생할 수 있는 문제는 2가지이다.

④ 정수기 청소는 하루에 최소 2곳을 해야 한다.

⑤ 습기가 많은 곳에는 설치하면 안 된다.

35 제품에 문제가 발생했을 때, 서비스센터에 연락해야만 해결이 가능한 현상이 아닌 것은?

① 정수물이 너무 느리게 채워진다.

② 냉수는 나오는데 온수가 나오지 않는다.

③ 제품에서 누수가 발생한다.

④ 물이 나오지 않는다.

⑤ 연결 호스가 꺾이지 않았는데 물이 나오지 않는다.

36 위 설명서를 기준으로 판단할 때, 〈보기〉 중 정수기에 대한 설명으로 옳은 것을 모두 고르면?

> 보기
>
> ㄱ. 정수기에 사용되는 필터는 총 4개이다.
> ㄴ. 급한 경우에는 시너나 벤젠을 사용하여 정수기 외부를 청소해도 된다.
> ㄷ. 3년 사용할 경우 프리카본 필터는 3번 교환해야 한다.
> ㄹ. 벽면과의 간격을 10cm로 하여 정수기를 설치하면 문제가 발생할 수 있다.

① ㄱ, ㄴ

② ㄱ, ㄷ

③ ㄱ, ㄹ

④ ㄴ, ㄷ

⑤ ㄷ, ㄹ

37 다음 뉴스 내용에서 볼 수 있는 기술경영자의 능력으로 옳은 것은?

> 앵커 : 현재 국제 원유 값이 고공 행진을 계속하면서 석유자원에서 탈피하려는 기술 개발이 활발히 진행되고 있는데요. 석유자원을 대체하고 에너지의 효율성을 높일 수 있는 연구개발 현장을 이은경 기자가 소개합니다.
>
> 기자 : 네. 여기는 메탄올을 화학 산업에 많이 쓰이는 에틸렌과 프로필렌, 부탄 등의 경질 올레핀으로 만드는 공정 현장입니다. 석탄과 바이오매스, 천연가스를 원료로 만들어진 메탄올에서 촉매반응을 통해 경질 올레핀을 만들기 때문에 석유 의존도를 낮출 수 있는 기술을 볼 수 있는데요. 기존 석유 나프타 열분해 공정보다 수율이 높고, 섭씨 400도 이하에서 제조가 가능해 온실가스는 물론 에너지 비용을 50% 이상 줄일 수 있어 화제가 되고 있습니다.

① 기술 전문 인력을 운용할 수 있는 능력
② 빠르고 효과적으로 새로운 기술을 습득하고 기존의 기술에서 탈피하는 능력
③ 조직 내의 기술 이용을 수행할 수 있는 능력
④ 새로운 제품개발 시간을 단축할 수 있는 능력
⑤ 기술을 효과적으로 평가할 수 있는 능력

38 다음은 벤치마킹의 절차를 나타낸 것이다. 다음 절차에 대한 설명으로 옳지 않은 것은?

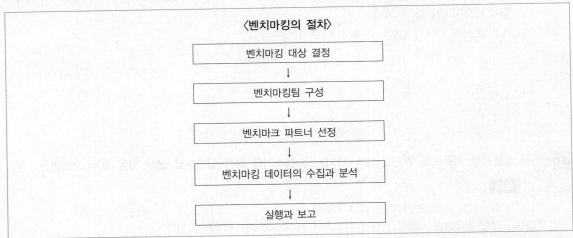

〈벤치마킹의 절차〉

벤치마킹 대상 결정
↓
벤치마킹팀 구성
↓
벤치마크 파트너 선정
↓
벤치마킹 데이터의 수집과 분석
↓
실행과 보고

① 벤치마킹 데이터를 수집·분석할 경우 문서 편집 시스템 보다는 수기로 작업하는 것이 좋다.
② 벤치마킹 대상이 결정되면 대상을 조사하기 위해 필요한 정보와 자원이 무엇인지 파악해야 한다.
③ 벤치마크 파트너 선정은 벤치마크 정보를 수집하는 데 이용될 정보의 원천을 확인하는 단계이다.
④ 벤치마킹팀 구성 시 구성원들 간의 의사소통이 원활하기 위한 네트워크 환경이 요구된다.
⑤ 벤치마킹팀의 경우 관계자 모두에게 벤치마킹이 명확하게 할당되고 중심 프로젝트가 정해지는 것을 돕기 위한 프로젝트 관리 기구가 필요하다.

39 다음은 기술의 특징을 설명하는 글이다. 다음 글을 읽고 이해한 내용으로 옳지 않은 것은?

> 일반적으로 기술에 대한 특징은 다음과 같이 정의될 수 있다.
> 첫째, 하드웨어나 인간에 의해 만들어진 비자연적인 대상, 혹은 그 이상을 의미한다.
> 둘째, 기술은 '노하우(Know-How)'를 포함한다. 즉, 기술을 설계하고, 생산하고, 사용하기 위해 필요한 정보, 기술, 절차를 갖는데 노하우(Know-How)가 필요한 것이다.
> 셋째, 기술은 하드웨어를 생산하는 과정이다.
> 넷째, 기술은 인간의 능력을 확장시키기 위한 하드웨어와 그것의 활용을 뜻한다.
> 다섯째, 기술은 정의 가능한 문제를 해결하기 위해 순서화되고 이해 가능한 노력이다.
> 이와 같은 기술이 어떻게 형성되는가를 이해하는 것과 사회에 의해 형성되는 방법을 이해하는 것은 두 가지 원칙에 근거한다. 먼저 기술은 사회적 변화의 요인이다. 기술체계는 의사소통의 속도를 증가시켰으며, 이것은 개인으로 하여금 현명한 의사결정을 할 수 있도록 도와준다. 또한, 사회는 기술 개발에 영향을 준다. 사회적, 역사적, 문화적 요인은 기술이 어떻게 활용되는가를 결정한다.
> 기술은 두 개의 개념으로 구분될 수 있으며, 하나는 모든 직업 세계에서 필요로 하는 기술적 요소들로 이루어지는 광의의 개념이고, 다른 하나는 구체적 직무수행능력 형태를 의미하는 협의의 개념이다.

① 전기산업기사, 건축산업기사, 정보처리산업기사 등의 자격 기술은 기술의 광의의 개념으로 볼 수 있겠어.
② 기술은 건물, 도로, 교량, 전자장비 등 인간이 만들어낸 모든 물질적 창조물을 생산하는 과정으로 볼 수 있구나.
③ 영국에서 시작된 산업혁명 역시 기술 개발에 영향을 주었다고 볼 수 있어.
④ 컴퓨터의 발전은 기술체계가 개인으로 하여금 현명한 의사결정을 할 수 있는 사례로 볼 수 있지 않을까?
⑤ 미래 산업을 위해 인간의 노동을 대체할 로봇을 활용하는 것 역시 기술이라고 볼 수 있겠지?

40 다음은 기술시스템의 발전단계이다. 각 단계에 대한 사례로 적절하지 않은 것은?

1단계 : 발명, 개발, 혁신의 단계 - 기술 시스템이 탄생하고 성장	① 에디슨이 전구를 발명하였다. ② 에디슨은 자신의 전구 조명 시스템이 경쟁력을 갖도록 고안하였다.
2단계 : 기술 이전의 단계 - 성공적인 기술이 다른 지역으로 이동	③ 영국에서 발명된 변압기를 본 헝가리 간쯔 앤 컴퍼니는 변압기를 다시 설계하여 실용적인 변압기를 만들었다.
3단계 : 기술 경쟁의 단계 - 기술 시스템 사이의 경쟁	④ 에디슨과 조력자들은 파격적인 발명을 해낸 다른 발명가들과 경쟁을 하면서 새로운 것을 발명해냈다.
4단계 : 기술 공고화 단계 - 경쟁에서 승리한 기술 시스템의 관성화	⑤ 에디슨이 전등회사, 전구 생산 회사 등을 설립하고 통합하는 등 다양한 회사들을 소유·통제하였다.

※ 다음에 제시된 상황을 읽고 이어지는 질문에 답하시오. **[41~42]**

> 귀하는 새로 추진하고 있는 중요한 프로젝트의 팀장을 맡았다. 그런데 어느 날부턴가 점점 사무실 분위기가 심상치 않다. 귀하는 프로젝트의 원활한 진행을 위해서는 동료 간 화합이 무엇보다 중요하다고 생각하기 때문에, 팀원들의 업무 행태를 관심 있게 지켜보기 시작했다. 그 결과, A사원이 사적인 약속 등을 핑계로 업무를 미루거나 주변의 눈치를 살피며 불성실한 자세로 근무하는 모습을 발견하였다. 또한, 발생한 문제에 대해 변명만 늘어놓는 태도로 일관해 프로젝트를 함께 진행하는 동료 직원들의 불만은 점점 쌓여만 가고 있다.

41 '썩은 사과의 법칙'에 의하면, 팀 내 리더는 팀워크를 무너뜨리는 썩은 사과가 있을 때는 먼저 문제 상황에 대해 대화를 나누어 스스로 변화할 기회를 주어야 한다. 하지만 그 후로도 변화하지 않는다면 결단력을 가지고 썩은 사과를 내보내야 한다. 팀장으로서 취해야 할 귀하의 행동을 '썩은 사과의 법칙'의 관점에서 서술한 내용으로 가장 옳지 않은 것은?

① '썩은 사과의 법칙'의 관점에서 A사원은 조직의 비전이나 방향은 생각하지 않고 자기중심적으로 행동하며 조직에 방해가 되는 사람이다.
② 직원의 문제에 대해 명확한 지적보다는 간접적으로 인지하게 하여 스스로 변화할 기회를 준다.
③ 귀하는 팀장으로서 먼저 A사원과 문제 상황에 대하여 대화를 나눠야 한다.
④ A사원의 업무 행태가 끝내 변화하지 않을 경우 A사원을 팀에서 내보내야 한다.
⑤ 성실하지 못한 A사원의 행동으로 인해 업무에 상당한 지장이 발생하고 있다고 할지라도 A사원에게 변화할 기회를 주어야 한다.

42 멤버십 유형을 나누는 두 가지 축은 마인드를 나타내는 독립적 사고 축과 행동을 나타내는 적극적 실천 축으로 나누어진다. 이에 따라 멤버십 유형은 수동형 · 실무형 · 소외형 · 순응형 · 주도형으로 구분된다. 직장 동료와 팀장의 시각으로 볼 때 A사원의 업무 행태가 속하는 멤버십 유형으로 가장 적합한 것은?

① 소외형   ② 순응형
③ 실무형   ④ 주도형
⑤ 수동형

43 A전자 영업부에 근무하는 이성찬 사원은 제품에 대한 불만이 있는 고객의 전화를 받았다. 제품에 문제가 있어 담당부서에 고장수리를 요청했으나 연락이 없어 고객이 화가 많이 난 상태였다. 이때 직원으로서 가장 적절한 응대는?

① 회사를 대표해서 미안하다는 사과를 하고, 고객의 불만을 메모한 후 담당부서에 먼저 연락하여 해결해 줄 것을 의뢰한다.
② 고객의 불만을 들어준 후, 고객에게 제품수리에 대해 담당부서로 다시 전화할 것을 권한다.
③ 고객에게 사과하여 고객의 마음을 진정시키고 전화를 상사에게 연결한다.
④ 고객의 불만을 듣고 지금 사장님과 전화연결은 어렵고 다시 연락을 드리겠다고 답한 후, 사장님께 전화메모를 전한다.
⑤ 화를 가라앉히시라고 말하고 그렇지 않으면 전화응대를 하지 않겠다고 한다.

44 R사의 관리팀 팀장으로 근무하는 B과장은 최근 팀장 회의에서 '관리자가 현상을 유지한다면, 리더는 세상을 바꾼다.'는 리더와 관리자의 차이에 대한 설명을 듣게 되었다. 이와 관련하여 관리자가 아닌 진정한 리더가 되기 위한 B과장의 다짐으로 적절하지 않은 것은?

① 위험을 회피하기보다는 계산된 위험을 취하도록 하자.
② 사람을 관리하기보다는 사람의 마음에 불을 지피도록 하자.
③ 내일에 초점을 맞추기보다는 오늘에 초점을 맞추도록 하자.
④ 기계적인 모습보다는 정신적으로 따뜻한 모습을 보이자.
⑤ 상황에 수동적인 모습보다는 새로운 상황을 창조하도록 하자.

45 (가), (나)의 사례에 대한 상대방 설득방법으로 적절하지 않은 것은?

> (가) A사의 제품은 현재 매출 1위이며 소비자들의 긍정적인 평판을 받고 있다. A사는 이 점을 내세워 B사와 다음 신제품과 관련하여 계약을 맺고 싶어 하지만 B사는 A사의 주장을 믿지 않아 계약이 보류된 상황이다. A사는 최근 신제품에 필요한 기술을 확보하고 있는 B사가 꼭 필요한 협력업체이기 때문에 고심하고 있다.
>
> (나) 플라스틱을 제조하는 C사는 최근 테니스 라켓, 욕조, 배의 선체 등 다양한 곳에 사용되는 탄소섬유강화플라스틱 사업의 전망이 밝다고 생각하여 탄소섬유를 다루는 D사와 함께 사업하길 원하고 있다. 하지만 D사는 C사의 사업 전망에 대해 믿지 못하고 있는 상황이어서 사업은 보류된 상태이다.

① (가)의 경우 매출 1위와 관련된 데이터를 시각화하여 B사가 직접 보고 느끼게 해주는 게 좋을 것 같아.
② (가)의 경우 B사에게 대기업인 점을 앞세워서 공격적으로 설득하는 것이 좋겠어.
③ (가)의 경우 A사 제품을 사용한 소비자들의 긍정적인 후기를 B사에게 보여주는 것은 어때?
④ (나)의 경우 호혜관계를 설명하면서 D사가 얻을 수 있는 혜택도 설명해 주는 게 좋겠어.
⑤ (나)의 경우 D사에게 탄소섬유강화플라스틱의 효과에 대해 공동 평가할 수 있는 기회를 주는 것은 어때?

46 다음을 읽고 팀장 K에게 조언할 수 있는 내용으로 적절하지 않은 것은?

> 팀장 K는 팀으로 하여금 기존의 틀에 박힌 업무 방식에서 벗어나게 하고, 변화를 통해 효과적인 업무 방식을 도입하고자 한다. 하지만 변화에 대한 팀원들의 걱정이 염려스럽다. 변화가 일어나면 모든 팀원들이 눈치를 채기 마련이며, 이들은 변화에 대한 소문이 돌거나 변화 내용에 대한 설명도 하기도 전에 그것을 알아차림으로써 불확실하고 의심스러운 분위기가 조성될 수 있기 때문이다. 이로 인해 직원들은 두려움과 스트레스에 시달리며, 사기는 땅으로 떨어질 수 있다.

① 주관적인 자세를 유지한다.　　② 개방적인 분위기를 조성한다.
③ 변화의 긍정적인 면을 강조한다.　　④ 직원들의 감정을 세심하게 살핀다.
⑤ 변화에 적응할 시간을 준다.

47 다음 사례에서 알 수 있는 효과적인 팀의 특징으로 가장 적절한 것은?

> A, B, C가 운영 중인 커피전문점은 현재 매출이 꾸준히 상승하고 있다. 매출 상승의 원인을 살펴보면 우선, A, B, C는 각자 자신이 해야할 일이 무엇인지 정확하게 알고 있다. A는 커피를 제조하고 있으며, B는 디저트를 담당하고 있다. 그리고 C는 계산 및 매장관리를 전반적으로 맡고 있다. A는 고객들이 다시 생각나게 할 수 있는 독창적인 커피 맛을 위해 커피 블렌딩을 연구하고 있으며, B는 커피와 적합하고, 고객들의 연령에 맞는 다양한 디저트를 개발 중이다. 그리고 C는 A와 B가 자신의 업무에 집중할 수 있도록 적극적으로 지원하고 있다. 이처럼 A, B, C는 서로의 업무를 이해하면서 즐겁게 일하고 있으며, 이것이 매출 상승의 원인으로 작용하고 있는 것이다.

① 의견의 불일치를 건설적으로 해결한다.　　② 역할을 명확하게 규정한다.
③ 결과에 초점을 맞춘다.　　④ 창조적으로 운영된다.
⑤ 개인의 강점을 활용한다.

48 다음은 서비스에 불만족한 고객을 불만 표현 유형별로 구분한 것이다. 밑줄 친 (A) ~ (D)를 상대하는 데 있어 주의해야 할 사항으로 옳지 않은 것은?

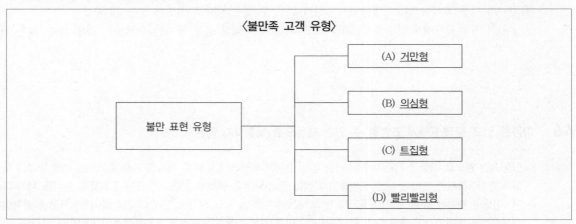

〈불만족 고객 유형〉

① (A)의 경우 상배당의 과시욕이 채워질 수 있도록 무조건 정중하게 대하는 것이 좋다.
② (B)의 경우 분명한 증거나 근거를 제시하여 스스로 확신을 갖도록 유도해야 한다.
③ (B)의 경우 때로는 책임자로 하여금 응대하는 것도 좋다.
④ (C)의 경우 이야기를 경청하고, 맞장구치고, 추켜세우고, 설득해 가는 방법이 효과적이다.
⑤ (D)의 경우 애매한 화법을 사용하여 최대한 시간을 끌어야 한다.

49 다음을 읽고 이해한 내용으로 옳지 않은 것은?

> A팀장 : 협상은 업무 중 언제든지 필요할 수 있는 의사결정과정으로 볼 수 있다. 만약 여러분이 옷가게 매장 직원이
>   라고 생각해보자. 한 손님이 환불이 불가능한 옷을 가져와서 다짜고짜 환불처리를 해달라고 할 경우 여러
>   분들은 어떻게 대처할 것인가?
> B사원 : 저는 고객에게 사과드린 후, 고객에게 연락처를 받아 잠시 갈등상황을 피해야 한다고 생각합니다. 작전상
>   잠시 후퇴하는 것으로 볼 수 있겠죠.
> C사원 : 저는 충분히 고객에게 이 옷이 환불이 불가능한 이유를 설명드린 후, 서로에게 모두 만족할만한 방법을
>   찾아볼 것 같아요.
> D사원 : 계속 이렇게 환불처리를 요구할 경우 경찰을 부를 수도 있음을 명시하고, 절대 환불해주어서는 안된다고
>   생각합니다.
> E사원 : 우선 고객의 기분이 풀릴 수 있도록 환불처리를 신속히 해드리는 것이 현명한 방법 아닐까요?

① B사원의 협상전략은 자신이 얻게 되는 결과나 인간관계 모두에 관심이 없는 경우에 유리한 협상전략으로 볼 수 있다.

② C사원의 협상전략은 자신에게 돌아올 결과와 상대방에게 돌아갈 결과 모두 중요하게 여겨서 서로가 협력해야 한다.

③ C사원의 협상전략은 협상 당사자 간에 신뢰가 쌓여 있는 경우 유리한 협상전략으로 볼 수 있다.

④ D사원의 협상전략은 일방적인 의사소통으로 일방적인 양보를 받아내는 것을 말한다.

⑤ E사원의 협상전략은 상대방에 비해 자신의 힘이 강한 경우 유리한 협상전략으로 볼 수 있다.

50 최근 회사 생활을 하면서 대인관계에 어려움을 겪고 있는 A사원은 같은 팀 B대리에게 조언을 구하고자 면담을
신청하였다. 다음 중 B대리가 A사원에게 해 줄 조언으로 가장 적절하지 않은 것은?

> A사원 : 지난달 팀 프로젝트를 진행하면서 같은 팀원인 C사원이 업무적으로 힘들어하는 것 같아서 C사원의 업무를
>   조금 도와줬습니다. 그 뒤로 타 부서 직원인 D사원의 업무 협조 요청도 거절하지 못해 함께 업무를 진행했
>   습니다. 그러다 보니 막상 제 업무는 제시간에 끝내지 못했고, 결국에는 늘 야근을 해야만 했습니다. 앞으
>   로는 제 업무에만 전념하기로 다짐하면서 지난주부터는 다른 직원들의 부탁을 모두 거절하였습니다. 그랬
>   더니 동료들로부터 제가 냉정하고 업무에 비협조적이라는 이야기를 들었습니다. 이번 달에는 정말 제가
>   당장 처리해야 할 업무가 많아 도움을 줄 수 없는 상황입니다. 동료들의 부탁을 어떻게 거절해야 동료들이
>   저를 이해해줄까요?
> B대리 : _____

① 상대 동료가 미련을 갖지 않도록 단번에 거절해야 합니다.

② 도움이 필요한 상대 동료의 상황을 충분히 이해하고 있음을 드러내야 합니다.

③ 현재 도움을 줄 수 없는 A사원의 상황이나 이유를 분명하게 설명해야 합니다.

④ 도움을 주지 못해 아쉬운 마음을 함께 표현해야 합니다.

⑤ 부탁을 거절할 때는 인간관계를 해치지 않도록 신중하게 거절하는 것이 중요합니다.

제2회
실전모의고사

※ 부산환경공단 실전모의고사는 채용공고를 기준으로 구성한 것으로
   실제 시험과 다를 수 있습니다.

취약영역 분석

번호	O/×	영역	번호	O/×	영역	번호	O/×	영역
01		의사소통능력	21		수리능력	41		
02		수리능력	22		문제해결능력	42		
03		의사소통능력	23		의사소통능력	43		
04			24			44		
05		문제해결능력	25		수리능력	45		조직이해능력 / 대인관계능력
06			26			46		
07			27		문제해결능력	47		
08			28			48		
09			29			49		
10			30		의사소통능력	50		
11		수리능력	31		자원관리능력 / 기술능력			
12			32					
13			33					
14		의사소통능력	34					
15			35					
16			36					
17		수리능력	37					
18			38					
19			39					
20		의사소통능력	40					

평가 문항	50문항	맞힌 개수	문항	시작시간	:
평가 시간	50분	취약 영역		종료시간	:

FINAL
제**2**회

실전모의고사

모바일
OMR
답안분석
서비스

⏱ 응시시간 : 50분　📋 문항 수 : 50문항

정답 및 해설 p.51

| 공통영역 |

01 직장생활에서 필요한 의사소통능력을 문서적인 의사소통능력으로서의 문서이해능력과 문서작성능력, 언어적인 의사소통능력으로서의 경청능력, 의사표현력으로 구분할 수 있다. 다음 사례에 필요한 의사소통능력을 종류에 따라 바르게 구분한 것은?

출판사에 근무하는 K대리는 오늘 아침 출근하자마자 오늘의 주요 업무를 다음과 같이 정리하였다.

〈주요 업무〉

㉠ 입사 지원 이력서 메일 확인
㉡ 팀 회의 – 팀원 담당 업무 지시
㉢ 금일 출간 도서 발주서 작성
㉣ 유선 연락을 통한 채용 면접 일정 안내
㉤ 퇴근 전 업무 일지 작성

문서적인 의사소통　　언어적인 의사소통
① 　㉠, ㉤　　　　　　㉡, ㉢, ㉣
② 　㉠, ㉢, ㉣　　　　　㉡, ㉤
③ 　㉠, ㉢, ㉤　　　　　㉡, ㉣
④ 　㉡, ㉢, ㉤　　　　　㉠, ㉣
⑤ 　㉡, ㉣, ㉤　　　　　㉠, ㉢

02 진희가 자전거 뒷좌석에 동생을 태우고 10km/h의 속력으로 회사에 간다. 회사 가는 길에 있는 어린이집에 동생을 내려주고, 아까의 1.4배의 속력으로 회사에 간다. 진희의 집에서 회사까지의 거리는 12km이고, 진희가 8시에 집에서 나왔다면, 진희가 어린이집에서 출발한 시각은 언제인가?

① 8시 25분
③ 8시 35분
⑤ 8시 45분
② 8시 30분
④ 8시 40분

03 다음 굴뚝 원격감시 체계에 대한 설명으로 옳은 것은?

> 대기오염 중 27%는 공업단지와 같은 산업시설에서 발생하는 굴뚝 매연이다. 따라서 굴뚝 매연을 효과적으로 관리한다면 대기오염을 상당 부분 줄일 수 있다. 굴뚝 매연을 감시하려는 노력은 계속해서 이어져 왔다. 그러나 종전에는 사람이 매번 사업장을 방문해 검사해야 하는 등 여러 불편이 따랐다. 1988년 도입된 Clean SYS(굴뚝 원격감시 체계)는 사업장 굴뚝에 자동측정기기를 설치해 배출되는 대기 오염물질 농도를 24시간 원격으로 감시할 수 있는 시스템이다. 측정기기를 통해 먼지, 암모니아, 염화수소 등의 오염물질을 5분, 30분 단위로 측정해서 자료를 수집한다. B공단은 수집된 자료를 통해 사업장의 대기 오염물질 배출현황을 상시 감독하며, 자료를 분석하여 관련 기관에 제공한다. 환경부, 지자체 등 관련 기관은 이를 토대로 오염물질 배출 부과금 도입, 대기오염 정책 개선 등에 나서고 있다. 2015년 자료에 따르면 578개 사업장의 1,531개 굴뚝에 시스템이 운영되고 있으며 앞으로도 계속해서 설치 지역 및 사업장은 늘어날 예정이다. Clean SYS는 사업장이 오염물질 배출 허용기준을 초과할 것으로 우려될 경우 자동으로 통보하는 '예·경보 시스템'을 갖추고 있다. 또한, 원격제어 시스템을 통해 측정기기에 표준가스를 주입함으로써 사업장에 방문하지 않아도 측정기의 정상작동 여부를 확인할 수 있다. 첨단 기술을 도입한 덕분에 더욱 효과적으로 굴뚝의 오염물질 배출 여부를 파악하고 대기오염을 예방하고 있다.

① 굴뚝에 자동측정기기를 설치해 배출되는 대기 오염물질 농도를 12시간 주기로 감시하는 시스템이다.
② B공단은 수집된 자료를 분석하여 직접 대기오염 정책 개선에 노력한다.
③ 측정기기를 통해 오염물질을 1시간 단위로 측정해서 자료를 수집한다.
④ 예·경보 시스템을 통해 측정기기에 표준가스를 주입함으로써, 측정기의 정상작동 여부를 알 수 있다.
⑤ 사업장이 오염 물질 배출 허용기준을 초과할 것으로 우려될 경우 예·경보 시스템이 작동한다.

04 다음은 직원들이 아래 H공단 사보를 읽고 나눈 대화 내용이다. 바르게 이해하지 못한 사람은?

1석 5조의 효과, 홍천 친환경 에너지타운

이제는 친환경 에너지타운으로 거듭난 소매곡리. 이곳은 한때 심각한 악취 문제와 고령화로 인해 마을 공동체가 와해될 위기에 놓였다. 1980년 대만 해도 107가구가 마을에 터를 잡고 있었지만 2014년에는 57가구만이 남았다. 하지만 친환경 에너지타운 시범사업지로 선정된 이후 변화가 시작됐다. 사람들이 마을로 돌아오기 시작하여 70가구로 늘어났고 인구도 139명까지 증가했다. 변화가 찾아오자 주민들도 능동적으로 움직였다. 위기에 놓였던 마을 공동체가 더욱 튼튼히 다져진 것이다.

홍천 친환경 에너지타운 성공의 가장 큰 원동력은 바로 주민주도형 발전에 있다. 친환경 에너지타운은 마을을 새롭게 조성하는 사업인 만큼 지역 주민의 참여도가 중요하다. 이에 소매곡리의 주민들은 사업 규약을 만들어 사업의 모든 과정에 적극적으로 참여했다. 특히 악취가 진동하던 마을을 바꾸기 위해 주민들은 외양간에 냄새 차단벽을 설치하고, 이를 소 먹이주기 체험장으로 이용하는 등 자발적인 노력을 거듭했다. 성공의 두 번째 원동력은 바로 친환경 에너지타운의 선순환 구조이다. 홍천 소매곡리에는 환경기초시설이 밀집해 있는데 이를 기반으로 이곳에 에너지재생시설을 설치했다. 먼저 바이오 가스화 시설이 가축 분뇨와 음식물쓰레기를 에너지로 바꾸고 남은 부산물은 퇴·액비 시설을 거쳐 마을 주민들이 사용할 수 있는 비료로 만들어진다. 또한, 하수처리장이 있는 부지를 활용해 태양력·소수력 발전 시설을 설치했으며 이를 통해 전기를 만들어 인근 지역에 판매하고 있다.

친환경 에너지타운을 조성함으로써 마을 주민의 생산력은 크게 높아졌으며 연간 2억 3천만 원의 높은 수익을 창출하게 됐다. 더불어 마을의 미관도 아름답게 변했으니 1석 5조의 효과를 거둔 것이다

---

① 이 사원 : 악취가 심했던 마을이 친환경 에너지타운 시범사업지가 되면서, 주민주도형으로 발전에 성공했군요.

② 김 대리 : 맞아요. 주민들이 적극적으로 외양간에 냄새 차단벽을 설치하고, 소 먹이주기 체험장으로 이용하는 등 엄청난 노력을 했대요.

③ 박 사원 : 그리고 에너지재생시설을 설치했는데, 이를 통해 가축 분뇨와 음식물 쓰레기 등등을 에너지로 바꾸고, 퇴·액비 시설을 거쳐 비료로 만들어 재사용할 수 있대요.

④ 한 사원 : 우와. 친환경 에너지타운을 설치함으로써 폐기물처리도 하고, 마을도 되살리는 등 매우 긍정적인 효과가 나타나고 있네요.

⑤ 홍 대리 : 과연 그렇기만 할까요? 아직도 마을 주민들은 폐기물처리시설 설치를 반대하고 있다고요.

05 발산적 사고를 개발하기 위한 방법으로는 자유연상법, 강제연상법, 비교발상법이 있다. 다음 제시문의 보고회에서 사용된 사고 개발 방법으로 가장 적절한 것은?

> 충남 보령시는 2022년에 열리는 보령해양머드박람회와 연계할 사업을 발굴하기 위한 보고회를 개최하였다. 경제적·사회적 파급 효과의 극대화를 통한 성공적인 박람회 개최를 도모하기 위해 마련된 보고회는 각 부서의 업무에 국한하지 않은 채 가능한 많은 양의 아이디어를 자유롭게 제출하는 방식으로 진행됐다.
> 홍보미디어실에서는 박람회 기간 가상현실(VR)·증강현실(AR) 체험을 통해 사계절 머드 체험을 할 수 있도록 사계절 머드체험센터 조성을, 자치행정과에서는 박람회 임시주차장 조성 및 박람회장 전선 지중화 사업을, 교육체육과에서는 세계 태권도 대회 유치를 제안했다. 또 문화새마을과에서는 KBS 열린음악회 및 전국노래자랑 유치를, 세무과에서는 e − 스포츠 전용경기장 조성을, 회계과에서는 해상케이블카 조성 및 폐광지구 자립형 농어촌 숙박단지 조성 등을 제안했다. 사회복지과에서는 여성 친화 플리마켓을, 교통과에서는 장항선 복선전철 조기 준공 및 열차 증편을, 관광과는 체험·놀이·전시 등 보령머드 테마파크 조성 등의 다양한 아이디어를 내놓았다.
> 보령시는 이번에 제안된 아이디어를 토대로 실현 가능성 등을 검토하고, 박람회 추진에 참고자료로 적극 활용할 계획이다.

① 브레인스토밍
② SCAMPER 기법
③ NM법
④ Synectics법
⑤ 육색사고모자 기법

06 동물 애호가 A, B, C, D가 키우는 동물의 종류에 대해서 다음 사실이 알려져 있다. 다음 중 추론한 것으로 옳은 것은?

> • A는 개, C는 고양이, D는 닭을 키운다.
> • B는 토끼를 키우지 않는다.
> • A가 키우는 동물은 B도 키운다.
> • A와 C는 같은 동물을 키우지 않는다.
> • A, B, C, D 각각은 2종류 이상의 동물을 키운다.
> • A, B, C, D는 개, 고양이, 토끼, 닭 이외의 동물은 키우지 않는다.

① B는 개를 키우지 않는다.
② B와 C가 공통으로 키우는 동물이 있다.
③ C는 키우지 않지만 D가 키우는 동물이 있다.
④ 3명이 공통으로 키우는 동물은 없다.
⑤ 3가지 종류의 동물을 키우는 사람은 없다.

다음은 A와 B의 시계조립 작업지시서의 내용이다. 〈조건〉에 따라 작업할 때, B의 최종 완성 시간과 유휴 시간은 각각 얼마인가?(단, 이동 시간은 고려하지 않는다)

〈작업지시서〉

[각 공작 기계 및 소요 시간]
1. 앞면 가공용 A공작 기계 : 20분
2. 뒷면 가공용 B공작 기계 : 15분
3. 조립 : 5분

[공작 순서]
시계는 각 1대씩 만들며 A는 앞면부터 가공하여 뒷면 가공 후 조립하고, B는 뒷면부터 가공하여 앞면 가공 후 조립하기로 하였다.

조건
1. A, B공작 기계는 각 1대씩이며 모두 사용해야 하고, 두 명이 동시에 작업을 시작한다.
2. 조립은 가공이 이루어진 후 즉시 실시한다.

	최종 완성 시간	유휴 시간
①	40분	5분
②	45분	5분
③	45분	10분
④	50분	5분
⑤	50분	10분

08 귀하의 회사에서 K제품을 개발하여 중국시장에 진출하고자 한다. 귀하의 상사가 3C 분석 결과를 건네며, 사업계획에 반영하고 향후 해결해야 할 회사의 전략 과제가 무엇인지 정리하여 보고하라는 지시를 내렸다. 다음 중 회사에서 해결해야 할 전략 과제로 적절하지 않은 것은?

Customer	Competitor	Company
• 전반적인 중국시장은 매년 10% 성장 • 중국시장 내 제품의 규모는 급성장 중임 • 20 ~ 30대 젊은 층이 중심 • 온라인 구매가 약 80% 이상 • 인간공학 지향	• 중국기업들의 압도적인 시장점유 • 중국기업들 간의 치열한 가격경쟁 • A/S 및 사후관리 취약 • 생산 및 유통망 노하우 보유	• 국내시장 점유율 1위 • A/S 등 고객서비스 부문 우수 • 해외 판매망 취약 • 온라인 구매시스템 미흡(보안, 편의 등) • 높은 생산원가 구조 • 높은 기술개발력

① 중국 시장의 판매유통망 구축
② 온라인 구매시스템 강화
③ 고객서비스 부문 강화
④ 원가 절감을 통한 가격 경쟁력 강화
⑤ 인간공학을 기반으로 한 제품 개발 강화

09 최근 한 동물연구소에서 기존의 동물 분류 체계를 대체할 새로운 분류군과 분류의 기준을 마련하여 발표하였다. 다음을 토대로 판단할 때, 반드시 거짓인 진술은?

> 1. 이 분류 체계는 다음과 같은 세 가지 분류의 기준을 적용한다.
>   (가) 날 수 있는 동물인가, 그렇지 않은가?(날 수 있는가의 여부는 정상적인 능력을 갖춘 성체를 기준으로 한다)
>   (나) 벌레를 먹고 사는가, 그렇지 않은가?
>   (다) 장(腸) 안에 프리모넬라가 서식하는가?(이 경우 '프리모'라 부른다) 아니면 세콘데렐라가 서식하는가?(이 경우 '세콘도'라 부른다) 둘 중 어느 것도 서식하지 않는가?(이 경우 '눌로'라고 부른다) 혹은 둘 다 서식하는가?(이 경우 '옴니오'라고 부른다)
> 2. 벌레를 먹고 사는 동물의 장 안에 세콘데렐라는 도저히 살 수가 없다.
> 3. 날 수 있는 동물은 예외 없이 벌레를 먹고 산다. 그러나 그 역은 성립하지 않는다.
> 4. 벌레를 먹지 않는 동물 가운데 눌로에 속하는 것은 없다.

① 날 수 있는 동물 가운데는 세콘도가 없다.
② 동고비새는 날 수 있는 동물이므로 옴니오에 속한다.
③ 벌쥐가 만일 날 수 있는 동물이라면 그것은 프리모이다.
④ 플라나리아는 날지 못하고 벌레를 먹지도 않으므로 세콘도이다.
⑤ 타조가 만일 날 수 있는 동물이라면 눌로에 속한다.

10 H공사는 철도사고의 예방에 힘쓰는 한편 이와 동시에 철도사고가 발생했을 경우 안전하고 신속한 대응태세를 확립하기 위한 비상대응훈련을 실행하고 있다. 이에 사고종류, 형태, 대상, 위치를 고려하여 비상사고 유형을 분류하고 이를 코드화하였다. 오늘은 비상대응훈련이 있는 날이다. 당신은 〈보기〉의 상황별 시나리오를 받았다. 제시된 자료를 참고로 중앙관제센터에 비상사고의 코드를 틀리게 전송한 것은?

〈자료 1〉 비상사태 유형분류

사고종류	철도사고 형태	철도사고 대상	철도사고 위치
충돌사고(C)	① 열차정면충돌	① 전동열차 ② 고속열차 ③ 여객열차 ④ 여객・위험물 열차 ⑤ 시설・전기분야	① 역내 ② 본선구간 ③ 터널 ④ 교량
	② 열차추돌		
	③ 열차측면충돌		
탈선사고(R)	① 열차탈선		
화재사고(F)	① 열차화재		
	② 차량화재		
	③ 역사화재		
위험물(H)	① 화학공업(유류)		
	② 화약류(화약, 폭약, 화공품)		
	③ 산류(황산 등)		
	④ 가스류(압축・액화가스)		
	⑤ 가연성물질(액체・고체류)		
	⑥ 산화부식제		
	⑦ 독물류(방사능물질, 휘산성)		
	⑧ 특별취급 화공품(타르류 등)		
자연재해(N)	① 침수(노반유실)		
	② 강설		
	③ 지진		
테러(T)	① 독가스 테러		
	② 폭발물 테러		
	③ 생화학(탄저균) 테러		
차량 및 시설장애(I)	① 차량고장 및 장애		
	② 시설고장 및 장애		
	③ 전기고장 및 장애		

〈자료 2〉 비상사고의 코드화

구분	사고종류	철도사고 형태	철도사고 대상	철도사고 위치
사용문자	문자	숫자	숫자	숫자
표기방법	C : 충돌사고 R : 탈선사고 F : 화재사고 H : 위험물 N : 자연재해 T : 테러 I : 차량 및 시설장해	세부적인 사고 유형을 오름차순 숫자로 표현	1. 전동열차 2. 고속열차 3. 여객열차 4. 여객・위험물 열차 5. 시설・전기분야	1. 역내 2. 본선구간 3. 터널 4. 교량

(가) 사고 상황 : 터널 내 여객열차와 위험물수송열차 정면충돌
(나) 사고 상황 : 터널 내 여객열차 탈선
(다) 사고 상황 : 터널 내 여객열차 화재
(라) 사고 상황 : 터널 내 황산 수송열차 누출 발생
(마) 사고 상황 : 여객열차 본선구간 폭우로 인한 선로침수로 노반 유실 발생

① (가) : C143
③ (다) : F133
⑤ (마) : N134

② (나) : R133
④ (라) : H343

11 다음은 연도별 근로자 수 변화 추이에 관한 자료이다. 이에 대한 설명으로 옳지 않은 것은?

〈연도별 근로자 수 변화 추이〉

(단위 : 천 명)

구분	전체	남성	비중	여성	비중
2015년	14,290	9,061	63.4%	5,229	36.6%
2016년	15,172	9,467	62.4%	5,705	37.6%
2017년	15,536	9,633	62.0%	5,902	38.0%
2018년	15,763	9,660	61.3%	6,103	38.7%
2019년	16,355	9,925	60.7%	6,430	39.3%

① 매년 남성 근로자 수가 여성 근로자 수보다 많다.
② 2019년 근로자 수의 2015년 대비 증가율은 여성이 남성보다 높다.
③ 2015 ~ 2019년 동안 남성 근로자 수와 여성 근로자 수의 차이는 매년 증가한다.
④ 전체 근로자 중 여성 근로자 수의 비중이 가장 큰 해는 2019년이다.
⑤ 2019년 여성 근로자 수는 전년보다 약 5.4% 증가하였다.

12 A와 B는 휴일을 맞아 B의 집에서 49km 떨어진 전시회에 가기 위해 각자 집에서 출발하여 전시회 주차장에서 만나려고 한다. B는 항상 70km/h 속력으로 운전하고, A는 55km/h의 속력으로 운전한다. 전시회장에서 B의 집이 A의 집보다 더 멀어 30분 먼저 출발해야 같은 시간에 전시회 주차장에 도착할 수 있을 때 A와 B의 집 사이의 거리는 몇 km인가?(단, A와 B의 운전 방향은 같다)

① 37km

② 38km

③ 39km

④ 40km

⑤ 41km

13 C사에서는 주요 고객을 대상으로 설문조사를 실시하려고 한다. 설문조사를 3일 안에 끝내기 위해 필요한 아르바이트생은 최소 몇 명인가?

- 주요 고객 3,200명에게 설문조사를 할 것이다.
- 고객 한 명당 설문조사 시간은 3분이 걸린다.
- 아르바이트생 한 명은 하루에 300분 동안 일을 할 수 있다.
- 3일 동안 동일한 수의 아르바이트생을 고용할 예정이다.

① 7명

② 8명

③ 9명

④ 10명

⑤ 11명

14 다음 문장을 논리적 순서대로 알맞게 배열한 것은?

(A) 그래서 부모나 교사로부터 영향을 받을 가능성이 큽니다.
(B) 이는 성인이 경험을 통해서 자신의 판단력을 향상시킬 수 있는 데 비해 청소년은 그럴 기회가 별로 없기 때문입니다.
(C) 대다수 청소년은 정치적 판단 능력이 성숙하지 않습니다.
(D) 따라서 청소년에게 정치적 판단에 대한 책임을 지우기 전에 이를 감당할 수 있도록 돕는 것이 우선이라고 봅니다.

① (C) – (B) – (D) – (A)

② (C) – (A) – (D) – (B)

③ (C) – (D) – (A) – (B)

④ (C) – (D) – (B) – (A)

⑤ (C) – (A) – (B) – (D)

15 다음 글의 내용을 지지하지 않는 것은?

지구와 태양 사이의 거리와 지구가 태양 주위를 도는 방식은 인간의 생존에 유리한 여러 특징을 지니고 있다. 인간을 비롯한 생명이 생존하려면 행성을 액체 상태의 물을 포함하면서 너무 뜨겁거나 차갑지 않아야 한다. 이를 위해 행성은 태양과 같은 별에서 적당히 떨어져 있어야 한다. 이 적당한 영역을 '골디락스 영역'이라고 한다. 또한, 지구가 태양의 중력장 주위를 도는 타원 궤도는 충분히 원에 가깝다. 따라서 연중 태양에서 오는 열에너지가 비교적 일정하게 유지될 수 있다. 만약 태양과의 거리가 일정하지 않았다면 지구는 여름에는 바다가 모두 끓어 넘치고 겨울에는 거대한 얼음덩어리가 되는 불모의 행성이었을 것이다.

우리 우주에 작용하는 근본적인 힘의 세기나 물리법칙도 인간을 비롯한 생명의 탄생에 유리하도록 미세하게 조정되어 있다. 예를 들어 근본적인 힘인 핵력이나 전기력의 크기가 현재 값에서 조금만 달랐다면, 별의 내부에서 탄소처럼 무거운 원소는 만들어질 수 없었고 행성도 만들어질 수 없었을 것이다. 최근 들어 물리학자들은 이들 힘을 지배하는 법칙이 현재와 다르다면 우주는 구체적으로 어떤 모습이 될지 컴퓨터 모형으로 계산했다. 그 결과를 보면 핵력의 강도가 겨우 0.5% 다르거나 전기력의 강도가 겨우 4% 다를 경우에도 탄소나 산소는 우주에서 합성되지 않는다. 따라서 생명 탄생의 가능성도 사라진다. 결국, 핵력이나 전기력을 지배하는 법칙들을 조금이라도 건드리면 우리가 존재할 가능성은 사라지는 것이다.

결론적으로 지구 주위 환경뿐만 아니라 보편적 자연법칙까지도 인류와 같은 생명이 진화해 살아가기에 알맞은 범위 안에 제한되어 있다고 할 수 있다. 만일 그러한 제한이 없었다면 태양계나 지구가 탄생할 수 없었을 뿐만 아니라 생명 또한 진화할 수 없었을 것이다. 우리가 아는 행성이나 생명이 탄생할 가능성을 열어두면서 물리법칙을 변경할 수 있는 폭은 매우 좁다.

① 탄소가 없는 상황에서도 생명은 자연적으로 진화할 수 있다.
② 중력법칙이 현재와 조금만 달라도 지구는 태양으로 빨려 들어간다.
③ 원자핵의 질량이 현재보다 조금 더 크다면 우리 몸을 이루는 원소는 합성되지 않는다.
④ 별 주위의 '골디락스 영역'에 행성이 위치할 확률은 매우 낮지만, 지구는 그 영역에 위치한다.
⑤ 핵력의 강도가 현재와 약간만 달라도 별의 내부에서 무거운 원소가 거의 전부 사라진다.

16 다음은 H섬유회사에 대한 SWOT 분석 자료이다. 분석에 따른 대응 전략으로 적절한 것을 〈보기〉에서 모두 고르면?

• 첨단 신소재 관련 특허 다수 보유	• 신규 생산 설비 투자 미흡 • 브랜드의 인지도 부족
S 강점	**W 약점**
O 기회	**T 위협**
• 고기능성 제품에 대한 수요 증가 • 정부 주도의 문화 콘텐츠 사업 지원	• 중저가 의류용 제품의 공급 과잉 • 저임금의 개발도상국과 경쟁 심화

보기

ㄱ. SO전략으로 첨단 신소재를 적용한 고기능성 제품을 개발한다.
ㄴ. ST전략으로 첨단 신소재 관련 특허를 개발도상국의 경쟁업체에 무상 이전한다.
ㄷ. WO전략으로 문화 콘텐츠와 디자인을 접목한 신규 브랜드 개발을 통해 적극적 마케팅을 한다.
ㄹ. WT전략으로 기존 설비에 대한 재투자를 통해 대량생산 체제로 전환한다.

① ㄱ, ㄷ   ② ㄱ, ㄹ
③ ㄴ, ㄷ   ④ ㄷ, ㄹ
⑤ ㄴ, ㄹ

17 다음은 조세심판원의 연도별 사건 처리건수에 관한 자료이다. 이에 대한 〈보기〉의 설명 중 옳은 것만을 모두 고르면?

〈조세심판원의 연도별 사건 처리건수〉

(단위 : 건)

구분		2015년	2016년	2017년	2018년	2019년
처리대상건수	전년 이월건수	1,854	( )	2,403	2,127	2,223
	당년 접수건수	6,424	7,883	8,474	8,273	6,003
	소계	8,278	( )	10,877	10,400	8,226
처리건수	취하건수	90	136	163	222	163
	각하건수	346	301	482	459	506
	기각건수	4,214	5,074	6,200	5,579	4,322
	제조사건수	27	0	465	611	299
	인용건수	1,767	1,803	1,440	1,306	1,338
	소계	6,444	7,314	8,750	8,177	6,628

※ (당해 연도 전년 이월건수)=(전년도 처리대상건수)-(전년도 처리건수)

※ (처리율)=$\dfrac{(처리건수)}{(처리대상건수)} \times 100$

※ (인용률)=$\dfrac{(인용건수)}{(각하건수)+(기각건수)+(인용건수)} \times 100$

보기

㉠ 처리대상건수가 가장 적은 연도의 처리율은 75% 이상이다.

㉡ 2016 ~ 2019년 동안 취하건수와 기각건수의 전년 대비 증감 추이는 같다.

㉢ 2016년의 처리율은 80% 이상이다.

㉣ 인용률은 2015년이 2017년보다 높다.

① ㉠, ㉡
② ㉠, ㉣
③ ㉡, ㉢
④ ㉠, ㉢, ㉣
⑤ ㉡, ㉢, ㉣

18 0 ~ 9까지의 숫자가 적힌 카드를 세 장 뽑아서 홀수인 세 자리의 수를 만들려고 할 때, 가능한 경우의 수는?

① 280가지   ② 300가지

③ 320가지   ④ 340가지

⑤ 360가지

19 다음 표는 국가별 자동차 보유 대수를 나타낸 것이다. 다음 중 옳은 것은?(단, 모든 비율은 소수점 이하 둘째 자리에서 반올림한다)

〈국가별 자동차 보유 대수〉

(단위 : 천 대)

구분		전체	승용차	트럭 · 버스
유럽	네덜란드	3,585	3,230	355
	독일	18,481	17,356	1,125
	프랑스	17,434	15,100	2,334
	영국	15,864	13,948	1,916
	이탈리아	15,400	14,259	1,414
캐나다		10,029	7,823	2,206
호주		5,577	4,506	1,071
미국		129,943	104,898	25,045

① 자동차 보유 대수에서 승용차가 차지하는 비율이 가장 높은 나라는 프랑스이다.

② 자동차 보유 대수에서 트럭 · 버스가 차지하는 비율이 가장 높은 나라는 미국이다.

③ 자동차 보유 대수에서 승용차가 차지하는 비율이 가장 낮은 나라는 호주지만, 그래도 90%를 넘는다.

④ 캐나다와 프랑스는 승용차와 트럭 · 버스의 비율이 3 : 1로 거의 비슷하다.

⑤ 유럽 국가는 미국, 캐나다, 호주와 비교했을 때, 자동차 보유 대수에서 승용차가 차지하는 비율이 높다.

20 다음 제시된 단락을 읽고, 이어질 내용을 논리적 순서대로 올바르게 나열한 것은?

DNA는 이미 1896년에 스위스의 생물학자 프리드리히 미셔가 발견했지만, 대다수 과학자는 1952년까지는 DNA에 별로 관심을 보이지 않았다. 미셔는 고름이 배인 붕대에 끈적끈적한 회색 물질이 남을 때까지 알코올과 돼지 위액을 쏟아부은 끝에 DNA를 발견했다. 그것을 시험한 미셔는 DNA는 생물학에서 아주 중요한 물질로 밝혀질 것이라고 선언했다. 그러나 불행하게도 화학 분석 결과, 그 물질 속에 인이 다량 함유된 것으로 드러났다. 그 당시 생화학 분야에서는 오로지 단백질에만 관심을 보였는데, 단백질에는 인이 전혀 포함돼 있지 않으므로 DNA는 분자 세계의 충수처럼 일종의 퇴화 물질로 간주하였다.

(A) 그래서 유전학자인 알프레드 허시와 마사 체이스는 방사성 동위원소 추적자를 사용해 바이러스에서 인이 풍부한 DNA의 인과, 황이 풍부한 단백질의 황을 추적해 보았다. 이 방법으로 바이러스가 침투한 세포들을 조사한 결과, 방사성 인은 세포에 주입되어 전달됐지만 황이 포함된 단백질은 그렇지 않은 것으로 드러났다.
(B) 그러나 그 유전 정보가 바이러스의 DNA에 들어 있는지 단백질에 들어 있는지는 아무도 몰랐다.
(C) 따라서 유전 정보의 전달자는 단백질이 될 수 없으며 전달자는 DNA인 것으로 밝혀졌다.
(D) 1952년에 바이러스를 대상으로 한 극적인 실험이 그러한 편견을 바꾸어 놓았다. 바이러스는 다른 세포에 무임 승차하여 피를 빠는 모기와는 반대로 세포 속에 악당 유전 정보를 주입한다.

① (A) – (C) – (B) – (D)
② (A) – (D) – (B) – (C)
③ (B) – (A) – (C) – (D)
④ (B) – (C) – (A) – (D)
⑤ (D) – (B) – (A) – (C)

21 다음은 D공단 직원 250명을 대상으로 조사한 자료이다. 자료에 대한 설명으로 옳은 것은?(단, 소수점 아래 첫째 자리에서 버림한다)

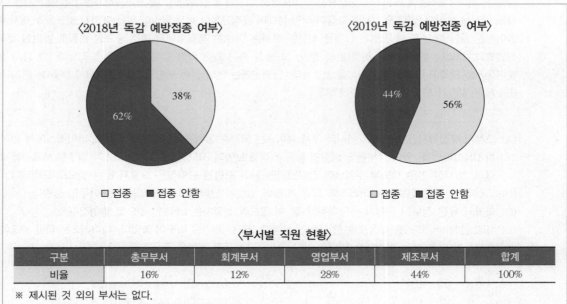

〈2018년 독감 예방접종 여부〉

62% / 38%

□ 접종 ■ 접종 안함

〈2019년 독감 예방접종 여부〉

44% / 56%

□ 접종 ■ 접종 안함

〈부서별 직원 현황〉

구분	총무부서	회계부서	영업부서	제조부서	합계
비율	16%	12%	28%	44%	100%

※ 제시된 것 외의 부서는 없다.

※ 2018년과 2019년 부서별 직원 현황은 변동이 없다.

① 모든 2018년의 독감 예방접종자가 2019년에도 예방접종했다면, 2018년에는 예방접종을 하지 않았지만 2019년에 예방접종을 한 직원은 총 54명이다.

② 2019년에 예방접종을 한 직원의 수는 2018년 대비 49% 이상 증가했다.

③ 2019년의 자료가 2018년의 예방접종을 하지 않은 직원들을 대상으로 조사한 자료라고 하면, 2018년과 2019년 모두 예방접종을 하지 않은 직원은 총 65명이다.

④ 제조부서를 제외한 모든 부서 직원들이 2019년에 예방접종을 했다고 할 때, 제조부서 중 예방접종을 한 직원의 비율은 2%이다.

⑤ 2018년과 2019년의 독감 예방접종 여부가 총무부서에 대한 자료이고 인원변동이 없다고 할 때, 총무부서 직원 중 예방접종을 한 직원은 2019년에 2018년 대비 7명 증가했다.

22 다음은 문제해결절차의 문제 도출 단계에서 사용되는 방법을 나타낸 자료이다. 다음 자료에 나타난 문제해결방법은 무엇인가?

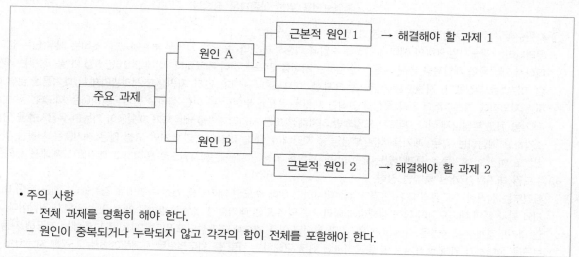

- 주의 사항
  - 전체 과제를 명확히 해야 한다.
  - 원인이 중복되거나 누락되지 않고 각각의 합이 전체를 포함해야 한다.

① So What 방법
② 피라미드 구조 방법
③ Logic Tree 방법
④ SWOT 분석 방법
⑤ 3C 분석 방법

환경보전을 위한 아름다운 정책들

㉠ 자원순환 사회를 위한 자원순환 기본법 제정

우리나라는 광물자원 90%와 에너지 97%를 수입에 의존하고 있다. 보유한 자원은 부족하지만, 소비는 매우 많은 셈이다. 따라서 재사용과 재활용을 통해 자원이 순환하는 사회를 만드는 것이 필요하다. 이에 2016년 5월 29일, 정부는 자원순환 기본법을 제정했다. 자원순환 기본법은 크게 총 3가지로 나눠진다. 먼저 '자원순환 성과관리제'는 폐기물을 많이 배출하는 사업장에 기술수준과 업종 특성을 고려한 재활용 목표를 부여한 뒤 이행 실적을 평가 · 관리하는 제도다. 두 번째로 '폐기물 처분 부담금제'이다. 제도가 도입되면 지자체장 또는 사업장폐기물 배출자가 재활용이 가능한 유용자원을 단순히 소각하고 매립하는 경우 '폐기물 처분 부담금'을 지급해야 한다. 마지막으로 폐지와 고철 같은 폐기물은 재활용 과정을 거쳐도 여전히 폐기물로 규제받았는데, 이러한 재활용 가능 물질을 순환자원으로 인정하고 폐기물 규제에서 제외한다.

㉡ 수도권 대기환경 개선 특별법 강화

환경부는 심각한 수도권의 대기 환경오염을 대처하기 위해 수도권 대기환경 개선 특별법을 강화했다. 최근 들어 미세먼지와 황사 등의 대기오염이 더욱 심해짐에 따라 기존의 수도권 대기환경 개선 특별법을 개선 및 보완하기 위함이다. 수도권 대기환경개선 특별법은 지난 2003년 12월 제정된 이후 계속해서 개정되고 있다. 2016년 11월에는 저공해 자동차의 보급을 확대하기 위해 행정기관 및 공공기관이 새로 구매하는 차량 중 의무적으로 구매해야 하는 저공해 자동차의 비율을 30%에서 50%로 높였다. 또한, 2016년 12월 1일부터는 경유 저공해 자동차의 기준을 강화하여 수송부문 미세먼지 저감에 기여하고 있다. 2017년 3월 15일에는 노후 차량 조기 폐차 제도의 효율성을 높이기 위해 노후 차량의 조기 폐차 권고 요건을 완화했다. 이에 따라 매연이 많이 발생하는 노후 차량은 점차 줄어들고 저공해 자동차의 비율은 점점 늘어날 것으로 예상한다.

㉢ 환경성 표시와 광고 관리제도

2017년 2월 15일부터 제품의 환경성에 관한 표시와 광고를 엄격하게 관리하기 위해 '환경성 표시 · 광고 관리제도에 관한 고시'를 시행했다. 친환경, 무공해 등의 표시가 소비자들의 마음을 사로잡고 있는 만큼 소비자를 기만하거나 오인시킬 우려가 있는 것으로 판단된 제품은 관련 매출액의 2%까지 과징금을 물어야 한다. 제도의 도입으로 제품에 환경성을 표시하거나 광고하기 위해서는 사실에 근거해 명료하게 표현해야 한다. 또한, 법적으로 지켜야 하는 의무 기준의 제품을 마치 환경성을 개선한 제품인 것처럼 표현하는 것도 금지된다.

㉣ 노후 상수도 현대화 사업 본격 착수

K공단은 1970년대부터 1980년대에 설치된 노후 상수도 시설 개선을 위해 '노후 상수도 현대화 사업'을 올해부터 본격적으로 착수한다. 우리나라는 상수도 시설의 급격한 노후화로 연간 6.9톤의 물이 누수 되고 약 7천억 원의 예산 손실이 발생하고 있다. 노후 상수도 현대화 사업이 완료될 경우 연간 501억 원의 예산 절감 효과가 나타날 것으로 예상한다. 현재는 홍천, 횡성 등 20곳의 지자체에서 노후상수도 정비를 시행하고 있다. 환경부는 이들 20곳 지자체 급수구역의 평균 유수율(상수도가 중간에 새지 않고 주민에게 도달하는 비율)이 2013년 기준 57.6%에서 사업이 완료되는 2021년에는 85%까지 향상될 것으로 예상한다고 밝혔다.

23 다음 중 올바르게 이해하지 못한 것은?

① ㉠은 제품의 생산~폐기에 이르기까지 효율적으로 자원이 이용되도록 관리하는 것을 말한다.

② ㉡은 노후 차량 조기폐차 제도의 효율성을 위하여 노후 차량의 조기폐차 권고 요건을 대기환경보전법에 따른 관능검사 결과 적합판정을 받은 자동차로 완화했다.

③ ㉢은 제품의 환경성에 관한 표시·광고 방법을 규정한 기본원칙으로 제품에 적힌 환경성에 관한 표시를 소비자가 오인하지 않도록 사실을 명료하게 표현해야 한다.

④ ㉢에서 제품에 환경성을 표시하기 위해서는 사실에 근거해 명료하게 표현해야 하는데, 제품 앞면에 좋지 않은 상태의 비닐로 표시하면서 뒷면에 알아보기 힘든 작은 글씨로 '20℃ 이상, 습도 40% 이상인 조건에 한함'이라고 기재하는 행위는 불법이다.

⑤ ㉣은 상수도 낙후지역에서 사는 국민들에게 깨끗한 수돗물을 공급하기 위해 시설을 현대화하는 사업이다.

24 다음 상황에 적용된 정책으로 올바른 것은?

> 제품이 의무적으로 받아야 하는 인증 마크를 빗대어 '친환경 원단'이라고 표시할 경우 처벌받는다. 따라서 법적 의무 기준 이상을 만족시킨 후, 인증 받는 경우에만 '○○급 친환경 원단'이라고 표시할 수 있다.

① ㉠

② ㉡

③ ㉢

④ ㉣

⑤ ㉢, ㉣

25 다음은 A패스트푸드점의 메인·스낵·음료 메뉴의 영양성분에 관한 자료이다. 이에 대한 설명으로 옳은 것은?

〈표 1〉 메인 메뉴 단위당 영양성분표

구분 메뉴	중량(g)	열량(kcal)	성분함량			
			당(g)	단백질(g)	포화지방(g)	나트륨(mg)
치즈버거	114	297	7	15	7	758
햄버거	100	248	6	13	5	548
새우버거	197	395	9	15	5	882
치킨버거	163	374	6	15	5	719
불고기버거	155	399	13	16	2	760
칠리버거	228	443	7	22	5	972
베이컨버거	242	513	15	26	13	1,197
스페셜버거	213	505	8	26	12	1,059

〈표 2〉 스낵 메뉴 단위당 영양성분표

구분 메뉴	중량(g)	열량(kcal)	성분함량			
			당(g)	단백질(g)	포화지방(g)	나트륨(mg)
감자튀김	114	352	0	4	4	181
조각치킨	68	165	0	10	3	313
치즈스틱	47	172	0	6	6	267

〈표 3〉 음료 메뉴 단위당 영양성분표

구분 메뉴	중량(g)	열량(kcal)	성분함량			
			당(g)	단백질(g)	포화지방(g)	나트륨(mg)
콜라	425	143	34	0	0	19
커피	400	10	0	0	0	0
우유	200	130	9	6	5	100
오렌지주스	175	84	18	0	0	5

① 중량 대비 열량의 비율이 가장 낮은 메인 메뉴는 새우버거이다.
② 모든 메인 메뉴는 나트륨 함량이 당 함량의 50배 이상이다.
③ 서로 다른 두 메인 메뉴를 한 단위씩 주문한다면, 총 단백질 함량은 항상 총 포화지방 함량의 두 배 이상이다.
④ 메인 메뉴 각각의 단위당 중량은 모든 스낵 메뉴의 단위당 중량 합보다 적다.
⑤ 메인 메뉴, 스낵 메뉴 및 음료 메뉴에서 각각 한 단위씩 주문하여 총 열량이 500kcal 이하가 되도록 할 때 주문할 수 있는 음료 메뉴는 커피뿐이다.

26 다음 〈표 1〉은 창의경진대회에 참가한 팀 A, B, C의 팀 인원수 및 팀 평균점수이며, 〈표 2〉는 〈표 1〉에 기초하여 팀 연합 인원수 및 팀 연합 평균점수를 각각 산출한 자료이다. (가)와 (나)에 들어갈 값을 바르게 나열한 것은?

〈표 1〉 팀 인원수 및 팀 평균점수

(단위 : 명, 점)

팀	A	B	C
인원수	( )	( )	( )
평균점수	40.0	60.0	90.0

※ 1) 각 참가자는 A, B, C팀 중 하나의 팀에만 속하고, 개인별로 점수를 획득함

2) (팀 평균점수)$=\dfrac{(해당\ 팀\ 참가자\ 개인별\ 점수의\ 합)}{(해당\ 팀\ 참가자\ 인원수)}$

〈표 2〉 팀 연합 인원수 및 팀 연합 평균점수

(단위 : 명, 점)

팀 연합	A+B	B+C	C+A
인원수	80	120	(가)
평균점수	52.5	77.5	(나)

※ 1) A+B는 A팀과 B팀, B+C는 B팀과 C팀, C+A는 C팀과 A팀의 인원을 합친 팀 연합임

2) (팀 연합 평균점수)$=\dfrac{(해당\ 팀\ 연합\ 참가자\ 개인별\ 점수의\ 합)}{(해당\ 팀\ 연합\ 참가자\ 인원수)}$

	(가)	(나)			(가)	(나)
①	90	72.5		②	90	75.0
③	100	72.5		④	100	75.0
⑤	110	72.5				

27 A대리는 H공사 사내 문제처리 과정을 매뉴얼하여 전사에 공표하는 업무를 맡게 되었다. 문제처리 과정 중 마지막 단계인 실행 및 Follow-up 단계에서 실행상의 문제점을 해결하기 위한 모니터링 체제를 구축하기 위해 고려해야 할 체크리스트를 만들려고 한다. 다음 중 체크리스트 항목으로 들어갈 수 없는 것은?

① 문제가 재발하지 않을 것을 확신할 수 있는가?
② 해결안별 세부실행내용이 구체적으로 수립되었는가?
③ 혹시 또 다른 문제를 발생시키지 않았는가?
④ 바람직한 상태가 달성되었는가?
⑤ 사전에 목표한 기간 및 비용은 계획대로 지켜졌는가?

28 다음 〈조건〉에 따라 교육부, 행정안전부, 보건복지부, 농림축산식품부, 외교부 및 국방부에 대한 국정감사 순서를 정한다고 할 때, 다음 중 항상 옳은 것은?

> **조건**
> • 행정안전부에 대한 감사는 농림축산식품부와 외교부에 대한 감사 사이에 한다.
> • 국방부에 대한 감사는 보건복지부나 농림축산식품부에 대한 감사보다 늦게 시작되지만, 외교부에 대한 감사보다 먼저 시작한다.
> • 교육부에 대한 감사는 아무리 늦어도 보건복지부 또는 농림축산식품부 중 적어도 어느 한 부서에 대한 감사보다는 먼저 시작되어야 한다.
> • 보건복지부는 농림축산식품부보다 먼저 감사를 시작한다.

① 교육부는 첫 번째 또는 두 번째에 감사를 시작한다.
② 보건복지부는 두 번째로 감사를 시작한다.
③ 농림축산식품부보다 늦게 감사를 받는 부서의 수가 일찍 받는 부서의 수보다 적다.
④ 국방부는 행정안전부보다 감사를 일찍 시작한다.
⑤ 외교부보다 늦게 감사를 받는 부서가 있다.

29 경영학과에 재학 중인 A ~ E는 계절학기 시간표에 따라 요일별로 하나의 강의만 수강한다. 전공 수업을 신청한 C는 D보다 앞선 요일에 수강하고, E는 교양 수업을 신청한 A보다 나중에 수강한다고 할 때, 다음 중 항상 참이 되는 것은?

월	화	수	목	금
전공1	전공2	교양1	교양2	교양3

① A가 수요일에 강의를 듣는다면 E는 교양2 강의를 듣는다.

② B가 전공 수업을 듣는다면 C는 화요일에 강의를 듣는다.

③ C가 화요일에 강의를 듣는다면 E는 교양3 강의를 듣는다.

④ D는 반드시 전공 수업을 듣는다.

⑤ E는 반드시 교양 수업을 듣는다.

30 다음 글의 빈칸에 들어갈 내용으로 가장 적절한 것은?

발전은 항상 변화를 내포하고 있다. 그러나 모든 형태의 변화가 전부 발전에 해당하는 것은 아니다. 이를테면 교통 신호등이 빨강에서 파랑으로, 파랑에서 빨강으로 바뀌는 변화를 발전으로 생각할 수는 없다. 즉, (   ) 좀 더 구체적으로 말해, 사태의 진전 과정에서 나중에 나타나는 것은 적어도 그 이전 단계에 내재적으로나마 존재했던 것의 전개에 해당한다는 것이다. 이렇게 볼 때, 발전은 선적(線的)인 특성이 있다. 순전한 반복의 과정으로 보이는 것을 발전이라고 규정하지 않는 이유는 그 때문이다. 반복과정에서는 최후에 명백히 나타나는 것이 처음에 존재했던 것과 거의 다르지 않다. 그러나 또 한편으로 우리는 비록 반복의 경우라도 때때로 그 과정 중의 특정 단계를 따로 떼어서 그것을 발견이라고 생각하기도 한다. 즉, 전체 과정에서 어떤 종류의 질이 그 시기에 특정의 수준까지 진전한 경우를 말한다.

① 발전은 어떤 특정한 방향으로 일어나는 변화라는 의미를 내포하고 있다.

② 변화는 특정한 방향으로 발전하는 것을 의미한다.

③ 발전은 불특정 방향으로 일어나는 변모라는 의미이다.

④ 발전은 어떤 특정한 반복으로 일어나는 변화라는 의미로 사용된다.

⑤ 변화는 어떤 특정한 방향으로 일어나는 발전이라는 의미로 사용된다.

31 다음은 시간계획의 기본원리에 대한 설명이다. 빈칸에 들어갈 행동으로 가장 적절하게 연결된 것은?

> 시간은 무형의 자원으로, 다른 자원과는 다른 관리방식을 요하는 자원이다. 또한, 가용한 모든 시간을 관리한다는 것은 불가능에 가까운 일이므로 시간을 계획하는 것은 시간관리에 있어서 매우 중요한 것이다. 이에 대해 로타 J.자이베르트(Lother J. Seiwert)는 시간계획의 기본원칙으로 '60 : 40의 원칙'을 제시하고 있다. 이 원칙은 총 가용시간의 60%를 계획하고, 나머지 40%는 예측하지 못한 사태 및 일의 중단요인, 개인의 창의적 계발 시간으로 남겨둔다는 것이다. 보다 구체적으로 시간을 계획할 때, 60%의 시간은 ___㉠___ 에 할애하고, 20%는 ___㉡___ 에 할애하고, 마지막 20%를 ___㉢___에 할애한다는 것이다.

	㉠	㉡	㉢
①	비자발적 행동	자발적 행동	계획 행동
②	계획 외 행동	계획 행동	자발적 행동
③	자발적 행동	계획 행동	계획 외 행동
④	계획 행동	계획 외 행동	자발적 행동
⑤	계획행동	비자발적 행동	계획 외 행동

32 K컨설팅사에 근무하고 있는 A사원은 팀장으로부터 새로운 프로젝트를 수주하기 위해 제안서를 작성하라는 과제를 받았다. 우선 프로젝트 제안 비용을 결정하기 위해 직접비와 간접비를 기준으로 예산을 작성하려 한다. 다음 중 직접비와 간접비의 연결이 잘못된 것은?

	직접비	간접비
①	재료비	보험료
②	여행(출장) 및 잡비	통신비
③	인건비	광고비
④	시설비	사무비품비
⑤	과정개발비	여행(출장) 및 잡비

※ P베이커리 사장은 새로운 직원을 채용하기 위해 아르바이트 공고문을 게재하였고, 지원자 명단은 다음과 같다. 이어지는 질문에 답하시오. **[33~34]**

- ■ 아르바이트 공고문
  - 업체명 : P베이커리
  - 업무내용 : 고객응대 및 매장관리
  - 지원자격 : 경력, 성별, 학력 무관 / 나이 : 20 ~ 40세
  - 근무조건 : 6개월 / 월 ~ 금 / 08:00 ~ 20:00(협의 가능)
  - 급여 : 희망 임금
  - 연락처 : 010-1234-1234

- ■ 아르바이트 지원자 명단

성명	성별	나이	근무가능시간	희망 임금	기타
김갑주	여	28	08:00 ~ 16:00	시 10,000원	
강을미	여	29	15:00 ~ 20:00	시 9,000원	
조병수	남	25	12:00 ~ 20:00	시 9,500원	
박정현	여	36	08:00 ~ 14:00	시 10,500원	• 1일 1회 출근만 가능함
최강현	남	28	14:00 ~ 20:00	시 10,500원	• 최소 2시간 이상 연속 근무하여야 함
채미나	여	24	16:00 ~ 20:00	시 9,500원	
한수미	여	25	10:00 ~ 16:00	시 10,000원	

※ 근무시간은 지원자가 희망하는 근무시간대 내에서 조절 가능함

33 P베이커리 사장은 최소비용으로 가능한 최대인원을 채용하고자 한다. 매장에는 항상 2명의 직원이 상주하고 있어야 하며, 기존 직원 1명은 오전 8시부터 오후 3시까지 근무를 하고 있다. 위 지원자 명단을 참고하였을 때, 누구를 채용하겠는가?

① 김갑주, 강을미, 조병수
② 김갑주, 강을미, 박정현, 채미나
③ 강을미, 조병수, 박정현, 최강현, 채미나
④ 김갑주, 강을미, 조병수, 채미나, 한수미
⑤ 강을미, 조병수, 박정현, 최강현, 채미나, 한수미

34 위에서 결정한 인원을 채용했을 때, 급여를 한 주 단위로 지급한다면 사장이 지급해야 하는 임금은?(단, 기존 직원의 시급은 10,000원으로 계산한다)

① 1,005,000원
② 1,055,000원
③ 1,090,000원
④ 1,115,000원
⑤ 1,200,000원

35 A, B, C, D 네 팀이 참여하여 체육대회를 하고 있다. 순위 결정 기준과 각 팀의 현재까지 득점 현황에 근거하여 판단할 때, 항상 옳은 추론을 〈보기〉에서 모두 고른 것은?

〈순위 결정 기준〉

- 각 종목의 1위에게는 4점, 2위에게는 3점, 3위에게는 2점, 4위에게는 1점을 준다.
- 각 종목에서 획득한 점수를 합산한 총점이 높은 순으로 종합 순위를 결정한다.
- 총점에서 동점이 나올 경우에는 1위를 한 종목이 많은 팀이 높은 순위를 차지한다.
  - 만약 1위 종목의 수가 같은 경우에는 2위 종목이 많은 팀이 높은 순위를 차지한다.
  - 만약 1위 종목의 수가 같고, 2위 종목의 수도 같은 경우에는 공동 순위로 결정한다.

〈득점 현황〉

종목명 \ 팀명	A	B	C	D
가	4	3	2	1
나	2	1	3	4
다	3	1	2	4
라	2	4	1	3
마	?	?	?	?
합계	?	?	?	?

※ 종목별 순위는 반드시 결정되고, 동순위는 나오지 않는다.

보기

ㄱ. A팀이 종목 '마'에서 1위를 한다면 종합 순위 1위가 확정된다.
ㄴ. B팀이 종목 '마'에서 C팀에게 순위에서 뒤처지면 종합 순위에서도 C팀에게 뒤처지게 된다.
ㄷ. C팀은 종목 '마'의 결과와 관계없이 종합 순위에서 최하위가 확정되었다.
ㄹ. D팀이 종목 '마'에서 2위를 한다면 종합 순위 1위가 확정된다.

① ㄱ
② ㄱ, ㄴ
③ ㄹ
④ ㄴ, ㄷ
⑤ ㄷ, ㄹ

36 A회사의 X사원은 회의가 길어져 편의점에서 간식을 사오려고 한다. 회의에 참석한 11명 모두에게 햄버거와 음료수 하나씩을 주려고 할 때, 어떻게 구매하는 것이 총 금액을 최소화할 수 있는가?(단, 모든 사람이 같은 메뉴를 먹을 필요는 없다)

구분	종류	가격	특징
햄버거	치킨버거	2,300원	2개 구매 시, 그중 1개는 30% 할인
	불고기버거	2,300원	3개 구매 시, 물 1병 증정
	치즈버거	2,000원	–
음료수	보리차	1,100원	2병 구매 시, 추가로 1병 무료 증정
	물	800원	–
	오렌지주스	1,300원	4병 구매 시, 추가로 2병 무료 증정
	포도주스	1,400원	치즈버거 개수만큼 포도주스 병당 40% 할인

① 치킨버거 10개, 치즈버거 1개, 보리차 9병, 물 2병
② 치킨버거 8개, 불고기버거 3개, 보리차 6병, 오렌지주스 4병, 물 1병
③ 불고기버거 9개, 치즈버거 2개, 보리차 6병, 물 3병, 포도주스 2병
④ 불고기버거 6개, 치즈버거 5개, 보리차 3병, 물 3병, 포도주스 5병
⑤ 치즈버거 11개, 포도주스 11개

37 다음 중 빈칸에 들어갈 말로 적절하지 않은 것은?

인적자원으로부터의 성과는 인적자원의 _____ 여하에 따라 결정된다. 따라서 수동적인 성격의 예산과 물적자원에 비해 인적자원은 능동적이고 반응적인 성격을 지닌다.

① 욕구
② 동기
③ 태도
④ 양과 질
⑤ 만족감

38 A회사에서 아래와 같은 조건으로 임원용 보고서와 직원용 보고서를 제작하려고 한다. 임원용 보고서와 직원용 보고서의 제작비를 계산한 것으로 적절한 것은?

- 보고서 : 85페이지(표지 포함)
- 임원용(10부) : 컬러 단면 복사, 양면 플라스틱 커버, 스프링 제본
- 직원용(20부) : 흑백 양면 복사, 2쪽씩 모아 찍기, 집게(2개)

(단위 : 페이지당, 개당)

컬러 복사	흑백 복사	플라스틱 커버	스프링 제본	집게
양면 200원	양면 70원	2,000원	2,000원	50원
단면 300원	단면 100원			

※ 표지는 모두 컬러 단면 복사를 한다.
※ 플라스틱 커버 1개는 한 면만 커버할 수 있다.

	임원용	직원용		임원용	직원용
①	325,000원	42,300원	②	315,000원	37,700원
③	315,000원	37,400원	④	295,000원	35,300원
⑤	292,000원	32,100원			

39 H공사는 폐수의 정화에 대한 연구를 하고자 한다. 폐수에 대한 정화공정 및 실험 내용에 대한 정보가 아래와 같다고 할 때, 다음의 실험을 거친 폐수에 포함된 P균과 Q균의 양으로 옳은 것은?(단, 소수점 이하 둘째 자리에서 반올림한다)

〈K형 폐수에 대한 정보〉

- 폐수 1L당 P균이 400mL, Q균이 200mL 포함되어 있다.
- 각 정화공정에 따른 P균과 Q균의 세균수 변화는 다음과 같다.

구분	P균	Q균
공정 1(150℃ 이상의 온도로 가열)	40% 감소	30% 증식
공정 2(3단 여과기로 물리적 여과)	2/5로 감소	1/3로 감소
공정 3(A형 정화제 투입)	20% 감소	50% 감소

〈실험 내용〉

- 3L의 폐수를 준비하여 다음의 순서로 정화공정을 거친다.
  공정 1 → 공정 2 → 공정 3 → 공정 2

	P균	Q균		P균	Q균
①	30.7mL	14.4mL	②	92.2mL	43.3mL
③	92.2mL	130mL	④	230.4mL	43.3mL
⑤	230.4mL	130mL			

40 부산환경공단에서 근무하는 A과장은 월요일에 서울에서 진행될 세미나에 참석해야 한다. 세미나는 월요일 오후 12시부터 시작이며, 수요일 오후 6시까지 진행된다. 갈 때는 세미나에 늦지 않게만 도착하면 되지만, 올 때는 목요일 회의 준비를 위해 최대한 일찍 부산으로 내려와야 한다. 교통비는 회사에 청구하지만 가능한 적은 비용으로 세미나 참석을 원할 때, 교통비는 얼마가 들겠는가?

〈KTX〉

구분	월요일		수요일		가격
부산 – 서울	08:00 ~ 11:00	09:00 ~ 12:00	08:00 ~ 11:00	09:00 ~ 12:00	65,200원
서울 – 부산	16:00 ~ 19:00	20:00 ~ 23:00	16:00 ~ 19:00	20:00 ~ 23:00	66,200원 (10% 할인 가능)

※ 부산역에서 세미나 장소까지 택시비는 22,200원이며, 30분이 걸린다.

〈비행기〉

구분	월요일		수요일		가격
김해공항 – 김포공항	08:00 ~ 09:00	09:00 ~ 10:00	08:00 ~ 09:00	09:00 ~ 10:00	105,200원
김포공항 – 김해공항	19:00 ~ 20:00	20:00 ~ 21:00	19:00 ~ 20:00	20:00 ~ 21:00	93,200원 (10% 할인 가능)

※ 김포공항에서 세미나 장소까지 택시비는 21,500원이며, 30분이 걸린다.

① 178,580원
② 192,780원
③ 215,380원
④ 232,080원
⑤ 254,780원

41 다음 빈칸에 들어갈 용어에 대한 설명으로 옳지 않은 것은?

> 조직과 환경은 영향을 주고받는다. 조직도 환경에 영향을 미치기는 하지만, 환경은 조직의 생성, 지속 및 발전에 지대한 영향력을 가지고 있다. 오늘날 조직을 둘러싼 환경은 급변하고 있으며, 조직은 생존하기 위하여 이러한 환경의 변화를 읽고 적응해 나가야 한다. 이처럼 환경의 변화에 맞춰 조직이 새로운 아이디어나 행동을 받아들이는 것을 _____(이)라고 한다.

① 환경의 변화를 인지하는 데에서 시작된다.
② 조직의 세부목표나 경영방식을 수정하거나, 규칙이나 규정 등을 새로 제정하기도 한다.
③ 조직의 목적과 일치시키기 위해 구성원들의 사고방식 변화를 방지한다.
④ 신기술의 발명을 통해 생산성을 높일 수도 있다.
⑤ 조직구조, 경영방식, 각종 시스템 등을 개선하는 것이다.

42 인사팀 팀장인 귀하는 신입사원 채용 면접관으로 참가하게 되었다. 귀하의 회사는 조직 내 팀워크를 가장 중요하게 생각하고 있다. 지원자 중 귀하의 회사에 채용되기에 가장 적절하지 않은 사람은?

① A지원자 : 회사의 목표가 곧 제 목표라는 생각으로 모든 업무에 참여하겠습니다.
② B지원자 : 조직 내에서 반드시 필요한 일원이 되겠습니다.
③ C지원자 : 동료와 함께 부족한 부분을 채워나간다는 생각으로 일하겠습니다.
④ D지원자 : 최선보다는 최고! 무조건 뛰어난 사원이 되도록 하겠습니다.
⑤ E지원자 : 모든 업무에 능동적으로 참여하는 적극적인 사원이 되겠습니다.

43 다음 중 비효율적인 일중독자의 특징으로 적절하지 않은 것은?

① 위기 상황에 과잉 대처한다.
② 자신의 일을 다른 사람에게 맡기지 않는다.
③ 최우선 업무보다 가시적인 업무에 전력을 다한다.
④ 작은 일을 크게 부풀리거나 과장한다.
⑤ 가장 생산성이 높은 일을 가장 오래 한다.

44 민츠버그가 정의한 경영자의 역할에 대한 설명 중 옳지 않은 것은?

① 정보적 역할에는 대변인으로서의 역할이 포함된다.
② 대인적 역할은 크게 세 가지로 구분할 수 있다.
③ 올바른 정보를 수집하는 것은 대인적 역할에 해당한다.
④ 수집된 정보를 통해 최종 결정을 내리는 것은 의사결정적 역할이다.
⑤ 청취적 역할도 리더로서 중요한 역할 중 하나이다.

45 다음은 조직문화가 어떻게 구성되는지를 이해하는데 도움을 줄 수 있는 맥킨지 7S 모델(McKinsey 7S Model)을 나타낸 것이다. 다음을 보고 이해한 내용으로 가장 옳지 않은 것은?

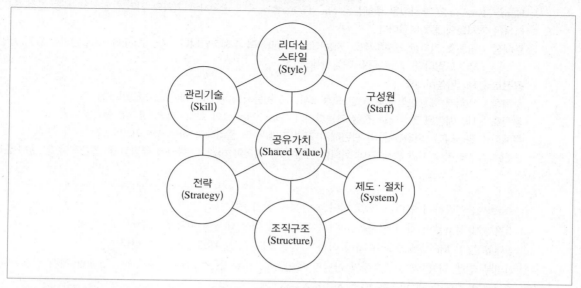

① 리더십 스타일(Style)은 관리자에 따라 민주적, 독선적, 방임적 등 다양하게 나타날 수 있다.
② 조직구조(Structure)는 구성원들이 보유하고 있는 능력, 스킬, 욕구, 태도 등을 말한다.
③ 전략(Strategy)에 따라 사업의 방향성이 달라질 수 있으며, 자원배분 과정도 결정될 수 있다.
④ 제도, 절차(System)는 성과관리, 보상제도, 경영정보시스템 등 경영 각 분야의 관리제도나 절차 등을 수반한다.
⑤ 공유가치(Shared Value)는 구성원뿐만 아니라 고객이나 투자자 등 다양한 이해관계자들에게 영향을 미친다.

46 다음 중 업무수행 성과를 높이기 위한 행동전략을 잘못 사용하고 있는 사람은?

> A사원 : 저는 해야 할 일이 생기면 미루지 않고, 그 즉시 바로 처리하려고 노력합니다.
> B사원 : 저는 여러 가지 일이 생기면 비슷한 업무끼리 묶어서 한 번에 처리하곤 합니다.
> C대리 : 저는 다른 사람이 일하는 방식과 다른 방식으로 생각하여 더 좋은 해결책을 발견하기도 합니다.
> D대리 : 저도 C대리의 의견과 비슷합니다. 저는 저희 팀의 업무 지침이 마음에 들지 않아 저만의 방식을 찾고자 합니다.
> E인턴 : 저는 저희 팀에서 가장 일을 잘한다고 평가받는 김 부장님을 제 역할모델로 삼았습니다.

① A사원
② B사원
③ C대리
④ D대리
⑤ E인턴

47 다음 중 주혜정 씨가 가장 마지막에 처리할 업무는?

> Henry Thomas의 부하직원 주혜정은 Mr. Thomas와 국내 방송사 기자와의 인터뷰 일정을 최종 점검 중이다. 다음은 기자와의 통화내용이다.
>
> 주혜정 : 공진호 기자님 안녕하세요. 저는 Sun Capital의 주혜정입니다. Mr. Thomas와의 인터뷰 일정 확인 차 연락드립니다. 지금 통화 가능하세요?
> 공진호 : 네, 말씀하세요.
> 주혜정 : 인터뷰 예정일이 7월 10일 오후 2시인데 변동사항이 있나 확인하고자 합니다.
> 공진호 : 네, 예정된 일정대로 진행 가능합니다. Sun Capital의 회의실에서 하기로 했죠?
> 주혜정 : 맞습니다. 인터뷰 준비 관련해서 저희 측에서 더 준비해야 하는 사항이 있나요?
> 공진호 : 카메라 기자와 함께 가니 회의실 공간이 좀 넓어야 하겠고, 회의실 배경이 좀 깔끔해야 할 텐데 준비가 가능할까요?

① 총무팀에 연락하여 인터뷰 당일 회의실 예약을 미리 해놓는다.
② 기자에게 인터뷰의 방영 일자를 확인하여 인터뷰 영상 내용을 자료로 보관하도록 한다.
③ 인터뷰 당일 Mr. Thomas의 점심 식사 약속은 될 수 있는대로 피하도록 한다.
④ 인터뷰 진행 시 통역이 필요한지 아닌지 확인하고, 질문지를 사전에 받아 Mr. Thomas에게 전달한다.
⑤ 인터뷰를 진행할 때 질문을 미리 정리해놓는다.

48 직무 전결 규정상 전무이사가 전결인 '과장의 국내출장 건'의 결재를 시행하고자 한다. 박기수 전무이사가 해외출장으로 인해 부재중이어서 직무대행자인 최수영 상무이사가 결재하였다. 이와 관련하여 바르지 않은 것끼리 묶인 것은?

> ㄱ. 최수영 상무이사가 결재한 것은 전결이다.
> ㄴ. 공문의 결재표상에는 '과장 최경옥, 부장 김석호, 상무이사 전결, 전무이사 최수영'이라고 표시되어 있다.
> ㄷ. 박기수 전무이사가 출장에서 돌아와서 해당 공문을 검토하는 것은 후결이다.
> ㄹ. 전결사항은 부재중이더라도 돌아와서 후결을 하는 것이 원칙이다.

① ㄱ, ㄴ
② ㄱ, ㄹ
③ ㄱ, ㄴ, ㄹ
④ ㄴ, ㄷ, ㄹ
⑤ ㄱ, ㄴ, ㄷ, ㄹ

49 직업인은 조직의 구성원으로서 조직체제의 구성요소를 이해하는 체제이해능력이 요구된다. 조직체제의 구성요소가 다음과 같을 때, 이에 대한 설명으로 옳지 않은 것은?

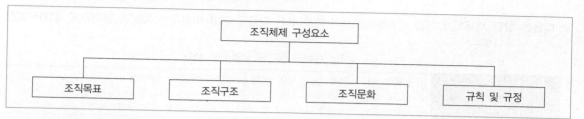

① 조직구조는 의사결정권의 집중정도, 명령계통, 최고경영자의 통제 등에 따라 달라진다.
② 조직구조에서는 의사결정권이 하부구성원들에게 많이 위임되는 유기적 조직도 볼 수 있다.
③ 조직의 목표는 조직이 달성하려는 장래의 상태로, 조직이 존재하는 정당성과 합법성을 제공한다.
④ 조직문화는 조직구성원들의 사고와 행동에 영향을 미치며, 일체감과 정체성을 부여한다.
⑤ 조직의 규칙과 규정은 조직구성원들의 자유로운 활동범위를 보장하는 기능을 가진다.

50 다음 빈칸에 공통으로 들어갈 용어로 적절한 것은?

> _____은/는 문제가 발생된 근본 모순을 찾아내 이를 해결할 수 있는 방안을 모색하는 방법론을 말한다. 1940년대 옛 소련의 과학자 겐리히 알트슐레르 박사가 20여 만 건에 이르는 전 세계의 창의적인 특허를 뽑아 분석한 결과로 얻은 40가지 원리를 응용한 것이다.
> _____은/는 주어진 문제에 대하여 얻을 수 있는 가장 이상적인 결과를 정의하고, 그 결과를 얻기 위해 관건이 되는 모순을 찾아내어 그 모순을 극복할 수 있는 해결책을 생각해 내도록 하는 방법에 대한 이론이다. 예를 들어 전사품질관리(TQM)나 6시그마와 같은 기존 혁신기법은 주로 품질개선과 원가절감에 초점을 맞추고 있는 반면 _____은/는 제품 구성이나 생산라인, 작업 시스템 등을 통째로 바꾸는 창조적 혁신을 추구한다.

① 트리즈
② SWOT분석
③ 마인드맵
④ 브레인라이팅
⑤ 델파이기법

※ 다음은 산업 재해의 원인을 설명하는 4M의 내용이다. 다음을 읽고 이어지는 질문에 답하시오. **[31~32]**

〈산업 재해의 원인을 설명하는 4M〉	
Man (사람)	① 심리적 요인 : 억측 판단, 착오, 생략 행위, 무의식 행동, 망각 등 ② 생리적 요인 : 수면 부족, 질병, 고령 등 ③ 사회적 요인 : 사업장 내 인간관계, 리더십, 팀워크, 소통 등의 문제
Machine (기계, 설비)	① 기계, 설비의 설계상 결함 ② 점검, 정비의 결함 ③ 구조 불량 ④ 위험방호 불량 등
Media (작업정보, 방법, 환경)	① 작업계획, 작업절차 부적절 ② 정보 부적절 ③ 보호구 사용 부적절 ④ 작업 공간 불량 ⑤ 작업 자세, 작업 동작의 결함 등
Management (관리)	① 관리조직의 결함 ② 건강관리의 불량 ③ 배치의 불충분 ④ 안전보건교육 부족 ⑤ 규정, 매뉴얼 불철저 ⑥ 자율안전보건활동 추진 불량 등

31 다음 중 4M을 이해한 내용으로 적절하지 않은 것은?

① 개인의 단순한 부주의로 일어난 사고는 4M 중 Man에 해당된다고 볼 수 있어.

② 좁은 공간에서 일하면서 일어난 사고는 4M 중 Media에 속하겠구나.

③ 기계 점검을 충실히 하지 않아 일어난 사고는 4M 중 Machine에 해당되겠지?

④ 개인별 당직근무 배치가 원활하지 않아 일어난 사고는 4M 중 Man에 해당된다고 볼 수 있어.

⑤ 충분한 안전교육이 이루어지지 않아 일어난 사고는 4M 중 Management에 속해.

32 다음 (A), (B)의 사례는 4M 중 각각 어느 유형에 속하는가?

> (A) 유해가스 중독으로 작업자 2명이 사망하는 사고가 발생했다. 작업자 1명이 하수관 정비공사 현장에서 오수 맨홀 내부로 들어갔다가 유해가스를 마셔 의식을 잃고 추락했으며, 작업자를 구출하기 위해 다른 작업자가 맨홀 내부로 들어가 구조하여 나오던 중 같이 의식을 잃고 추락해 두 작업자 모두 사망한 것이다. 작업공간이 밀폐된 공간이어서 산소결핍이나 유해가스 등의 우려가 있었기 때문에 구명밧줄이나 공기 호흡기 등을 준비해야 했지만 준비가 이루어지지 않아 일어난 안타까운 사고였다.
>
> (B) 플라스틱 용기 성형 작업장에서 작업자가 가동 중인 블로우 성형기의 이물질 제거 작업 중 좌우로 움직이는 금형 고정대인 조방 사이에 머리가 끼여 사망하는 사고가 발생했다. 당시 블로우 성형기 전면에 안전장치가 설치되어 있었으나, 안전장치가 제대로 작동하지 않아서 발생한 사고였다.

	(A)	(B)
①	Media	Man
②	Management	Media
③	Media	Management
④	Management	Man
⑤	Media	Machine

33 다음은 매뉴얼 작성 규칙과 해외여행 중 자연재해에 대한 행동 매뉴얼을 나타낸 것이다. (A) ~ (E) 중 매뉴얼 작성 규칙에 위배되는 것은?

〈매뉴얼 작성 규칙〉

- 매뉴얼의 서술은 가능한 한 단순하고 간결해야 하며, 비전문가도 쉽게 이해할 수 있어야 한다.
- 매뉴얼 내용 서술에 애매모호한 단어 사용을 금지해야 한다.
- 매뉴얼 있어 추측성의 내용 서술은 금물이다.
- 이용자로 하여금 알기 쉬운 문장으로 쓰여야 한다.

〈해외여행 중 자연재해 행동 매뉴얼〉

- (A) 재외공관에 연락하여 본인의 소재지 및 여행 동행자의 정보를 남기고, 공관의 안내에 따라 신속히 현장을 빠져나와야 합니다.
- (B) 지진이 일어났을 경우, 비교적 안전한 위치에서 자세를 낮추고 머리 등 신체 주요부위를 보호합니다. 그리고 엘리베이터 대신 가급적 계단을 이용해야 하며, 엘리베이터 이용 중 지진이 일어난 경우에는 가까운 층을 눌러 대피합니다.
- (C) 해일이 발생할 경우, 가능한 높은 지대로 이동합니다. 이때 목조건물로 대피할 경우 급류에 쓸려갈 수 있으므로 가능한 철근콘크리트 건물로 이동해야 합니다.
- (D) 태풍·호우 시 큰 나무를 피하고, 고압선 가로등 등을 피해야 감전의 위험을 줄일 수 있을 것입니다.
- (E) 자연재해 발생 시 TV·라디오 등을 켜두어 중앙행정기관에서 발표하는 위기대처방법을 숙지합니다.

① (A)   ② (B)
③ (C)   ④ (D)
⑤ (E)

34 다음 글을 읽고 노와이(Know-Why)의 사례로 적절한 것은?

> 기술은 노하우(Know-How)와 노와이(Know-Why)로 구분할 수 있다. 노하우는 특허권을 수반하지 않는 과학자, 엔지니어 등이 가지고 있는 체화된 기술을 의미하며, 노와이는 어떻게 기술이 성립하고 작용하는가에 관한 원리적 측면에 중심을 둔 개념이다.
>
> 이 두 가지는 획득과 전수방법에 차이가 있다. 노하우는 경험적이고 반복적인 행위에 의해 얻어지는 것이며, 이러한 성격의 지식을 흔히 Technique, 혹은 Art라고 부른다. 반면, 노와이는 이론적인 지식으로서 과학적인 탐구에 의해 얻어진다.
>
> 오늘날 모든 기술과 경험이 공유되는 시대에서 노하우는 점점 경쟁력을 잃어가고 있으며, 노와이가 점차 각광받고 있다. 즉, 노하우가 구성하고 있는 환경, 행동, 능력을 벗어나 신념과 정체성, 영성 부분도 관심받기 시작한 것이다. 과거에는 기술에 대한 공급이 부족하고 공유가 잘 되지 않았기 때문에 노하우가 각광받았지만, 현재는 기술에 대한 원인과 결과에 대한 관계를 파악하고, 그것을 통해 목적과 동기를 새로 설정하는 노와이의 가치가 높아졌다. 노와이가 말하고자 하는 핵심은 왜 이 기술이 필요한지를 알아야 기술의 가치가 무너지지 않는다는 것이다.

① 요식업에 종사 중인 S씨는 영업시간 후 자신의 초밥 만드는 비법을 아들인 B군에게 전수하고 있다.

② K병원에서 근무 중인 의사인 G씨는 방글라데시의 의료진에게 자신이 가지고 있는 선진의술을 전수하기 위해 다음 주에 출국할 예정이다.

③ S사에 근무 중인 C씨는 은퇴 후 중장비학원에서 중장비 운영 기술을 열심히 공부하고 있다.

④ 자판기 사업을 운영하고 있는 K씨는 이용자들의 화상을 염려하여 화상 방지 시스템을 개발하였다.

⑤ D사는 최근에 제조 관련 분야에서 최소 20년 이상 근무해 제조 기술에 있어 장인 수준의 숙련도를 가진 직원 4명을 D사 명장으로 선정하여 수상하였다.

※ K공사는 6월 농번기를 앞두고 5월 한 달 동안 ◇◇군 농민들을 대상으로 트랙터 안전 사용법 및 주의사항에 대한 교육을 실시할 예정일 때 이어지는 질문에 답하시오. [35~36]

〈5월 트랙터 안전 사용법 및 주의사항 교육〉

◆ **사용방법**

① 시동 전에 윤활유, 연료, 냉각수량을 필히 점검하고 트랙터에 승차한다.

② 주차브레이크와 변속레버의 중립을 먼저 확인한다. 그 후 클러치 페달을 완전히 밟은 채로 시동키를 돌린다(클러치 페달을 완전히 밟지 않은 경우 시동모터 작동이 되지 않음).

③ 추운 날씨에는 시동키를 왼쪽으로 돌려 30 ~ 40초 정도 예열 시킨 후 시동한다.

④ 작업기 연결에 앞서 작업기와 상부링크, 링크볼의 일치여부, 체크체인을 점검한다.

⑤ 트랙터 후진 후 하부링크를 내리고 작업기와 트랙터가 수직이 되도록 트랙터를 정지하고 시동을 끈다(주차 브레이크는 이때 풀어둔다).

⑥ 뒷바퀴를 움직여가며 하부링크를 들어올려 왼쪽 – 오른쪽 순서로 작업기의 마운팅 핀에 끼운다.

⑦ 유니버셜조인트를 연결하고 반드시 커버를 씌운다.

⑧ 상부링크 연결 후 작업기의 전후, 좌우 수평을 조절한다.

◆ **주의사항**

① 운전자 외에는 절대 탑승하지 않는다(별도의 좌석이 있는 경우는 제외).

② 시동이 걸린 상태에서는 절대 하차해서는 안 된다.

③ 경사지에 주차할 때는 반드시 시동을 끄고 주차브레이크를 채운 후 받침목을 한다.

④ 포장에 드나들 때는 트랙터를 똑바로 진입시킨다.

◆ **오작동 시 확인 사항 및 조치방법**

현상	원인	조치방법
트랙터 엔진이 시동 되지 않음	① 연료가 없음 ② 연료계통에 공기가 들어있음 ③ 연료필터 막힘 ④ 에어클리너 엘리먼트 막힘 ⑤ 예열플러그의 단선	① 경유를 보충함 ② 연료탱크에서 분사펌프까지 연료파이프 점검 ③ 연료필터 세척 및 교환 ④ 에어클리너 엘리먼트 청소 및 교환 ⑤ 예열플러그 교환
트랙터 시동모터가 회전하지 않음	① 배터리 방전 ② 안전스위치 조정 불량 ③ 시동모터 불량 ④ 키 스위치 불량	① 배터리 충전 ② 안전스위치 조정 ③ 시동모터 수리 또는 교환 ④ 배선점검, 수리 후 새로운 퓨즈링 교환
트랙터 소음기에서 흰 연기가 나옴	① 엔진 오일량의 과다 ② 엔진 오일 점도가 낮음	① 엔진 오일을 규정량까지 뺌 ② 점도가 높은 오일로 교환
충전경고등이 소등되지 않음	① 퓨즈가 끊어짐 ② 팬벨트의 늘어남 ③ 팬벨트 끊어짐	① 배선점검, 수리 후 새 퓨즈로 교환 ② 장력을 조정 ③ 교환
소음기에서 검은 연기가 나옴	① 에어클리너 엘리먼트 막힘 ② 과부하 운전을 함 ③ 경유 이외의 연료를 사용	① 세척 또는 교환 ② 부하를 가볍게 함 ③ 경유로 교환

※ 안내한 조치방법으로 해결되지 않을 경우 담당자에게 연락바랍니다.

35 교육을 받고 돌아온 농업인 P씨는 트랙터 엔진이 시동 되지 않는 원인을 파악한 후 조치를 취하고자 한다. 다음 중 문제의 원인을 파악하기 위해 반드시 확인해야 할 사항과 그에 따른 조치방법으로 올바르지 않은 것은?

① 연료의 유무를 확인한 후, 연료가 없다면 경유를 보충한다.

② 연료계통에 공기가 들어있는지 확인하고, 만일 공기가 들어있다면 연료탱크에서 분사펌프까지 연료파이프를 점검한다.

③ 배터리의 방전 유무를 확인한 후, 배터리를 충전한다.

④ 연료필터가 막혔는지 확인한 후, 연료필터를 세척하거나 교환한다.

⑤ 예열플러그의 단선일 경우 예열플러그를 교환한다.

36 귀하는 트랙터 안전 사용법 및 주의사항 교육의 담당자이다. 교육을 마친 후의 질문 및 답변 시간에 답변한 내용 중 옳지 않은 것은?

① Q : 트랙터에 승차하기 전 확인해야 할 사항들은 무엇이 있나요?

　 A : 반드시 상부링크, 체크체인 확인, 그리고 링크볼의 일치여부를 점검한 후 승차해야 합니다.

② Q : 저번에 주차브레이크와 변속레버의 중립을 확인한 후 클러치 페달을 밟은 채로 시동키를 돌렸는데도 시동이 켜지지 않던데 그건 왜 그런가요?

　 A : 클러치 페달을 완전히 밟지 않았기 때문입니다. 반드시 클러치 페달을 완전히 밟아야지 시동이 켜집니다.

③ Q : 트랙터 후진 후 하부링크를 내릴 때, 트랙터가 수직이 되도록 트랙터를 정지하고 시동을 끌 때 특별히 주의 해야할 사항들이 있나요?

　 A : 주차 브레이크는 반드시 풀어주셔야 합니다.

④ Q : 추운 날씨에는 트랙터 시동을 어떻게 해야 하나요?

　 A : 추운 날씨에는 시동키를 왼쪽으로 돌려 30 ~ 40초 정도 예열시킨 후, 시동하면 됩니다.

⑤ Q : 이번 주에 손주들이 놀러 와서 제 옆에 앉힌 후 트랙터를 운전하게 하고 싶은데 특별한 주의사항이 있을까요?

　 A : 트랙터는 별도의 좌석이 있는 경우를 제외하고는 운전자 외에는 절대 탑승해서는 안 됩니다.

※ 귀하는 이번 달 내로 모든 사무실의 복합기를 K복합기로 교체하라는 지시를 받았다. 모든 사무실의 복합기를 교체하였지만, 추후 문제가 생길 것을 대비해 신형 복합기의 문제 해결법을 인트라넷에 게시하였다. 이어지는 질문에 답하시오. [37~38]

〈문제 해결법〉

Q. 복합기가 비정상적으로 종료됩니다.

A. 제품의 전원 어댑터가 전원 콘센트에 정상적으로 연결되었는지 확인하십시오.

Q. 제품에서 예기치 못한 소음이 발생합니다.

A. 복합기의 자동 서비스 기능으로 프린트 헤드의 수명을 관리할 때에 제품에서 예기치 못한 소음이 발생할 수 있습니다.
 ▲ 참고
  • 프린트 헤드의 손상을 방지하려면, 복합기에서 인쇄하는 동안에는 복합기를 끄지 마십시오.
  • 복합기의 전원을 끌 때에는 반드시 전원 버튼을 사용하고, 복합기가 정지할 때까지 기다린 후 전원을 끄십시오.
  • 잉크 카트리지를 모두 올바르게 장착했는지 확인합니다.
  • 잉크 카트리지가 하나라도 없을 경우, 복합기는 프린트 헤드를 보호하기 위해 자동으로 서비스 기능을 수행할 수 있습니다.

Q. 복합기가 응답하지 않습니다(인쇄되지 않음).

A. 1. 인쇄 대기열에 걸려 있는 인쇄 작업이 있는지 확인하십시오.
   • 인쇄 대기열을 열어 모든 문서 작업을 취소한 다음 PC를 재부팅합니다.
   • PC를 재부팅한 후 인쇄를 다시 시작합니다.
  2. K소프트웨어 설치를 확인하십시오.
   • 인쇄 도중 복합기가 꺼지면 PC 화면에 경고 메시지가 나타납니다.
   • 메시지가 나타나지 않을 경우 K소프트웨어가 제대로 설치되지 않았을 수 있습니다.
   • K소프트웨어를 완전히 제거한 다음 다시 설치합니다. 자세한 내용은 [프린터 소프트웨어 삭제하기]를 참고하십시오.
  3. 케이블 및 연결 상태를 확인하십시오.
   ① USB 케이블이 복합기와 PC에 제대로 연결되었는지 확인합니다.
   ② 복합기가 무선 네트워크에 연결되어 있을 경우 복합기와 PC의 네트워크 연결 상태를 확인합니다.
   ③ PC에 개인 방화벽 소프트웨어가 설치되어 있는지 확인합니다.
   ④ 개인 소프트웨어 방화벽은 외부 침입으로부터 PC를 보호하는 보안 프로그램입니다.
   ⑤ 방화벽으로 인해 PC와 복합기의 통신이 차단될 수 있습니다.
   ⑥ 복합기와 통신이 문제가 될 경우에는 방화벽을 일시적으로 해제하십시오. 해제 후에도 문제가 발생하면 방화벽에 의한 문제가 아닙니다. 방화벽을 다시 실행하십시오.

Q. 인쇄 속도가 느립니다.

A. 1. 인쇄 품질 설정을 확인하십시오.
   - 인쇄 품질(해상도)이 최상 및 최대 DPI로 설정되었을 경우 인쇄 품질이 향상되나 인쇄 속도가 느려질 수 있습니다.
   2. 잉크 카트리지의 잉크 잔량을 확인하십시오.
   - 잉크 카트리지에 남아 있는 예상 잉크량을 확인합니다.
   - 잉크 카트리지가 소모된 상태에서 인쇄를 할 경우 인쇄 속도가 느려질 수 있습니다.
   - 위와 같은 방법으로 해결되지 않을 경우 복합기에 문제가 있을 수 있으므로, 서비스 센터에 서비스를 요청하십시오.

37 A사원은 K복합기에서 소음이 발생하자 문제 해결법을 통해 복합기의 자동 서비스 기능으로 프린트 헤드의 수명을 관리할 때 소음이 발생할 수 있다는 것을 알았다. A사원이 숙지할 수 있는 참고 사항이 아닌 것은?

① 프린트 헤드의 손상을 방지하려면, 복합기에서 인쇄하는 동안에는 복합기를 끄지 않는다.
② 복합기의 전원을 끌 때에는 반드시 전원 버튼을 사용하고, 복합기가 정지할 때까지 기다린 후 전원을 끈다.
③ 잉크 카트리지를 모두 올바르게 장착했는지 확인한다.
④ 프린트 헤드 정렬 및 청소를 불필요하게 실시하면 많은 양의 잉크가 소모된다.
⑤ 잉크 카트리지가 하나라도 없을 경우, 복합기는 프린트 헤드를 보호하기 위해 자동으로 서비스 기능을 수행하게 된다.

38 팀장에게 보고서를 제출하기 위해 인쇄를 하려던 Z사원은 보고서가 인쇄되지 않는다는 것을 알았다. Z사원이 복합기 문제를 해결할 수 있는 방안이 아닌 것은?

① 인쇄 작업이 대기 중인 문서가 있는지 확인한다.
② 복합기 소프트웨어를 완전히 제거한 다음 다시 설치한다.
③ 잉크 카트리지에 남아 있는 예상 잉크량을 확인한다.
④ USB 케이블이 복합기와 PC에 연결이 되어 있는지 확인한다.
⑤ 대기 문서를 취소한 후 PC를 재부팅한다.

39 다음은 벤치마킹을 수행 방식에 따라 분류한 자료이다. (A) ~ (E)에 들어갈 내용으로 적절하지 않은 것은?

〈벤치마킹의 수행 방식에 따른 분류〉

구분	직접적 벤치마킹	간접적 벤치마킹
정의	벤치마킹 대상을 직접 방문하여 조사·분석하는 방법	벤치마킹 대상을 인터넷 및 문서형태의 자료 등을 통해서 간접적으로 조사·분석하는 방법
장점	• 필요로 하는 정확한 자료의 입수 및 조사가 가능하다. • (A)	• 벤치마킹 대상의 수에 제한이 없고 다양하다. • (C)
단점	• 벤치마킹 수행과 관련된 비용 및 시간이 많이 소요된다. • (B)	• (D) • (E)

① (A) : 벤치마킹의 이후에도 계속적으로 자료의 입수 및 조사가 가능하다.
② (B) : 벤치마킹 결과가 피상적일 수 있다.
③ (C) : 비용과 시간을 상대적으로 많이 절감할 수 있다.
④ (D) : 핵심자료의 수집이 상대적으로 어렵다.
⑤ (E) : 정확한 자료 확보가 어렵다.

40 다음은 기술선택을 위한 절차를 나타내는 도표이다. 밑줄 친 (A) ~ (E)에 대한 행동으로 옳은 것은?

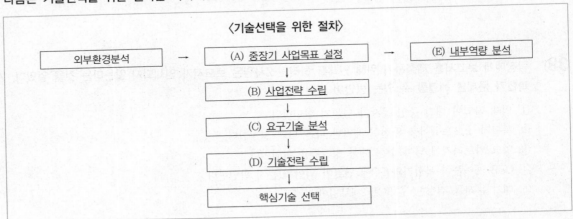

① (A) : 기술획득 방법 결정
② (B) : 사업 영역 결정, 경쟁 우위 확보 방안 수립
③ (C) : 기업의 장기비전, 매출목표 및 이익목표 설정
④ (D) : 기술능력, 생산능력, 마케팅 / 영업능력, 재무능력 등 분석
⑤ (E) : 제품 설계 / 디자인 기술, 제품 생산 공정, 원재료 / 부품 제조기술 분석

41 다음 빈칸에 들어갈 말이 바르게 연결된 것은?

> 미국의 영웅인 아이젠하워는 2차 세계대전을 승리로 이끌고 미국의 34대 대통령에 당선되었다. 아이젠하워가 말하는 (㉠)이란 성실하고 고결한 성품 그 자체이다. 그는 "(㉡)이란 잘못된 것에 대한 책임은 (㉢)이 지고, 잘된 것에 대한 모든 공로는 (㉣)에게 돌릴 줄 아는 것"이라고 말했다.

	㉠	㉡	㉢	㉣
①	멤버십	멤버십	부하	자신
②	리더십	멤버십	부하	자신
③	리더십	리더십	자신	부하
④	멤버십	리더십	자신	부하
⑤	리더십	관리자	자신	부하

42 다음은 팀워크(Teamwork)와 응집력의 정의를 나타난 글이다. 팀워크의 사례로 적절하지 않은 것은?

> 팀워크(Teamwork)란 '팀 구성원이 공동의 목적을 달성하기 위하여 상호관계성을 가지고 협력하여 업무를 수행하는 것'으로 볼 수 있다. 반면 응집력은 '사람들로 하여금 집단에 머물도록 느끼게끔 만들고, 그 집단의 멤버로서 계속 남아 있기를 원하게 만드는 힘'으로 볼 수 있다.

① 다음 주 조별 발표 준비를 위해 같은 조원인 A와 C는 각자 주제를 나누어 조사하기로 했다.
② K사의 S사원과 C사원은 내일 진행될 행사 준비를 위해 함께 야근을 할 예정이다.
③ 같은 배에서 활약 중인 D와 E는 곧 있을 조정경기 시합을 위해 열심히 연습하고 있다.
④ D고등학교 학생인 A와 B는 내일 있을 시험 준비를 위해 도서관에서 공부하기로 했다.
⑤ 연구원 G와 S는 효과적인 의약품을 개발하기 위해 함께 연구하기로 했다.

43 상대방을 설득시키기 위한 전략으로는 여러 가지 전략을 볼 수 있다. 다음에서 설명하고 있는 설득전략으로 적절한 것은?

> 어떤 과학적인 논리보다도 동료나 사람들의 행동에 의해서 상대방 설득을 진행하는 것이 협상과정상에서 갈등해결이 더 쉬울 수 있다. 즉 사람은 과학적 이론보다 자신의 동료나 이웃의 말이나 행동에 의해서 쉽게 설득된다는 것이다. 예를 들어 광고를 내보내서 고객들로 하여금 자신의 제품을 구매하도록 설득하는 것보다, 소위 '입 소문'을 통해서 설득하는 것이 매출에 더 효과적임 알 수 있다.

① See – Feel – Change 전략　　　　② 호혜관계 형성 전략
③ 헌신과 일관성 전략　　　　　　　④ 희소성 해결 전략
⑤ 사회적 입증 전략

44 다음은 고객 불만 처리 프로세스 8단계를 나타낸 것이다. 다음을 읽고 밑줄 친 (A) ~ (E)에 대한 설명으로 옳지 않은 것은?

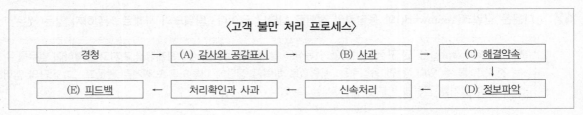

〈고객 불만 처리 프로세스〉

경청 → (A) 감사와 공감표시 → (B) 사과 → (C) 해결약속
↓
(E) 피드백 ← 처리확인과 사과 ← 신속처리 ← (D) 정보파악

① (A)의 경우 고객이 일부러 시간을 내서 해결의 기회를 준 것에 대한 감사를 표시한다.
② (B)의 경우 고객의 이야기를 듣고 문제점에 대한 인정과 잘못된 부분에 대해 사과한다.
③ (C)의 경우 고객이 납득할 수 있도록 신중하고 천천히 문제를 해결할 것임을 약속한다.
④ (D)의 경우 문제해결을 위해 꼭 필요한 질문만 하여 정보를 얻는다.
⑤ (E)의 경우 고객 불만 사례를 회사 및 전 직원에게 알려 다시는 동일한 문제가 발생하지 않도록 한다.

45 다음은 협상과정을 5단계로 구분한 것이다. 빈칸 (A) ~ (E)에 들어갈 내용으로 적절하지 않은 것은?

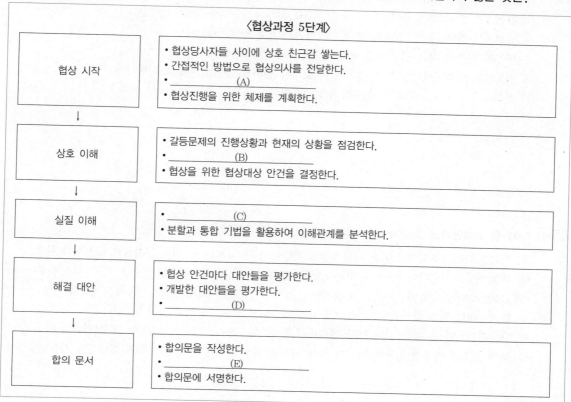

〈협상과정 5단계〉

협상 시작	• 협상당사자들 사이에 상호 친근감 쌓는다. • 간접적인 방법으로 협상의사를 전달한다. • _____(A)_____ • 협상진행을 위한 체제를 계획한다.
↓	
상호 이해	• 갈등문제의 진행상황과 현재의 상황을 점검한다. • _____(B)_____ • 협상을 위한 협상대상 안건을 결정한다.
↓	
실질 이해	• _____(C)_____ • 분할과 통합 기법을 활용하여 이해관계를 분석한다.
↓	
해결 대안	• 협상 안건마다 대안들을 평가한다. • 개발한 대안들을 평가한다. • _____(D)_____
↓	
합의 문서	• 합의문을 작성한다. • _____(E)_____ • 합의문에 서명한다.

① (A) : 상대방의 협상의지를 확인한다.

② (B) : 최선의 대안에 대해서 합의하고 선택한다.

③ (C) : 겉으로 주장하는 것과 실제로 원하는 것을 구분하여 실제로 원하는 것을 찾아낸다.

④ (D) : 대안 이행을 위한 실행계획을 수립한다.

⑤ (E) : 합의내용, 용어 등을 재점검한다.

46 다음 중 팀워크에 대한 설명으로 적절하지 않은 것은?

① 팀워크가 좋은 팀의 구성원은 공동의 목적을 달성하기 위하여 서로 협력한다.

② 팀워크는 협력, 통제, 자율을 통해 다양한 유형으로 구분된다.

③ 목적이 다른 조직은 서로 다른 유형의 팀워크를 필요로 한다.

④ 팀워크는 팀의 구성원으로서 계속 남아 있기를 원하게 만드는 힘을 의미한다.

⑤ 팀워크가 좋은 팀일수록 명확한 목적을 공유한다.

47 다음 중 고객만족도 조사에 대한 설명으로 옳지 않은 것은?

① 고객만족도를 조사하기 위한 설문지는 고객들이 쉽게 이해할 수 있는 문항으로 구성해야 한다.

② 특정 대상을 추출하여 조사하는 것보다 모든 고객을 대상으로 임의로 추출하여 조사하는 것이 더욱더 효율적이다.

③ 고객만족도 조사에 사용되는 심층 면접법은 비교적 긴 시간이 소요되지만, 심층적인 정보를 얻을 수 있어 고객의 동기·태도 등을 발견할 수 있다.

④ 단순히 한 번 실시하는 조사보다 연속해서 시행하는 조사를 통해 더 정확한 조사 결과를 얻을 수 있다.

⑤ 조사 결과를 어떻게 활용할 것인지 활용 계획을 설정해 놓으면 조사 방향에 일관성을 가질 수 있다.

48 팀을 생산적으로 만들기 위해서는 팀워크를 촉진시키는 것이 매우 중요하며, 이를 위해서는 다음과 같은 행동이 필요하다. 다음 팀워크를 촉진시키기 위한 행동을 읽고 이해한 내용으로 옳지 않은 것은?

〈팀워크를 촉진시키기 위한 행동〉

- 동료 피드백 장려하기
- 창의력 조성을 위해 협력하기
- 양질의 결정 내리기
- 갈등을 해결하기
- 참여적으로 의사결정하기
- 구성원들의 동참 구하기

① 팀원 사이의 갈등을 발견할 경우 제3자로서 개입하기보다는 둘이 스스로 원만하게 풀기를 기다린다.

② 조직 현장에서 팀원들에게 업무 재량을 위임하고, 자주적이고 주체적인 결정을 내릴 수 있도록 권한을 부여해야 한다.

③ 모든 팀원들이 결정에 동의하였는지 확인하고, 결정을 실행함에 있어 각자의 역할을 이해하고 있는지 확인해야 한다.

④ 팀 목표 달성에 대하여 동료의 잘못된 행동을 발견 시 즉각적인 피드백을 제공해야 한다.

⑤ 아이디어에 대해 아무런 제약을 가하지 않는 환경을 조성할 때 성공적인 팀워크를 달성할 수 있다.

49 다음은 협상전략의 유형을 설명한 것이다. 빈칸 (A) ~ (D)에 들어갈 용어가 적절하게 들어간 것은?

> (A)은 상대방이 제시하는 것을 일방적으로 수용하여 협상의 가능성을 높이려는 전략이다. 즉, 상대방의 욕구와 주장에 자신의 욕구와 주장을 조정하고 순응시켜 굴복한다.
> (B)은 자신이 상대방보다 힘에 있어서 우위를 점유하고 있을 때 자신의 이익을 극대화하기 위한 공격적 전략이다. 즉, 상대방의 주장을 무시하고 자신의 힘으로 일방적으로 밀어붙여 상대방에게 자신의 입장을 강요하는 전략이다.
> (C)은 무행동전략이며, 협상으로부터 철수하는 철수전략이다. 협상을 피하거나 잠정적으로 중단하거나 철수하는 전략이다.
> (D)은 협상 참여자들이 협동과 통합으로 문제를 해결하고자 하는 협력적 문제해결전략이다. 문제를 해결하는 합의에 이르기 위해서 협상 당사자들이 서로 협력하는 것이다.

	(A)	(B)	(C)	(D)
①	유화전략	협력전략	강압전략	회피전략
②	회피전략	강압전략	유화전략	협력전략
③	유화전략	강압전략	협력전략	회피전략
④	회피전략	협력전략	강압전략	유화전략
⑤	유화전략	강압전략	회피전략	협력전략

50 다음은 멤버십 유형에 대한 내용이다. (A) ~ (D)에 들어갈 용어로 적절한 것은?

> (A)은 기쁜 마음으로 과업을 수행하며 팀플레이를 하고 있다. 그리고 리더와 조직을 믿고 헌신하는 모습을 볼 수 있다. 기존의 질서를 따르는 것이 중요하다고 여기며 획일적인 행동에 익숙한 모습을 보인다.
> (B)은 판단과 사고를 리더에게 의존하며, 지시가 있어야 행동하는 모습을 보인다. 또한 조직이 자신의 아이디어를 원하지 않고, 노력과 공헌을 해도 아무 소용이 없다고 스스로 생각한다.
> (C)은 매우 자립적인 모습을 보이며 일부러 반대 의견을 제시한다. 조직이 자신을 인정해주지 않는다고 생각하며, 자신에 대한 적절한 보상도 없다고 생각한다. 즉 조직이 불공정하며 문제가 있다고 여긴다.
> (D)은 조직의 운영방침에 민감하며, 사건을 균형 잡힌 시각으로 본다. 조직의 규정과 규칙에 따라 행동하는 모습을 보이며, 조직이 명령과 계획을 빈번하게 변경한다고 여기는 경우가 있다.

	(A)	(B)	(C)	(D)
①	순응형	수동형	소외형	실무형
②	실무형	소외형	수동형	순응형
③	순응형	실무형	수동형	소외형
④	실무형	수동형	순응형	소외형
⑤	수동형	순응형	소외형	실무형

PART 3

NCS 기반
블라인드 채용 가이드

| 01 | NCS 소개

1. 국가직무능력표준(NCS; National Competency Standards)이란?

산업현장에서 직무를 수행하기 위해 요구되는 지식·기술·태도 등의 내용을 국가가 체계화한 것

2. 국가직무능력표준(NCS)의 필요성

- 능력 있는 인재 개발을 통한 핵심인프라 구축과 국가경쟁력 향상
- 기업에서의 직무분석자료, 인적자원관리 도구, 인적자원개발 프로그램, 특화자격 신설, 일자리 정보 제공에 대한 요구
- 기업교육훈련기관에서의 산업현장의 요구에 맞는 맞춤형 교육훈련과정 개설에 대한 요구

• 직업교육·훈련 및 자격제도가 산업현장과 불일치 • 인적자원의 비효율적 관리 운용	**국가직무 능력표준** →	• 각각 따로 운영되었던 교육·훈련, 국가직무능력표준 중심 시스템으로 전환(일 – 교육·훈련 – 자격 연계) • 산업현장 직무 중심의 인적자원 개발 • 능력중심사회 구현을 위한 핵심인프라 구축 • 고용과 평생 직업능력개발 연계를 통한 국가경쟁력 향상

3. 직무(능력) 중심 채용이란?

기업의 역량기반 채용, 국가직무능력표준(NCS) 기반 능력 중심 채용과 같이 직무수행에 필요한 능력과 역량을 평가하여 선발하는 채용방식의 통칭

4. 직무(능력) 중심 채용에서의 '능력'의 의미

직무수행 및 해당 조직생활에 필요한 직무행동(수행준거), 지식, 기술, 태도, 경험(경력), 자격 등의 인적 속성

| 02 | 블라인드 채용 소개

1. 블라인드 채용이란?

채용과정(서류·필기·면접)에서 편견이 개입되어 불합리한 차별을 야기할 수 있는 출신지, 가족관계, 학력, 외모 등의 항목을 걸어내고 지원자의 실력(직무능력)을 평가하여 인재를 채용

2. 블라인드 채용의 필요성

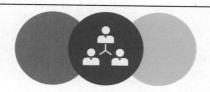

기존 채용제도의 불공정 해소	직무중심 채용을 통한 사회적 비용 감소 필요
• 기업의 불공정 채용관행에 관한 사회적 불신 해소 • 차별적 채용은 기업 경쟁력 저해요소라는 인식 유도 • 직무중심 인재선발을 통한 공정한 채용제도 구축	• 직무 관련한 채용을 통한 지원자의 취업준비 비용 감소 • 기업 역시 직무재교육, 조기퇴사율 등 감소를 통한 채용 비용 감소 실현 • 불공정 채용관행에 의한 사회적 불신 해소

3. 블라인드 채용의 특징

• 블라인드 채용은 지원자를 평가하지 않는다는 것은 아니다.

※ 서류전형 : 無 서류전형 또는 블라인드 지원서
※ 면접전형 : 블라인드 오디션 또는 블라인드 면접 등

• 블라인드 채용의 평가요소(평가항목, 평가기준)는 직무를 수행하는 데 필요한 역량이다.
　평가기준 : 직무수행에 필요한 직무능력

4. 블라인드 채용의 프로세스

블라인드 채용은 기존 직무중심 채용 프로세스와 동일(단, 모든 과정에서 차별적인 요소를 제외하는 활동이 추가)

채용설계	모집	선발
• 채용계획 • 직무능력 정의 및 직무기술서 개발 • 전형설계 • 차별요소 결정	• 채용공고 • 모집과정 차별요소 삭제 • 지원서 접수 관리	• 서류, 필기, 면접 등 • 채용과정을 통한 직무적합 인재선발 • 구조화된 면접도구

Step 1. 분석(Analysis)	1. 채용대상 직무 NCS분류에서 확인하기 2. 채용대상 직무 관련 능력단위 확인하기 　요구능력단위 도출 → 필수KSA 도출 → 관련자격 도출
Step 2. 설계(Design)	3. 채용 프로세스 설정하기(선발법 선정 및 적용단계 결정) 4. 채용 프로세스별 선발기준 설정하기
Step 3. 개발(Development)	5. 블라인드 채용 공고문 개발하기 6. 블라인드 채용 서류전형 개발하기 7. 블라인드 채용 필기전형 개발하기 8. 블라인드 채용 면접전형 개발하기 9. 인사담당자 및 면접관 교육하기
Step 4. 실행(Implement)	10. 필기평가 시행하기 11. 면접평가 시행하기 12. 합격자 선정하기
Step 5. 평가(Evaluation)	13. 블라인드 채용 과정 평가하기 14. 블라인드 채용 성과 평가하기

5. 블라인드 채용의 기업 실천과제

채용설계	모집공고
직무내용 및 직무능력의 구체화 • 기업규모, 특성에 적합한 전형설계 후 전형별 평가요소 도출 • 채용대상 직무설명자료 제작	**채용직무 설명자료 사전제공** • 직무와 무관한 평가요소 원칙 삭제 • 채용직무의 직무내용 및 직무능력 구체화 후 사전공개
서류전형	**필기전형**
차별적이고 직무무관 항목 삭제 • 편견이 개입되어 차별을 야기할 수 있는 인적 사항 요구 금지 　단, 차별적 요소가 직무수행상 반드시 필요한 경우 예외 • 입사지원서에는 직무와 관련한 교육·훈련, 자격 경험(경력) 중심으로 항목 구성	**직무 관련성 기반의 필기전형 실시** • 직무수행에 반드시 필요한 지식·기술·능력·인성 등을 필기시험화 • 채용공고를 통한 필기평가 과목 공개(공정성 확보)
면접전형	
개인신상정보 면접위원 제공 금지 • 면접위원에게 지원자 인적사항 제공 금지 • 체계화된 면접을 통한 공정평가 실시 • 공정한 평가 • 면접 전 블라인드 면접위원 교육을 통한 사전 안내 필수	

CHAPTER 02 서류전형 가이드

| 01 | 채용공고문

채용공고문이란 기업이 지원자에게 직무내용, 필요 직무능력, 채용절차, 근무조건 등을 안내하는 것으로 지원자들이 채용 준비 및 지원에 활용하는 자료입니다.

1. 채용공고문의 변화

구분	기존 채용공고문	NCS 채용공고문	블라인드 채용공고문
목적	일반적인 채용계획 및 지원방법을 알림	지원자가 직무를 이해하고 자신의 적합성 판단에 도움을 줌	지원자에겐 공정한 채용기회, 기업엔 적합한 인재 선발에 도움
내용	[채용계획 및 지원방법] • 채용분야, 채용인원 • 응시자격, 우대사항 • 채용절차 및 추진일정 • 기타 유의사항 등	기존 채용공고문에서 채용분야의 직무내용, 직무수행 요건(직무능력)을 추가	NCS 채용공고문에서 편견적 요소(출신지, 연령, 성별 등)를 배제

2. 예시

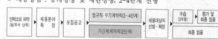

한국저작권위원회 2020년 상반기 직원 채용 공고

저작권 전문기관인 한국저작권위원회에서는 저작권 문화발전에 창의적이고 진취적으로 동참할 수 있는 우수한 인재를 다음과 같이 공개채용 하오니 많은 응모 바랍니다.

1. 채용분야 및 인원 (상세내용 NCS기반 직무기술서 참고)

구분		분야	인원	직무분야	근무지	비고
제한 경쟁	정규직	선임연구원 (경력) 법 무	2명	저작권 법·제도·통상 등 조사연구	본부 (진주)	박사급
		5급 (신입) 학 예	1명	저작권교육체험관 전시기획, 운영 및 자료관리		학예사 자격소지자
	소계		3명			
제한 경쟁	무기 계약직	4급 (경력) 정보기술	1명	저작권 기술분석, 성능평가	본부 (진주)	박사급
공개 경쟁		5급 (신입) 일반행정①	2명	연구 및 행정지원 / 민원접수 및 상담		보훈 특별고용
		일반행정②	2명	저작권 등록·임치 및 인증		-
		법 무	1명	저작권 법률상담		-
	소계		6명			
공개 경쟁	기간제 계약직	4급 (경력) 일반행정③ ·홍보전문가	1명	홍보정책·전략 기획, 매체별 홍보콘텐츠 기획·모니터링 및 평가 ※ 2년 이내계약	본부 (진주)	휴직대체
		5급 (신입) 일반행정④	2명	사업운영 및 관리		
	소계		3명			
합 계			12명			

※제한경쟁은 채용분야별 학위(박사), 자격(학예사 자격소지자), 요건(보훈고용대상자) 등 해당자만 지원 가능하며, 보훈특별고용의 경우 국가보훈상자 총 경남서부보훈지청 추천자만 지원 가능

2. 근무조건

○ 채용일자 : '20. 7. 15.자(예정)

○ 채용형태 및 기간

구분	계약기간	비고
정규직·무기계약직	수습기간 내 평가에 따라 정규·무기계약 임용	수습기간 3개월 적용·
기간제계약직	계약체결일 ~ '20. 12. 31.까지	휴직 기간 내 연장 가능 (단, 최대 근로기간은 2년을 초과할 수 없음)

※ 수습 평가결과 부적격 시 채용이 취소될 수 있음

○ 채용방법 : 공개경쟁 및 제한경쟁, 2~4단계 전형

인력소요 파악
(채용 부서 단위) → 채용분야
확 정 → 모집공고 → 정규직·무기계약직(3~4단계) / 기간제계약직(2단계) → 채용대상자
선발·확정 → 수습
(3개월) → 평가 및
최종 임용

※ 상세내용 5. 전형절차 참고

○ 보수체계 : 경력산정 후 내규에 따라 개인별 차등 지급
  ※ 공공기관 경영정보 공개시스템(ALIO) 내 직원 보수 현황을 참고 바랍니다.

○ 근무시간 : 주 40시간 전일제(주5일), 1일 8시간 근무(09:00~18:00)

3. 응시자격

구분	내용
자 격	○ 정규직 선임연구원(법무) - 법학 또는 지적재산권 분야 박사학위 소지자로 법학 관련분야 실무 경력 1년 이상인 자 ○ 정규직 5급(학예) : 학예사 자격소지자 ○ 무기계약직 4급(정보기술) - 정보기술(전산학, 컴퓨터공학, 소프트웨어공학, 정보통신공학 등) 분야 박사학위 소지자로 정보기술 관련분야 실무 경력 1년 이상인 자 ○ 무기계약직 5급 일반행정① : 국가보훈대상자 총 경남서부보훈지청 추천자 ○ 기간제계약직 4급 일반행정(홍보전문가) : - 공공기관, 업무관련 기관·단체 또는 기업에서 홍보·언론 관련 실무경력을 6년 이상 보유한 자 ○ 무기계약직 5급 일반행정②·법무, 기간제계약직 5급 일반행정④ : 제한없음

※ 한국저작권위원회 채용공고(2020년 상반기) 일부 내용 발췌

| 02 | 직무기술서

직무기술서란 직무수행의 내용과 필요한 능력(지식·기술·태도), 관련 자격, 직업기초능력 등을 상세히 기재한 것으로 입사 후 수행하게 될 업무에 대한 정보가 수록되어 있는 자료입니다.

1. 채용분야

설명

NCS 직무분류 체계에 따라 직무에 대한 「대분류 – 중분류 – 소분류 – 세분류」 체계를 확인할 수 있습니다.
채용직무에 대한 모든 직무기술서를 첨부하게 되며 실제 수행 업무를 기준으로 세부적인 분류정보를 제공합니다.

		대분류	중분류	소분류	세분류
채용분야	행정	02. 경영·회계·사무	01. 기획사무	01. 경영기획	01. 경영기획
				02. 홍보·광고	01. PR
				03. 마케팅	02. 고객관리
			02. 총무·인사	01. 총무	01. 총무
					03. 비상기획
				02. 인사·조직	01. 인사
					02. 노무관리
				03. 일반사무	02. 사무행정
			03. 재무·회계	02. 회계	01. 회계·감사
			04. 생산·품질관리	01. 생산관리	01. 구매조달

2. 능력단위

설명

직무분류 체계의 세분류 하위능력단위 중 실질적으로 수행할 업무의 능력만 구체적으로 파악할 수 있습니다.
※ NCS 홈페이지에서 능력단위별 정의 확인 가능

능력단위	• (경영기획) 06. 예산 관리, 07. 경영실적 분석 • (PR) 03. 온라인 PR, 04. 오프라인 PR, 05. 언론 홍보, 06. 조직문화 전파 • (고객관리) 06. 고객 필요정보 제공, 10. 고객지원과 고객관리 실행 • (총무) 02. 행사지원관리, 03. 부동산관리, 04. 비품관리, 06. 용역관리, 08. 총무문서관리 • (비상기획) 06. 민방위관리, 07. 비상기획 보안관리, 08. 안보위기관리 • (인사) 01. 인사기획, 03. 인력채용, 04. 인력이동관리, 05. 인사평가, 07. 교육훈련 운영, 09. 급여지급, 10. 복리후생 관리 • (노무관리) 07. 노사협의회 운영, 09. 노사갈등 해결 • (사무행정) 01. 문서 작성, 02. 문서 관리, 06. 회의 운영·지원 • (회계·감사) 01. 전표 관리, 02. 자금 관리, 04. 결산 처리 • (구매조달) 04. 발주 관리, 09. 구매 계약

3. 직무수행내용

[설명]

세분류 영역의 기본정의를 통해 직무수행내용을 확인할 수 있습니다. 입사 후 수행할 직무내용을 구체적으로 확인할 수 있으며, 이를 통해 입사서류 작성부터 면접까지 직무에 대한 명확한 이해를 바탕으로 자신의 희망직무인지 아닌지 해당 직무가 자신이 알고 있던 직무가 맞는지 확인할 수 있습니다.

직무수행 내용	• (경영기획) 경영목표를 효과적으로 달성하기 위한 전략을 수립하고 최적의 자원을 효율적으로 배분하도록 경영진의 의사결정을 체계적으로 지원 • (PR) 조직의 긍정적 이미지를 제고하기 위하여 전략과 계획의 수립, 온·오프라인 매체를 이용한 커뮤니케이션 활동, 효과 측정과 피드백 등을 수행 • (고객관리) 현재의 고객과 잠재고객의 이해를 바탕으로 고객이 원하는 제품과 서비스를 지속적으로 제공함으로써 기업과 브랜드에 호감도가 높은 고객의 유지와 확산을 위해 고객과의 관계를 관리 • (총무) 조직의 경영목표를 달성하기 위하여 자산의 효율적인 관리, 임직원에 대한 원활한 업무지원 및 복지지원, 대·내외적인 회사의 품격 유지를 위한 제반 업무를 수행 • (인사) 조직의 목표 달성을 위해 인적자원을 효율적으로 활용하고 육성하기 위하여 직무조사 및 직무 분석을 통해 채용, 배치, 육성, 평가, 보상, 승진, 퇴직 등의 제반 사항을 담당하며, 조직의 인사제도를 개선 및 운영하는 업무를 수행 • (회계·감사) 기업 및 조직 내·외부에 있는 의사결정자들이 효율적인 의사결정을 할 수 있도록 유용한 정보를 제공하며, 제공된 회계정보의 적정성을 파악 • (구매조달) 조직의 경영에 필요한 자재, 장비, 장치를 조달하기 위해 구매전략 수립, 구매계약의 체결, 구매 협력사 관리, 구매품 품질, 납기, 원가 관리를 수행

4. 필요지식 · 필요기술 · 직무수행태도

[설명]

원활한 직무수행을 위해 필요한 지식(K), 기술(S), 태도(A)를 구조화하여 정리한 것입니다. 구직자는 이 내용을 탐색하여 서류 전형부터 면접까지 자신의 역량 중 어떤 부분을 더욱 중점적으로 강조해야 하는지 방향 수립이 가능합니다. 채용 과정을 통해 직무에 대한 분석은 되어 있는지, 직무수행에 적합한 역량을 가졌는지를 객관적으로 증명해야 합니다.

필요지식	• 예산계획 수립원칙 및 예산 편성 지침 • 경영 전략과 사업 핵심 활동 • 환경분석 기법 • 홍보전략 • 커뮤니케이션 방법 및 채널별 특성 • 성과지표요소 • 홈페이지 운영방법 • 고객 관계관리 • 고객 세분화에 대한 이해 • 고객 응대 매뉴얼 작성 및 프로세스 모델링 방법 • 고객 요구분석 방법 • 행사 기획 및 운영 • 부동산 관련 법률 • 비품관리 규정	• 통계분석법 • 보안업무 관련 지침 • 정부 기관 감사 지침 • 인사전략 환경 분석법 • 채용, 인·적성 검사, 면접기법 • 취업 규칙 및 단체협약 • 근로자참여 및 협력증진에 관한 법률 • 문서관리 및 보안 규정 • 문서대장 관리 규정 • 대금의 지급방법 및 지급기준 • 기업 실무에 적용되는 회계 관련 규정 • 계정과목에 대한 지식 • 계약 프로세스 및 계약서 구성체계 • 구매 계약 관련 법규

필요기술	• 회계 계정·세목 분류 기술 • 기획력 및 기획서 작성 기술 • 문제 해결 방법론(Logic Tree, MECE) • 정보수집 능력 • 홍보방법 개발능력 • 이슈 분석 및 개선안 도출 능력 • 다양한 요구에 대응하기 위한 고객 응대 기술 • 문제 상황 분석 및 문제 해결 능력 • 고객 프로파일링 기법 • 행사 운영기술 • 위기 대비 업무수행계획 수립 기술	• 컴퓨터 활용기술 • 문서 기안·작성 능력, Spread Sheet 기술 • 커뮤니케이션 및 협상 기술 • 제안서 검토를 위한 정보 분석력 • 근로계약서 및 취업규칙 작성 기술 • 의사 표현 능력 • 거래 유형별 전표 작성 능력 • 손익산정 능력 • 재무제표 작성과 표시 능력 • 구매견적서 검토 능력 • 구매계약서 작성 능력
직무수행 태도	• 예산 편성 우선순위에 대한 전략적 사고 • 예산 편성 기준을 준수하려는 자세 • 분석적 사고 및 체계적 사고 • 현황파악을 위한 주의 깊은 관찰 노력 • 다양한 의견의 경청 • 피드백에 대한 수용성 • 편집과 교정의 꼼꼼함 • 문제점에 대한 개선 의지 • 고객을 대하는 매너와 서비스 마인드 • 고객 대응을 위한 고객과 공감하려는 자세 • 종합적으로 사고하려는 자세 • 타부서와의 협업 자세	• 보안을 준수하려는 태도 • 안전을 고려한 태도 • 정확성을 높이기 위한 적극적 태도 • 공정하고 객관적인 자세 • 윤리의식 및 도덕성 • 성취 지향성 • 법률을 세심하게 검토하는 자세 • 자료의 객관성 유지 • 거래를 신속하고 정확하게 구분하려는 태도 • 주인의식을 가지는 태도 • 조직의 목표와 연계된 협상 전략을 계획하려는 체계적인 사고(Systemic Thinking)

5. 관련 자격사항 · 직업기초능력 · 참고

[설명]

• 관련 자격사항 : 해당 직무와 직접적인 연관성이 있는(우대되는) 자격증을 확인할 수 있습니다.

• 직업기초능력 : 직업인의 기본 소양 10가지를 정의해 놓은 것으로 그중 꼭 필요한 능력을 기재해 놓은 항목입니다.

직무수행에 필요한 기본 소양으로 업무 중 발생하는 환경에 빠르게 적응하고 대처할 수 있는 능력을 갖추었는지의 기준이 됩니다. 직업기초능력 또한 채용을 진행하며 증명해야 하는 역량 중 하나입니다.

관련 자격사항	공인노무사, 경영지도사, 재경관리사, CPSM, 워드프로세서, 컴퓨터활용능력 등
직업기초능력	의사소통능력, 문제해결능력, 자원관리능력, 정보능력, 조직이해능력 등
참고	http://www.ncs.go.kr

| 03 | 지원서

1. 개인정보

성명(한글)		성명(한자)	
성명(영문)	이름 : 성 :		
이메일			
휴대전화	( )-( )-( )		
긴급연락처	( )-( )-( )		
청년 여부	대상 ( ) 비대상 ( ) ※ 청년고용촉진 특별법 시행령 제2조에 따른 만 15세 이상 만 34세 이하인 자		
비수도권/ 지역인재 여부	비수도권 ( ) 이전지역인재 ( ) 비대상 ( ) ※ 대학까지의 최종학력을 기준으로 비수도권 지역/○○지역 소재의 학교를 졸업(예정)·중퇴한 자 또는 재학· 휴학 중인 자 ※ 석사 이상 학위 소지자는 학사 대학 소재지 기준		
보훈 여부	대상 ( ) 비대상 ( )		
	보훈번호 ( ) 가점 5% ( ) 가점 10% ( ) ※ 보훈대상자는 주소지 관할 보훈지청에서 발급받은 취업지원대상자 증명서를 확인 후 보훈번호 및 가점을 정확 히 기재하여 주시기 바랍니다.		
기초생활수급자	대상 ( ) 비대상 ( )		
장애 여부	대상 ( ) 비대상 ( )		
	장애종류 ( ) 급수 ( )급		

작성요령

- 이름, 성별, 생년월일, 주소, 연락처(이메일, 휴대전화, 집 전화번호 등)는 지원자의 인적사항을 알아보기 위한 정보이므로 주민등록에 기재된 것을 기준으로 하는 것이 좋습니다.
- 연락처는 명확히 기재하고 면접을 위한 연락 시 분실이나 번호가 바뀌는 등의 바로 연락이 어려울 경우를 대비하여 비상연락망을 기재하는 것도 좋으며, 비상연락망은 가족이나 친구도 무방하나 구직활동 중임을 인지하여 기업의 전화를 응대할 수 있게 이야기를 해 두어야 합니다.
- 보훈 및 장애 여부 우대는 사내규정에 따라 적용될 수 있으며 증명서를 첨부해야 합니다. 가산 기준 등은 기관마다 차이가 있습니다.

2. 병역사항

병역구분	군필 ( ) 미필 ( ) 면제 ( )
면제사유	

• 여성의 경우 병역사항은 해당 사항이 없으며, 남성의 경우 평가를 위한 기준이 아닌 군필 여부를 확인하는 용도로 작성하게 됩니다. 면제 시 사유를 기재하시기 바랍니다.

3. 최종학력

최종학력	고졸 ( ) 대졸예정 ( ) 대졸 ( ) 대학원졸예정 ( ) 대학원졸 ( )		
학력	전공(계열)	학교소재지	비고
고등학교			
대학교			
대학원(석사)			
대학원(박사)			

• 학력사항은 최종학력부터 기재하도록 합니다. 일반적으로 고교시절과 대학시절의 학력을 기술하는데 대학명과 전공명, 본교 및 분교 여부, 재학기간(년/월) 등을 정확히 써야 합니다.
• 또한, 편입한 경우에는 전 학교 및 현재의 학교명을 기재하고, 학점을 기재해야 할 경우 기업마다 만점의 기준이 다른 경우가 있으니 기업에서 제시한 기준을 확인하여 기재합니다.
• 최종학력은 졸업을 기준으로 체크하시기 바랍니다(수료는 해당하지 않음).
• NCS 기반 능력 중심 채용의 불필요한 스펙에는 출신학교, 학교소재지 등이 포함되고 만약 '학교소재지'란이 있다면 지역 인재 확인의 용도입니다.
※ NCS 기반 능력 중심 채용을 학력초월 채용으로 인식하면 안 됩니다. 또한, **블라인드 채용으로 기타 불필요한 항목은 삭제될 수 있습니다.**

4. 직업교육

교육명	교육기관	이수시간(h)	주요 내용

작성요령

• 직무 관련 지식 중에서 학교 교육(수업) 외 전문성을 키우기 위해 노력했던 교육 사항에 대해 작성하는 항목입니다. 어떤 교육을 통해 어떤 지식을 습득했는지 파악할 수 있게 작성하시기 바랍니다.

TIP

1. 자격증을 취득하기 위해 받은 교육도 작성합니다(자격증을 취득하지 못했더라도 관련 지식을 인정받을 수 있습니다).
2. 온라인 교육(수료증 발급)도 가능하고 학회에서 진행하는 단기교육도 가능합니다.

5. 자격사항

자격증명	자격(면허)번호	발행처	취득일자

작성요령

• 직무와 관련 있는 자격증을 작성하는 항목으로 직무기술서의 관련 자격사항을 참고하여 작성하고, 자격증별 세부내용은 정확해야 합니다(추후 사본제출 시 이력서와 다른 점은 불이익을 받을 수 있습니다).

TIP

1. 자격증의 변동사항을 체크합니다(해당등급의 폐지, 자격증 유효기간 만료 등).
2. 동일 자격증에 대해 복수 등급 소지 시 가장 높은 등급의 자격증만 기재합니다.

6. 경력사항

기관명	근무기간	직위	담당업무

- 근로관계에 의해 정식 급여를 받으며 근로했던 기간이 있을 시 작성하는 항목입니다.
- 경력사항은 학력사항과 마찬가지로 가장 최근의 경력부터 기술하며 지원하는 직무와 관련된 업무일 경우 다른 경력사항보다 더 상세하게 적는 것이 좋습니다. 자신의 경력과 해당 직무의 연관성을 파악하여 담당업무를 작성하고 경력기간을 충족하는 지 확인해야 합니다(세부내용은 정확하게 기재되어야 합니다).
- 자신이 근무한 회사명과 주요 사업, 소속 부서, 최종직급, 근무기간, 주요 업무 및 성과 등을 표기하며, 근무기간은 연도와 월을 기재하고 만약 부서이동이나 직책 승진, 해외 근무 등이 있었다면 별도로 표기합니다.

TIP

1. 인턴도 경력사항에 기재합니다(정해진 기간에 금전적 보수를 받고 근무했던 이력 조건에 부합).
2. 담당업무는 직무기술서에 나와 있는 용어와 단어를 활용해야 합니다.

7. 경험사항

소속조직	활동기간	주요 역할	경험내용

- 일정한 금전적인 보수 없이 수행한 직무 관련 활동을 작성하는 항목으로 다양한 영역의 경험을 떠올려 작성합니다.
- 경험은 직업 외적인(금전적 보수를 받지 않고 수행한) 활동을 의미하며, 산학협력, 프로젝트 참여, 자문위원회 참여, 일·경험 수련생 활동, 연구회, 동아리/동호회 등에서 수행한 활동이 포함될 수 있습니다.

TIP

1. 다양한 경험 중 특정 경험을 지정하여 직업기초능력을 어필해 봅니다.
2. '(주요 역할)=(핵심역량)'으로 어필되도록 작성합니다(경험이 가진 역량과 직무역량의 연관성 찾기).

| 04 | 경력 및 경험 기술서와 자기소개서

1. 경력 및 경험 기술서

- 입사지원서에 기술한 경력 및 경험 중 대표적인 것에 대해 구체적으로 기술하십시오.
- 경력을 기술할 경우 구체적으로 직무영역, 활동·경험·수행 내용, 역할, 주요 성과 등에 대해 작성하시기 바랍니다.
- 경험을 기술할 경우 구체적으로 학습경험 혹은 활동 내용, 활동 결과에 대해 작성하시기 바랍니다.

작성요령

- 지원자의 직무역량, 관심도, 준비도 등을 확인할 수 있는 항목입니다.
- 담당업무에 자신의 업무를 단순 기술하는 것은 지양하는 것이 좋으며, 지원하는 직무와 관련된 주요 업무를 기술하고 이를 통해 자신이 만들어낸 성과를 수치를 활용해 어필해야 합니다.

TIP

1. 직무 연관성이 높은 최근의 경험 및 경력 위주로 작성합니다.
2. 규칙을 준수하고 높은 윤리의식을 강조하는 것도 효과적입니다.

2. 자기소개서

자기소개서는 인사담당자가 지원자의 성격과 태도, 회사에 대한 지원동기와 직무역량 등의 정보를 얻기 위해 활용하는 서류입니다. 지원하는 기업이 자신을 채용하도록 설득하기 위해서는 지원 직무를 분석하여 직무에 맞는 지식과 역량, 경험을 구체적인 사례로 뒷받침할 때 더욱 의미 있는 자기소개서가 될 수 있습니다.

① ○○공사에 지원하게 된 동기 및 지원 분야의 직무수행을 위해 준비해 온 과정에 대해 자유롭게 기술하십시오.

② 공동의 목표를 달성하기 위해 다른 사람들과 긴밀하게 소통하며 성공적으로 협업을 이루었던 경험에 대하여 기술하십시오.

③ 다양한 정보 또는 데이터를 체계적으로 수집·분석·조직하여 활용해 본 경험에 대하여 기술하십시오.

작성요령
- 자기소개서는 직무수행에 필요한 역량을 파악하기 위한 항목과 직업인으로서 기본적으로 갖춰야 하는 소양(직업기초능력 10가지)을 판단하기 위한 항목으로 구성됩니다.
- 기관마다 자체 평가기준에 맞춰 필요한 역량이 무엇인지 제시하고 지원자가 이를 충족시킬 수 있는 자질을 얼마나 갖추고 있는지를 평가하고자 하는 것으로 취지에 적합하게 작성해야 합니다.

TIP
1. 지원하는 기업 및 직무에 대한 다각적인 분석이 먼저 이루어진 후 작성해야 합니다.
2. 자신만의 핵심 역량이 무엇이고 그 역량을 갖추기 위해 어떤 노력과 준비를 해왔는지, 입사 후 어떻게 활용할 것인지 작성해야 합니다.
3. 공공기관의 경우 책임의식, 도덕성 등 높은 직업윤리가 필요합니다.
4. 기업별 이력서상에서 배제하는 항목 및 내용을 언급하지 않아야 합니다.
5. 억지로 부풀린 내용이 없어야 하며, 설득력 있게 작성해야 합니다.
6. 읽는 이의 입장을 고려하여 읽기 편하게, 요점을 정확히 강조하여 작성합니다.

인성검사 소개 및 모의테스트

| 01 | 인성검사 유형

인성검사는 지원자의 성격특성을 객관적으로 파악하고 그것이 각 기업에서 필요로 하는 인재상과 가치에 부합하는가를 평가하기 위한 검사입니다. 대표적으로 KPDI(한국인재개발진흥원), K-SAD(한국사회적성개발원), KIRBS(한국행동과학연구소), SHR(에스에이치알) 등의 전문기관을 통해 각 기업의 특성에 맞는 검사를 선택하여 실시합니다. 대표적인 인성검사의 유형에는 크게 다음과 같은 세 가지가 있으며, 채용 대행업체에 따라 달라집니다.

1. KPDI 검사

조직적응성과 직무적합성을 알아보기 위한 검사로, 인성검사, 인성역량검사, 인적성검사, 직종별 인적성검사 등의 다양한 검사 도구를 구현합니다. KPDI 인성검사는 성격을 파악하고 정신건강 상태 등을 측정하고, 직무검사는 해당 직무를 수행하기 위해 기본적으로 갖추어야 할 인지적 능력을 측정합니다. 역량검사는 특정 직무 역할을 효과적으로 수행하는 데 직접적으로 관련 있는 개인의 행동, 지식, 스킬, 가치관 등을 측정합니다.

2. KAD(Korea Aptitude Development) 검사

K-SAD(한국사회적성개발원)에서 실시하는 적성검사 프로그램입니다. 개인의 성향, 지적 능력, 기호, 관심, 흥미도를 종합적으로 분석하여 적성에 맞는 업무가 무엇인가 파악하고, 직무수행에 있어서 요구되는 기초능력과 실무능력을 분석합니다.

3. SHR 직무적성검사

직무수행에 필요한 다양한 사고 능력을 다양한 적성검사(Paper and Pencil Test)로 평가합니다. SHR의 모든 직무능력검사는 표준화 검사입니다. 표준화 검사는 표본집단의 점수를 기초로 규준이 만들어진 검사이므로 개인의 점수를 규준에 맞추어 해석·비교하는 것이 가능합니다. S(Standardized Tests), H(Hundreds of Version), R(Reliable Norm Data)을 특징으로 하며, 직군·직급별 특성과 선발 수준에 맞추어 검사를 적용할 수 있습니다.

| 02 | 인성검사와 면접

인성검사는 특히 면접질문과 관련성이 높습니다. 면접관은 지원자의 인성검사 결과를 토대로 질문을 하기 때문입니다. 일관적이고 이상적인 답변을 하는 것이 가장 좋지만, 실제 시험은 매우 복잡하여 전문가라 해도 일정 성격을 유지하면서 답변을 하는 것이 힘듭니다. 또한, 인성검사에는 라이 스케일 설문이 전체 설문 속에 교묘하게 섞여 들어가 있으므로 겉치레적인 답을 하게 되면 회답태도의 허위성이 그대로 드러나게 됩니다. 예를 들어 '거짓말을 한 적이 한 번도 없다.'에 '예'로 답하고, '때로는 거짓말을 하기도 한다.'에 '예'라고 답하여 라이 스케일의 득점이 올라가게 되면 모든 회답의 신빙성이 사라지고 '자신을 돋보이게 하려는 사람'이라는 평가를 받을 수 있으므로 주의해야 합니다. 따라서 모의테스트를 통해 인성검사의 유형과 실제 시험 시 어떻게 문제를 풀어야 하는지 연습해 보고 체크한 부분 중 자신의 단점과 연결되는 부분은 면접에서 질문이 들어왔을 때 어떻게 대처해야 하는지 생각해 보는 것이 좋습니다.

| 03 | 유의사항

1. 기업의 인재상을 파악하라!

인성검사를 통해 개인의 성격특성을 파악하고 그것이 기업의 인재상과 가치에 부합하는지를 평가하는 시험이기 때문에 해당 기업의 인재상을 먼저 파악하고 시험에 임하는 것이 좋습니다. 모의테스트에서 인재상에 맞는 가상의 인물을 설정하고 문제에 답해 보는 것도 많은 도움이 됩니다.

2. 일관성 있는 대답을 하라!

짧은 시간 안에 다양한 질문에 답을 해야 하는데, 그 안에는 중복되는 질문이 여러 번 나옵니다. 이때 앞서 자신이 체크했던 대답을 잘 기억해뒀다가 일관성 있는 답을 하는 것이 중요합니다.

3. 모든 문항에 대답하라!

많은 문제를 짧은 시간 안에 풀려다 보니 다 못 푸는 경우도 종종 생깁니다. 하지만 대답을 누락하거나 끝까지 다 못 했을 경우 안 좋은 결과를 가져올 수도 있으니 최대한 주어진 시간 안에 모든 문항에 답할 수 있도록 해야 합니다.

| 04 | KPDI 모의테스트

※ 모의테스트는 질문 및 답변 유형 연습을 위한 것으로 실제 시험과 다를 수 있습니다.

번호	내용	예	아니오
001	나는 솔직한 편이다.	☐	☐
002	나는 리드하는 것을 좋아한다.	☐	☐
003	법을 어겨서 말썽이 된 적이 한 번도 없다.	☐	☐
004	거짓말을 한 번도 한 적이 없다.	☐	☐
005	나는 눈치가 빠르다.	☐	☐
006	나는 일을 주도하기보다는 뒤에서 지원하는 것을 선호한다.	☐	☐
007	앞일은 알 수 없기 때문에 계획은 필요하지 않다.	☐	☐
008	거짓말도 때로는 방편이라고 생각한다.	☐	☐
009	사람이 많은 술자리를 좋아한다.	☐	☐
010	걱정이 지나치게 많다.	☐	☐
011	일을 시작하기 전 재고하는 경향이 있다.	☐	☐
012	불의를 참지 못한다.	☐	☐
013	처음 만나는 사람과도 이야기를 잘 한다.	☐	☐
014	때로는 변화가 두렵다.	☐	☐
015	나는 모든 사람에게 친절하다.	☐	☐
016	힘든 일이 있을 때 술은 위로가 되지 않는다.	☐	☐
017	결정을 빨리 내리지 못해 손해를 본 경험이 있다.	☐	☐
018	기회를 잡을 준비가 되어 있다.	☐	☐
019	때로는 내가 정말 쓸모없는 사람이라고 느낀다.	☐	☐
020	누군가 나를 챙겨주는 것이 좋다.	☐	☐
021	자주 가슴이 답답하다.	☐	☐
022	나는 내가 자랑스럽다.	☐	☐
023	경험이 중요하다고 생각한다.	☐	☐
024	전자기기를 분해하고 다시 조립하는 것을 좋아한다.	☐	☐
025	감시받고 있다는 느낌이 든다.	☐	☐

026	난처한 상황에 놓이면 그 순간을 피하고 싶다.	☐	☐
027	세상엔 믿을 사람이 없다.	☐	☐
028	잘못을 빨리 인정하는 편이다.	☐	☐
029	지도를 보고 길을 잘 찾아간다.	☐	☐
030	귓속말을 하는 사람을 보면 날 비난하고 있는 것 같다.	☐	☐
031	막무가내라는 말을 들을 때가 있다.	☐	☐
032	장래의 일을 생각하면 불안하다.	☐	☐
033	결과보다 과정이 중요하다고 생각한다.	☐	☐
034	운동은 그다지 할 필요가 없다고 생각한다.	☐	☐
035	새로운 일을 시작할 때 좀처럼 한 발을 떼지 못한다.	☐	☐
036	기분 상하는 일이 있더라도 참는 편이다.	☐	☐
037	업무능력은 성과로 평가받아야 한다고 생각한다.	☐	☐
038	머리가 맑지 못하고 무거운 느낌이 든다.	☐	☐
039	가끔 이상한 소리가 들린다.	☐	☐
040	타인이 내게 자주 고민상담을 하는 편이다.	☐	☐

| 05 | SHR 모의테스트

※ 모의테스트는 질문 및 답변 유형 연습을 위한 것으로 실제 시험과 다를 수 있습니다.

※ 이 성격검사의 각 문항에는 서로 다른 행동을 나타내는 네 개의 문장이 제시되어 있습니다. 이 문장들을 비교하여, 자신의 평소 행동과 가장 가까운 문장을 'ㄱ'열에 표기하고, 가장 먼 문장을 'ㅁ'열에 표기하십시오.

01 나는 _____

	ㄱ	ㅁ
A. 실용적인 해결책을 찾는다.	☐	☐
B. 다른 사람을 돕는 것을 좋아한다.	☐	☐
C. 세부 사항을 잘 챙긴다.	☐	☐
D. 상대의 주장에서 허점을 잘 찾는다.	☐	☐

02 나는 _____

	ㄱ	ㅁ
A. 매사에 적극적으로 임한다.	☐	☐
B. 즉흥적인 편이다.	☐	☐
C. 관찰력이 있다.	☐	☐
D. 임기응변에 강하다.	☐	☐

03 나는 _____

	ㄱ	ㅁ
A. 무서운 영화를 잘 본다.	☐	☐
B. 조용한 곳이 좋다.	☐	☐
C. 가끔 울고 싶다.	☐	☐
D. 집중력이 좋다.	☐	☐

04　나는 _____

	ㄱ	ㅁ
A. 기계를 조립하는 것을 좋아한다.	☐	☐
B. 집단에서 리드하는 역할을 맡는다.	☐	☐
C. 호기심이 많다.	☐	☐
D. 음악을 듣는 것을 좋아한다.	☐	☐

05　나는 _____

	ㄱ	ㅁ
A. 타인을 늘 배려한다.	☐	☐
B. 감수성이 예민하다.	☐	☐
C. 즐겨하는 운동이 있다.	☐	☐
D. 일을 시작하기 전에 계획을 세운다.	☐	☐

06　나는 _____

	ㄱ	ㅁ
A. 타인에게 설명하는 것을 좋아한다.	☐	☐
B. 여행을 좋아한다.	☐	☐
C. 정적인 것이 좋다.	☐	☐
D. 남을 돕는 것에 보람을 느낀다.	☐	☐

07 나는 _____

ㄱ	ㅁ

A. 기계를 능숙하게 다룬다.

B. 밤에 잠이 잘 오지 않는다.

C. 한 번 간 길을 잘 기억한다.

D. 불의를 보면 참을 수 없다.

08 나는 _____

ㄱ	ㅁ

A. 종일 말을 하지 않을 때가 있다.

B. 사람이 많은 곳을 좋아한다.

C. 술을 좋아한다.

D. 휴양지에서 편하게 쉬고 싶다.

09 나는 _____

ㄱ	ㅁ

A. 뉴스보다는 드라마를 좋아한다.

B. 길을 잘 찾는다.

C. 주말엔 집에서 쉬는 것이 좋다.

D. 아침에 일어나는 것이 힘들다.

10 나는 _____

	ㄱ	ㅁ
A. 이성적이다.	☐	☐
B. 할 일을 종종 미룬다.	☐	☐
C. 어른을 대하는 게 힘들다.	☐	☐
D. 불을 보면 매혹을 느낀다.	☐	☐

11 나는 _____

	ㄱ	ㅁ
A. 상상력이 풍부하다.	☐	☐
B. 예의 바르다는 소리를 자주 듣는다.	☐	☐
C. 사람들 앞에 서면 긴장한다.	☐	☐
D. 친구를 자주 만난다.	☐	☐

12 나는 _____

	ㄱ	ㅁ
A. 나만의 스트레스 해소 방법이 있다.	☐	☐
B. 친구가 많다.	☐	☐
C. 책을 자주 읽는다.	☐	☐
D. 활동적이다.	☐	☐

면접전형 가이드

| 01 | 면접전형 소개

1. 소개

- NCS 면접전형은 업무를 수행하는 데 있어 꼭 필요한 역량(지식, 기술, 태도, 인성)을 갖추고 있는지, 갖추고 있다면 기업(관)에 입사하여 발휘될 수 있는지를 평가하는 절차입니다.
- 면접전형에서는 면접관이 서류나 필기 전형에서 볼 수 없었던 행동에 대해 면접자를 평가할 수 있으며, 이전 과정을 통해 생긴 궁금한 부분을 직접 확인하고 지원자를 심층적으로 파악하기가 쉽습니다. 또한, 의사소통방식 및 언어적 특성(습관)에 대한 정보를 얻을 수 있습니다.
- 평가 방법은 구조화 면접의 성격으로 사전에 필요한 기본 질문 및 추가 질문을 계획해 놓고 역량 검증에 집중한 면접 방식으로 진행되고 있습니다.

2. 면접전형의 구성

NCS 직업기초능력면접		NCS 직무능력면접
• 해당 직무수행 시 요구하는 직업기초능력(기초 소양)을 평가하기 위한 과정입니다. • 직무기술서에 언급된 직업기초능력을 검증하기 위한 문항을 개발하고 객관적으로 평가할 수 있는 문항으로 구성됩니다.		• 실제 직무수행과 관련한 지식, 기술, 태도를 객관적으로 평가할 수 있는 평가 문항들로 구성됩니다. • 실질적인 업무 능력 파악을 위해 가지고 있는 능력(지식, 기술, 태도)을 업무수행 중 적용할 수 있는지를 평가하기 위한 내용으로 구성되어 있습니다.

| 02 | NCS 구조화 면접 유형 소개

1. 경험면접

- 방식
  해당 역량의 발휘가 요구되는 일반적인 상황을 제시하고, 그러한 상황에서 어떻게 행동했었는지(과거 경험)를 파악
- 판단기준
  해당 역량의 수준, 경험 자체의 구체성, 진실성 등
- 특징
  추상적인 생각이나 의견 제시가 아닌 과거 경험 및 행동 중심의 질의가 이루어지므로 지원자는 사전에 본인의 과거 경험 및 사례를 정리하는 것이 필요

> **TIP**
>
> 답변을 통해 알고자 하는 역량이 명확하게 정해져 있으며 답변의 질에 따라 평가 기준이 확실한 것이 구조화 면접의 특징입니다. 면접자는 해당 역량이 돋보일 수 있는 답변 프로세스를 구축하는 것이 좋습니다.
> - 답변 프로세스 구축 팁 : 상황 및 문제점 제시 → 자신의 행동 → 결과 → 결론

2. 발표(프레젠테이션)면접

- 방식
  지원자가 특정 주제와 관련된 자료를 검토하고, 그에 관한 자신의 생각을 면접관 앞에서 발표하며, 질의응답을 함
- 판단기준
  지원자의 사고력, 논리력, 문제해결능력 등
- 특징
  - 과제를 부여한 후, 지원자들이 과제를 수행하는 과정과 결과를 관찰·평가
  - 과제수행의 결과뿐 아니라, 과제수행 과정에서의 행동을 모두 평가

> **TIP**
>
> 자료 분석부터 발표까지 일련의 과정으로 준비해야 합니다.
> - 발표면접 팁
> ① 모든 기준을 지켜야 한다.
>   이미 알고 있던 지식, 정보를 총망라해서 만드는 것이 아닌 제공된 과제 자료를 활용해야 함을 명심하시기 바랍니다. 또한, 발표 시간을 지키는 것도 기억해야 합니다. 면접도 순서가 있고 정해진 시간이 있으므로 다른 면접자에게 피해를 줄 수 있는 행동은 금해야 합니다.
> ② 질문을 예상해야 한다.
>   발표가 끝나면 통상적으로 질의응답이 이뤄지게 됩니다. 이때 예상 질문을 생각해 보고 답변을 준비하는 것이 좋고, 발표 시간을 고려하여 주요 내용을 질의할 수 있게 유도하는 것도 좋은 방법이 됩니다.

3. 토론면접

- 방식
  상호갈등적 요소를 가진 과제 또는 공통의 과제를 해결하는 내용의 토론 과제 제시, 그 과정에서의 개인 간의 상호작용 행동 관찰
- 판단기준
  팀워크, 갈등 조정, 의사소통능력 등
- 특징
  면접에서 최종안을 도출하는 것도 중요하나 주장의 옳고 그름이 아닌 결론을 도출하는 과정과 말하는 자세 등도 중요

> **TIP**
>
> - 토론면접 핵심 3요소
>   ① 배려심 : 말이 겹쳤을 시 타인에게 발언권을 양보하거나 대화에 참여하지 못하는 지원자에게 발언 기회를 준다면 타인에 대한 배려심을 보여줄 수 있습니다.
>   ② 경청의 자세 : 타인이 말을 할 때 허공을 바라보거나 땅을 보는 것보다, 고개를 끄덕이고 중요한 것은 메모하며 적극적으로 타인의 이야기를 듣고 있다는 표현을 한다면 경청의 자세를 보여줄 수 있습니다.
>   ③ 논리정연 : 주장에 대한 근거가 없다면? 타인의 생각과 다른데 자신의 주장이 없다면? 장황하게 말이 늘어진다면? 자기 생각을 잘 정리하여 근거와 함께 이야기하는 것이 중요합니다.

4. 상황면접

- 방식
  직무수행 시 접할 수 있는 상황들을 제시하고, 그러한 상황에서 어떻게 행동할 것인지(행동의도)를 파악
- 판단기준
  해당 상황에 맞는 해당 역량의 구체적 행동지표
- 특징
  지원자의 가치관, 태도, 사고방식 등의 요소를 평가하는 데 용이

> **TIP**
>
> 바로 해결책을 제시하려는 다급함이 아닌 상황을 인지하고 어떻게 대처해야 할지 인식하려는 노력이 중요합니다.

| 03 | NCS 구조화 면접 예시

1. 경험면접 질문 예시

- 학창시절 리더로서 이끌어간 경험이 있는가?
- 행사준비 과정에서 어려움이 있을 때 어떻게 극복했는가? (총무 – 행사지원 – 행사운영)

직무수행능력 평가요소	수행태도	직업기초능력 평가요소	문제해결능력

- 취업준비를 하며 정보를 검색하고 수집한 내용을 쉽게 찾기 위해 관리한 방법이 있다면 무엇인가?
  (사무행정 – 문서관리 – 문서 수·발신)

직무수행능력 평가요소	업무역량, 전문지식	직업기초능력 평가요소	자원관리능력

- 다른 사람과 갈등이 생기는 상황을 어떻게 해결했고 느낀 점은 무엇인가? (직업기초 – 대인관계 – 갈등관리능력)

직무수행능력 평가요소	수행태도	직업기초능력 평가요소	대인관계능력

2. 상황면접 질문 예시

- 금주 금요일 창립기념일 행사 예정인데 수요일 현재 30% 정도만이 참여 의사를 밝혔다면, 참여를 독려하기 위한 방법은 어떤 것이 있는가? (총무 – 행사지원 – 행사운영)

직무수행능력 평가요소	업무역량	직업기초능력 평가요소	조직이해능력, 문제해결능력

- 회사 내 많은 공문서를 효율적으로 관리하고 쉽게 찾는 방법에는 어떤 것이 있는가?
  (사무행정 – 문서관리 – 문서 수·발신)

직무수행능력 평가요소	업무역량, 전문지식	직업기초능력 평가요소	자원관리능력

- 워크숍 진행 중 약속된 강사가 갑작스러운 사정으로 강의를 진행하지 못하게 되었을 때 어떻게 대처하겠는가?
  (직업기초 – 문제해결능력 – 문제처리능력)

직무수행능력 평가요소	업무역량, 수행태도	직업기초능력 평가요소	문제해결능력

부산환경공단 면접 기출질문

부산환경공단은 직무수행에 필요한 직업기초능력 및 직무수행능력을 심층적으로 평가하기 위해 필기시험에서 채용인원의 3배수에 한해 면접의 기회를 부여한다. 1차 면접에서는 직무 역량을 중심으로 평가하여 채용인원의 2배수에 한해 2차 면접의 기회를 부여하고, 2차 면접에서는 가치적합성을 평가하여 채용 예정인원의 1.5배수를 선발한다. 부산환경공단 채용에 대비하여 자기소개서에 기반한 예상질문 및 답변 준비, 부산환경공단에서 업무 및 추구하는 인재상 파악 등에 대한 준비가 필요하다.

부산환경공단 기출질문

기출 엿보기

- 현장에 배치된다면 어떻게 할 것인가?
- 업무와 관련하여 본인의 강점에 대해 말해 보시오.
- 코로나에 대비하여 부산환경공단이 해야 할 업무에 대해 말해 보시오.
- 면접을 준비하면서 어떤 질문을 할 것이라고 생각했는가? 그에 대한 답변을 해 보시오.
- 4차 산업혁명에 발맞추어 한 일이 있으면 말해 보시오.
- 부산환경공단이 하는 일은 무엇이고 바뀌었으면 하는 것에 대해 말해 보시오.
- 부정 청탁을 받는다면 어떻게 할 것인가?
- 최근에 다녀온 여행이나 알차게 놀았던 경험에 대해 말해 보시오.
- 신재생에너지가 무엇이고, 종류에는 어떠한 것들이 있으며, 원리는 무엇인가?
- 수소연료전지에 대해 말해 보시오.
- 공단 홈페이지를 보고 느낀점 및 개선점에 대해 말해 보시오.
- RES란 무엇의 약자이고 무엇인지 설명해 보시오.
- SMP란 무엇의 약자이고 무엇인지 설명해 보시오.
- 몰드변압기와 유입변압기를 비교하여 설명해 보시오.
- 열병합발전에 대해 설명해 보시오.
- 전기집진기의 원리에 대해 설명해 보시오.
- 전기를 한 단어로 표현해 보시오.
- 생각나는 사자성어는 무엇인가?
- 공단의 사업소장이 몇 개인지 알고 있는가?
- 지원자의 어떤 면이 공단에 도움이 될 것이라고 생각하는가?
- 입사 후 본인이 바꿔야 할 점이 있다면 무엇인가?
- 앞으로 부산환경공단에서 어떤 일을 하고 싶은가?

- 마지막으로 하고 싶은 말은 무엇인가?
- 수질TMS에 관해 말해 보시오.
- 알고 있는 집진기의 종류에 대해서 말해 보시오.
- 다른 공단이 아닌 부산환경공단에 지원한 이유가 무엇인가?
- 실무경험이 있는가?
- 육아와 일을 병행할 수 있는가?
- 이전 직장에서 퇴사한 이유가 무엇인가?
- 지원한 직무에서 어떤 일을 하는지 알고 있는가?
- 연봉이 생각보다 적을 수도 있는데 어떻게 할 것인가?
- 조직에서 중요한 것은 무엇이라고 생각하며 그것과 관련한 경험에 대해 말해 보시오.
- 만약 시민들이 공단시설로부터 발생하는 악취로 인해 불편을 겪어 시위한다면 어떻게 대처할 것인가?
- ACB의 기본원리와 역할은 무엇인가?

NCS 직업기초능력평가 답안카드

성 명

지원 분야

문제지 형별기재란

( )형 Ⓐ Ⓑ

수 험 번 호

⓪	⓪	⓪	⓪	⓪	⓪	⓪
①	①	①	①	①	①	①
②	②	②	②	②	②	②
③	③	③	③	③	③	③
④	④	④	④	④	④	④
⑤	⑤	⑤	⑤	⑤	⑤	⑤
⑥	⑥	⑥	⑥	⑥	⑥	⑥
⑦	⑦	⑦	⑦	⑦	⑦	⑦
⑧	⑧	⑧	⑧	⑧	⑧	⑧
⑨	⑨	⑨	⑨	⑨	⑨	⑨

감독위원 확인
(인)

번호	답란	번호	답란	번호	답란
1	① ② ③ ④ ⑤	21	① ② ③ ④ ⑤	41	① ② ③ ④ ⑤
2	① ② ③ ④ ⑤	22	① ② ③ ④ ⑤	42	① ② ③ ④ ⑤
3	① ② ③ ④ ⑤	23	① ② ③ ④ ⑤	43	① ② ③ ④ ⑤
4	① ② ③ ④ ⑤	24	① ② ③ ④ ⑤	44	① ② ③ ④ ⑤
5	① ② ③ ④ ⑤	25	① ② ③ ④ ⑤	45	① ② ③ ④ ⑤
6	① ② ③ ④ ⑤	26	① ② ③ ④ ⑤	46	① ② ③ ④ ⑤
7	① ② ③ ④ ⑤	27	① ② ③ ④ ⑤	47	① ② ③ ④ ⑤
8	① ② ③ ④ ⑤	28	① ② ③ ④ ⑤	48	① ② ③ ④ ⑤
9	① ② ③ ④ ⑤	29	① ② ③ ④ ⑤	49	① ② ③ ④ ⑤
10	① ② ③ ④ ⑤	30	① ② ③ ④ ⑤	50	① ② ③ ④ ⑤
11	① ② ③ ④ ⑤	31	① ② ③ ④ ⑤		
12	① ② ③ ④ ⑤	32	① ② ③ ④ ⑤		
13	① ② ③ ④ ⑤	33	① ② ③ ④ ⑤		
14	① ② ③ ④ ⑤	34	① ② ③ ④ ⑤		
15	① ② ③ ④ ⑤	35	① ② ③ ④ ⑤		
16	① ② ③ ④ ⑤	36	① ② ③ ④ ⑤		
17	① ② ③ ④ ⑤	37	① ② ③ ④ ⑤		
18	① ② ③ ④ ⑤	38	① ② ③ ④ ⑤		
19	① ② ③ ④ ⑤	39	① ② ③ ④ ⑤		
20	① ② ③ ④ ⑤	40	① ② ③ ④ ⑤		

※ 본 답안지는 마킹연습용 모의 답안지입니다.

NCS 직업기초능력평가 답안카드

1	① ② ③ ④ ⑤	21	① ② ③ ④ ⑤	41	① ② ③ ④ ⑤
2	① ② ③ ④ ⑤	22	① ② ③ ④ ⑤	42	① ② ③ ④ ⑤
3	① ② ③ ④ ⑤	23	① ② ③ ④ ⑤	43	① ② ③ ④ ⑤
4	① ② ③ ④ ⑤	24	① ② ③ ④ ⑤	44	① ② ③ ④ ⑤
5	① ② ③ ④ ⑤	25	① ② ③ ④ ⑤	45	① ② ③ ④ ⑤
6	① ② ③ ④ ⑤	26	① ② ③ ④ ⑤	46	① ② ③ ④ ⑤
7	① ② ③ ④ ⑤	27	① ② ③ ④ ⑤	47	① ② ③ ④ ⑤
8	① ② ③ ④ ⑤	28	① ② ③ ④ ⑤	48	① ② ③ ④ ⑤
9	① ② ③ ④ ⑤	29	① ② ③ ④ ⑤	49	① ② ③ ④ ⑤
10	① ② ③ ④ ⑤	30	① ② ③ ④ ⑤	50	① ② ③ ④ ⑤
11	① ② ③ ④ ⑤	31	① ② ③ ④ ⑤		
12	① ② ③ ④ ⑤	32	① ② ③ ④ ⑤		
13	① ② ③ ④ ⑤	33	① ② ③ ④ ⑤		
14	① ② ③ ④ ⑤	34	① ② ③ ④ ⑤		
15	① ② ③ ④ ⑤	35	① ② ③ ④ ⑤		
16	① ② ③ ④ ⑤	36	① ② ③ ④ ⑤		
17	① ② ③ ④ ⑤	37	① ② ③ ④ ⑤		
18	① ② ③ ④ ⑤	38	① ② ③ ④ ⑤		
19	① ② ③ ④ ⑤	39	① ② ③ ④ ⑤		
20	① ② ③ ④ ⑤	40	① ② ③ ④ ⑤		

성 명

지원 분야

문제지 형별기재란
Ⓐ Ⓑ
( )형

수험번호
⓪ ① ② ③ ④ ⑤ ⑥ ⑦ ⑧ ⑨

감독위원 확인
(인)

NCS 직업기초능력평가 답안카드

번호	답란	번호	답란	번호	답란
1	① ② ③ ④ ⑤	21	① ② ③ ④ ⑤	41	① ② ③ ④ ⑤
2	① ② ③ ④ ⑤	22	① ② ③ ④ ⑤	42	① ② ③ ④ ⑤
3	① ② ③ ④ ⑤	23	① ② ③ ④ ⑤	43	① ② ③ ④ ⑤
4	① ② ③ ④ ⑤	24	① ② ③ ④ ⑤	44	① ② ③ ④ ⑤
5	① ② ③ ④ ⑤	25	① ② ③ ④ ⑤	45	① ② ③ ④ ⑤
6	① ② ③ ④ ⑤	26	① ② ③ ④ ⑤	46	① ② ③ ④ ⑤
7	① ② ③ ④ ⑤	27	① ② ③ ④ ⑤	47	① ② ③ ④ ⑤
8	① ② ③ ④ ⑤	28	① ② ③ ④ ⑤	48	① ② ③ ④ ⑤
9	① ② ③ ④ ⑤	29	① ② ③ ④ ⑤	49	① ② ③ ④ ⑤
10	① ② ③ ④ ⑤	30	① ② ③ ④ ⑤	50	① ② ③ ④ ⑤
11	① ② ③ ④ ⑤	31	① ② ③ ④ ⑤		
12	① ② ③ ④ ⑤	32	① ② ③ ④ ⑤		
13	① ② ③ ④ ⑤	33	① ② ③ ④ ⑤		
14	① ② ③ ④ ⑤	34	① ② ③ ④ ⑤		
15	① ② ③ ④ ⑤	35	① ② ③ ④ ⑤		
16	① ② ③ ④ ⑤	36	① ② ③ ④ ⑤		
17	① ② ③ ④ ⑤	37	① ② ③ ④ ⑤		
18	① ② ③ ④ ⑤	38	① ② ③ ④ ⑤		
19	① ② ③ ④ ⑤	39	① ② ③ ④ ⑤		
20	① ② ③ ④ ⑤	40	① ② ③ ④ ⑤		

※ 본 답안지는 마킹연습용 모의 답안지입니다.

NCS 직업기초능력평가 답안카드

성 명	

지원 분야	

문제지 형별기재란	
( )형	Ⓐ Ⓑ

수 험 번 호

| ⓪ ① ② ③ ④ ⑤ ⑥ ⑦ ⑧ ⑨ |
| ⓪ ① ② ③ ④ ⑤ ⑥ ⑦ ⑧ ⑨ |
| ⓪ ① ② ③ ④ ⑤ ⑥ ⑦ ⑧ ⑨ |
| ⓪ ① ② ③ ④ ⑤ ⑥ ⑦ ⑧ ⑨ |
| ⓪ ① ② ③ ④ ⑤ ⑥ ⑦ ⑧ ⑨ |
| ⓪ ① ② ③ ④ ⑤ ⑥ ⑦ ⑧ ⑨ |
| ⓪ ① ② ③ ④ ⑤ ⑥ ⑦ ⑧ ⑨ |

감독위원 확인
(인)

1	① ② ③ ④ ⑤	21	① ② ③ ④ ⑤	41	① ② ③ ④ ⑤
2	① ② ③ ④ ⑤	22	① ② ③ ④ ⑤	42	① ② ③ ④ ⑤
3	① ② ③ ④ ⑤	23	① ② ③ ④ ⑤	43	① ② ③ ④ ⑤
4	① ② ③ ④ ⑤	24	① ② ③ ④ ⑤	44	① ② ③ ④ ⑤
5	① ② ③ ④ ⑤	25	① ② ③ ④ ⑤	45	① ② ③ ④ ⑤
6	① ② ③ ④ ⑤	26	① ② ③ ④ ⑤	46	① ② ③ ④ ⑤
7	① ② ③ ④ ⑤	27	① ② ③ ④ ⑤	47	① ② ③ ④ ⑤
8	① ② ③ ④ ⑤	28	① ② ③ ④ ⑤	48	① ② ③ ④ ⑤
9	① ② ③ ④ ⑤	29	① ② ③ ④ ⑤	49	① ② ③ ④ ⑤
10	① ② ③ ④ ⑤	30	① ② ③ ④ ⑤	50	① ② ③ ④ ⑤
11	① ② ③ ④ ⑤	31	① ② ③ ④ ⑤		
12	① ② ③ ④ ⑤	32	① ② ③ ④ ⑤		
13	① ② ③ ④ ⑤	33	① ② ③ ④ ⑤		
14	① ② ③ ④ ⑤	34	① ② ③ ④ ⑤		
15	① ② ③ ④ ⑤	35	① ② ③ ④ ⑤		
16	① ② ③ ④ ⑤	36	① ② ③ ④ ⑤		
17	① ② ③ ④ ⑤	37	① ② ③ ④ ⑤		
18	① ② ③ ④ ⑤	38	① ② ③ ④ ⑤		
19	① ② ③ ④ ⑤	39	① ② ③ ④ ⑤		
20	① ② ③ ④ ⑤	40	① ② ③ ④ ⑤		

※ 본 답안지는 마킹연습용 모의 답안지입니다.

혼공하는 취린이들을 위해 준비했어~!

취업을 준비하거나 이직을 준비하는
분들을 위해 만들어진 취업 정보
종합커뮤니티 카페

대기업&공기업 취업 온라인 스터디 카페

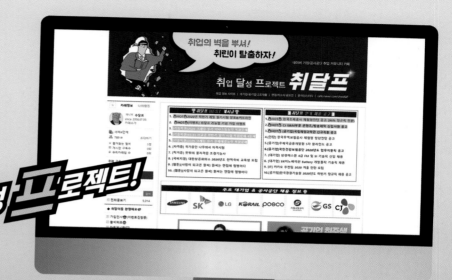

취업 달성 프로젝트!

 NAVER 카페

취달프를 검색하세요!

01

채용정보
대기업 채용정보
공기업 채용정보
고졸·초대졸 채용정보
최신 채용 뉴스 및 정보

02

무료 온라인 스터디
대기업 스터디
공기업 NCS 스터디
강의 동영상 제공
열정참여자 특별 혜택

03

꿀정보 대잔치
대기업 필수 정보
공기업 필수 정보
자소서 및 면접 꿀팁

04

무료 자료 제공
생생 취업 자료
최신 시사상식
1일 1한자성어

※ 도서 학습 관련 문의는 '도서 학습문의' 게시판에 남겨주세요.
※ 도서의 정오사항은 '신속처리 정오표' 게시판에 업데이트 됩니다.

취달프 카페 가입 이벤트
★ 가입인사 시 추첨을 통해 시대고시 취업 관련 도서 1권 제공 ★

※추첨은 매달 진행됩니다.

(주)시대고시기획

공기업 취업을 위한 NCS 직업기초능력평가 시리즈

NCS 모듈부터 실전까지 "기본서" 시리즈

공기업 취업의 기초부터 차근차근! 취업의 문을 여는 **Master Key!**

NCS 영역별 체계적 학습 "합격노트" 시리즈

각 영역별 핵심이론부터 모의고사까지! 단계별 학습을 통한 **Only Way!**

NCS

NCS 기출예상문제 + 실전모의고사 4회

부산환경공단

「주요 공기업 기출복원문제 + NCS + 실전모의고사」 3일 완성!

NCS직무능력연구소 편저

정답 및 해설

판매량 1위
부산환경공단
네이버 책
2020 ~ 2018년 기준

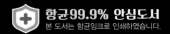

NAVER 카페 취달프(취업 달성 프로젝트)

(주)시대고시기획

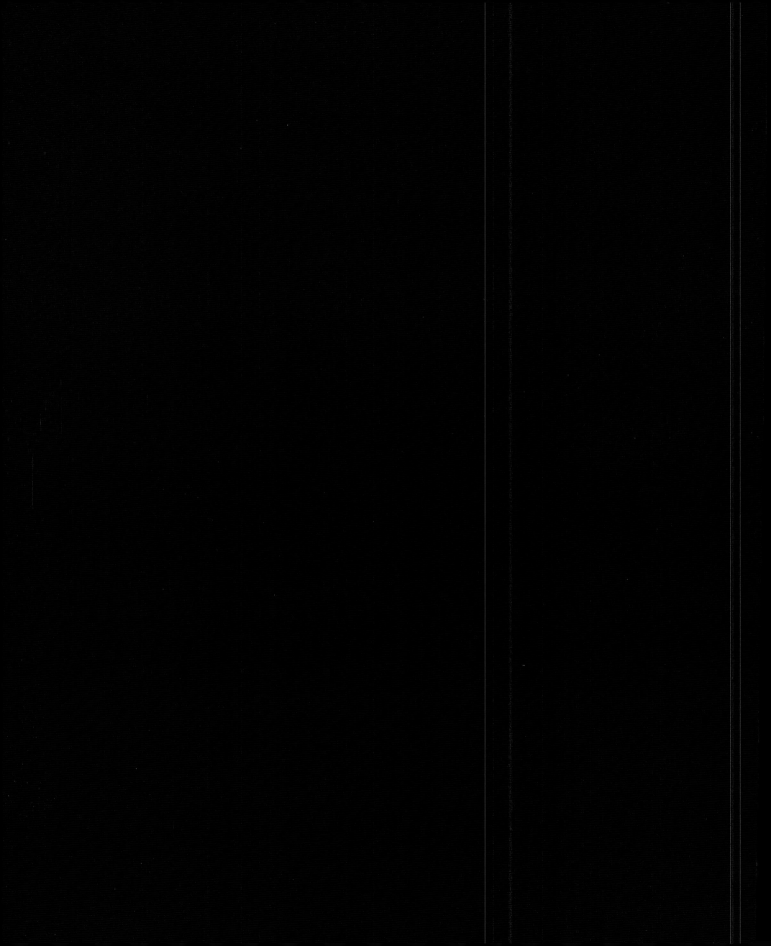

Add+
2020년 주요 공기업
NCS 기출복원문제

정답 및 해설

01	02	03	04	05	06	07	08	09	10
⑤	⑤	③	③	④	③	④	⑤	④	②
11	12	13	14	15	16	17	18	19	20
③	③	⑤	⑤	③	⑤	③	②	③	⑤
21	22	23	24	25	26	27	28	29	30
①	④	⑤	④	③	①	②	④	⑤	③
31	32	33	34	35	36	37	38	39	40
②	④	④	②	②	①	④	③	③	④
41	42	43	44	45	46	47	48	49	50
④	②	⑤	④	②	④	④	①	②	④
51	52	53	54	55	56	57	58	59	60
③	③	①	④	②	①	④	②	①	②

01 　　　　　　　　　　　　　　　정답 ⑤

이곡의 차마설은 말을 빌려 탄 개인적인 경험을 통해 소유에 대한 보편적인 깨달음을 제시하고 올바른 삶의 태도를 촉구하는 교훈적 수필로, 개인적 일상의 경험을 먼저 제시하고 이에 대한 자신의 의견을 제시하고 있다.

오답분석

① 말을 빌려 탄 개인의 경험을 소유에 대한 욕망이라는 추상적 대상으로 확장하는 유추의 방법을 사용하고 있다.
② 말을 빌려 탄 개인적 경험의 예화를 통해 소유에 대한 반성의 교훈을 제시하는 2단 구성 방식을 취하고 있다.
③ 주관적인 개인적 경험을 통해 소유에 대한 보편적인 의견을 제시하고 있다.
④ 맹자의 말을 인용하여 사람들의 그릇된 소유 관념을 비판하고 있다.

02 　　　　　　　　　　　　　　　정답 ⑤

제시문에 따르면 작업으로서의 일과 고역으로서의 일의 구별은 단순히 지적 노고와 육체적 노고의 차이에 의해 결정되지 않는다. 구별의 근본적 기준은 인간의 존엄성과 관련되므로 작업으로서의 일은 자의적·창조적 활동이 되며, 고역으로서의 일은 타의적·기계적 활동이 된다. 따라서 작업과 고역을 지적 노동과 육체적 노동으로 각각 구분한 ⑤는 옳지 않다.

오답분석

① 고역은 상품 생산만을 목적으로 하며, 작업은 상품 생산을 통한 작품 창작을 목적으로 한다. 즉, 작업과 고역 모두 생산 활동이라는 목적을 지닌다.
② 작업은 자의적인 활동이며, 고역은 타의에 의해 강요된 활동이다.
③ 작업은 창조적인 활동이며, 고역은 기계적인 활동이다.
④ 작업과 고역을 구별하는 근본적 기준은 그것이 인간의 존엄성을 높이는 것이냐, 아니면 타락시키는 것이냐에 있다.

03 　　　　　　　　　　　　　　　정답 ③

제시문에 따르면 철도는 여러 가지 측면에서 사회·경제적으로 많은 영향을 미쳤다. 그러나 해외 수출의 증가와 관련된 내용은 제시문에 나타나 있지 않다. 따라서 철도의 발전이 우리나라에 미친 영향으로 적절하지 않은 것은 ③이다.

오답분석

① 지역 간 이동속도, 국토 공간구조의 변화 등 사회·경제적으로 많은 영향을 미쳤다.
② 철도망을 통한 도시 발전에 따라 상주와 김천 등의 도시 인구 수 변화에 많은 영향을 미쳤다.
④·⑤ 철도에 대한 다양한 학문적 연구가 진행됨에 따라 교통학, 역사학 등에 많은 영향을 미치고 있으며, 이와 관련한 도서가 출판되고 있다.

04 　　　　　　　　　　　　　　　정답 ③

한글 맞춤법에 따르면 단어 첫머리의 '량'은 두음 법칙에 따라 '양'으로 표기하지만, 단어 첫머리 이외의 '량'은 '량'으로 표기한다. 그러나 고유어나 외래어 뒤에 결합한 한자어는 독립적인 한 단어로 인식되기 때문에 두음 법칙이 적용되어 '양'으로 표기해야 한다. 즉, '량'이 한자와 결합하면 '량'으로 표기하고, 고유어와 결합하면 '양'으로 표기한다. 따라서 '수송량'의 '수송(輸送)'은 한자어이므로 '수송량'이 옳은 표기이며, 이와 동일한 규칙이 적용된 단어는 '독서(讀書)-량'과 '강수(降水)-량'이다.

오답분석

'구름'은 고유어이므로 '구름양'이 옳은 표기이다.

05

정답 ④

각국의 철도박물관에 관한 내용은 제시문에 나타나 있지 않다.

오답분석
① 사회에 미친 로마 시대 도로의 영향과 고속철도의 영향을 비교하는 내용의 다섯 번째 문단을 뒷받침하는 자료로 적절하다.
② 서울 ~ 부산 간의 이동 시간과 노선을 철도 개통 이전과 개통 이후로 비교하는 내용의 여섯 ~ 일곱 번째 문단을 뒷받침하는 자료로 적절하다.
③ 경부선의 개통 전후 상주와 김천의 인구수를 비교하는 내용의 여덟 번째 문단을 뒷받침하는 자료로 적절하다.
⑤ 철도(고속철도) 개통을 통해 철도와 관련된 다양한 책들이 출판되고 있다는 내용의 마지막 문단을 뒷받침하는 자료로 적절하다.

06

정답 ③

순환성의 원리에 따르면 화자와 청자의 역할은 원활하게 교대되어 정보가 순환될 수 있어야 한다. 그러나 대화의 상황에 맞게 원활한 교대가 이루어져야 하므로 대화의 흐름을 살펴 순서에 유의하여 말하는 것이 좋으며, 상대방의 말을 가로채는 것은 바람직하지 않다.

오답분석
① 공손성의 원리
② 적절성의 원리
④ 순환성의 원리
⑤ 관련성의 원리

07

정답 ④

④는 지구력이 월등히 높은 1반 학생들과 그렇지 않은 2반 학생들을 비교하여 그들의 차이점인 달리기의 여부를 지구력 향상의 원인으로 추론하였으므로 차이법이 적용된 사례로 볼 수 있다.

오답분석
①·②·③·⑤ 어떤 결과가 발생한 여러 경우들에 공통적으로 선행하는 요소를 찾아 그것을 원인으로 간주하는 방법인 일치법이 적용되었다.
① 시력이 1.5 이상인 사람들의 공통점인 토마토의 잦은 섭취를 시력 증진의 원인으로 간주한다.
② 전염병에 감염된 사람들은 모두 돼지 농장에서 근무했었다는 점을 통해 돼지를 전염병의 원인으로 간주한다.
③ 사고 다발 구간에서 시속 40km/h 이하로 지나간 차량은 사고가 발생하지 않았다는 점을 통해 시속 40km/h 이하의 운행 속도를 교통사고 발생률 0의 원인으로 간주한다.
⑤ 손 씻기를 생활화한 아이들은 감기에 걸리지 않았다는 내용을 통해 손 씻기를 감기 예방의 원인으로 간주한다.

08

정답 ⑤

제시문에서는 다양한 비유적 표현을 통해 퇴고의 중요성과 그 방법에 대하여 이야기하고 있다. ⓒ에서는 퇴고를 옷감에 바느질하는 일로 비유하였는데, 바느질 자국이 도드라지지 않게 하라는 것은 고쳐 썼다는 것이 드러나지 않을 정도로 자연스럽게 퇴고해야 한다는 것을 의미한다. 따라서 새로운 단어나 문장을 추가하지 않는다는 ⑤의 설명은 옳지 않다.

09

정답 ④

제시문에 따르면 노엄 촘스키는 선험적인 지식의 역할을 강조하는 선험론자에 해당한다. 선험론자들은 아이들이 언어 구조적 지식을 선험적으로 가지고 태어나며, 이러한 선험적 지식을 통해 언어를 습득한다고 보았다.

오답분석
①·② 경험론자인 레너드 블룸필드에 따르면 인간의 지식은 거의 모두 경험 자료에서 비롯되며, 아동은 언어를 습득하는 과정에서 어른의 말을 모방하거나 반복한다.
③ 선험론자인 노엄 촘스키에 따르면 인간은 체계적인 가르침을 받지 않고도 언어 규칙을 무의식적으로 내면화할 수 있는 능력을 갖고 있으므로 아이는 문법을 학습하지 않아도 자연스럽게 언어를 습득할 수 있다.
⑤ 빌헬름 폰 훔볼트에 따르면 개인의 사고방식이나 세계관은 언어 구조에 의해 결정되므로 아이가 언어를 습득하는 과정에서 언어를 통해 중재된 세계관을 함께 습득할 수 있다.

10

정답 ②

A트럭의 적재량을 a톤이라 하자. 하루에 두 번 옮기므로 $2a$톤씩 12일 동안 192톤을 옮기므로 A트럭의 적재량은 $2a \times 12 = 192 \rightarrow a = \dfrac{192}{24} = 8$톤이 된다. A트럭과 B트럭이 동시에 운행했을 때는 8일이 걸렸으므로 A트럭이 옮긴 양은 $8 \times 2 \times 8 = 128$톤이며, B트럭은 8일 동안 $192 - 128 = 64$톤을 옮기므로 B트럭의 적재량은 $\dfrac{64}{2 \times 8} = 4$톤이다. B트럭과 C트럭을 같이 운행했을 때 16일 걸렸다면 B트럭이 옮긴 양은 $16 \times 2 \times 4 = 128$톤이며, C트럭은 64톤을 옮겼다. 따라서 C트럭의 적재량은 $\dfrac{64}{2 \times 16} = 2$톤이다.

11

불만족을 선택한 고객을 x명, 만족을 선택한 고객은 $100-x$명이라 가정하자. 80점 이상을 받으려면 x의 최댓값은 $3\times(100-x)-4x\geq 80 \rightarrow 300-80\geq 7x \rightarrow x\leq 31.4$이므로 최대 31명까지 허용된다.

12

정답 ③

세 번째 열에서 $B+C+D=44$이고, A의 값만 구한 첫 번째 열(㉠)과 세 번째 행(㉡)의 식을 연립한다.

$2A+B=34 \cdots$ ㉠
$A+2B=44 \cdots$ ㉡

㉠$\times2-$㉡을 하면 $3A=24 \rightarrow A=8$이 나오므로 $A+B+C+D=8+44=52$이다.

13

정답 ⑤

유·무상 수리 기준에 따르면 A전자 서비스센터 외에서 수리한 후 고장이 발생한 경우 고객 부주의에 해당하므로 무상 수리를 받을 수 없다. 따라서 해당 고객이 수리를 요청할 경우 유상 수리 건으로 접수해야 한다.

14

정답 ⑤

서비스 요금 안내에 따르면 서비스 요금은 부품비, 수리비, 출장비의 합계액으로 구성된다. 전자레인지 부품 마그네트론의 가격은 20,000원이고, 출장비는 평일 18시 이전에 방문하였으므로 18,000원이 적용된다. 따라서 전자레인지의 수리비는 $53,000-(20,000+18,000)=15,000$원이다.

15

정답 ③

조선시대의 미(未)시는 오후 1 ~ 3시를, 유(酉)시는 오후 5 ~ 7시를 나타낸다. 오후 2시부터 4시 30분까지 운동을 하였다면, 조선시대 시간으로 미(未)시 정(正)부터 신(申)시 정(正)까지 운동을 한 것이 되므로 옳지 않다.

오답분석

① 초등학교의 점심 시간이 오후 1시부터 2시까지라면, 조선시대 시간으로 미(未)시(1 ~ 3시)에 해당한다.
② 조선시대의 인(寅)시는 현대 시간으로 오전 3 ~ 5시를 나타낸다.
④ 축구 경기가 전반전 45분과 후반전 45분으로 총 90분 동안 진행되었으므로 조선시대 시간으로 한시진(2시간)이 되지 않는다.
⑤ 조선시대의 술(戌)시는 오후 7 ~ 9시를 나타내므로 오후 8시 30분은 술(戌)시에 해당한다.

16

정답 ⑤

'경위'를 A, '파출소장'을 B, '30대'를 C라고 하면, 첫 번째 명제와 마지막 명제는 다음과 같은 벤다이어그램으로 나타낼 수 있다.

1) 첫 번째 명제

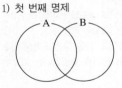

2) 마지막 명제

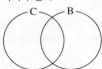

마지막 명제가 참이 되기 위해서는 B와 공통되는 부분의 A와 C가 연결되어야 하므로 A를 C에 모두 포함시켜야 한다. 즉, 다음과 같은 벤다이어그램이 성립할 때 마지막 명제가 참이 될 수 있으므로 빈칸에 들어갈 명제는 '모든 경위는 30대이다.'의 ⑤이다.

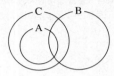

오답분석

①·② 다음과 같은 경우 성립하지 않는다.

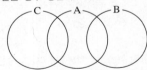

③ 다음과 같은 경우 성립하지 않는다.

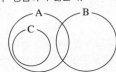

17

정답 ⑤

ㄷ에 따라 확진자가 C를 만난 경우와 E를 만난 경우를 나누어 볼 수 있다.

1) C를 만난 경우
　ㄱ에 따라 A와 B를 만났으며, ㄴ에 따라 F도 만났음을 알 수 있다.
2) E를 만난 경우
　ㄴ에 따라 F를 만났음을 알 수 있다.
따라서 확진자는 두 경우 모두 F를 만났으므로 항상 참이 되는 것은 ⑤이다.

18

정답 ③

'주차공간에 차가 있는지 여부를 감지하는 센서를 설치한 스마트 주차'라고 했으므로 주차를 해주는 것이 아니라 주차공간이 있는지의 여부를 확인해 주는 것이다.

오답분석

① '각국 경제 및 발전 수준, 도시 상황과 여건에 따라 매우 다양하게 정의 및 활용되고, 접근 전략에도 차이가 있다.'라고 하였으므로 적절하다.

② 두 번째 문단에서 '이 스마트 가로등은 … 인구 밀집도까지 파악할 수 있다.'라고 하였으므로 적절하다.

④ 세 번째 문단에서 항저우를 비롯한 중국의 여러 도시들은 알리바바의 알리페이를 통해 항저우 택시의 98%, 편의점의 95% 정도에서 모바일 결제가 가능하고, 정부 업무, 차량, 의료 등 60여 종에 달하는 서비스 이용이 가능하다고 하였으므로 지갑을 가지고 다니지 않아도 일부 서비스를 이용할 수 있다.

⑤ 마지막 문단에서 '세종에서는 … 개인 맞춤형 의료 서비스 등을 받을 수 있다.'라고 하였으므로 적절하다.

19

정답 ②

'전기사고를 방지하기 위한 안전장치가 필요한데 그중에 하나가 접지이다.'라는 내용에서 접지 이외에도 다른 방법이 있음을 알 수 있다.

오답분석

① '위험성이 높을수록 이러한 안전장치의 필요성 높아진다.'라고 하였으므로 위험성이 낮다고 안전장치가 필요치 않다는 설명은 적절하지 않다.

③ '전류는 전위차가 있을 때에만 흐르므로'라고 하였으므로 전위차가 없으면 전류가 흐르지 않는다.

④ '정전기 발생을 사전에 예방하기 위해 접지를 해둬야 한다.'에서 알 수 있듯이 접지를 하게 되면 정전기 발생을 막을 순 있지만, 접지를 하지 않는다고 정전기가 무조건 발생하는 것은 아니다.

⑤ 저항 또는 임피던스의 크기가 작으면 통신선에 유도장애가 커지고, 크면 평상시 대지 전압이 높아지는 등의 결과가 나타나지만, 저항 크기와 임피던스의 크기에 대한 상관관계는 글에서 확인할 수 없다.

20

정답 ⑤

먼저 하나의 사례를 제시하면서 글의 서두가 전개되고 있으므로 이와 비슷한 사례를 제시하고 있는 (다)가 이어지는 것이 적절하다. 이어서 (다) 사례의 내용이 비현실적이라고 언급하고 있는 (나)가 오는 것이 적절하며, 다음으로 (나)에서 언급한 사물인터넷과 관련된 설명의 (라)가 이어지는 것이 적절하다. 마지막으로 (가)는 (라)에서 언급한 지능형 전력망을 활용함으로써 얻게 되는 효과를 설명하는 내용이므로 문단의 순서는 (다) – (나) – (라) – (가)가 적절하다.

21

정답 ①

먼저 첫 번째 조건과 세 번째 조건에 따라 하경이의 바로 오른쪽 자리에는 성준, 민준, 민지가 앉을 수 없으므로 하경이의 오른쪽 자리에는 슬기 또는 경서만 앉을 수 있다. 하경이의 자리를 1번으로 가정하여 이를 기준으로 바로 오른쪽 6번 자리에 슬기가 앉은 경우와 경서가 앉은 경우를 나누어 보면 다음과 같다.

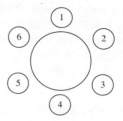

1) 6번 자리에 슬기가 앉은 경우

네 번째 조건에 따라 민준이는 4번 또는 2번에 앉을 수 있지만, 첫 번째 조건에 따라 하경이의 바로 옆 자리인 2번에는 앉을 수 없으므로 결국 4번에 앉은 것을 알 수 있다. 또한 두 번째 조건에 따라 5번 자리에는 경서 또는 성준이가 앉을 수 있지만, 세 번째 조건에 따라 경서는 반드시 민지의 왼쪽에 앉아야 하므로 5번 자리에는 성준이가 앉고 나머지 2번과 3번 자리에 민지와 경서가 나란히 앉은 것을 알 수 있다.

2) 6번 자리에 경서가 앉은 경우

세 번째 조건에 따라 5번 자리에는 민지가 앉으므로 첫 번째 조건에 따라 2번 자리에는 슬기만 앉을 수 있다. 이때, 두 번째 조건에 따라 슬기는 성준이 옆 자리에 앉아야 하므로 3번에는 성준이가 앉고, 나머지 4번에 민준이가 앉은 것을 알 수 있다.

따라서 항상 참이 되는 것은 '하경이와 민준이가 서로 마주 보고 앉아 있다.'이다.

22

정답 ④

㉠ 제로 트러스트 모델(Zero Trust Model)이란 아무도 신뢰하지 않는 다는 뜻으로 내·외부를 막론하고 적절한 인증 절차 없이는 그 누구도 신뢰하지 않는다.

㉢ 기업 내부에서 IT 인프라 시스템에 대한 접근 권한이 있는 내부인에 의해 보안 사고가 발생함에 따라 만들어진 IT 보안 모델이다.

㉣ MFA(Multi Factor Authentication)란 사용자 다중 인증을 말하며, 패스워드 강화 및 추가적인 인증 절차를 통해 접근 권한을 부여하는 것이다. IAM(Identity and Access Management)은 식별과 접근 관리를 말하며, ID와 패스워드를 종합적으로 관리해 주는 역할 기반의 사용자 계정 관리 솔루션이다.

오답분석

㉡ 네트워크 설계의 방향은 내부에서 외부로 설정한다.

23

정답 ⑤

카드 결제 시스템에 특수 장치를 설치하여 불법으로 카드 정보를 복사하는 방식은 스키밍(Skimming)이다. 폼재킹이란 사용자의 결제 정보 양식을 중간에서 납치한다는 의미의 합성어로, 해커들이 온라인 쇼핑몰 등의 웹 사이트를 악성코드로 미리 감염시키고, 구매자가 물건을 구입할 때 신용카드 등의 금융정보를 입력하면 이를 탈취한다.

24

정답 ④

숨겨진 자아는 타인은 모르지만, 나는 아는 나의 모습을 의미한다. 자신의 평판에 대해 직장 동료나 상사에게 물어보는 것은 타인은 알고 있지만, 나는 알지 못하는 나의 모습을 의미하는 눈먼 자아와 연결된다.

조해리의 창(Johari's Window)

조해리의 창은 대인관계에 있어서 자신이 어떻게 보이고, 또 어떤 성향을 가지고 있는지를 파악할 수 있도록 한 심리학 이론으로, 미국의 심리학자 조셉 루프트와 해리 잉햄이 고안하였다.

• 눈먼 자아 : 나에 대해 타인은 알고 있지만, 나는 알지 못하는 모습
• 아무도 모르는 자아 : 타인도 나도 모르는 나의 모습
• 공개된 자아 : 타인도 나도 아는 나의 모습
• 숨겨진 자아 : 타인은 모르지만, 나는 아는 나의 모습

25

정답 ③

스마트 스테이션에서는 분산되어 있는 분야별 역사 관리 정보를 정보통신기술을 기반으로 통합 관리한다. 따라서 현재 스마트 스테이션을 시범 운영하고 있는 5호선 군자역에서는 역사 관리 정보가 통합되어 관리되고 있음을 알 수 있다.

오답분석

① 서울교통공사는 스마트 스테이션을 2021년 3월까지 2호선 50개전 역사에 구축할 예정이다.

② 스마트 스테이션은 올해 2020년 4월 지하철 5호선 군자역에서 시범 운영되었다.

④ 모바일 버전의 구축은 이번에 체결한 계약의 주요 개선사항 중 하나이므로 현재는 모바일을 통해 역사를 모니터링할 수 없다.

⑤ 스마트 스테이션은 기존 통합 모니터링 시스템을 개량하는 방식으로 도입될 예정이므로 앞으로 도입될 스마트 스테이션에는 새롭게 개발된 모니터링 시스템이 아닌 보완·개선된 기존의 모니터링 시스템이 적용될 것이다.

26

정답 ①

스마트 스테이션이 군자역에서 시범 운영된 결과, 순회 시간이 평균 28분에서 10분으로 줄었다. 따라서 일반 역의 순찰시간은 스마트 스테이션의 순찰시간보다 더 긴 것을 알 수 있다.

오답분석

② 스마트 스테이션이 시범 운영된 결과, 운영 효율이 향상된 것으로 나타났으므로 일반 역은 스마트 스테이션에 비해 운영비용이 많이 드는 것을 알 수 있다.

③ 스마트 스테이션이 시범 운영된 결과, 돌발 상황에 대한 대응시간이 평균 11분에서 3분으로 단축되었으므로 일반 역의 대응시간은 스마트 스테이션보다 더 긴 것을 알 수 있다.

④ 스마트 스테이션이 도입되면 3D맵과 지능형 CCTV를 통해 가상순찰이 가능해지므로 스마트 스테이션에서는 일반 역보다 적은 인력이 필요할 것이다.

⑤ 스마트 스테이션의 경우 지능형 CCTV를 통해 무단침입이나 역사 화재 등을 실시간으로 인지할 수 있지만, 일반 역에서는 이를 실시간으로 인지하기 어렵다.

27

정답 ②

지능형 CCTV(◎)의 경우 높은 화소와 객체 인식 기능을 통해 사물이나 사람의 정확한 식별이 가능하다. 따라서 ATM기 맞은편에 설치된 일반 CCTV(○)보다 ATM기 오른쪽에 설치된 지능형 CCTV(◎)를 통해 범죄자 얼굴을 쉽게 파악할 수 있다.

오답분석

① 일반 CCTV(○)는 유지보수가 용이하다는 장점이 있다.

③ 제시된 3D맵을 보면 모든 지능형 CCTV(◎)는 IoT센서(●)와 함께 설치되어 있음을 알 수 있다.

④ 지능형 CCTV(◎)는 객체 인식 기능을 통해 제한구역의 무단침입 등이 발생할 경우 이를 실시간으로 알려 준다.

⑤ 지하철 역사 내부를 3차원으로 표현한 3D맵에서는 지능형 CCTV(◎)와 IoT 센서(●) 등을 통해 가상순찰이 가능하다.

28

정답 ④

시설 노후화로 각종 안전사고가 빈발하는 도시철도(서울·부산)의 노후 시설물 개량 지원을 414억 원에서 566억 원으로 확대한다고 하였으므로 예산을 새로 편성한 것이 아니라 기존의 예산에서 확대 편성하였음을 알 수 있다.

오답분석

① 철도국 예산안을 5.3조 원이었던 지난해 대비 19.3% 증가한 6.3조 원으로 편성하였으므로 철도국의 2020년 예산은 지난해보다 1조 원이 증가하였다.

② 철도안전 분야 예산을 10,360억 원에서 15,501억 원으로 증액하였으므로 철도안전 분야 예산은 약 $\frac{15,501-10,360}{10,360} \times 100 ≒$ 49.6% 증가하였다.

③ 수도권 동북부와 남부지역을 잇는 GTX-C노선의 민간투자시설사업기본계획(RFP) 수립 등을 위해 10억 원을 신규 반영하였다.

⑤ 철도차량 및 철도시설 이력 관리 정보시스템 구축에 대한 지원을 41억 원에서 94억 원으로 확대 편성하였다.

29

정답 ⑤

철도국 2020년 예산안에 따르면 각종 안전사고가 빈발하는 노후 시설물 개량과 철도 이용객 안전을 위한 안전시설의 확충 등을 위해 철도안전 투자가 강화되었다. 따라서 철도안전 사고 등을 선제적으로 예방하기 위해 철도안전에 예산을 집중·확대 투자하였음을 추론할 수 있다.

30

정답 ③

지점이동을 원하는 직원들 중 1차 희망지역에 서울을 신청한 직원은 C, E, I이고, 경기를 적은 직원은 D, G, L이다. 하지만 조건에서 희망지역을 신청한 사람 중 2명만 이동할 수 있으며, 3명 이상이 지원하면 경력이 높은 사람이 우선된다고 했으므로 서울을 신청한 직원 중 경력이 6년인 E, I가 우선이며, 경기는 경력이 2년인 D, L이 우선이 된다. 따라서 서울 지역으로 이동할 직원은 E, I이며, 경기 지역은 D, L이다.

31

정답 ②

지점이동을 원하는 직원들 중 첫 번째와 두 번째 조건에 따라 1차 희망지역으로 발령을 받는 직원을 정리하면 다음과 같다.

서울	경기	대구	대전
E, I	D, L	J, N	B
부산	광주	포항	울산
F, M	K		

1차 희망지역에 탈락한 직원은 A, C, G, H이며, 4명의 2차 희망지역에서 순위 선정 없이 바로 발령을 받는 직원은 울산을 지원한 A이다. G와 H는 광주를 지원했지만 광주에는 K가 이동하여 한 명만 더 갈 수 있기 때문에 둘 중 보직 우선순위에 따라 차량관리를 하고 있는 G가 이동하게 된다. H는 3차 희망지역으로 울산을 지원하여 울산에 배정된 직원은 A 1명이므로 울산으로 이동한다. C의 경우 2·3차 희망지역인 경기, 대구 모두 2명의 정원이 배정되어 있으므로 이동하지 못한다. 따라서 지점이동을 하지 못하는 직원은 C이다.

32

정답 ④

통돌이 세탁기 기능 조작부 설명에 따르면 세탁통 청소 시 사용하는 통세척 코스에서는 냉수만 선택 가능하다. 따라서 통세척 코스를 선택한 뒤에 온수세탁을 선택할 수 없다.

오답분석

① 통돌이 세탁기 기능 조작부 설명에 따르면 작동 중 세탁기 문을 열고자 할 때는 동작/일시정지 버튼을 눌러 세탁기가 정지한 후에 세탁기 문을 열어야 한다.

② 통돌이 세탁기 기능 조작부에는 물높이에 따른 세제량이 그림으로 표시되어 있어 물높이에 맞는 세제량을 확인할 수 있다.

③ 통돌이 세탁기의 세탁 코스 설명에 따르면 급속 코스의 적정 세탁량은 5.5kg 이하이며, 급속 코스에서는 4 이상의 물높이가 선택되지 않는다.

⑤ 통돌이 세탁기의 예약 옵션 설명에 따르면 예약 시간은 3~18시간까지 설정 가능하며, 3시간 미만은 예약되지 않는다.

33

정답 ④

먼저 세탁기의 전원 버튼을 1번 눌러야 하며, 세탁 버튼은 19분이 선택될 수 있도록 총 7번 눌러야 한다. 이때, 온수로 세탁하므로 온수세탁 버튼도 1번 눌러야 한다. 또한 헹굼 버튼은 3회가 선택되도록 3번, 탈수 버튼은 '약'이 선택되도록 2번 눌러야 한다. 마지막으로 모든 세탁 과정을 예약 세탁으로 설정해야 하므로 예약 버튼을 1번 누른 후 예약 시간이 4:00가 되도록 예약 버튼을 1번 더 눌러야 한다(3~12시간까지는 1시간 단위로 예약이 가능하다). 따라서 A씨는 세탁기 조작부의 버튼을 총 1+7+1+3+2+2=16번 눌러야 한다.

34

정답 ②

불림 10분, 냉수세탁 12분, 헹굼 10×2=20분, 탈수(강) 15분으로 총 10+12+20+15=57분이 소요된다.

오답분석

① 14(온수세탁)+10×3(헹굼 3회)+10[탈수(약)]=54분
③ 12(냉수세탁)+10×3(헹굼 3회)+10[탈수(약)]=52분
④ 12(냉수세탁)+10×2(헹굼 2회)+8[탈수(섬세)]=40분
⑤ 12(냉수세탁)+10×2(헹굼 2회)=32분

35

정답 ②

오답분석

ㄴ. 순직군경에 해당되는 내용이다.
ㄹ. 전상군경에 해당되는 내용이다.

36

정답 ①

등록대상 유가족 및 가족요건의 배우자를 보면 배우자 및 사실상의 배우자가 독립유공자와 혼인 또는 사실혼 후 당해 독립유공자 외의 자와 사실혼 중에 있거나 있었던 경우는 제외되므로, 이혼한 경우는 유족으로서 인정받을 수 없다.

오답분석

② 등록대상 유가족 및 가족요건의 자녀를 보면 직계비속이 없어 입양한 자 1인에 한하여 자녀로 본다고 되어 있다.

③ 등록대상 유가족 및 가족요건의 배우자를 보면 사실상의 배우자를 포함한다고 되어 있다.

④ 친자녀는 특별한 조건이 없이 2순위로 해당된다.

37

정답 ④

국가유공자 유족의 선순위자로서 배우자인 어머니가 사망하였으므로, A가 최선순위자로서 국가유공자 유족 등록신청을 할 수 있다. 또한 A의 아버지는 전몰군경에 해당되므로 제출해야 하는 서류는 다음과 같다.

– 등록신청서 1부
– 병적증명서나 전역증(군인이 아닌 경우 경력증명서) 1부
– 고인의 제적등본(사망일자 확인) 1통
– 신청인의 가족관계 기록사항에 관한 증명서 1통
– 신청인의 반명함판 사진 1매
– 요건관련확인서 발급신청서 1부
– 사망입증서류 각 1부

혼인관계증명서는 배우자인 경우에만 제출하면 되므로, A가 제출할 필요가 없는 서류이다.

38

정답 ③

사회적 약자에 대한 채용혜택을 살펴 보면, 먼저 채용인원 수 측면에서는 상반기가 65명, 하반기가 120명이므로 하반기에 더 중점을 두었음을 알 수 있다. 또한 사회적 약자에 대한 범위 역시 상반기에는 장애인과 국가유공자에 대해서만 혜택을 부여했지만, 하반기에서는 이에 더 나아가 고졸 및 국가유공자, 한부모가정, 북한이탈주민까지 범위를 더 넓혔다. 따라서 하반기가 상반기에 비해 사회적 가치실현에 더 중점을 두었음을 알 수 있다.

오답분석

① 전체 채용 인원은 상반기가 458명, 하반기가 465명이고, 일반채용 인원은 상반기가 393명, 하반기가 345명이다.

② 국가유공자 채용인원은 상반기와 하반기 모두 동일하게 50명이다.

④ 상반기 보도자료에서 '근무조건을 모집지역 5년 이상 근무하는 것으로 하여 지원자 본인은 생활권을 고려하여 지원해야 할 것으로 보인다.'라고 했으며, 하반기 보도자료에서도 '근무조건 또한 모집지역 내에서 5년 이상 근무하는 것으로 이 역시 상반기와 동일하다.'라고 했으므로 하반기 지원 역시 상반기처럼 본인의 생활권을 고려하여 지원해야 할 것이라고 볼 수 있다.

39

정답 ③

ㄱ. 부산광역시의 감기 환자의 수는 37,101명으로 경상남도의 감기 환자의 수인 43,694명보다 적다.

ㄴ. 대구광역시의 질병 환자가 가입한 의료보험의 총 수는 $56,985 \times 1.2 = 68,382$개로 6만 5천개 이상이다.

ㄹ. 질병 환자 한 명당 발열 환자 수는 서울이 $129,568 \div 246,867 \fallingdotseq 0.52$로 가장 크다. 그 외 지역들은 발열 환자 수가 전체 질병 환자의 반이 되지 않는다.

오답분석

ㄷ. 질병 환자 한 명당 발열 환자 수는 강원도의 경우 $15,516 \div 35,685 \fallingdotseq 0.43$이지만, 울산광역시의 경우는 $12,505 \div 32,861 \fallingdotseq 0.38$이므로 옳지 않다.

40

정답 ④

해당 그래프는 질병 환자 한 명당 발열 환자 비율이 아닌 질병 환자 한 명당 감기 환자 비율을 나타낸 그래프이다.

41

정답 ④

박 대리는 세미나 시작 1시간 전에는 대구공항에 도착하여야 하므로 12:00까지 도착해야 한다. 따라서 김포공항에서 대구공항으로 가는 항공편은 IA910편을 이용하며, 다시 김포공항으로 오는 경우에는 세미나 종료시각인 17:00부터 그 후 2시간 이내인 19:00에 출발하는 항공편을 이용하여야 하므로 TK280을 이용한다. 또한 항공료를 제외한 교통비는 대구공항에서 이동하는 첫날과 마지막 날 이틀에 대한 비용이 지급된다. 이를 반영하여 출장비를 계산하면 다음과 같다.
$4 \times 30,000 + 3 \times 80,000 + 2 \times 10,000 + 34,500 + 58,000 = 472,500$원이다.

42

정답 ②

박 대리는 김포공항에서 대구공항으로 이동시에는 IA910편을, 대구공항에서 김포공항으로 이동시에는 TK280편을 이용한다. 특히 IA910편의 경우, 비고사항에 따라 1.0%p 더 적립된다는 점에 유의한다. 따라서 IA910편을 이용하는 경우에는 $34,500 \times (3+1)\% = 1,380$점, TK280편을 이용하는 경우에는 $58,000 \times 5\% = 2,900$점이 적립되어, 총 $1,380 + 2,900 = 4,280$점이 적립된다.

43

정답 ⑤

ㄷ. 이미 우수한 연구개발 인재를 확보한 것이 강점이므로, 추가로 우수한 연구원을 채용하는 것은 WO전략으로 적절하지 않다. 기회인 예산을 확보하면, 약점인 전력효율성이나 국민적 인식 저조를 해결하는 전략을 세워야 한다.

ㄹ. 세계의 신재생에너지 연구(O)와 전력효율성 개선(W)를 활용하므로 WT전략이 아닌 WO전략에 대한 내용이다. WT전략은 위협인 높은 초기 비용에 대한 전략이 나와야 한다.

44 정답 ④

리튬이온전지가 아닌 4개의 기술기준을 세계 최초로 개발하였다.

오답분석

① '리튬이온전지 사용을 위한 기술기준 승인을 받았다.'라고 한 내용에서 승인이 필요함을 알 수 있다.

② '전원 차단으로 발생한 후쿠시마 원전 사고'라고 언급되어 있으므로 전원 차단이 되지 않았다면, 후쿠시마 원전 사고는 일어나지 않았을 수도 있을 것이라 추측할 수 있다.

③ '용량은 납축전지의 2 ~ 3배에 달해 원전 안전성에 크게 기여할 것으로 평가받고 있다.'에서 용량이 커져 안정성에 크게 기여한다고 했으므로 맞는 설명이다.

⑤ '국제 전기표준에 맞춰 1995년 제정한 국내기술기준으로'라는 내용에서 해외의 영향을 받았음을 알 수 있다.

45 정답 ②

'피터팬증후군이라는 말로 표현되기도 하였으나, 이와 달리 키덜트는 … 긍정적인 이미지를 가지고 있다.'라는 내용을 통해 두 단어를 혼용해 사용한다는 내용은 적절하지 않다.

오답분석

① '20 ~ 40대의 어른이 되었음에도 불구하고'라는 구절에서 나이의 범위를 알 수 있다.

③ '키덜트는 각박한 현대인의 생활 속에서 마음 한구석에 어린이의 심상을 유지하는 사람들로 긍정적인 이미지를 가지고 있다.'라는 문장을 통해 키덜트와 현대사회가 밀접한 관련이 있음을 짐작할 수 있다.

④ '기업들은 키덜트족을 타깃으로 하는 상품과 서비스를 만들어내고 있으며'라는 문장을 통해 시장의 수요자임을 알 수 있다.

⑤ '키덜트들은 이를 통해 얻은 영감이나 에너지가 일에 도움이 된다고 한다.'의 내용에서 찾을 수 있다.

46 정답 ④

회전 대응 보관의 원칙이란 입·출하 빈도의 정도에 따라 보관 장소를 결정해야 한다는 것으로, 입·출하 빈도가 높은 물품일수록 출입구에 가까운 장소에 보관해야 한다는 의미이다.

오답분석

① 네트워크 보관의 원칙 : 물품 정리 및 이동거리 최소화를 지원하는 방식으로, 출하 품목의 연대적 출고가 예상되는 제품을 한데 모아 정리하고 보관하는 방식

② 형상 특성의 원칙 : 화물의 형상에 따라 보관 방법을 변경하는 방식으로, 표준화된 제품은 랙에, 비표준화된 제품은 형상에 맞게 보관하는 방식

③ 통로 대면의 원칙 : 물품의 입·출고를 용이하게 하고, 창고 내의 원활한 물품 흐름과 활성화를 위하여 벽면이 아닌 통로면에 보관하는 방식

47 정답 ④

먼저 세 번째 조건에 따라 3팀은 3호실에 위치하고, 네 번째 조건에 따라 8팀과 2팀은 4호실 또는 8호실에 각각 위치한다. 이때, 두 번째 조건에 따라 2팀과 5팀은 앞뒤로 나란히 위치해야 하므로 결국 2팀과 5팀이 각각 8호실과 7호실에 나란히 위치하고, 4호실에는 8팀이 위치한다. 또한 첫 번째 조건에 따라 1팀과 7팀은 1호실 또는 5호실에 각각 위치하는데, 마지막 조건에서 4팀은 1팀과 5팀 사이에 위치한다고 하였으므로 4팀이 5팀 바로 앞인 6호실에 위치하고, 1팀은 5호실에 위치한다. 따라서 1호실에는 7팀이 위치하고, 바로 뒤 2호실에는 6팀이 위치한다. 이를 종합하여 기획 1 ~ 8팀의 사무실을 배치하면 다음과 같다.

창고	입구	계단
기획 7팀		기획 1팀
기획 6팀	복도	기획 4팀
기획 3팀		기획 5팀
기획 8팀		기획 2팀

따라서 기획 4팀과 기획 6팀은 복도를 사이에 두고 마주하는 것을 알 수 있다.

오답분석

① 창고 뒤에는 기획 7팀의 사무실이 위치하며, 기획 1팀의 사무실은 계단 쪽 라인에 위치한다.

② 기획 2팀의 사무실은 8호실에 위치한다.

③ 기획 3팀과 5팀은 복도를 사이에 두고 마주한다.

48 정답 ①

주어진 자료를 활용하여, 시속으로 표현된 각 수단의 속도를 단위 길이인 1km에 걸리는 소요시간으로 변환하여 정리한다.

구분	$(시간)=\dfrac{(거리)}{(속력)}$	1km당 소요시간
지하철	$x=\dfrac{1}{60}$	1분
버스	$x=\dfrac{1}{30}$	2분
택시		2분
도보	$x=\dfrac{1}{6}$	10분

주어진 지도를 참고하여 지하철을 이용하는 방식으로 회사에서 집으로 가는 가장 빠른 경로는 회사 → 지하철역 A까지의 4km, 지하철역 A에서 지하철역 C로 이동하는 6km, 지하철역 C → 집까지의 2km이다. 이때, 가장 빠르게 도착한다는 조건에 따라 지하철로 이동한 구간을 제외한 구간은 차량을 이용한다. 이를 바탕으로 계산해보면, 회사 → 지하철역 A구간은 4×2=8분, 지하철 이용 구간은 6×1=6분, 지하철역 C → 집구간 2×2=4분이다. 따라서 총 소요시간은 8+6+4 =18분이다.

49

정답 ②

가장 저렴한 비용으로 회사에서 집으로의 12km 구간과 집에서 가장 가까운 지하철역 C로 2km를 이동하는 교통비를 구해야 한다. 다만, 12km 구간을 이동하는 인원과 2km 구간을 이동하는 인원의 수가 달라진다는 점을 염두에 두어야 한다. 회사에서 집으로 이동할 때에는 김 대리를 포함한 4명이 이동을 하고, 돌아갈 때는 김 대리를 제외한 3명만 지하철역 C로 돌아가는 경우에 대한 교통비를 계산하여야 한다. 회사에서 집까지 4명이 이동하는 경우의 교통비를 계산하면, 버스로는 $1,500 \times 4 = 6,000$원이 소요되고, 택시로 이동하는 경우에는 1대 기준 $2,500 + 150 \times (12-5) = 2,500 + 1,050 = 3,550$원이 소요되지만, 4명이 이동해야 하므로 2대로 나누어 이동한다. 그러므로 택시를 타면 $3,550 \times 2 = 7,100$원이 소요된다.

김 대리를 제외한 3명이 김 대리의 집에서 지하철역 C로 이동하는 2km 구간의 교통비를 계산해보면, 버스는 $1,500 \times 3 = 4,500$원, 택시는 기본요금인 $2,500$원이 소요된다.

따라서 가장 저렴하게 이동할 수 있는 방법은 회사에서 집으로 이동할 때는 4명이 모두 버스를 타고 이동하는 것이고, 집에서 지하철역으로 이동할 때는 3명이 함께 택시를 타는 방법이고, 이때의 교통비는 $6,000 + 2,500 = 8,500$원이다.

50

정답 ④

정 대리가 근무하는 회사와 약속장소가 있는 지하철역 B사이의 최소거리는 7km이다. 이 거리를 택시를 타고 이동한다고 했으므로, 회사에서 약속장소까지의 이동에 소요될 시간은 $7 \times 2 = 14$분이 된다. 그러므로 2시 30분으로 예정된 약속에 10분 먼저 도착하는 것과 이동에 걸리는 시간 14분을 고려하면 택시를 타고 약속장소로 출발해야 할 시간이 나온다. 따라서 2시 30분$-$(10분$+$14분)$=$2시 6분에는 회사에서 택시를 탑승해야 한다.

51

정답 ③

ㄱ. 판매종사자의 경우, 다른 직업에 비해 주 근무시간이 주 52시간을 초과하던 근로자의 수가 $6,602 \times 36.1\% ≒ 2,383$명으로 가장 많다.

ㄷ. 실제 근로시간이 주 52시간을 초과하는 근로자의 비중이 높은 직업일수록 주 52시간 근무제 도입 후 근로시간 단축효과가 클 것임을 추론할 수 있다. 관리자의 경우, 해당 비율이 6.3%이고, 단순노무종사자의 경우 20.7%이므로 옳은 설명이다.

오답분석

ㄴ. 군인의 경우, 다른 직업에 비해 희망 근무시간이 53시간 이상인 근로자의 수가 $119 \times 4.6\% ≒ 5$명으로 가장 적다.

52

정답 ③

이달 말부터 a만 원씩 갚는다고 하면 이자를 포함하여 갚는 금액의 총합은 $a + a \times 1.015 + \cdots + a \times 1.015^{11} = \dfrac{a(1.015^{12}-1)}{1.015-1} = \dfrac{a(1.2-1)}{0.015}$

$= \dfrac{0.2a}{0.015} = \dfrac{40}{3}a$이다. 40만 원 12개월 후의 원리합계는 40×1.015^{12}

$= 40 \times 1.2 = 48$이므로 $\dfrac{40}{3}a = 48$이다.

$\therefore a = \dfrac{18}{5} = 3.6$만 원

따라서 매달 3만 6천 원씩 갚아야 한다.

53

정답 ①

먼저 16진법으로 표현된 수를 10진법으로 변환하여야 한다.

$43 = 4 \times 16 + 3 = 67$
$41 = 4 \times 16 + 1 = 65$
$54 = 5 \times 16 + 4 = 84$

변환된 수를 아스키 코드표를 이용하여 해독하면 $67 = C$, $65 = A$, $84 = T$임을 확인할 수 있다. 따라서 철수가 장미에게 보낸 문자의 의미는 CAT이다.

54

정답 ④

이청득심(以聽得心)이란 귀를 기울이면 상대방의 마음을 얻을 수 있다는 뜻으로, 장자는 중국 노나라 왕의 일화를 통해 경청의 중요성을 이야기하였다.

오답분석

① 노심초사(勞心焦思) : 마음속으로 애를 쓰고 생각이 많아 속이 탄다는 뜻으로, 어떤 일에 대한 걱정과 우려로 몹시 불안한 상태를 의미

② 견강부회(牽强附會) : 이치에 맞지 않는 말을 억지로 끌어다 붙여 자기주장의 조건에 맞도록 함을 비유하는 말

③ 설참신도(舌斬身刀) : 혀는 몸을 베는 칼이라는 뜻으로, 항상 말 조심해야 한다는 것을 의미

⑤ 경전하사(鯨戰蝦死) : 고래 싸움에 새우가 죽는다는 뜻으로, 강자들의 권력 다툼 사이에서 약자가 해를 입는 것을 의미하는 말

55

정답 ②

원기둥의 높이를 h, 반지름을 r이라고 하면, 원기둥의 면적은 $2\pi r^2 + 2\pi rh$이고, 브로마이드를 부착할 원기둥의 기둥은 $2\pi rh$이다.

$\therefore 2 \times 3.14 \times 0.5 \times 3 = 9.42\text{m}^2$

56

모래시계를 뒤집을 수 있다는 점을 유념해야 한다. 30분을 측정하는 과정은 다음과 같다.

1) 처음 두 모래시계를 동시에 사용을 한다.
2) 14분짜리 모래시계의 모래가 모두 가라앉았을 때, 14분짜리 모래시계를 뒤집는다. 이때, 시간은 14분이 걸렸다.
3) 22분짜리 모래시계의 모래가 모두 가라앉았을 때, 14분짜리 모래시계를 다시 뒤집는다.
   이때, 시간은 총 22분이 걸렸으며, 14분짜리 모래시계는 8분만큼의 모래가 밑으로 가라앉았다. 해당 모래시계를 뒤집었기 때문에, 이후 14분짜리 모래시계는 8분을 측정하게 된다.
4) 14분짜리의 모래시계의 모래가 모두 가라앉을 때 30분이 된다.

따라서 두 모래시계를 사용하면 30분 만에 정확히 30분을 잴 수 있다.

57

정답 ④

엑셀에서 [F12]와 [Shift]+[F12]는 '다른 이름으로 저장'의 단축키이다.

오답분석

① [Alt]+[F] : 파일 메뉴 / [Alt]+[N] : 삽입 메뉴
② [Alt]+[Enter] : 한 셀에 두 줄 입력 / [Alt]+[=] : 자동합계
③ [Shift]+[F5] : 찾기 / [Shift]+[F3] : 함수 마법사
⑤ [Ctrl]+[9] : 행 숨기기 / [Ctrl]+[F9] : 창 최소화

58

정답 ②

바이오스란 컴퓨터에서 전원을 켜면 맨 처음 컴퓨터의 제어를 맡아 가장 기본적인 기능을 처리해 주는 프로그램으로, 모든 소프트웨어는 바이오스를 기반으로 움직인다.

오답분석

① ROM(Read Only Memory)
③ RAM(Random Access Memory)
④ 스풀링(Spooling)
⑤ 미들웨어(Middleware)

59

정답 ①

메일머지는 똑같은 내용의 편지를 이름이 다른 여러 사람에게 보낼 때 사용하는 기능이다. 수신자에 대한 정보를 담고 있는 데이터베이스 파일로부터 정보를 받아들여 워드프로세서로 작성한 편지나 문서를 여러 명에게 보낼 때 사용한다.

오답분석

② 인덱스(Index) : 데이터를 기록할 경우 그 데이터의 이름과 크기 등 속성과 기록장소 등을 표로 표시한 것
③ 시소러스(Thesaurus) : 데이터 검색을 위한 키워드(색인어) 간의 관계, 즉 동의어, 하위어, 관련어 등의 관계를 나타낸 사전
④ 액세스(Access) : 컴퓨터에서 메모리나 자기디스크 등의 기억장치에 대해 데이터의 쓰기나 읽기를 하는 행위
⑤ 디더링(Dithering) : 해상도를 초과하여 이미지에 빈 공간이 생기는 결점을 보완하기 위한 기술

60

정답 ②

ㄱ. 사업추진 경험을 강점으로 활용하여 예산 확보가 어렵다는 위협요소를 제거해나가는 전략으로서 ST전략에 해당한다.
ㄷ. 국토정보 유지관리사업은 이미 강점에 해당하므로, 약점을 보완하여야 하는 WO전략으로 적절하지 않다.

PART 1

직업기초능력평가
정답 및 해설

01	02	03	04	05	06	07	08	09	10
④	④	④	③	③	③	③	①	②	③
11	12	13	14	15	16	17	18	19	20
③	①	④	③	③	④	③	④	②	①

01
정답 ④

개방적인 질문은 상대방의 다양한 생각을 이해하고, 상대방으로부터 보다 많은 정보를 얻기 위한 방법으로 이로 인하여 서로에 대한 이해의 정도를 높일 수 있다. 그러나 G씨에게 누구와 여행을 함께 가는지 묻는 F씨의 질문은 개방적 질문이 아닌 단답형의 대답이나 반응을 이끌어 내는 폐쇄적 질문에 해당하므로 ④는 개방적인 질문 방법에 대한 사례로 적절하지 않다.

02
정답 ④

(가) : 설명서
- 상품이나 제품에 대해 설명하는 글이므로 정확하게 기술한다.
- 전문용어는 소비자들이 이해하기 어려우므로 가급적 전문용어의 사용은 삼간다.

(나) : 공문서
- 공문서는 대외문서이고, 장기간 보관되는 문서이기 때문에 정확하게 기술한다.
- 회사 외부로 전달되는 글인 만큼 누가, 언제, 어디서, 무엇을, 어떻게가 드러나도록 써야 한다.

(다) : 보고서
- 보통 업무 진행 과정에서 쓰는 경우가 대부분이므로 무엇을 도출하고자 했는지 핵심내용을 구체적으로 제시한다.
- 간결하고 핵심적인 내용의 도출이 우선이므로 내용의 중복은 피한다.

(라) : 기획서
- 기획서는 상대에게 어필해 상대가 채택하게끔 설득력을 갖춰야 하므로 상대가 요구하는 것이 무엇인지 고려하여 작성한다.
- 기획서는 완벽해야 하므로 제출하기 전에 충분히 검토한다.

03
정답 ④

B대리는 A사원의 질문에 대해 명료한 대답을 하지 않고 모호한 태도를 보이며 협력의 원리 중 태도의 격률을 어기고 있음을 알 수 있다.

04
정답 ③

문서이해의 구체적인 절차는 다음과 같다.

1. 문서의 목적 이해하기

↓

2. 이러한 문서를 작성되게 된 배경과 주제 파악하기

↓

3. 문서에 쓰인 정보를 밝혀내고, 문서가 제시하고 있는 현안문제 파악하기

↓

4. 문서를 통해 상대방의 욕구와 의도 및 내게 요구되는 행동에 관한 내용 분석하기

↓

5. 문서에서 이해한 목적 달성을 위해 취해야 할 행동을 생각하고 결정하기

↓

6. 상대방의 의도를 도표나 그림 등으로 메모하여 요약, 정리해보기

A씨의 경우 문서 내용을 정리하여 요구사항별로 그룹화하고, 중요한 내용만 간추려 메모하기 시작하였으므로 상대방의 의도를 도표나 그림 등으로 메모하여 요약, 정리해보는 단계에 해당하는 것을 알 수 있다.

05
정답 ③

저작권법에 의해 보호받을 수 있는 저작물은 최소한의 창작성을 지니고 있어야 하며, 남의 것을 베낀 것이 아닌 저작자 자신의 것이어야 한다.

06

종교적·주술적 성격의 동물은 대개 초자연적인 강대한 힘을 가지고 인간 세계를 지배하거나 수호하는 신적인 존재이다.

오답분석

① 미술 작품 속에 등장하는 동물에는 해태나 봉황 등 인간의 상상에서 나온 동물도 적지 않다.
② 미술 작품에 등장하는 동물은 성격에 따라 구분할 수 있으나, 이 구분은 엄격한 것이 아니다.
④ 인간의 이지가 발달함에 따라 신적인 기능이 감소한 종교적·주술적 동물은 신이 아닌 인간에게 봉사하는 존재로 전락한다.
⑤ 신의 위엄을 뒷받침하고 신을 도와 치세의 일부를 분담하기 위해 이용되는 동물들은 현실 이상의 힘을 가진다.

07

정답 ③

제시된 글은 테레민이라는 악기를 어떻게 연주하는가에 대한 내용이다. 두 번째 문단에서 '오른손으로는 수직 안테나와의 거리에 따라 음고를 조절하고, 왼손으로는 수평 안테나와의 거리에 따라 음량을 조절한다'고 하였고, 마지막 문단에서는 이에 따라 오른손으로 음고를 조절하는 방법에 대해 설명하고 있다. 따라서 뒤에 이어질 내용은 수평 안테나와 왼손 사이의 거리에 따라 음량이 조절되는 원리가 나오는 것이 적절하다.

08

정답 ①

• 개발 : 새로운 물건을 만들거나 새로운 생각을 내어놓음
• 튼튼히 : 조직이나 기구 따위가 무너지거나 흔들리지 아니하는 상태
• 개최 : 모임이나 회의 따위를 주최하여 엶

오답분석

• 계발 : 슬기나 재능, 사상 따위를 일깨워 줌

09

정답 ②

능허대는 백제가 당나라와 교역했던 사실을 말해주는 대표적인 유적으로 국내 교역이 아닌 외국과의 교역 증거물이다.

10

정답 ③

보에티우스의 건강을 회복할 수 있는 방법은 병의 원인이 되는 잘못된 생각을 바로 잡아 주는 것이다. 그것은 첫째, 만물의 궁극적인 목적이 선을 지향하는 데 있다는 것을 모르고 있다는 것이다. 둘째, 세상은 결국에는 불의가 아닌 정의에 의해 다스려지게 된다는 것이다. 따라서 적절한 것은 ③ ㄱ, ㄴ이다.

오답분석

ㄷ. 두 번째 문단에서 보에티우스가 모든 소유물들을 박탈당했다고 생각하는 것은 운명의 본모습을 모르기 때문이라고 말하고 있다.

11

정답 ③

제시된 지문에서는 법조문과 관련된 '반대 해석'과 '확장 해석'의 개념을 일상의 사례를 들어 설명하고 있다.

12

정답 ①

사카린은 설탕보다 당도가 약 500배 정도 높고, 아스파탐의 당도는 설탕보다 약 200배 이상 높다. 따라서 사카린과 아스파탐 모두 설탕보다 당도가 높고, 사카린은 아스파탐보다 당도가 높다.

오답분석

② 사카린은 화학물질의 산화반응을 연구하던 중에, 아스파탐은 위궤양 치료제를 개발하던 중에 우연히 발견되었다.
③ 사카린은 무해성이 입증되어 미국 FDA의 인증을 받았지만, 아스파탐은 이탈리아의 한 과학자에 의해 발암성 논란이 일고 있다.
④ 2009년 미국의 설탕, 옥수수 시럽, 기타 천연당의 1인당 연평균 소비량인 140파운드는 중국보다 9배 많은 수치이므로, 2009년 중국의 소비량은 15파운드였을 것이다.
⑤ 아스파탐은 미국암협회가 안전하다고 발표했지만, 이탈리아의 과학자가 쥐를 대상으로 한 실험에서 아스파탐이 암을 유발한다고 내린 결론 때문에 논란이 끊이지 않고 있다.

13

정답 ④

제시된 기사의 논점은 교과서는 정확한 통계·수치를 인용해야 하며, 잘못된 정보는 바로 잡아야 한다는 것이다. 갑, 을, 병, 무는 이러한 논점의 맥락과 맞게 교과서의 오류에 관해 논하고 있다. 하지만 정은 교과서에 실린 원전 폐쇄 찬반 문제를 언급하며, 원전 폐쇄 찬성에 부정적인 의견을 펼치고 있다. 그러므로 기사를 읽고 난 후의 감상으로 가장 적절하지 않다.

14

정답 ③

교환되는 내용이 양과 질의 측면에서 정확히 대등하지 않기 때문에 이것은 (나) 비대칭적 상호주의의 예시이다.

15

정답 ③

패시브 하우스는 남쪽으로 크고 작은 창을 많이 내며, 실내의 열을 보존하기 위하여 3중 유리창을 설치한다.

16 [정답] ④

기존의 화석연료를 변환시켜 이용하는 것도 액티브 기술에 포함된다.

오답분석

① 패시브 기술은 능동적으로 에너지를 끌어다 쓰는 액티브 기술과 달리 수동적이다. 따라서 자연채광을 많이 받기 위해 남향, 남동향으로 배치하며 단열에 신경 쓴다.
② 패시브 기술은 다양한 단열 방식을 사용한다.
③ 액티브 기술을 사용한 예로는 태양광 발전, 태양열 급탕, 지열 냉난방, 수소연료전지, 풍력발전시스템, 목재 펠릿보일러 등이 있다.
⑤ 제시된 자료를 통해 확인할 수 있다.

17 [정답] ③

제시된 글에서 레비스트로스는 신화 자체의 사유 방식이나 특성을 특정 시대의 것으로 한정하는 오류를 범하고 있다고 언급하였다. 과거 신화 시대에 생겨난 신화적 사유는, 신화가 재현되고 재생되는 한 여전히 시간과 공간을 뛰어 넘어 현재화되고 있다.

18 [정답] ④

마지막 문단에서 정약용은 청렴을 지키는 것의 효과로 첫째, '다른 사람에게 긍정적 효과를 미친다.', 둘째, '목민관 자신에게도 좋은 결과를 가져다준다.'고 하였으므로 ④는 이 글의 내용에 부합한다.

오답분석

① 두 번째 문단에서, '정약용은 청렴을 당위 차원에서 주장하는 기존의 학자들과 달리 행위자 자신에게 실질적 이익이 된다는 점을 들어 설득하고자 한다.'고 설명하고 있다.
② 두 번째 문단에서, '정약용은 "지자(知者)는 인(仁)을 이롭게 여긴다."라는 공자의 말을 빌려 "지혜로운 자는 청렴함을 이롭게 여긴다."라고 하였으므로 공자의 뜻을 계승한 것이 아니라 공자의 말을 빌려 청렴의 중요성을 강조한 것이다.
③ 두 번째 문단에서, '지혜롭고 욕심이 큰 사람은 청렴을 택하지만 지혜가 짧고 욕심이 작은 사람은 탐욕을 택한다.'라고 하였으므로 청렴한 사람은 욕심이 크기 때문에 탐욕에 빠지지 않는다는 설명이 적절하다.
⑤ 첫 번째 문단에서, '이황과 이이는 청렴을 사회 규율이자 개인 처세의 지침으로 강조하였다.'라고 하였으므로 이황과 이이는 청렴을 사회 규율로 보았다는 것을 알 수 있다.

19 [정답] ②

ⓔ 아리스토텔레스에게는 물체의 정지 상태가 물체의 운동 상태와는 아무런 상관이 없었으며, 물체에 변화가 있어야만 운동한다고 이해했다.

오답분석

㉠ 이론적인 선입견을 배제한다면 일상적인 경험에 의거해 아리스토텔레스의 논리가 더 그럴듯하게 보일 수는 있다고 했지만, 뉴턴 역학이 올바르지 않다고 언급하지는 않았다.
㉡ 제시문의 두 번째 줄에서 '아리스토텔레스에 의하면 물체가 똑같은 운동 상태를 유지하기 위해서는 외부에서 끝없이 힘이 제공되어야만 한다.'고 하고 있다. 그러므로 아리스토텔레스의 주장과 반대되는 내용이다.
㉢ 제시문만으로는 당시에 뉴턴이나 갈릴레오가 아리스토텔레스의 논리를 옳다고 판단했는지는 알 수 없다.

20 [정답] ①

제시문은 유전자 치료를 위해 프로브와 겔 전기영동법을 통해 비정상적인 유전자를 찾아내는 방법을 설명하고 있다.

01	02	03	04	05	06	07	08	09	10	11	12	13	14	15	16	17	18	19	20
①	④	②	①	②	②	④	④	③	④	②	④	④	①	⑤	②	②	③	①	④

01

정답 ①

작년 사과의 개수를 x개라고 하자. 배의 개수는 $(500-x)$개이다.

$\dfrac{1}{2}x+2\times(500-x)=700 \to -\dfrac{3}{2}x=-300 \to x=200$

따라서 올해 생산한 사과의 개수는 $\dfrac{1}{2}\times200=100$개이다.

02

정답 ④

10명의 동아리 회원 중 3명이 당첨되는 경우는 $_{10}C_3=\dfrac{10\times9\times8}{3\times2\times1}=120$가지이고, 3명 중 남자가 여자보다 당첨자가 많을 경우는 다음과 같다.

ⅰ) 남자 3명이 모두 당첨자가 되는 경우

$\quad _4C_3=_4C_1=4$가지

ⅱ) 남자 2명, 여자 1명이 당첨자가 되는 경우

$\quad _4C_2\times_6C_1=\dfrac{4\times3}{2\times1}\times6=36$가지

따라서 남자가 여자보다 당첨자가 많을 확률은 $\dfrac{(4+36)}{120}\times100=\dfrac{1}{3}\times100≒33.33\%$이다.

03

정답 ②

$0<x\leq9$, $0<y\leq9$인 자연수 x, y에 대하여,

세 번 본 수는 차례로 $100x+y$, $10y+x$, $10x+y$이다.

차는 일정한 속력으로 달렸으므로

$3\{(10y+x)-(10x+y)\}=(100x+y)-(10y+x)$

$\to 27y-27x=99x-9y \to 2y=7x$

자연수 x, y의 범위는 $0<x$, $y\leq9$이므로 $x=2$, $y=7$이다.

따라서 이정표 3개에 적힌 수는 207, 72, 27이고, 수의 합은 $207+72+27=306$이다.

04

불량률이 15%일 때 모니터 원가를 x원이라고 하자. 불량률이 10% 때와 매출액이 같다면
(모니터 생산량)$\times 0.85 \times x =$(모니터 생산량)$\times 0.9 \times 17$이 성립한다.

$x = \dfrac{17 \times 0.9}{0.85} = 18$만 원

따라서 불량률이 15%로 올랐을 때, 모니터 원가는 18만 원으로 해야 불량률이 10%일 때와 같아진다.

05

5명이 노란색 원피스 2벌, 파란색 원피스 2벌, 초록색 원피스 1벌 중 한 벌씩 선택하여 사는 경우의 수를 구하기 위해 먼저 5명을 2명, 2명, 1명으로 이루어진 3개의 팀으로 나누는 방법은 $_5C_2 \times _3C_2 \times _1C_1 \times \dfrac{1}{2!} = \dfrac{5 \times 4}{2} \times 3 \times 1 \times \dfrac{1}{2} = 15$가지이다.

원피스 색깔 중 2벌인 색은 노란색과 파란색 2가지이므로 선택할 수 있는 경우의 수는 $15 \times 2 = 30$가지이다.

06

내일 비가 오고 모레 비가 안 올 확률 : $\dfrac{1}{5} \times \dfrac{2}{3} = \dfrac{2}{15}$

내일 비가 안 오고 모레 비가 안 올 확률 : $\dfrac{4}{5} \times \dfrac{7}{8} = \dfrac{7}{10}$

$\therefore \ \dfrac{2}{15} + \dfrac{7}{10} = \dfrac{5}{6}$

07

ㄴ. 대구, 인천, 광주의 노상주차장 중 유료주차장 수용가능 차량 대수가 차지하는 비율은 다음과 같다.

- 대구 : $\dfrac{8,397}{90,314} \times 100 ≒ 9.3\%$

- 인천 : $\dfrac{3,362}{47,280} \times 100 ≒ 7.1\%$

- 광주 : $\dfrac{815}{13,754} \times 100 ≒ 5.9\%$

다음으로 노외주차장 중 공영주차장 수용 가능 대수가 차지하는 비율은 다음과 같다.

- 대구 : $\dfrac{9,953}{36,488} \times 100 ≒ 27.3\%$

- 인천 : $\dfrac{13,660}{31,559} \times 100 ≒ 43.3\%$

- 광주 : $\dfrac{2,885}{19,997} \times 100 ≒ 14.4\%$

따라서 노상주차장 중 유료주차장 수용가능 차량 대수가 차지하는 비율이 낮다.

ㄹ. • 부산 : $\dfrac{629,749 - 474,241 - 83,278}{629,749} \times 100 = \dfrac{72,230}{629,749} \times 100 ≒ 11.5\%$

- 광주 : $\dfrac{19,997}{265,728} \times 100 ≒ 7.5\%$

따라서 부산이 광주보다 비율이 높다.

오답분석

ㄱ. J$=23,758 - 13,907 = 9,851$대이고, 7대 도시 공영 노외주차장의 평균 수용가능 차량 대수는 $\dfrac{108,234}{7} = 15,462$대이다.

ㄷ. 제시된 자료만으로는 전국의 부설주차장 수용가능 차량 대수를 알 수 없다.

08

정답 ④

30점의 백분위수는 100%이고 29점의 백분위수는 98.75%이다. 30점에 해당하는 인원은 1명이고 이때 백분위수의 차는 100−98.75=1.25%p, 즉 1명이 차지하는 비중은 1.25%이다. 그러므로 A기업에서 채용할 상위득점자 20명의 비중은 1.25%×20=25%, 탈락자의 비중은 100%−25%= 75%이다. 백분위수 75%에 해당하는 24점까지는 불합격이고 그 위로는 합격이다. 따라서 합격자는 최소 25점 이상을 받았다.

09

정답 ③

동남아 국제선의 도착 운항 1편당 도착 화물량은 $\dfrac{36,265.70}{16,713} \fallingdotseq 2.17$톤이므로 옳은 설명이다.

오답분석

① 계산상의 편의를 위해 100을 곱하면, 중국 국제선의 출발 여객 1명당 출발 화물량은 $\dfrac{31,315.80}{1,834,699} \times 100 \fallingdotseq 1.7$이며, 도착 여객 1명당 도착 화물량은 $\dfrac{25,217.60}{1,884,697} \times 100 \fallingdotseq 1.3$이므로 틀린 설명이다.

② 미국 국제선의 전체 화물 중 도착 화물이 차지하는 비중은 $\dfrac{106.7}{125.1} \times 100 \fallingdotseq 85.3\%$로 90%보다 작으므로 틀린 설명이다.

④ 중국 국제선의 도착 운항편수는 12,427편이며, 일본 국제선의 도착 운항편수의 70%인 21,425×0.7≒14,997.5편 미만이므로 틀린 설명이다.

⑤ 동남아 도착 화물 비중은 $\dfrac{36,265.70}{76,769.20} \times 100 \fallingdotseq 47.2\%$, 일본 도착 화물 비중은 $\dfrac{49,302.60}{99,114.90} \times 100 \fallingdotseq 49.7\%$로 틀린 설명이다.

10

정답 ④

ㄴ. 2020년 건설부문 도시가스 소비량의 전년 대비 증가율은 $\dfrac{2,796-1,808}{1,808} \times 100 \fallingdotseq 54.6\%$로, 30% 이상 증가하였으므로 옳은 설명이다.

ㄷ. 2020년 온실가스 배출량 중 간접배출이 차지하는 비중은 $\dfrac{28,443}{35,639} \times 100 \fallingdotseq 79.8\%$이고, 2019년 온실가스 배출량 중 고정연소가 차지하는 비중은 $\dfrac{4,052}{30,823} \times 100 \fallingdotseq 13.1\%$이다. 그 5배는 13.1×5=65.5로 2019년 온실가스배출량 중 간접배출이 차지하는 비중인 79.8보다 작다.

오답분석

ㄱ. 에너지 소비량 중 이동부문에서 경유가 차지하는 비중은 2019년에 $\dfrac{196}{424} \times 100 \fallingdotseq 46.2\%$이고, 2020년에 $\dfrac{179}{413} \times 100 \fallingdotseq 43.3\%$로, 전년 대비 2.9%p 감소하였으므로 틀린 설명이다.

11

정답 ②

남성 실기시험 응시자가 가장 많은 분야는 15,888명으로 건축 분야이고, 남성 필기시험 응시자가 가장 많은 분야는 8,180명으로 토목 분야이다.

오답분석

① 필기시험 전체 합격률이 실기시험 전체 합격률보다 높은 직무분야는 디자인 분야와 영사 분야이다.
③ 여성 필기시험 응시자가 남성보다 많은 분야는 디자인 분야이고, 실기시험 응시자도 여성이 더 많다.
④ 건축 분야의 여성 실기시험 합격률은 토목 분야의 남성 실기시험 합격률보다 75.6−70.5=5.1%p 낮다.
⑤ 영사 분야는 필기·실기시험의 전체 신청자와 응시자가 동일하므로 응시율이 100%이다.

12

ㄴ. 2017년 대비 2020년 모든 분야에서 침해사고 건수는 감소하였으나, 50% 이상 줄어든 것은 스팸릴레이 한 분야이다.

ㄹ. 기타 해킹 분야의 2020년 침해사고 건수는 2018년 대비 증가했으므로 옳지 않은 설명이다.

오답분석

ㄱ. 단순침입시도 분야의 침해사고는 매년 스팸릴레이 분야의 침해사고 건수의 두 배 이상인 것을 확인할 수 있다.

ㄷ. 2019년 전체에서 홈페이지 변조 분야의 침해건수가 차지하는 비율은 $\frac{5,216}{16,135} \times 100 ≒ 32.3\%$이다.

13

정답 ④

ㄴ. 2020년 11월 운수업과 숙박 및 음식점업의 국내카드 승인액의 합은 $159+1,031=1,190$억 원으로, 도매 및 소매업의 국내카드 승인액의 40%인 $3,261 \times 0.4 = 1,304.4$억 원보다 작다.

ㄹ. 2020년 9월 협회 및 단체, 수리 및 기타 개인 서비스업의 국내카드 승인액은 보건 및 사회복지 서비스업 국내카드 승인액의 $\frac{155}{337} \times 100 ≒ 46.0\%$이다.

오답분석

ㄱ. 교육서비스업의 2021년 1월 국내카드 승인액의 전월 대비 감소율은 $\frac{122-145}{145} \times 100 ≒ -15.9\%$이다.

ㄷ. 2020년 10월부터 2021년 1월까지 사업시설관리 및 사업지원 서비스업의 국내카드 승인액의 전월 대비 증감 추이는 '증가 - 감소 - 증가 - 증가'이고, 예술, 스포츠 및 여가관련 서비스업은 '증가 - 감소 - 감소 - 감소'이다.

14

정답 ①

2019년 건강보험 수입의 2012년 대비 증가율은 $\frac{58-33.6}{33.6} \times 100 ≒ 72.6\%$이고, 건강보험 지출의 증가율은 $\frac{57.3-34.9}{34.9} \times 100 ≒ 64.2\%$이다.
따라서 차이는 $72.6-64.2=8.4\%$p이므로 15%p 이하이다.

오답분석

② 건강보험 수지율이 전년 대비 감소하는 2013년, 2014년, 2015년, 2016년 모두 정부지원 수입이 전년 대비 증가했다.

③ 2017년 보험료 등이 건강보험 수입에서 차지하는 비율은 $\frac{45.3}{52.4} \times 100 ≒ 86.5\%$이다.

④ 건강보험 수입과 지출은 매년 전년 대비 증가하고 있으므로 전년 대비 증감 추이는 2013년부터 2018년까지 동일하다.

⑤ 건강보험 지출 중 보험급여비가 차지하는 비중은 2013년에 $\frac{36.2}{37.4} \times 100 ≒ 96.8\%$, 2014년에 $\frac{37.6}{38.8} \times 100 ≒ 96.9\%$, 2015년에 $\frac{40.3}{41.6} \times 100 ≒$ 96.9%로 매년 90%를 초과한다.

15

정답 ⑤

사망자가 30명 이상인 사고를 제외한 나머지 사고는 A, C, D, F이다. 네 사고를 화재규모와 복구비용이 큰 순서로 각각 나열하면 다음과 같다.
• 화재규모 : A - D - C - F
• 복구비용 : A - D - C - F
따라서 옳은 설명이다.

20 • NCS 부산환경공단

① 터널길이가 긴 순서로, 사망자가 많은 순서로 사고를 각각 나열하면 다음과 같다.
  · 터널길이 : A-D-B-C-F-E
  · 사망자 수 : E-B-C-D-A-F
  따라서 터널길이와 사망자 수는 관계가 없다.

② 화재규모가 큰 순서로, 복구기간이 긴 순서로 사고를 각각 나열하면 다음과 같다.
  · 화재규모 : A-D-C-E-B-F
  · 복구기간 : B-E-F-A-C-D
  따라서 화재규모와 복구기간의 길이는 관계가 없다.

③ 사고 A를 제외하고 복구기간이 긴 순서로, 복구비용이 큰 순서로 사고를 나열하면 다음과 같다.
  · 복구기간 : B-E-F-C-D
  · 복구비용 : B-E-D-C-F
  따라서 옳지 않은 설명이다.

④ 사고 A~E의 사고비용을 구하면 다음과 같다.
  · 사고 A : 4,200+1×5=4,205억 원
  · 사고 B : 3,276+39×5=3,471억 원
  · 사고 C : 72+12×5=132억 원
  · 사고 D : 312+11×5=367억 원
  · 사고 E : 570+192×5=1,530억 원
  · 사고 F : 18+0×5=18억 원
  따라서 사고 A의 사고비용이 가장 크다.

16

정답 ②

ㄱ. 서울지역의 자립도는 $\frac{1,384}{46,903}\times100 ≒ 3.0\%$이므로 옳은 설명이다.

ㄷ. 서울과 충남지역의 전력소비량의 합은 46,903+42,650=89,553GWh이므로 경기지역의 전력소비량보다 적다.

ㄴ. 인천지역의 자립도는 $\frac{68,953}{22,241}\times100 ≒ 310.0\%$이고, 부산지역의 자립도는 $\frac{39,131}{20,562}\times100 ≒ 190.3\%$이다. 따라서 인천과 부산지역의 자립도 차이는 310.0-190.3=119.7%p이므로 옳지 않은 설명이다.

ㄹ. 전력발전량이 가장 많은 지역은 충남지역이다. 충남지역의 전력소비량은 경기＞서울＞경북지역 다음 네 번째로 많으므로 옳지 않은 설명이다.

ㅁ. 호남권의 전력소비량은 8,047+21,168+27,137=56,352GWh이고, 수도권의 전력발전량은 1,384+68,953+23,791=94,128GWh이다. 따라서 호남권의 전력소비량 대비 수도권의 전력발전량 비율은 $\frac{94,128}{56,352}\times100 ≒ 167.0\%$이므로 170% 미만이다.

17

정답 ②

㉠ 2차 구매 시 1차와 동일한 제품을 구매하는 사람들이 다른 어떤 제품을 구매하는 사람들보다 최소한 1.5~2배 이상 높은 수치를 보이고 있다.

㉢ 1차에서 C를 구매한 사람들은 204명으로 가장 많았고, 2차에서 C를 구매한 사람들은 231명으로 가장 많았다.

㉡ 1차에서 A를 구매한 뒤 2차에서 C를 구매한 사람들은 44명, 반대로 1차에서 C를 구매한 뒤 2차에서 A를 구매한 사람들은 17명이므로 전자의 경우가 더 많다.

18

③

곡물별 2017년과 2018년의 소비량 변화는 다음과 같다.

• 소맥 소비량의 변화 : $679-697=-18$백만 톤
• 옥수수 소비량의 변화 : $860-883=-23$백만 톤
• 대두 소비량의 변화 : $258-257=1$백만 톤

따라서 소비량의 변화가 가장 작은 곡물은 대두이다.

오답분석

① 제시된 자료를 통해 알 수 있다.
② 제시된 자료를 통해 2019년에 모든 곡물의 생산량과 소비량이 다른 해에 비해 많았음을 알 수 있다.
④ • 2017년 전체 곡물 생산량 : $697+886+239=1,822$백만 톤
　 • 2019년 전체 곡물 생산량 : $711+964+285=1,960$백만 톤
　 따라서 2017년과 2019년의 전체 곡물 생산량의 차는 $1,960-1,822=138$백만 톤이다.
⑤ 2019년의 곡물별 생산량 대비 소비량의 비중을 구하면 다음과 같다.

• 소맥 : $\dfrac{703}{711}\times100 ≒ 98.87\%$

• 옥수수 : $\dfrac{937}{964}\times100 ≒ 97.20\%$

• 대두 : $\dfrac{271}{285}\times100 ≒ 95.09\%$

따라서 2019년에 생산량 대비 소비량의 비중이 가장 낮았던 곡물은 대두이다.

19

정답 ①

ㄱ. 중요도 점수가 높은 영역부터 순서대로 나열하면 '교수활동 – 학생복지 – 교육환경 및 시설 – 교육지원 – 비교과 – 교과'로 매년 동일하다.
ㄴ. 제시된 자료를 통해 전년 대비 2019년 만족도 점수는 모든 영역에서 높음을 알 수 있다.

오답분석

ㄷ. 만족도 점수가 가장 높은 영역과 가장 낮은 영역의 만족도 점수 차이는 2018년이 $3.52-3.27=0.25$점으로 2017년 $3.73-3.39=0.34$점보다 작다.
ㄹ. 2019년 요구충족도가 가장 높은 영역은 $\dfrac{3.56}{3.64}\times100 ≒ 97.8\%$인 비교과 영역이며, 교과 영역 요구충족도는 $\dfrac{3.45}{3.57}\times100 ≒ 96.6\%$이다.

20

정답 ④

ㄷ. 연내에 잇몸병치료를 받은 남성의 수는 $8,125\times0.0401 ≒ 326$명이고, 여성의 수는 $7,873\times0.0501 ≒ 394$명으로 여성이 더 많다.
ㄹ. 전북, 전남, 경북, 경남 중 연내에 보철치료를 받은 사람 수의 비율이 높은 행정구역은 '전북 – 경북 – 전남 – 경남' 순서이다. 그러나 연내에 예방처치를 받은 사람의 수를 보면 경남의 예방처치를 받은 사람의 비율과 전체 조사대상자 수는 각각 16.54%와 1,131명으로, 9.83%와 905명인 전남과 12.76%와 1,100명인 경북보다 모두 높으므로, 계산을 하지 않아도 경남의 예방처치를 받은 사람의 수가 전남과 경북보다 높음을 알 수 있다.

오답분석

ㄱ. 연내에 정기구강검진을 받은 사람 수가 50%를 넘는 행정구역은 서울, 부산, 인천, 광주, 대전, 울산, 경기, 경남 이렇게 8개 구역이다. 연내에 예방처치를 받은 사람 수가 20%를 넘는 행정구역은 서울, 경기, 강원 이렇게 3개 구역이다. $\dfrac{8}{3} ≒ 2.67$배이므로 옳은 설명이다.
ㄴ. 연내에 부산의 유치발거를 한 사람의 수는 $1,073\times0.1987 ≒ 213$명이며, 서울의 교정 / 심미치료를 한 사람의 수는 $1,479\times0.0882 ≒ 130$명이다. 따라서 옳은 설명이다.

01	02	03	04	05	06	07	08	09	10
①	④	③	④	③	④	①	④	②	④
11	12	13	14	15	16	17	18	19	20
④	④	①	②	⑤	①	②	④	④	③

01

정답 ①

대학장학회에서 10명에게 주는 총 장학금은 450×8+500×2=4,600 만 원이며,
문화상품권 구매처별 할인율과 비고사항을 고려하여 실제 지불 금액을 구하면 다음과 같다.

구분	금액
A업체	3,200,000×0.92+4,000=2,948,000원
B업체	3,000,000×0.94+200,000+4,000+700×10 =3,031,000원
C업체	3,200,000×0.95=3,040,000원
D업체	3,000,000×0.96+200,000+5,000=3,085,000원

따라서 A업체에서 2,948,000원으로 구매하는 것이 가장 저렴하게 구매할 수 있는 방법이며, 대학장학회에서 장학금과 부상에 사용한 총액은 46,000,000+2,948,000=48,948,000원임을 알 수 있다.

02

정답 ④

모든 구매처는 오만 원권을 판매하므로 첫 번째 조건은 4곳 모두 만족한다. 그러나 두 번째 조건에서 직접 방문은 어려우므로 C업체에서 구매하지 못한다. 따라서 A·B·D 세 곳을 비교할 때, 구매처별 지불해야하는 금액에 택배비와 포장비를 제외한 금액은 다음과 같다.

구분	택배비 및 포장비 제외 금액	할인 받은 금액
A업체	2,948,000−4,000 =2,944,000원	3,200,000−2,944,000 =256,000원
B업체	3,031,000−4,000−7,000 =3,020,000원	3,200,000−3,020,000 =180,000원
D업체	3,085,000−5,000 =3,080,000원	3,200,000−3,080,000 =120,000원

따라서 최소한의 비용으로 구매해야 하므로 A업체에서 구매해야 하고, 할인받을 수 있는 금액은 256,000원이다.

03

정답 ③

ⅰ) D는 가장 작다.
ⅱ) D＜C＜E, C＜A＜B
ⅲ) A＜E, A＜B＜E, E＜F
따라서 보기의 조건대로 나열해 보면, D＜C＜A＜B＜E＜F이며 세 번째로 큰 사람은 B이다.

04

정답 ④

D기업은 재무상황이 좋지 못한 현재의 문제에 대해서 비용 축소라는 해결책을 내놓았다. 그러나 그 해결책으로 인해 중국시장에서 기대하는 수익을 얻지 못하는 결과를 얻게 되었다. 이는 당면한 문제에 대해 집착한 나머지 전체적인 입장에서의 문제 상황을 분석하지 못했기 때문이다.

05

정답 ③

부서배치
• 성과급 평균은 48만 원이므로, A는 영업부 또는 인사부에서 일한다.
• B와 D는 비서실, 총무부, 홍보부 중에서 일한다.
• C는 인사부에서 일한다.
• D는 비서실에서 일한다.
따라서 A − 영업부, B − 총무부, C − 인사부, D − 비서실, E − 홍보부에서 일한다.

휴가
A는 D보다 휴가를 늦게 간다.
따라서 C − D − B − A 또는 D − A − B − C 순으로 휴가를 간다.
D사원 : 60만 원, C사원 : 40만 원

오답분석

① A : 20×3=60만 원, C : 40×2=80만 원
② C가 제일 먼저 휴가를 갈 경우, A가 제일 마지막으로 휴가를 가게 된다.
④ 휴가를 가지 않은 E는 두 배의 성과급을 받기 때문에 총 120만 원의 성과급을 받게 되고, D의 성과급은 60만 원이기 때문에 두 사람의 성과급 차이는 두 배이다.
⑤ C가 제일 마지막에 휴가를 갈 경우, B는 A보다 늦게 출발한다.

06 정답 ④

WT전략은 외부 환경의 위협 요인을 회피하고 약점을 보완하는 전략을 적용해야 한다. ④는 강점인 'S'를 강화하는 방법에 대해 이야기하고 있다.

오답분석

① SO전략은 기회를 활용하면서 강점을 더욱 강화시키는 전략이므로 옳다.
② WO전략은 외부의 기회를 사용해 약점을 보완하는 전략이므로 옳다.
③ ST전략은 외부 환경의 위협을 회피하며 강점을 적극 활용하는 전략이므로 옳다.
⑤ WT전략은 외부 환경의 위협 요인을 회피하고 약점을 보완하는 전략이므로 옳다.

07 정답 ①

각 상품의 비용(가격)과 편익(만족도)의 비율을 계산하면 상품 B를 구입하는 것이 가장 합리적이다.

08 정답 ③

제시된 자료와 상황을 바탕으로 투자액에 따른 득실을 정리하면 다음과 같다.

구분	투자액	감면액	득실
1등급 - 최우수	2억 1천만 원	2억 4천만 원	+3,000만 원
1등급 - 우수	1억 1천만 원	1억 6천만 원	+5,000만 원
2등급 - 최우수	1억 9천만 원	1억 6천만 원	-3,000만 원
2등급 - 우수	9천만 원	8천만 원	-1,000만 원

오답분석

ㄷ. 2등급을 받기 위해 투자했을 경우는 최소 1,000만 원 ~ 최대 3,000만 원의 손해가 난다.

09 정답 ②

예상되는 평가점수는 63점이고, 에너지효율이 3등급이기 때문에 취·등록세액 감면 혜택을 얻을 수 없다. 추가 투자를 통해서 평가점수와 에너지효율을 높여야 취·등록세액 감면 혜택을 얻게 된다.

오답분석

① 현재 신축건물의 예상되는 친환경 건축물 평가점수는 63점으로 '우량' 등급이다.
③·④ 친환경 건축물 우수 등급, 에너지효율 1등급을 받는 것이 경제적 이익을 극대화시킨다. 따라서, 친환경 건축물 평가점수를 7점, 에너지효율을 2등급 높여야 한다.

10 정답 ④

조건들을 나열하면 나올 수 있는 경우의 수는 6가지이다.

1일	2일	3일	4일	5일	6일
B	E	F	C	A	D
B	C	F	D	A	E
A	B	F	C	E	D
A	B	C	F	D	E
E	B	C	F	D	A
E	B	F	C	A	D

따라서 B영화는 1일 또는 2일에 상영된다는 것을 알 수 있다.

11 정답 ④

불가피한 사유(출산)로 이수정지 신청을 한 경우, 이수정지 후 2년 이내에 재등록하면 과거 이수사항 및 이수시간이 계속 승계되어 해당 과정에 참여할 수 있다.

12 정답 ④

ㄴ. B씨의 사전평가 총점은 42점이지만 구술이 3점 미만이므로 기초과정에 배정된다.
ㄹ. 사전평가에 응시하지 않으면 자동 면제 처리되어 기초과정부터 참여해야 한다.

오답분석

ㄱ. A씨의 사전평가 총점은 40점이므로 초급2 과정에 배정된다.
ㄷ. 이수정지 신청 후 2년 이내에 재등록했기 때문에 과거 이수사항이 승계되어 초급1 과정에 참여할 수 있다.

13 정답 ①

우선 제품 특성표를 ★의 개수로 수치화하면 다음과 같다.

구분	가격	브랜드가치	무게	디자인	실용성
A	3	5	4	2	3
B	5	4	4	3	2
C	3	3	3	4	3
D	4	5	2	3	3
E	4	3	3	2	3

이때, 50대 고객이 선호하는 특성인 브랜드가치, 무게, 실용성 점수만 더하여 계산하면 다음과 같다.

- A : 5+4+3=12
- B : 4+4+2=10
- C : 3+3+3=9
- D : 5+2+3=10
- E : 3+3+3=9

따라서 점수가 가장 높은 A제품을 판매하는 것이 가장 합리적인 판매전략이다.

14

정답 ②

13번 해설의 표를 바탕으로 20대와 30대 고객이 선호하는 특성인 가격, 무게, 디자인, 실용성 점수만 더하여 계산하면 다음과 같다.
• A : 3+4+2+3=12
• B : 5+4+3+2=14
• C : 3+3+4+3=13
• D : 4+2+3+3=12
• E : 4+3+2+3=12
따라서 점수가 가장 높은 B제품을 판매하는 것이 가장 합리적인 판매 전략이다.

15

정답 ⑤

서류는 반드시 한글 또는 워드파일로 작성하여 1개 파일로 제출해야 하며, 이메일로 우선 접수 후 우편으로 원본을 보내야 한다.

16

정답 ①

자동차의 용도별 구분을 보면 비사업용 자동차에 사용할 수 있는 문자기호는 'ㅏ, ㅓ, ㅗ, ㅜ' 뿐이다. 따라서 '겨'라고 한 ①은 적절하지 않다.

17

정답 ②

84배 7895는 사업용인 택배차량이다.

오답분석
①·③·④·⑤는 개인용 화물이다.

18

정답 ④

유채 – 추출(5점) – 에스테르화(5점) – 바이오디젤(에스테르)
: 300,000원

오답분석
① 보리 – 당화(10점) – 알코올발효(3점) – 바이오알코올(에탄올)
: 460,000원
② 나무 – 효소당화(7점) – 알코올발효(3점) – 바이오알코올(에탄올)
: 270,000원
③ 콩 – 혐기발효(6점) – 가스 : 180,000원
⑤ 옥수수 – 당화(10점) – 알코올발효(3점) – 바이오알코올(에탄올)
: 460,000원

19

정답 ④

섬유소식물체(나무, 볏짚)로 공정을 달리할 경우 에탄올, 열, 전기 등의 바이오매스 에너지를 생산할 수 있다.

20

정답 ③

제품 특성상 테이크 아웃이 불가능했던 위협 요소를 피하기 위해 버거의 사이즈를 줄이는 대신 무료로 사이드 메뉴를 제공하는 것은 독창적인 아이템을 활용하면서도 위협 요소를 보완하는 전략으로 적절하다.

오답분석
① 해당 상점의 강점은 주변 외식업 상권과 차별화된 아이템 선정이다. 그러므로 주변 상권에서 이미 판매하고 있는 상품을 벤치마킹해 판매하는 것은 강점을 활용하는 전략으로 적절하지 않다.
② 높은 단가 재료를 낮추기 위해 유기농 채소와 유기농이 아닌 채소를 함께 사용하는 것은 웰빙을 추구하는 소비 행태가 확산되고 있는 기회를 활용하지 못하는 전략이므로 적절하지 않다.
④ 커스터마이징 형식의 고객 주문 서비스 및 주문 즉시 조리하는 방식은 해당 상점의 강점이다. 약점을 보완하기 위해 강점을 모두 활용하지 못하는 전략이므로 적절하지 않다.
⑤ 커스터마이징 주문 시 치즈의 종류를 다양하게 선택할 수 있게 하는 것은 커스터마이징 주문이라는 강점으로 '치즈 제품을 선호하는 여성 고객들의 니즈'라는 기회를 활용하는 방법이므로 SO전략이다.

01	02	03	04	05	06	07	08	09	10
⑤	③	③	⑤	④	③	②	③	④	④
11	12	13	14	15	16	17	18	19	20
①	④	⑤	③	②	⑤	①	①	③	①

01
정답 ⑤

빈칸에 해당하는 단계는 필요한 자원을 확보한 뒤 그 자원을 실제 필요한 업무에 할당하여 계획을 세우는 자원 활용 계획 세우기 단계로, 계획을 세울 때에는 업무나 활동의 우선순위를 고려해야 한다.

오답분석

① 필요한 자원의 종류와 양 확인, ② 계획대로 수행하기, ③ 계획대로 수행하기, ④ 이용 가능한 자원 수집하기

02
정답 ③

인적자원은 자연적인 성장과 성숙은 물론, 오랜 기간 동안에 걸쳐 개발될 수 있는 많은 잠재능력과 자질, 즉 개발가능성을 보유하고 있다. 환경변화와 이에 따른 조직변화가 심할수록 현대조직의 인적자원관리에서 개발가능성이 차지하는 중요성은 더욱 커진다.

03
정답 ③

잔액에는 당월 실적이 아닌 배정액에서 누적 실적(ⓒ)을 뺀 값을 작성한다.

04
정답 ⑤

사람들은 마감 기한보다 결과의 질을 중요하게 생각하는 경향이 있으나, 어떤 일이든 기한을 넘겨서는 안 된다. 완벽에 가깝지만 기한을 넘긴 일은 완벽하지는 않지만 기한 내에 끝낸 일보다 인정을 받기 어렵다. 따라서 시간관리에 있어서 주어진 기한을 지키는 것이 가장 중요하다.

오답분석

① A사원 : 시간관리는 상식에 불과하다는 오해
② B사원 : 시간에 쫓기면 일을 더 잘한다는 오해
③ C사원 : 시간관리는 할 일에 대한 목록만으로 충분하다는 오해
④ D사원 : 창의적인 일을 하는 사람에게는 시간관리가 맞지 않는다는 오해

05
정답 ④

㉠ 패스트푸드점이 가까운 거리에 있음에도 불구하고 배달료를 지불해야 하는 배달 앱을 통해 음식을 주문하고 있으므로 편리성을 추구하는 (나)에 해당한다.
㉡ 의자 제작에 필요한 재료들인 물적자원만 고려하고 시간은 고려하지 않았으므로 시간이라는 자원에 대한 인식 부재인 (다)에 해당한다.
㉢ 자원관리의 중요성을 인식하고 프로젝트를 완성하기 위해 나름의 계획을 세워 수행하였지만, 경험이 부족하여 계획한 대로 진행하지 못하였으므로 노하우 부족인 (라)에 해당한다.
㉣ 홈쇼핑 시청 중 충동적으로 계획에 없던 여행 상품을 구매하였으므로 비계획적 행동인 (가)에 해당한다.

06
정답 ③

A유통업체는 바코드(Bar Code)를 사용하여 물품을 관리하고 있다. 물품의 수명기간 동안 무선으로 물품을 추적 관리할 수 있는 것은 바코드가 아닌 RFID 물품관리 시스템으로, 물품에 전자태그(RFID)를 부착하여 물품을 관리한다.

07
정답 ②

전 직원의 주 평균 야근 빈도는 직급별 사원 수를 알아야 구할 수 있는 값이다. 단순히 직급별 주 평균 야근 빈도를 모두 더하여 평균을 구하는 것은 적절하지 않다.

오답분석

③ 0.2시간은 60분×0.2=12분이다. 따라서 4.2시간은 4시간 12분이다.
④ 대리는 주 평균 1.8일 야근을 하고 주 평균 6.3시간을 야간 근무하므로, 야근 1회 시 6.3÷1.8=3.5시간 근무로 가장 긴 시간 동안 일한다.
⑤ 과장은 60분×4.8=288분(4시간 48분) 야간 근무하므로, 5시간으로 야근수당을 계산하여 50,000원을 받는다.

08
정답 ③

각 과제의 최종 점수를 구하기 전에, 항목 당 최하위 점수가 부여된 과제는 제외하므로, 중요도에서 최하위 점수가 부여된 B, 긴급도에서 최하위 점수가 부여된 D, 적용도에서 최하위 점수가 부여된 E를 제외한다. 나머지 두 과제에 대하여 주어진 조건에 의해 각 과제의 최종 평가 점수를 구해보면 다음과 같다.

- A : $(84 \times 0.3) + (92 \times 0.2) + (96 \times 0.1) = 53.2$
- C : $(95 \times 0.3) + (85 \times 0.2) + (91 \times 0.1) = 54.6$

따라서 C를 가장 먼저 수행해야 한다.

09
정답 ④

- A : 300억 원 $\times 0.01 = 3$억 원
- B : $2,000 \text{m}^3 \times 20,000$원/$\text{m}^3 = 4$천만 원
- C : 500톤 $\times 80,000$원/톤 $= 4$천만 원
∴ 전체 지급금액 : 3억원+4천만 원+4천만 원=3억 8천만 원

10
정답 ④

주말 예약 현황과 고객의 조건을 서로 비교하여 가능한 날이 있는지 판단하면 된다. 7일(토)의 경우에는 16시에 세이지 연회장이 예약되어 있지만, 동시간대 인력이 30명이 남기 때문에 라벤더 연회장을 함께 사용할 수 있다. 라벤더 연회장은 수용인원이 300명까지이고, 세팅 및 정리시간을 포함하여 이용시간을 고려했을 때 저녁 7시 전까지 행사를 진행할 수 있으므로 고객의 요구사항에 모두 부합한다. 반면, 1일(일), 8일(일), 14일(토)은 동시간대 사용가능한 연회장이 없으므로 예약이 불가하다.

오답분석
① 고객이 12월 초에 예약할 수 있기를 원하므로 최대한 첫 번째 주에 예약을 할 수 있도록 돕는 것은 적절한 판단이다.
② 고객이 250명을 수용할 수 있는 연회장을 요구하였으므로, 세이지를 제외한 나머지 연회장이 가능하다는 판단은 올바르다.
③ 고객이 정오부터 저녁 7시 사이에 행사가 진행되길 원하므로 적절한 판단이다.
⑤ 팬지를 기준으로 했을때 수용 가능 인원인 250명에는 최소 투입인력 25명이 필요하므로 적절한 판단이다.

11
정답 ①

- 인천에서 아디스아바바까지 소요시간
  (인천 → 광저우)   3시간 50분
  (광저우 경유시간)   +4시간 55분
  (광저우 → 아디스아바바)   +11시간 10분
  =19시간 55분
- 아디스아바바에 도착한 현지 날짜 및 시각
  한국시간   4월 5일 오전 8시 40분
  소요시간   +19시간 55분
  시차   -6시간
  =4월 5일 오후 10시 35분

12
정답 ④

- 인천에서 말라보까지 소요시간
  (인천 → 광저우)   3시간 50분
  (광저우 경유시간)   +4시간 55분
  (지연출발)   +2시간
  (광저우 → 아디스아바바)   +11시간 10분
  (아디스아바바 경유시간)   +6시간 10분
  (아디스아바바 → 말라보)   +5시간 55분
  =34시간
- 말라보에 도착한 현지 날짜 및 시각
  한국시간   4월 5일 오전 8시 40분
  소요시간   +34시간
  시차   -8시간
  =4월 6일 오전 10시 40분

13
정답 ⑤

- 1월 8일
  출장지는 D시이므로 출장수당은 10,000원이고, 교통비는 20,000원이다. 그러나 관용차량을 사용했으므로 교통비에서 10,000원이 차감된다.
  즉, 1월 8일의 출장여비는 10,000+(20,000-10,000)=20,000원이다.
- 1월 16일
  출장지는 S시이므로 출장수당은 20,000원이고, 교통비는 30,000원이다. 그러나 출장 시작 시각이 14시이므로 10,000원이 차감된다.
  즉, 1월 16일의 출장여비는 (20,000-10,000)+30,000=40,000원이다.
- 1월 19일
  출장지는 B시이므로 출장비는 20,000원이고, 교통비는 30,000원이다. 출장 시작 및 종료 시각이 차감대상은 아니지만 업무추진비를 사용했으므로 10,000원이 차감된다.
  즉, 1월 19일의 출장여비는 (20,000-10,000)+30,000=40,000원이다.

따라서 K사원이 1월 출장여비로 받을 수 있는 금액은 20,000+40,000+40,000=100,000원이다.

14
정답 ③

회의실에 2인용 테이블이 4개 있었고 첫 번째 주문 후 2인용 테이블 4개가 더 생겨 총 8개지만 16명만 앉을 수 있기 때문에 테이블 하나를 추가로 주문해야 한다. 의자는 회의실에 9개, 창고에 2개, 주문한 1개를 더하면 총 12개로 5개를 더 주문해야 한다.

15

②

C사원은 혁신성, 친화력, 책임감이 '상 - 상 - 중'으로 영업팀의 중요
도에 적합하며 창의성과 윤리성은 '하'이지만 영업팀에서 중요하게 생
각하지 않는 역량이기에 영업팀으로의 부서배치가 적절하다.
E사원은 혁신성, 책임감, 윤리성이 '중 - 상 - 하'로 지원팀의 핵심역
량에 부합하기에 지원팀으로의 부서배치가 적절하다.

16

정답 ⑤

2020년 3분기의 이전 분기 대비 수익 변화량(−108)이 가장 크다.

오답분석

① 수익의 증가는 2020년 2분기에 유일하게 관찰된다.
② 재료비를 제외한 금액은 2020년 4분기가 2019년 4분기보다 낮다.
③ 수익의 변화량은 제품가격의 변화량과 밀접한 관계가 있다.
④ 조사 기간에 수익이 가장 높을 때는 2020년 2분기이고, 재료비가
　가장 낮을 때는 2020년 1분기이다.

17

정답 ①

2021년 1분기의 재료비는 $(1.6 \times 70,000) + (0.5 \times 250,000) + (0.15 \times 200,000) = 267,000$원이다. 2021년 1분기의 제품가격은 (2021년
1분기의 수익)+(2021년 1분기의 재료비)이며 2021년 1분기의 수익
은 2020년 4분기와 같게 유지된다고 하였으므로 291,000원이다.
따라서 291,000+267,000=558,000원이므로 책정해야 할 제품가격
은 558,000원이다.

18

정답 ①

현재까지 사용한 연차를 정리하면 다음과 같다.
• A사원 : 7일(3월 2일, 5월 3일, 7월 1일, 9월 1일)
• B사원 : 10일(1월 3일, 3월 3일, 5월 3일, 9월 1일)
• C사원 : 8일(1월 1일, 3월 1일, 5월 3일, 7월 3일)
• D사원 : 9일(1월 2일, 3월 3일, 7월 3일, 9월 1일)
• E사원 : 8일(1월 1일, 3월 2일, 5월 3일, 7월 2일)
∴ A사원이 총 7일로 연차를 가장 적게 썼다.

19

정답 ③

A회사에서는 연차를 한 달에 3일로 제한하고 있으므로, 11월에 휴가
를 쓸 수 없다면 앞으로 총 6일(10월 3일, 12월 3일)의 연차를 쓸 수
있다. 휴가에 관해서 손해를 보지 않으려면 9월 30일 기준으로 9일
이상의 연차를 썼어야 한다. 이에 해당하는 사원은 B와 D이다.

20

정답 ①

35명의 수용 인원과 최소 인원을 모두 충족하는 회의실은 별실이다.
따라서 오전 사용료는 400,000+10,000+30,000=440,000원이다.
10명의 수용 인원과 최소 인원을 모두 충족하는 회의실은 세미나 3 · 4
회의실이며 예약 가능한 회의실 중 비용이 저렴한 쪽을 선택해야하
므로 세미나 3 회의실을 선택한다. 따라서 오후 사용료는 74,000+
37,000+20,000+50,000=181,000원이다.
B기업이 이용일 4일 전 오후 회의실을 취소하였으므로 181,000원에
서 10%를 차감한 162,900원을 환불해줘야 한다.

01	02	03	04	05	06	07	08	09	10
②	②	④	④	③	⑤	③	③	③	③
11	12	13	14	15					
②	①	④	⑤	⑤					

01
정답 ②

C주임은 최대 작업량을 잡아 업무를 진행하면 능률이 오를 것이라는 오해를 하고 있다. 하지만 이럴 경우 시간에 쫓기게 되어 오히려 능률이 떨어질 가능성이 있다. 실현 가능한 목표를 잡고 우선순위를 세워 진행하는 것이 옳다.

02
정답 ②

각종 위원회 위원 위촉에 관한 전결규정은 없다. 따라서 정답은 ②가 된다. 단, 대표이사의 부재중에 부득이하게 위촉을 해야 하는 경우가 발생했다면 차하위자(전무이사)가 대결을 할 수는 있다.

03
정답 ④

경영참가제도의 가장 큰 목적은 경영의 민주성을 제고하는 것이다. 근로자 또는 노동조합이 경영과정에 참여하여 자신의 의사를 반영함으로써 공동으로 문제를 해결하고, 노사 간의 세력 균형을 이룰 수 있다.

오답분석

① 근로자와 노동조합이 경영과정에 참여함으로써, 경영자의 고유한 권리인 경영권은 약화된다.

②·⑤ 경영능력이 부족한 근로자가 경영에 참여할 경우 합리적인 의사결정이 어렵고, 의사결정이 늦어질 수 있다.

③ 노동조합의 대표자가 소속 조합원의 노동조건과 기타 요구조건에 관하여 경영자와 대등한 입장에서 교섭하는 노동조합의 단체교섭 기능은 경영참가제도를 통해 경영자의 고유한 권리인 경영권을 약화시키고, 오히려 경영참가제도를 통해 분배문제를 해결함으로써 노동조합의 단체교섭 기능이 약화될 수 있다.

04
정답 ④

스터디 모임, 봉사활동 동아리, 각종 친목회는 조직구성원들의 요구에 따라 자발적으로 형성된 비공식적인 집단으로 볼 수 있다. 따라서 공식적인 업무수행 이외에 다양한 요구들에 의해 이루어진다. ①·②·③·⑤의 경우는 공식적인 집단의 특징이며, 공식적 집단은 상설 혹은 임시위원회, 임무수행을 위한 작업팀 등을 예로 볼 수 있다.

05
정답 ③

㉮ 전결권자인 전무가 출장 중인 경우 대결권자가 이를 결재하고 전무가 후결을 하는 것이 맞다.

㉯ 부서장이 전결권자이므로 해당 직원을 채용하는 부서(영업부, 자재부 등)의 부서장이 결재하는 것이 바람직하다.

㉲ 교육훈련 대상자 선정은 상무이사에게 전결권이 있으므로 잘못된 결재 방식이다.

06
정답 ⑤

특별한 상황이 없는 한, 개인의 단독 업무보다는 타인·타 부서와 협조된 업무를 우선적으로 처리해야 한다. 현재 시각이 오전 11시이므로 오전 중으로 처리하기로 한 업무를 가장 먼저 처리해야 한다. 따라서 오전 중으로 고객에게 보내기로 한 자료 작성(ㄹ)을 가장 먼저 처리한다. 다음으로 오늘까지 처리해야 하는 업무 두 가지(ㄱ, ㄴ) 중 비품 신청(ㄴ)보다 부서장이 지시한 부서 업무 사항을 먼저 처리하는 것이 적절하다. 따라서 '고객에게 보내기로 한 자료 작성 – 부서 업무 사항 – 인접 부서의 협조 요청 – 단독 업무인 비품 신청' 순서로 업무를 처리해야 한다.

07
정답 ③

경영은 경영목적, 인적자원, 자금, 전략의 4요소로 구성된다.

ㄱ. 경영목적

ㄴ. 인적자원

ㅁ. 자금

ㅂ. 경영전략

오답분석

ㄷ. 마케팅

ㄹ. 회계

08 정답 ③

일 년에 한두 권 밖에 안 팔리는 책일지라도 이러한 책들의 매출이 모이고 모이면 베스트셀러 못지않은 수익을 낼 수 있다.

09 정답 ③

오답분석

• B : 사장 직속으로 4개의 본부가 있다는 설명은 옳지만, 인사를 전담하고 있는 본부는 없으므로 옳지 않다.
• C : 감사실이 분리되어 있다는 설명은 옳지만, 사장 직속이 아니므로 옳지 않다.

10 정답 ③

마케팅기획본부는 해외마케팅기획팀과 마케팅기획팀으로 구성된다고 했으므로 옳지 않다.

오답분석

① · ② 마케팅본부의 마케팅기획팀과 해외사업본부의 해외마케팅기획팀을 통합해 마케팅기획본부가 신설된다고 했으므로 옳다.
④ 해외사업본부의 해외사업 1팀과 해외사업 2팀을 해외영업팀으로 통합하고 마케팅본부로 이동한다고 했으므로 옳다.
⑤ 구매 · 총무팀에서 구매팀과 총무팀이 분리되고 총무팀과 재경팀 통합 후 재무팀이 신설된다고 했으므로 옳다.

11 정답 ②

조직목표의 특징
• 공식적 목표와 실제적 목표가 다를 수 있다.
  – 조직목표는 조직이 존재하는 이유와 관련된 조직의 사명과 사명을 달성하기 위한 세부목표를 가지고 있다. 조직의 사명은 조직의 비전, 가치와 신념, 조직의 존재이유 등을 공식적인 목표로 표현한 것이다. 반면에 세부목표는 조직이 실제적인 활동을 통해 달성하고자 하는 것으로 사명에 비해 측정 가능한 형태로 기술되는 단기적인 목표이다.
• 다수의 조직목표를 추구할 수 있다.
• 조직목표 간에는 위계적 상호관계가 있다.
  – 조직은 다수의 조직목표를 추구할 수 있으며, 이러한 조직목표들은 위계적 상호관계가 있어 서로 상하관계에 있으면서 영향을 주고받는다.
• 가변적 속성을 가진다.
  – 조직목표는 한번 수립되면 달성될 때까지 지속되는 것이 아니라, 환경이나 조직 내의 다양한 원인들에 의하여 변동되거나 없어지고, 새로운 목표로 대치되기도 한다.
• 조직의 구성요소와 상호관계를 가진다.
  – 조직목표들은 조직의 구조, 조직의 전략, 조직의 문화 등과 같은 조직체제의 다양한 구성요소들과 상호관계를 가지고 있다.

12 정답 ①

조직의 비전에 대해 자주 의사소통하기 위해서는 조직의 비전을 수립하고, 그 내용을 전 직원에게 정확히 전달해야 한다. 이때 메시지는 간단명료해야하고, 다양한 매체를 통해 반복적으로 전달하는 것이 좋다.

13 정답 ④

조직의 구조, 기능, 규정 등이 조직화되어 있는 것은 공식조직이며, 비공식조직은 개인들의 협동과 상호작용에 따라 형성된 자발적인 집단으로 볼 수 있다. 공식조직은 인간관계에 따라 형성된 비공식조직으로부터 시작되지만, 조직의 규모가 커지면서 점차 조직 구성원들의 행동을 통제할 장치를 마련하게 되고, 이를 통해 공식화된다.

14 정답 ⑤

비영리조직은 공익을 추구하는 특징을 가진다. 기업은 이윤을 목적으로 하는 영리조직이다.

15 정답 ⑤

해당 업무수행 시트는 단계별로 업무를 시작해서 끝나는 데 걸리는 시간을 바 형식으로 표시할 때 사용하는 간트 차트(Gantt Chart)임을 알 수 있다. 간트 차트는 작업별, 부문별로 영역이 구분되어 있기 때문에 작업 상호 간의 유기적인 관련성을 파악하기 어렵다.

간트 차트의 장점
• 작업을 시간적, 수량적으로 일목요연하게 표시한다.
• 작업계획과 실적의 계속적인 파악에 용이하다.
• 작업의 지체요인을 규명하여, 다음 연결된 작업의 일정 조정에 활용할 수 있다.
• 작업별, 부문별 업무성과의 객관적인 상호비교가 가능하다.

간트 차트의 단점
• 계획 변화 또는 변경이 어렵다.
• 복잡하고 정밀한 일정계획을 수립하기 어렵다.
• 작업 상호 간의 유기적인 관련성 파악이 어렵다.
• 사전예측 및 사후통제가 어렵다.

01	02	03	04	05	06	07	08	09	10
③	④	①	④	②	③	④	②	①	④

01
정답 ③

기술 발전에 있어 환경 보호를 추구하는 점을 볼 때, 지속가능한 개발의 사례로 볼 수 있다. 지속 가능한 개발은 경제 발전과 환경 보전의 양립을 위하여 새롭게 등장한 개념으로 볼 수 있으며, 미래세대가 그들의 필요를 충족시킬 수 있는 가능성을 손상시키지 않는 범위에서 현재 세대의 필요를 충족시키는 개발인 것이다.

오답분석
① 개발독재 : 개발도상국에서 개발이라는 이름으로 행해지는 정치적 독재를 말한다.
② 연구개발 : 자연과학기술에 대한 새로운 지식이나 원리를 탐색하고 해명해서 그 성과를 실용화하는 일을 말한다.
④ 개발수입 : 기술이나 자금을 제3국에 제공하여 미개발자원 등을 개발하거나 제품화하여 수입하는 것을 말한다.
⑤ 조직개발 : 기업이 생산능률을 높이기 위하여 기업조직을 개혁하는 일을 말한다.

02
정답 ④

'피재해자는 전기 관련 자격이 없었으며, 복장은 일반 안전화, 면장갑, 패딩점퍼를 착용한 상태였다.'는 문장에서 불안전한 행동·상태, 작업 관리상 원인, 작업 준비 불충분이란 것을 확인할 수 있다. 그러나 기술적 원인은 지문에서 찾을 수 없다.

오답분석
① 불안전한 행동 : 위험 장소 접근, 안전장치 기능 제거, 보호 장비의 미착용 및 잘못 사용, 운전 중인 기계의 속도 조작, 기계·기구의 잘못된 사용, 위험물 취급 부주의, 불안전한 상태 방치, 불안전한 자세와 동작, 감독 및 연락 잘못 등
② 불안전한 상태 : 시설물 자체 결함, 전기 시설물의 누전, 구조물의 불안정, 소방기구의 미확보, 안전 보호 장치 결함, 복장·보호구의 결함, 시설물의 배치 및 장소 불량, 작업 환경 결함, 생산 공정의 결함, 경계 표시 설비의 결함 등

③ 작업 관리상 원인 : 안전 관리 조직의 결함, 안전 수칙 미제정, 작업 준비 불충분, 인원 배치 및 작업 지시 부적당 등
⑤ 작업 준비 불충분 : 작업 관리상 원인의 하나이며, 피재해자는 경첩의 높이가 높음에도 불구하고 작업 준비에 필요한 자재를 준비하지 않은 채 불안전한 자세로 일을 시작함

03
정답 ①

제품 매뉴얼은 제품의 설계상 결함이나 위험 요소를 대변해서는 안 된다.

04
정답 ④

기술 시스템의 발전 단계를 보면 먼저 기술 시스템이 탄생하고 성장하며(발명, 개발, 혁신의 단계), 이후 성공적인 기술이 다른 지역으로 이동하고(기술 이전의 단계), 기술 시스템 사이의 경쟁이 발생하며(기술 경쟁의 단계), 경쟁에서 승리한 기술 시스템의 관성화(기술 공고화 단계)로 나타난다.

05
정답 ②

[세부절차 설명] (2)에서 공유기의 DHCP 기능을 중지하도록 안내하고 있다. 또한, [안내]에서도 공유기에 내부 IP 주소 변경과 DHCP 서버 기능을 중단하도록 알려주고 있다.

06
정답 ③

[세부절차 설명] (3)을 살펴보면 스위치로 동작하는 〈공유기 2〉의 WAN 포트에는 아무것도 연결하지 않도록 안내하고 있으므로, WAN 포트에 연결하라는 답변은 올바르지 않다.

07
정답 ④

다른 전화기에서 울리는 전화를 내 전화기에서 받으려면 '당겨받기' 기능을 활용하면 된다.

08

②의 그림은 전화걸기 중 세 번째 문항에 대한 것으로 통화 중인 상태에서 다른 곳으로 전화를 걸기 원할 때의 전화기 사용법을 설명한 것이다.

오답분석

① 전화받기에 해당하는 그림으로 통화 중에 다른 전화를 받길 원할 때의 방법을 설명하고 있다.
③ 수신전환에 해당하는 그림으로 다른 전화기로 수신을 전환하는 방법을 설명하고 있다.
④ 돌려주기에 해당하는 그림으로 통화 중일 때 다른 전화기로 돌려주는 방법을 설명하고 있다.
⑤ 3자통화에 해당하는 그림으로 통화 중일 때 제3자를 추가하여 통화하는 방법을 설명하고 있다.

09

상향식 기술선택(Bottom Up Approach)은 기술자들로 하여금 자율적으로 기술을 선택하게 함으로써 기술자들의 흥미를 유발할 수 있고, 이를 통해 그들의 창의적인 아이디어를 활용할 수 있는 장점이 있다.

오답분석

② 하향식 기술선택은 먼저 기업이 직면하고 있는 외부환경과 기업의 보유 자원에 대한 분석을 통해 기업의 중장기적인 사업목표를 설정하고, 이를 달성하기 위해 확보해야 하는 핵심고객층과 그들에게 제공하고자 하는 제품과 서비스를 결정한다.
③ 상향식 기술선택은 기술자들이 자신의 과학기술 전문 분야에 대한 지식과 흥미만을 고려하여 기술을 선택하게 함으로써, 시장의 고객들이 요구하는 제품이나 서비스를 개발하는 데 부적합한 기술이 선택될 수 있다.
④ 하향식 기술선택은 기술에 대한 체계적인 분석을 한 후, 기업이 획득해야 하는 대상기술과 목표기술수준을 결정한다.
⑤ 상향식 기술선택은 기술자들로 하여금 자율적으로 기술을 선택하게 함으로써 시장에서 불리한 기술이 선택될 수 있다.

10

문화 및 제도적인 차이에 대한 부분을 통해 글로벌 벤치마킹을 설명함을 알 수 있다.

오답분석

① 내부 벤치마킹 : 같은 기업 내의 다른 지역, 타 부서, 국가 간의 유사한 활용을 비교 대상으로 한다. 이 방법은 자료 수집이 용이하며, 다각화된 우량기업의 경우 효과가 큰 반면, 관점이 제한적일 수 있고, 편중된 내부 시각에 대한 우려가 있다는 단점을 가지고 있다.
② 경쟁적 벤치마킹 : 동일 업종에서 고객을 직접적으로 공유하는 경쟁기업을 대상으로 한다. 이 방법은 경영성과와 관련된 정보 입수가 가능하며, 업무 / 기술에 대한 비교가 가능한 반면 윤리적인 문제가 발생할 소지가 있으며, 대상의 적대적 태도로 인해 자료 수집이 어렵다는 단점이 있다.
③ 비경쟁적 벤치마킹 : 제품, 서비스 및 프로세스의 단위 분야에 있어 가장 우수한 실무를 보이는 비경쟁적 기업 내의 유사 분야를 대상으로 하는 방법이다. 이 방법은 혁신적인 아이디어의 창출 가능성은 높은 반면 다른 환경의 사례를 가공하지 않고 적용할 경우 효과를 보지 못할 가능성이 높은 단점이 있다.
⑤ 간접적 벤치마킹 : 벤치마킹을 수행 방식에 따라 분류한 것으로, 인터넷 및 문서 형태의 자료를 통해서 간접적으로 수행하는 방법이다.

01	02	03	04	05	06	07	08	09	10
④	②	②	③	③	①	③	②	④	②

01

정답 ④

서비스업에 종사하다 보면 난처한 요구를 하는 고객을 종종 만나기 마련이다. 특히 판매 가격이 정해져 있는 프랜차이즈 매장에서 '가격을 조금만 깎아달라'는 고객의 요구는 매우 난감하다. 하지만 이러한 고객의 요구를 모두 들어주다 보면 더욱 곤란한 상황이 발생할 수 있다. 그러므로 왜 고객에게 가격을 깎아줄 수 없는지 친절하게 설명하면서 불쾌하지 않도록 고객을 설득할 필요가 있다.

02

정답 ②

3단계는 상대방의 입장을 파악하는 단계이다. 자기 생각을 말한 뒤 A씨의 견해를 물으며 상대방의 입장을 파악하려는 ②가 3단계에 해당하는 대화로 가장 적절하다.

03

정답 ②

대인관계능력이란 직장생활에서 협조적인 관계를 유지하고, 조직구성원들에게 도움을 줄 수 있으며, 조직 내부 및 외부의 갈등을 원만히 해결하고 고객의 요구를 충족시켜줄 수 있는 능력이다.
B의 경우, 신입직원의 잘한 점을 칭찬하지 않고 못한 점만을 과장하여 지적한 점은 신입직원의 사기를 저하할 수 있고, 신입직원과 보이지 않는 벽이 생길 수 있으므로 좋은 대인관계능력이라고 할 수 없다. F의 경우, 인간관계를 형성할 때 가장 중요한 요소는 무엇을 말하느냐, 어떻게 행동하느냐보다 개인의 사람됨이다. 만약 그 사람의 말이나 행동이 깊은 내면에서가 아니라 피상적인 인간관계 기법이나 테크닉에서 나온다면, 상대방도 곧 그 사람의 이중성을 감지하게 된다. 따라서 효과적인 상호의존성을 위해 필요한 상호신뢰와 교감, 관계를 만들 수도 유지할 수도 없게 된다.

04

정답 ③

고객이 제기한 민원이 반복적으로 발생하지 않도록 조치하기 위해서 자신의 개인 업무노트에 기록해 두는 것보다 민원사례를 전 직원에게 공유하여 교육이 될 수 있도록 하는 것이 더 적절하다.

05

정답 ③

오답분석

ⓒ 인간관계에서의 커다란 손실은 사소한 것으로부터 비롯되기 때문에 사소한 일에 대한 관심을 두는 것은 매우 중요하다.
ⓔ 거의 모든 대인관계에서 나타나는 어려움은 역할과 목표에 대한 갈등과 애매한 기대 때문에 발생한다. 신뢰를 쌓는 것은 처음부터 기대를 분명히 해야 가능하다.

대인관계능력 향상 방안
• 상대방에 대한 이해심
• 사소한 일에 대한 관심
• 약속의 이행
• 기대의 명확화
• 언행일치
• 진지한 사과

06

정답 ①

진지한 사과는 감정은행계좌에 신뢰를 예입하는 것이다. 그러나 반복되는 사과는 불성실한 사과와 마찬가지로 받아들여져 신용에 대한 인출이 된다.

오답분석

② B의 행위는 언행 일치가 되지 않는 행위이므로 감정은행계좌 인출 행위에 해당한다.
③ 평소에 사소하다고 생각했던 것들이 대인관계에 있어서 매우 중요하다는 것을 보여준다. 상사 C의 행위는 우산을 빌리지 못한 다른 여직원이 서운함을 느낄 수 있는 행위이므로 감정은행계좌 인출 행위에 해당한다.
④ 책임을 지고 약속을 지키는 것은 감정은행계좌 예입 행위이며, 약속을 어기는 것은 중요한 감정은행계좌 인출 행위이다. D는 팀원과의 약속을 지키지 않은 행위이므로 감정은행계좌 인출 행위에 해당한다.
⑤ 평소 예의가 바르다고 할지라도 자리에 없는 사람들에 대해 비난하는 행위는 언행 불일치에 해당하므로 감정은행계좌 인출 행위이다.

감정은행계좌의 예입 수단
• 상대방에 대한 이해와 양보
• 사소한 일에 대한 관심
• 약속의 이행
• 칭찬하고 감사하는 마음
• 언행일치
• 진지한 사과

07 정답 ③

조직의 의사결정과정이 창의성을 발휘할 수 있는 분위기에서 진행된다면, 적절한 수준의 내부적 갈등이 순기능을 할 가능성이 높다.

08 정답 ②

효과적인 팀의 핵심적인 특징
- 팀의 사명과 목표를 명확하게 기술한다.
- 창조적으로 운영된다.
- 결과에 초점을 맞춘다.
- 역할과 책임을 명료화시킨다.
- 조직화가 잘 되어 있다.
- 개인의 강점을 활용한다.
- 리더십 역량을 공유하며 구성원 상호 간에 지원을 아끼지 않는다.
- 팀 풍토를 발전시킨다.
- 의견의 불일치를 건설적으로 해결한다.
- 개방적으로 의사소통한다.
- 객관적인 결정을 내린다.
- 팀 자체의 효과성을 평가한다.

09 정답 ④

기업의 제품이나 서비스의 불만족은 고객이탈로 이어질 수 있다.

10 정답 ②

거래처의 관리에 있어서 최초 선정 시 또는 임원이나 동료의 추천 시에는 추천된 업체와 그렇지 않은 업체와의 가격, 서비스 비교를 통해 결정한다. 결정된 업체와는 일정기간을 유지하여 장기거래처로서의 이점을 활용하지만, 오래된 거래업체라고 해도 가끔 타 업체와의 비교분석으로 교차점검을 하는 것이 바람직하다.

PART 2

실전모의고사
정답 및 해설

실전모의고사 정답 및 해설

01	02	03	04	05	06	07	08	09	10	11	12	13	14	15	16	17	18	19	20
⑤	④	③	⑤	⑤	②	④	④	③	①	④	⑤	⑤	⑤	②	②	⑤	④	①	③
21	22	23	24	25	26	27	28	29	30	31	32	33	34	35	36	37	38	39	40
③	①	②	③	③	⑤	③	③	④	①	③	①	③	④	④	③	②	①	①	⑤
41	42	43	44	45	46	47	48	49	50										
②	⑤	①	③	②	①	②	⑤	⑤	①										

| 공통영역 |

01
[정답] ⑤

피드백은 상대방이 원하는 경우 대인관계에 있어서 그의 행동을 개선할 수 있는 기회를 제공해줄 수 있다. 하지만 부정적이고 비판적인 피드백만을 계속적으로 주는 경우에는 오히려 역효과가 나타날 수 있으므로 피드백을 줄 때 상대방의 긍정적인 면과 부정적인 면을 균형 있게 전달하도록 유의하여야 한다.

02
[정답] ④

주문한 피자, 치킨, 햄버거 개수를 각각 x, y, z개라고 하자(x, y, $z \geq 1$).
$x+y+z=10$ … ㉠
또한 주문한 치킨 개수의 2배만큼 피자를 주문했으므로
$x=2y$ … ㉡
㉠과 ㉡을 연립하면 $3y+z=10$이고, 이를 만족하는 경우는 $(y, z)=(1, 7)$, $(2, 4)$, $(3, 1)$이며, 이때 $x=2$, 4, 6이다.
이에 따른 x, y, z 각각의 총 금액은 다음과 같다.

(단위 : 개)

피자	치킨	햄버거	총 금액
2	1	7	$10,000 \times 2 + 7,000 \times 1 + 5,000 \times 7 = 62,000$원
4	2	4	$10,000 \times 4 + 7,000 \times 2 + 5,000 \times 4 = 74,000$원
6	3	1	$10,000 \times 6 + 7,000 \times 3 + 5,000 \times 1 = 86,000$원

따라서 가장 큰 금액과 적은 금액의 차이는 $86,000-62,000=24,000$원이다.

03
[정답] ③

문장은 되도록 간결체로 쓰는 것이 의미전달에 효과적이며, 행은 문장마다 바꾸는 것이 아니라 그 내용에 따라 적절하게 바꾸어 문서가 난잡하게 보이지 않도록 하여야 한다.

04

정답 ⑤

좋은 경청은 상대방과 상호작용하고, 말한 내용에 관해 생각하고, 무엇을 말할지 기대하는 것을 의미한다. 질문에 대한 답이 즉각적으로 이루어질 수 없다고 하더라도 질문을 하면 오히려 경청하는 데 적극적 태도를 갖게 되고 집중력이 높아질 수 있다.

05

정답 ⑤

문제 인식 단계

환경 분석 → 주요 과제 도출 → 과제 선정의 절차를 통해 해결해야 할 문제를 파악한다.

㉠ 환경 분석 : 문제가 발생하였을 경우 가장 먼저 해야 하는 일로, 주로 3C 분석이나 SWOT 분석 방법을 사용한다.

㉡ 주요 과제 도출 : 환경 분석을 통해 현상을 파악한 후에는 주요 과제 도출의 단계를 거친다. 과제 도출을 위해서는 다양한 과제 후보안을 도출해내는 일이 선행되어야 한다.

㉢ 과제 선정 : 과제안 중 효과 및 실행 가능성 측면을 평가하여 우선순위를 부여한 후 가장 우선순위가 높은 안을 선정한다.

06

정답 ②

• A : 비판적 사고의 목적은 단순히 주장의 단점을 찾아내는 것이 아니라, 종합적인 분석과 검토를 통해 그 주장이 타당한지 그렇지 않은지를 밝혀내는 것이다.

• D : 비판적 사고는 논증, 추론에 대한 문제의 핵심을 파악하는 방법을 통해 배울 수 있으며, 타고난 것이라고 할 수 없다.

07

정답 ④

우리나라는 폐자원 에너지화에 대한 전문 인력의 수가 부족하고, 기술이 부족하여 환경기술 개발과 현장 대응에 어려움을 겪고 있지만, 이와 관련한 핵심기술을 해외에 의지해 실시하고 있다.

08

정답 ④

혁신도시개발의 매출총이익의 크기는 법인세비용 차감 전 순이익의 $\frac{771}{903} \times 100 ≒ 85.4\%$이므로 75% 이상이다.

오답분석

① 주택관리사업의 판매비와 관리비는 공공주택사업의 판매비와 관리비의 $\frac{1,789}{2,764} \times 100 ≒ 64.7\%$이다.

② 금융원가가 가장 높은 사업은 주택관리사업이고, 기타수익이 가장 높은 사업은 일반사업이므로 순위는 동일하지 않다.

③ 행정중심복합도시의 영업이익이 2020년 총 영업이익에서 차지하는 비율은 $\frac{2,976}{26,136} \times 100 = 11.4\%$이다.

⑤ 산업개발단지의 매출원가는 일반사업의 매출원가의 $\frac{4,436}{56,828} \times 100 ≒ 7.8\%$이다.

09

정답 ③

폐기물 처리 최적화 전략을 시행함으로써, 최적화를 통해 폐기물 매립량이 감소하게 된다. 이에 매립지 사용연한이 증가하고, 이는 매립지 추가 증설을 줄임으로써 효율적으로 국토를 이용할 수 있게 한다. 또한, 소각열 활용과 에너지화를 통해 원유의 수입을 대체할 수 있으며, 온실가스 감축 효과를 기대할 수 있다.

10

정답 ①

여동생의 나이를 x세, 아버지의 나이를 y세라고 하자.

$y = 2(12 + 14 + x) \cdots \bigcirc$

$(y - 12) = 10x \cdots \bigcirc$

$\bigcirc$과 $\bigcirc$을 연립하면

$52 + 2x = 10x + 12 \rightarrow 8x = 40$

$\therefore x = 5$

11

정답 ④

5% 소금물의 소금의 양은 $0.05 \times 800 = 40$g이며, 여기에 30g의 소금을 더 넣었으므로 총 소금의 양은 70g이다.

증발한 물의 양을 xg이라 하자.

$\dfrac{40 + 30}{800 + 30 - x} \times 100 = 14 \rightarrow 14 \times (830 - x) = 7,000 \rightarrow 830 - x = 500$

$\therefore x = 330$

12

정답 ⑤

B업체 견인차의 속력을 $x$km/h라 하자.

A업체 견인차의 속력이 63km/h일 때, 40분 만에 사고지점에 도착하므로 A업체부터 사고지점까지의 거리는 $63 \times \dfrac{40}{60} = 42$km이다.

사고지점은 B업체보다 A업체가 40km 더 가까우므로 B업체에서 사고지점까지의 거리는 $42 + 40 = 82$km이다.

B업체의 견인차가 A업체의 견인차보다 늦게 도착하지 않으려면 사고지점에 도착하는 데 걸리는 시간이 40분보다 적거나 같아야 한다.

$\dfrac{82}{x} \leq \dfrac{2}{3} \rightarrow 2x \geq 246$

$\therefore x \geq 123$

13

정답 ⑤

ㄷ. 남성의 음주율은 '감소 – 감소'하는 추이를 보이지만 여성은 '불변 – 증가'하였다.

ㄹ. 대한민국 2017년 전체 음주율은 28.1%이고, 2019년 전체 음주율은 24.7%로 $\dfrac{28.1 - 24.7}{28.1} \times 100 \fallingdotseq 12.1\%$ 감소했고, 리투아니아의 2017년

전체 음주율은 28.5%, 2019년 전체 음주율은 24.4%로 $\dfrac{28.5 - 24.4}{28.5} \times 100 \fallingdotseq 14.4\%$ 감소하여 대한민국의 음주율의 감소율은 리투아니아보다

낮다.

오답분석

ㄱ. 2017 ~ 2019년에 전체 음주율이 5위 안에 드는 국가는 대한민국, 리투아니아, 헝가리, 슬로베니아 4개국이지만, 순위가 동일한 국가는 없다.

ㄴ. 헝가리의 2018년의 전체 음주율은 전년 대비 증가하였다.

14

정답 ⑤

제시문에서 자동차의 통행수요를 줄임으로써 미세먼지를 감소시키고 대기오염을 줄이자고 언급되어 있지만, 친환경 자동차의 공급에 대한 내용은 언급되어 있지 않다.

15

먼지의 지름이 $2.5\mu\text{m}<x<10\mu\text{m}$일 경우 미세먼지라고 칭한다. 또한, 지름이 $x\leq2.5\mu$일 경우에는 초미세먼지라고 칭한다. 따라서 지름이 $x\leq3\mu\text{m}$인 경우를 모두 초미세먼지라고 분류하지 않는다.

16

정답 ②

에너지 효율 향상보다 이해관계자 영향도나 비즈니스 중요도가 높은 이슈는 기후변화 대응, 사회공헌 전략, 임직원 역량 강화, 협력사 상생협력, 윤리경영 및 부패 방지, 공정거래 및 계약 투명성 강화, 전력 공급 안정성, 안전 보건 강화로 총 8개이다.

17

정답 ⑤

(가) 전력 공급 안정성이라는 주요 이슈는 결국 전력을 사용하는 고객들의 효용성(유용성)과 신뢰성과 직결되므로 (가)에는 '약속을 지켜갑니다'가 적절하다.
(나) 안전 보건 강화라는 주요 이슈는 국민의 보건과 안전과 직결되므로 '안전을 생각합니다'가 적절하다.
(다) 미래 성장동력 창출이라는 주요 이슈는 결국 새로운 기술을 창조해야 가능하므로 '미래로 나아갑니다'가 적절하다.

18

정답 ④

문제 도출은 선정된 문제를 분석하여 해결해야 할 것이 무엇인지를 명확히 하는 단계로, (가) 문제 구조 파악과 (나) 핵심 문제 선정의 절차를 거쳐 수행된다. 이때, 문제 구조 파악을 위해서는 현상에 얽매이지 말고 문제의 본질과 실제를 봐야 하며, 한쪽만 보지 말고 다면적으로 보며, 눈앞의 결과만 보지 말고 넓은 시야로 문제를 바라봐야 한다.

19

정답 ①

제시된 단락의 마지막 문장을 통해, 이어질 내용이 초콜릿의 기원임을 유추할 수 있으므로 역사적 순서에 따라 나열하면 (B) – (C) – (D)가 되고, 그러한 초콜릿의 역사가 한국에서 나타났다는 내용은 각론에 해당하므로 (A)는 마지막에 위치한다.

20

정답 ③

2018년 3/4분기와 2019년 3/4분기 항만별 내항의 입항 선박 수의 차이를 구하면 다음과 같다.
- 부산항 : $|11,433-11,603|=170$
- 인천항 : $|11,392-12,897|=1,505$
- 목포항 : $|5,988-8,222|=2,234$
- 울산항 : $|10,744-10,242|=502$
- 광양항 : $|8,584-8,824|=240$
- 포항항 : $|3,292-4,044|=752$

따라서 내항의 입항 선박 수의 차이가 가장 큰 항만은 목포항이다.

오답분석

①·⑤ 제시된 자료를 통해 알 수 있다.
② 입항 선박 수가 감소한 울산항을 제외한 2019년 3/4분기의 항구별 입항 선박의 2018년 3/4분기 대비 증가율을 구하면 다음과 같다.
- 부산항 : $\dfrac{28,730-27,681}{27,681}\times100\fallingdotseq3.8\%$
- 광양항 : $\dfrac{14,372-14,165}{14,165}\times100\fallingdotseq1.5\%$
- 포항항 : $\dfrac{5,950-5,242}{5,242}\times100\fallingdotseq13.5\%$
- 인천항 : $\dfrac{17,751-16,436}{16,436}\times100\fallingdotseq8.0\%$
- 목포항 : $\dfrac{8,496-6,261}{6,261}\times100\fallingdotseq36.0\%$

따라서 목포항의 증가율이 가장 크다.
④ 2019년 3/4분기에 입항 선박 수가 전년 동분기 대비 감소한 항만은 울산항으로 1곳이다.

21

A국과 F국을 비교해보면 참가선수는 A국이 더 많지만, 동메달 수는 F국이 더 많다.

오답분석
① 금메달은 F>A>E>B>D>C 순서로 많고 은메달은 C>D>B>E>A>F 순서로 많다.
② C국은 금메달을 획득하지 못했지만 획득한 메달 수는 149개로 가장 많다.
④ 참가선수와 메달 합계의 순위는 동일하다.
⑤ 참가선수가 가장 적은 국가는 F로 메달 합계는 6위이다.

22

자료를 분석하면 다음과 같다.

생산량(개)	0	1	2	3	4	5
총 판매수입(만 원)	0	7	14	21	28	35
총 생산비용(만 원)	5	9	12	17	24	33
이윤(만 원)	-5	-2	+2	+4	+4	+2

오답분석
ㄷ. 생산량을 4개에서 5개로 늘리면 이윤은 2만 원으로 감소한다.
ㄹ. 1개를 생산하면 -2만 원이지만, 생산하지 않을 때는 -5만 원이다.

23

SWOT 분석이란 조직의 환경을 분석하기 위해 사용되는 정책환경분석기법으로, 조직 내부환경과 관련된 강점(Strength), 약점(Weakness), 조직 외부환경과 관련된 기회(Opportunity), 위협(Threat)을 분석하는 방법이다. 따라서 이를 올바르게 분류한 것은 ②이다.

24

구매하려는 소파의 특징에 맞는 제조사를 찾기 위해 제조사별 특징을 대우로 정리하면 다음과 같다.
• A사 : 이탈리아제 천을 사용하면 쿠션재에 스프링을 사용한다. 커버를 교환 가능하게 하면 국내산 천을 사용하지 않는다. → ×
• B사 : 국내산 천을 사용하지 않으면 쿠션재에 우레탄을 사용하지 않는다. 이탈리아제의 천을 사용하면 리클라이닝이 가능하다. → ○
• C사 : 국내산 천을 사용하지 않으면 쿠션재에 패더를 사용한다. 쿠션재에 패더를 사용하면 침대 겸용 소파가 아니다. → ○
• D사 : 이탈리아제 천을 사용하지 않으면 쿠션재에 패더를 사용하지 않는다. 쿠션재에 우레탄을 사용하지 않으면 조립이라고 표시된 소파가 아니다. → ×

25

여성 조사인구가 매년 500명일 때, 2018년의 매우 노력함을 택한 인원은 500×0.168=84명이고, 2019년은 500×0.199=99.5명으로 2019년은 전년 대비 15.5명이 늘어났다.

오답분석
① 남성과 여성 모두 정확한 조사대상 인원이 제시되어 있지 않아서 알 수 없다.
② 2019년에 모든 연령대에서 노력 안함의 비율이 가장 낮은 연령대는 40대이다.
④ 2019년의 60대 이상 조금 노력함의 전년 대비 증감률을 구하면 $\frac{31.3-30.7}{31.3} \times 100 ≒ 1.9\%$만큼 감소했다.
⑤ 2019년에 연령대별 매우 노력함을 선택한 비율이 50대와 60대 이상은 2018년 대비 감소했다.

26

ㄴ. B는 공직자의 임용 기준을 개인의 능력·자격·적성에 두고 공개경쟁 시험을 통해 공무원을 선발한다면, 정실 개입의 여지가 줄어든다고 주장하고 있다. 따라서 공직자 임용과정의 공정성을 높일 필요성이 두드러진다면 B의 주장은 설득력을 얻는다.

ㄷ. C는 사회를 구성하는 모든 지역 및 계층으로부터 인구 비례에 따라 공무원을 선발해야 한다고 주장하고 있으므로 지역 편향성을 완화할 필요성이 제기된다면, C의 주장은 설득력을 얻는다.

오답분석

ㄱ. A는 대통령 선거에서 승리한 정당이 공직자 임용의 권한을 가져야 한다고 주장하였다. 이는 정치적 중립성이 보장되지 않는 것이므로 A의 주장은 설득력을 잃는다.

27
정답 ③

- ⊙의 '사람은 섬유소를 분해하는 효소를 합성하지 못한다'는 내용과 (나) 바로 뒤의 문장의 '반추 동물도 섬유소를 분해하는 효소를 합성하지 못하는 것은 마찬가지'로 보아 ⊙의 적절한 위치는 (나)임을 알 수 있다.
- ⓒ은 대표적인 섬유소 분해 미생물인 피브로박터 숙시노젠(F)을 소개하고 있으므로 계속해서 피브로박터 숙시노젠을 설명하는 (라) 뒤의 문장보다 앞에 위치해야 한다.

28
정답 ③

연경, 효진, 다솜, 지민, 지현의 증언을 차례대로 검토하면서 모순 여부를 찾아내면 쉽게 문제를 해결할 수 있다.

1) 먼저 연경이의 증언이 참이라면, 효진이의 증언도 참이다. 그런데 효진이의 증언이 참이라면 지현이의 증언은 거짓이 된다.

2) 지현이의 증언이 거짓이라면, '나와 연경이는 꽃을 꽂아두지 않았다'는 말 역시 거짓이 되어 연경이와 지현이 중 적어도 한 명은 꽃을 꽂아두었다고 봐야 한다. 그런데 효진이의 증언은 지민이를 지적하고 있으므로 역시 모순이다. 결국 연경이와 효진이의 증언은 거짓이다.

그러므로 다솜, 지민, 지현이의 증언이 참이 되며, 이들이 언급하지 않은 다솜이가 꽃을 꽂아두었다.

29
정답 ④

한 분야의 모든 사람이 한 팀에 들어갈 수 없으므로 가와 나는 한 팀이 될 수 없다.

오답분석

① 갑과 을이 한 팀이 되는 것과 상관없이 가와 나는 같은 분야의 사람이기 때문에 반드시 다른 팀이어야 한다.
② 두 팀에 남녀가 각각 2명씩 들어갈 수도 있지만, (남자 셋, 여자 하나), (여자 셋, 남자 하나)의 경우도 있다.
③ a와 c는 성별이 다르기 때문에 같은 팀에 들어갈 수 있다.
⑤ 주어진 조건에 따라 배치하면, c와 갑이 한 팀이 되면 한 팀의 인원이 5명이 된다.

30
정답 ①

(가) 사실 지향의 문제
(나) 가설 지향의 문제
(다) 성과 지향의 문제

31

시간관리를 통해 스트레스 감소, 균형적인 삶, 생산성 향상, 목표 성취 등의 효과를 얻을 수 있다.

시간관리를 통해 얻을 수 있는 효과
- 스트레스 감소 : 사람들은 시간이 부족하면 스트레스를 받기 때문에 모든 시간 낭비 요인은 잠재적인 스트레스 유발 요인이라 할 수 있다. 따라서 시간관리를 통해 시간을 제대로 활용한다면 스트레스 감소 효과를 얻을 수 있다.
- 균형적인 삶 : 시간관리를 통해 일을 수행하는 시간을 줄인다면, 일 외에 자신의 다양한 여가를 즐길 수 있다. 또한, 시간관리는 삶에 있어서 수행해야 할 다양한 역할들이 균형 잡힐 수 있도록 도와준다.
- 생산성 향상 : 한정된 자원인 시간을 적절히 관리하여 효율적으로 일을 하게 된다면 생산성 향상에 큰 도움이 될 수 있다.
- 목표 성취 : 목표를 성취하기 위해서는 시간이 필요하고, 시간은 시간관리를 통해 얻을 수 있다.

32

오답분석

② 예산을 잘 수립했다고 해서 예산을 잘 관리하는 것은 아니다. 예산을 적절하게 수립하였다고 하더라도 집행 과정에서 관리에 소홀하면 계획은 무용지물이 된다.
③ 예산 집행 과정에서의 적절한 관리 및 통제는 사업과 같은 큰 단위만이 해당되는 것이 아니라 직장인의 경우 월급, 용돈 등 개인적인 단위에도 해당된다.
④ 예산 사용 내역에서 계획보다 비계획의 항목이 더 많은 경우는 예산 집행 과정을 적절하게 관리하지 못하는 경우라고 할 수 있다.
⑤ 가계부는 개인 차원에서의 관리에 활용되며, 프로젝트나 과제의 경우에는 워크시트를 작성함으로 효과적으로 예산 집행 과정을 관리할 수 있다.

33

㉠은 능력주의, ㉡·㉢은 적재적소주의, ㉣은 능력주의이다. 개인에게 능력을 발휘할 수 있는 기회와 장소를 부여하고, 그 성과를 바르게 평가한 뒤 평가된 능력과 실적에 대해 그에 상응하는 보상을 주는 능력주의 원칙은 적재적소주의 원칙의 상위개념이라고 할 수 있다. 즉, 적재적소주의는 능력주의의 하위개념에 해당한다.

34

제품 500개를 생산하기 위한 각 부품당 필요개수와 소요시간은 다음과 같다.

구분	필요 개수	생산 소요시간(일)
A부품	500×2개=1,000개	1,000개×1시간=1,000시간 → 1,000÷8=125일
B부품	500×1개=500개	500개×3시간=1,500시간 → 1,500÷8=187.5일
C부품	500×2개=1,000개	1,000개×2시간=2,000시간 → 2,000÷8=250일

따라서 제품 500개 생산을 위한 부품을 마련하기 위해서 C부품까지 모두 준비되어야하므로 250일이 걸린다.

35

신입사원의 수를 x명이라고 하자.
1인당 지급하는 국문명함은 150장이므로 1인 기준 국문명함 제작비용은 10,000(100장)+3,000(추가 50장)=13,000원이다.
즉, $13,000x=195,000$
∴ $x=15$

36

정답 ③

1인당 지급하는 영문명함은 200장이므로 1인 기준 영문명함 제작비용(일반종이 기준)은 $15{,}000(100장)+10{,}000(추가\ 100장)=25{,}000$원이다.

이때 고급종이로 영문명함을 제작하므로 해외영업부 사원들의 1인 기준 영문명함 제작비용은 $25{,}000\left(1+\dfrac{1}{10}\right)=27{,}500$원이다.

따라서 8명의 영문명함 제작비용은 $27{,}500\times8=220{,}000$원이다.

37

정답 ②

면당 추가료를 x원, 청구항당 심사청구료를 y원이라고 하자.
• 대기업 : (기본료)$+20x+2y=70{,}000$ ······ (ⅰ)
• 중소기업 : (기본료)$+20x+3y=90{,}000$ ······ (ⅱ)
 (∵ 50% 감면 후 수수료가 45,000원)
(ⅱ)$-$(ⅰ)에서 $y=20{,}000$원이다.

38

정답 ①

면당 추가료를 x원, 청구항당 심사청구료를 y원이라고 하자.
• 대기업 : (기본료)$+20x+2y=70{,}000$ ······ (ⅰ)
• 개인 : (기본료)$+40x+2y=90{,}000$ ······ (ⅱ)
 (∵ 70% 감면 후 수수료가 27,000원)
(ⅱ)$-$(ⅰ)에서 $20x=20{,}000$이므로 $x=1{,}000$원이다.

39

정답 ①

면당 추가료는 1,000원, 청구항당 심사청구료는 20,000원이다.
(대기업 특허출원 수수료)$=$(기본료)$+20\times1{,}000+2\times20{,}000=70{,}000$
따라서 기본료는 10,000원이다.

40

정답 ⑤

하루에 6명 이상 근무해야 하므로 2명까지만 휴가를 중복으로 쓸 수 있다.
A사원이 4일 동안 휴가를 쓰면서 최대 휴가 인원이 2명만 중복되게 하려면 6 ~ 11일만 가능하다.

41
정답 ②

규칙과 법을 준수하고, 관행과 안정, 문서와 형식, 명확한 책임소재 등을 강조하는 관리적 문화의 특징을 가진 문화는 (다)이다.
(가)는 집단문화, (나)는 개발문화, (다)는 계층문화, (라)는 합리문화이며, 각 분야별 주요 특징은 다음과 같다.

조직문화유형	주요 특징
(가) 집단문화	관계지향적인 문화이며, 조직구성원 간 인간애 또는 인간미를 중시하는 문화로서 조직내부의 통합과 유연한 인간관계를 강조한다. 따라서 조직구성원 간 인화단결, 협동, 팀워크, 공유가치, 사기, 의사결정과정에 참여 등을 중요시하며, 개인의 능력개발에 대한 관심이 높고, 조직구성원에 대한 인간적 배려와 가족적인 분위기를 만들어내는 특징을 가진다.
(나) 개발문화	높은 유연성과 개성을 강조하며, 외부환경에 대한 변화지향성과 신축적 대응성을 기반으로 조직구성원의 도전의식, 모험성, 창의성, 혁신성, 자원획득 등을 중시하고, 조직의 성장과 발전에 관심이 높은 조직문화를 의미한다. 따라서 조직구성원의 업무수행에 대한 자율성과 자유재량권 부여 여부가 핵심요인이다.
(다) 계층문화	조직내부의 통합과 안정성을 확보하고, 현상유지 차원에서 계층화되고 서열화된 조직구조를 중요시하는 조직문화이다. 즉, 위계질서에 의한 명령과 통제, 업무처리시 규칙과 법을 준수, 관행과 안정, 문서와 형식, 보고와 정보관리, 명확한 책임소재 등을 강조하는 관리적 문화의 특징을 나타내고 있다.
(라) 합리문화	과업지향적인 문화로, 결과지향적인 조직으로써의 업무의 완수를 강조한다. 조직의 목표를 명확하게 설정하여 합리적으로 달성하고, 주어진 과업을 효과적이고 효율적으로 수행하기 위하여 실적을 중시하고, 직무에 몰입하며, 미래를 위한 계획을 수립하는 것을 강조한다. 합리문화는 조직구성원간의 경쟁을 유도하는 문화이기 때문에 때로는 지나친 성과를 강조하게 되어 조직에 대한 조직구성원들의 방어적인 태도와 개인주의적인 성향을 드러내는 경향을 보인다.

42
정답 ⑤

근로자대표가 기업의 의사결정구조에 사용자와 대등한 지분을 가지고 참여하는 공동의사결정제도와 근로자와 사용자가 상호협조하여 근로자 복지증진과 기업의 건전한 발전을 목적으로 구성하는 노사협의회제도는 경영참가의 사례로 볼 수 있다. 자본참가의 경우는 근로자가 경영방침에 따라 회사의 주식을 취득하는 종업원지주제도, 노동제공을 출자의 한 형식으로 간주하여 주식을 제공하는 노동주제도 등을 사례로 볼 수 있다.

43
정답 ①

외부경영활동은 조직 외부에서 이루어지는 활동임을 볼 때, 기업의 경우 주로 시장에서 이루어지는 활동으로 볼 수 있다. 마케팅 활동은 시장에서 상품 혹은 용역을 소비자에게 유통시키는 데 관련된 대외적 이윤추구 활동이므로 외부경영활동으로 볼 수 있다. ②·③·④·⑤는 모두 인사관리에 해당되는 활동으로 내부경영활동이다.

44
정답 ③

민츠버그(Mintzberg)가 구분한 경영자의 역할
- 대인적 역할 : 상징자 혹은 지도자로서 대외적으로 조직을 대표하고, 대내적으로 조직을 이끄는 리더로서 역할을 의미한다.
- 정보적 역할 : 조직을 둘러싼 외부 환경의 변화를 모니터링하고, 이를 조직에 전달하는 정보전달자의 역할을 의미한다.
- 의사결정적 역할 : 조직 내 문제를 해결하고 대외적 협상을 주도하는 협상가, 분쟁조정자, 자원배분자로서의 역할을 의미한다.

45
정답 ②

(A)에 해당되는 용어는 '경영전략'으로, 조직의 경영전략은 조직전략, 사업전략, 부문전략으로 구분할 수 있으며 이들은 위계적 수준을 가지고 있다. 가장 상위단계 전략인 조직전략은 조직의 사명을 정의하고, 사업전략은 사업수준에서 각 사업의 경쟁적 우위를 점하기 위한 방향과 방법을 다룬다. 그리고 부문전략은 기능부서별로 사업전략을 구체화하여 세부적인 수행방법을 결정한다.

46

브레인스토밍에서는 어떠한 내용의 발언이라도 그에 대한 비판을 해서는 안 되는 것이 규칙이다.

브레인스토밍 규칙

• 다른 사람이 아이디어를 제시할 때에는 비판하지 않는다.
• 문제에 대한 제안은 자유롭게 이루어질 수 있다.
• 아이디어는 많이 나올수록 좋다.
• 모든 아이디어들이 제안되고 나면 이를 결합하고 해결책을 마련한다.

47

정답 ②

체크리스트 항목의 내용을 볼 때, 국제감각 수준을 점검할 수 있는 체크리스트임을 알 수 있다. 따라서 국제적인 법규를 이해하고 있는지를 확인하는 ②가 가장 적절하다. 추가적으로 다음과 같은 국제감각 수준 점검항목을 확인할 수 있다.

국제감각 수준 점검항목

• 다음 주에 혼자서 해외에 나가게 되더라도, 영어를 통해 의사소통을 잘할 수 있다.
• VISA가 무엇이고 왜 필요한지 잘 알고 있다.
• 각종 매체(신문, 잡지, 인터넷 등)를 활용하여 국제적인 동향을 파악하고 있다.
• 최근 미달러화(US$), 엔화(¥)와 비교한 원화 환율을 구체적으로 알고 있다.
• 영미권, 이슬람권, 중국, 일본사람들과 거래 시 주의해야 할 사항들을 숙지하고 있다.

48

정답 ⑤

오답분석

① 분권화 : 의사결정 권한이 하급기관에 위임되는 조직 구조이다.
② 유기적 : 조직이 생물체처럼 서로 밀접하게 관련되어 뗄 수 없게 되는 것이다.
③ 수평적 : 부서의 수가 증가하는 것으로 조직 구조의 복잡성에 해당된다.
④ 공식성 : 조직구성원의 행동이 어느 정도의 규칙성, 몰인격성을 갖는지에 대한 정도를 말한다.

49

정답 ⑤

MOT마케팅은 소비자와 접촉하는 극히 짧은 순간들이 브랜드와 기업에 대한 인상을 좌우하는 극히 중요한 순간이라는 것을 강조하며 전개하는 마케팅이다. 소비자의 MOT(결정적 순간)가 기업에 대한 이미지와 상품의 품질, 서비스 등을 평가하기 때문에 직원이 소비자와 접촉하는 짧은 시간 동안 기업에 대한 긍정적인 이미지를 만들어야 한다.
스칸디나비아항공이 시행한 MOT마케팅 방법은 접촉한 직원이 역할이 크기 때문에 직원이 책임감을 가지고 임해야 긍정적인 결과를 낼 수 있다.

50

정답 ①

베트남 사람들은 매장에 직접 방문해서 구입하는 것을 더 선호하므로 인터넷, TV광고와 같은 간접적인 방법의 홍보를 활성화하는 것은 신사업 전략으로 적절하지 않다.

31

조직외부의 정보를 내부 구성원들에게 전달하는 것은 정보 수문장(Gate Keeping)의 혁신 활동으로 볼 수 있다. (C)에 들어갈 내용으로는 '프로젝트의 효과적인 진행을 감독한다.' 등이 적절하다.

32

제품설명서의 설치관련 주의사항 7번째 항목을 확인해보면, 책장이나 벽장 등 통풍이 안 되는 좁은 공간에 설치하지 말라고 안내하고 있으며, 이는 내부 온도 상승으로 인하여 화재가 발생할 수 있기 때문임을 설명하고 있다. 따라서 문제의 보기에서처럼 TV를 가구 안에 설치하게 되면 통풍이 원활하지 않아 화재가 발생할 가능성이 있다는 것을 알 수 있다.

오답분석

② 직사광선에 장기간 노출될 경우 패널 표면이 변색할 가능성이 있는데, 문제에서 햇빛에 노출된다는 정보는 없다.
③ 그림에서 보면 평평한 가구 안에 설치되어 있음을 알 수 있다.
④ 그림에서 제품의 밑면(원형)이 밖으로 튀어나와 있지 않다는 것을 알 수 있다.
⑤ 화재의 발생 위험이 있으므로 아무런 문제가 없는 것은 아니다.

33

햇빛(직사광선)에 장시간 노출되는 것은 TV 패널 표면에 변색이 발생할 가능성이 있지만, 화재 위험이 있다는 것과는 거리가 멀다. 제품설명서에도 별도로 화재 위험이 있다고 설명하고 있지 않다.

오답분석

①·②·④·⑤ 제품설명서에서 화재 위험이 있다고 설명하고 있다.

34

'수시'는 '일정하게 정하여 놓은 때 없이 그때그때 상황에 따름'을 의미한다. 즉, 하루에 한 번 청소할 수도 있고, 아닐 수도 있다. 따라서 정수기 청소는 하루에 1곳만 할 수도 있다.

오답분석

① 10mm=1cm이므로, 외형치수를 환산하면 옳은 설명임을 알 수 있다.
② '제품 이상시 조치방법' 맨 마지막에 설명되어 있다.
③ 적정 시기에 필터를 교환하지 않으면 물이 나오지 않거나 정수물이 너무 느리게 채워지는 문제가 발생한다.
⑤ 설치 시 주의사항에 설명되어 있다.

35

필터 수명이 종료됐을 때와 연결 호스가 꺾였을 때 물이 나오지 않는다. 이때 연결 호스가 꺾였다면 서비스센터에 연락하지 않고 해결이 가능하다.

36

ㄱ. 정수기에 사용되는 필터는 세디먼트 필터, 프리카본 필터, UF중공사막 필터, 실버블록카본 필터이다.

ㄹ. 설치 시 주의사항으로 벽면에서 20cm 이상 띄워 설치하라고 언급했다. 따라서 지켜지지 않을 경우 문제가 발생할 수 있다.

오답분석

ㄴ. 시너 및 벤젠은 제품의 변색이나 표면이 상할 우려가 있으므로 사용하지 말라고 명시되어 있다. 따라서 급한 경우라도 사용하지 않는 것이 옳다.

ㄷ. 프리카본 필터의 교환주기는 약 8개월이다. 3년은 36개월이므로, 4번 교환해야 한다.

37

석유자원을 대체하고 에너지의 효율성을 높이는 것은 기존 기술에서 탈피하고 새로운 기술을 습득하는 기술경영자의 능력으로 볼 수 있다.

기술경영자의 능력
- 기술을 기업의 전반적인 전략 목표에 통합시키는 능력
- 빠르고 효과적으로 새로운 기술을 습득하고 기존의 기술에서 탈피하는 능력
- 기술을 효과적으로 평가할 수 있는 능력
- 기술 이전을 효과적으로 할 수 있는 능력
- 새로운 제품개발 시간을 단축할 수 있는 능력
- 크고 복잡하며 서로 다른 분야에 걸쳐 있는 프로젝트를 수행할 수 있는 능력
- 조직 내의 기술 이용을 수행할 수 있는 능력
- 기술 전문 인력을 운용할 수 있는 능력

38

벤치마킹 데이터를 수집하고 분석하는 과정에서는 여러 보고서를 동시에 보고, 붙이고 자르는 작업을 용이하게 해주는 문서 편집 시스템을 이용하는 것이 매우 유용하다.

39

전기산업기사, 건축산업기사, 정보처리산업기사 등의 자격 기술은 구체적 직무수행능력 형태를 의미하는 기술의 협의의 개념으로 볼 수 있다.

오답분석

② 기술은 하드웨어를 생산하는 과정이며, 하드웨어는 소프트웨어에 대비되는 용어로, 건물, 도로, 교량, 전자장비 등 인간이 만들어 낸 모든 물질적 창조물을 뜻한다.

③ 사회는 기술 개발에 영향을 준다는 점을 볼 때, 산업혁명과 같은 사회적 요인은 기술 개발에 영향을 주었다고 볼 수 있다.

④ 컴퓨터의 발전으로 개인이 정보를 효율적으로 활용 / 관리하게 됨으로써 현명한 의사결정이 가능해졌음을 알 수 있다.

⑤ 로봇은 인간의 능력을 확장시키기 위한 하드웨어로 볼 수 있으며, 기술은 이러한 하드웨어와 그것의 활용을 뜻한다.

40

에디슨이 전등회사, 전구 생산 회사 등을 설립하고 통합하여 다양한 회사들을 소유·통제한 것은 기술시스템 발전단계 1단계 중 혁신의 단계에 속한다.

41

'썩은 사과의 법칙'에 따르면, 먼저 A사원에게 문제 상황과 기대하는 바를 분명히 전한 뒤 스스로 변화할 기회를 주어야 한다.

42

정답 ⑤

스스로 하는 일이 없고, 제 몫의 업무를 제대로 수행하지 못하는 A사원은 수동형에 가깝다고 볼 수 있다.

멤버십의 유형

구분	자아상	동료 및 리더의 시각	조직에 대한 자신의 느낌
소외형	• 자립적인 사람 • 일부러 반대의견 제시 • 조직의 양심	• 냉소적 • 부정적 • 고집이 셈	• 자신을 인정해주지 않음 • 적절한 보상이 없음 • 불공정하고 문제가 있음
순응형	• 기쁜 마음으로 과업 수행 • 팀플레이를 함 • 리더나 조직을 믿고 헌신함	• 아이디어가 없음 • 인기 없는 일은 하지 않음 • 조직을 위해 자신과 가족의 요구를 양보함	• 기존 질서를 따르는 것이 중요 • 리더의 의견을 거스르는 것은 어려운 일임 • 획일적인 태도 및 행동에 익숙함
실무형	• 조직의 운영방침에 민감 • 사건을 균형 잡힌 시각으로 봄 • 규정과 규칙에 따라 행동함	• 개인의 이익을 극대화하기 위한 흥정에 능함 • 적당한 열의와 평범한 수완으로 업무 수행	• 규정준수를 강조 • 명령과 계획의 빈번한 변경 • 리더와 부하 간의 비인간적 풍토
수동형	• 판단, 사고를 리더에게 의존 • 지시가 있어야 행동	• 지시를 받지 않고 스스로 하는 일이 없음 • 제 몫을 하지 못함 • 업무 수행에는 감독이 필요	• 조직이 나의 아이디어를 원치 않음 • 노력과 공헌을 해도 아무 소용이 없음 • 리더는 항상 자기 마음대로 함
주도형	• 우리가 추구하는 유형, 모범형 • 독립적 · 혁신적 사고 • 적극적 참여와 실천		

43

정답 ①

화가 난 고객을 대응하는 데 있어서는 먼저 고객을 안정시키는 것이 최우선이며, 이후에 고객이 이해할 수 있는 수준의 대응을 제시한다.

44

정답 ③

관리자가 오늘에 초점을 맞춘다면, 리더는 내일에 초점을 맞춰야 한다.

리더와 관리자의 차이점

리더	관리자
• 새로운 상황을 창조한다. • 혁신지향적이다. • 내일에 초점을 둔다. • 사람의 마음에 불을 지핀다. • 사람을 중시한다. • 정신적이다. • 계산된 리스크를 취한다. • '무엇을 할까?'를 생각한다.	• 상황에 수동적이다. • 유지지향적이다. • 오늘에 초점을 둔다. • 사람을 관리한다. • 체제나 기구를 중시한다. • 기계적이다. • 리스크를 회피한다. • '어떻게 할까'를 생각한다.

45

정답 ②

강압전략에 대한 설명이다. A사에 필요한 기술을 확보한 B사에게 대기업인 점을 내세워 공격적으로 설득하는 것은 적절하지 않은 설득방법이다.

오답분석

① See – Feel – Change 전략으로 A사의 주장을 믿지 않는 B사를 설득시키기에 적절한 전략이다.
③ 사회적 입증 전략으로 A사의 주장을 믿지 못하는 B사를 설득시키는 적절한 전략이다.
④ 호혜관계 형성 전략으로 서로에게 도움을 주고받을 수 있는 점을 설명하여 D사를 설득시키는 적절한 전략이다.
⑤ 협력전략의 전술 중 하나로 C사의 사업전망을 믿지 못하는 D사에게 공동 평가를 통해 신뢰를 형성시킬 수 있는 적절한 전략이다.

46

변화에 저항하는 직원들을 성공적으로 이끌기 위해서는 주관적인 자세보다 가능한 객관적인 자세로 업무에 임할 수 있도록 해야 한다. 변화를 수행하는 것이 힘들더라도 변화가 필요한 이유를 직원들이 명확히 알도록 해야 하며, 변화의 유익성을 밝힐 수 있는 객관적인 수치 및 사례를 직원들에게 직접 확인시킬 필요가 있다.

변화에 저항하는 직원들을 성공적으로 이끄는데 도움이 되는 방법
• 개방적인 분위기를 조성한다.
• 객관적인 자세를 유지한다.
• 직원들의 감정을 세심하게 살핀다.
• 변화의 긍정적인 면을 강조한다.
• 변화에 적응할 시간을 준다.

47

A, B, C는 각자 자신이 해야할 일이 무엇인지 잘 알고 있으며, 서로의 역할도 이해하는 모습을 볼 수 있다. 이처럼 효과적인 팀은 역할을 명확하게 규정한다.

48

빨리빨리형의 경우 성격이 급하고, 확신이 있는 말이 아니면 잘 믿지 않는 고객을 말한다. 빨리빨리형에게 애매한 화법을 사용하면 고객의 기분은 더욱 나빠질 수 있다. 빨리빨리형은 만사를 시원스럽게 처리하는 모습을 통해 응대하는 것이 적절하다.

불만족 고객 유형별 대처 시 주의사항
• 거만형
 – 정중하게 대하는 것이 좋다.
 – 자신의 과시욕이 채워지도록 뽐내든 말든 내버려 둔다.
• 의심형
 – 분명한 증거나 근거를 제시하여 스스로 확신을 갖도록 유도한다.
 – 때로는 책임자로 하여금 응대하는 것도 좋다.
• 트집형
 – 이야기를 경청하고, 맞장구치고, 추켜 세우고, 설득해 가는 방법이 효과적이다.
  예 '손님의 말씀이 맞습니다. 역시 손님께서 정확하십니다.'하고 고객의 지적이 옳음을 표시한 후 '저도 그렇게 생각하고 있습니다만…'하고 설득한다.
 – 잠자코 고객의 의견을 경청하고 사과를 하는 응대가 바람직하다.
• 빨리빨리형
 – "글쎄요?", "아마…", "저…" 하는 식으로 애매한 화법을 사용하면 고객은 신경이 더욱 날카롭게 곤두서게 된다.
 – 만사를 시원스럽게 처리하는 모습을 보이면 응대하기 쉽다.

49

상대방에 비해 자신의 힘이 강한 경우 유리한 협상전략은 강압전략으로, E사원이 제시한 협상전략은 유화전략이다.

오답분석
① B사원의 협상전략은 회피전략으로, 회피전략은 상대방에게 돌아갈 결과나 자신에게 돌아올 결과에 대해서 전혀 관심을 가지지 않을 때 사용할 수 있고, 자신이 얻게 되는 결과나 인간관계 모두에 대해서 관심이 없을 때 상대방과의 협상을 거절하는 것이다.
② C사원의 협상전략은 협력전략으로, 협력전략은 참여자들 간에 신뢰에 기반을 둔 협력을 통해 진행해야 하는 것이 특징이다.
③ 협력전략은 신뢰에 기반을 둔 협력이 핵심이다. 따라서 협상 당사자 간에 신뢰가 쌓여 있는 경우 매우 유리함을 알 수 있다.
④ D사원의 협상전략은 강압전략으로, 강압전략은 명시적 또는 묵시적으로 강압적 위협이나 강압적 설득, 처벌 등의 무력시위 또는 카드 등을 사용하여 상대방을 굴복시키거나 순응시키는 것이 특징이다.

50

타인의 부탁을 거절해야 할 경우 도움을 요청한 타인의 입장을 고려하여 인간관계를 해치지 않도록 신중하게 거절하는 것이 중요하다. 먼저 도움이 필요한 상대방의 상황을 충분히 이해했음을 표명하고, 도움을 주지 못하는 자신의 상황이나 이유를 분명하게 설명해야 한다. 그 후 도움을 주지 못하는 아쉬움을 표현하도록 한다.

50 · NCS 부산환경공단

실전모의고사 정답 및 해설

01	02	03	04	05	06	07	08	09	10	11	12	13	14	15	16	17	18	19	20
③	②	⑤	⑤	①	③	②	③	②	⑤	③	②	⑤	⑤	①	①	②	③	⑤	⑤
21	22	23	24	25	26	27	28	29	30	31	32	33	34	35	36	37	38	39	40
⑤	③	②	③	③	④	②	①	⑤	①	④	⑤	④	④	③	①	④	③	②	②
41	42	43	44	45	46	47	48	49	50										
③	④	⑤	③	②	④	②	①	⑤	①										

| 공통영역 |

01
정답 ③

• 문서적인 의사소통 : ㉠, ㉢, ㉤
• 언어적인 의사소통 : ㉡, ㉣

직업생활에서 요구되는 문서적인 의사소통능력은 문서로 작성된 글이나 그림을 읽고 내용을 이해하고 요점을 판단하며, 이를 바탕으로 목적과 상황에 적합하도록 아이디어와 정보를 전달할 수 있는 문서를 작성하는 능력을 말한다. 반면, 언어적인 의사소통능력은 상대방의 이야기를 듣고 의미를 파악하며, 이에 적절히 반응하고, 이에 대한 자신의 의사를 목적과 상황에 맞게 설득력을 가지고 표현하기 위한 능력을 말한다.

02
정답 ②

진희의 집부터 어린이집까지의 거리를 $x$km라고 하자.
어린이집부터 회사까지의 거리는 $(12-x)$km이다.
어린이집부터 회사까지 진희의 속력은 10km/h의 1.4배이므로 14km/h이다.
집부터 회사까지 1시간이 걸렸으므로

$$\frac{x}{10}+\frac{(12-x)}{14}=1 \rightarrow 7x+5(12-x)=70 \rightarrow 2x=10 \rightarrow x=5$$

즉, 어린이집을 가는 데 걸린 시간은 $\frac{5}{10}=\frac{1}{2}$ 시간=30분이다.

따라서 어린이집에서 출발한 시각은 8시 30분이다.

03
정답 ⑤

사업장이 오염 물질 배출 허용기준을 초과할 것으로 우려될 경우 자동으로 예·경보 시스템이 작동한다.

오답분석

① 굴뚝 원격감시 체계는 굴뚝에 자동측정기기를 설치해 배출되는 대기 오염물질 농도를 24시간 원격으로 감시하는 시스템이다.
② B공단은 수집된 자료를 관련 기관에 제공한다. 그 기관들은 대기오염 정책 개선, 오염물질 배출 부과금 도입 등에 노력한다.
③ 측정기기를 통해 먼지, 암모니아, 염화수소와 같은 오염물질들을 5분, 30분 단위로 측정해서 자료를 수집한다.
④ 원격제어 시스템을 통해 측정기기에 표준가스를 주입함으로써, 측정기의 정상작동 여부를 알 수 있다.

04

정답 ⑤

폐기물처리시설은 악취, 지가 하락 등의 이유로 주민들이 꺼리는 시설 중 하나이다. 그러나 친환경 에너지타운을 설치함으로써 폐기물처리시설로 인한 피해는 최소화하고, 비료 만들기, 태양력·소수력 발전 시설 설치 등 경제적 효과를 얻을 수 있게 하였다. 따라서 마을 주민의 생산력도 높아지고, 경제적 효과도 크므로, 마을 주민들이 폐기물처리시설 설치를 반대한다고 볼 수 없다.

05

정답 ①

브레인스토밍은 자유연상법의 한 유형으로, 어떤 문제의 해결책을 찾기 위해 여러 사람이 생각나는 대로 아이디어를 제안하는 방식으로 진행된다. 보령시에서 개최한 보고회는 각 부서의 업무에 국한되지 않고 가능한 많은 양의 아이디어를 자유롭게 제출하는 방식으로 진행되었으므로 브레인스토밍 방법이 사용되었음을 알 수 있다.

오답분석

② SCAMPER 기법 : 아이디어를 얻기 위해 의도적으로 시험할 수 있는 대체, 결합, 적용, 변경, 제거, 재배치, 다른 용도로 활용 등 7가지 규칙이다.
③ NM법 : 비교발상법의 한 유형으로, 대상과 비슷한 것을 찾아내 그것을 힌트로 새로운 아이디어를 생각해내는 방법이다.
④ Synectics법 : 비교발상법의 한 유형으로, 서로 관련이 없어 보이는 것들을 조합하여 새로운 것을 도출해내는 아이디어 발상법이다.
⑤ 육색사고모자 기법 : 한정된 역할을 제시하는 여섯 가지 색의 모자를 차례대로 바꾸어 쓰면서 모자 유형대로 생각해 보는 방법이다.

06

정답 ③

네 번째, 다섯 번째 명제에 의해, A와 C는 각각 2종류의 동물을 키운다. 또한 첫 번째, 두 번째, 세 번째 명제에 의해, A는 토끼를 키우지 않는다. 따라서 A는 개와 닭, C는 고양이와 토끼를 키운다. 첫 번째 조건에 의해 D는 닭을 키우므로 C는 키우지 않지만 D가 키우는 동물은 닭이다.

오답분석

① 세 번째 명제에 의해, B가 개를 키운다.
② B가 토끼는 키우지 않지만, 고양이는 키울 수도 있다.
④ A, B, D 또는 B, C, D가 같은 동물을 키울 수 있다.
⑤ B 또는 D는 3가지 종류의 동물을 키울 수 있다.

07

정답 ②

B는 뒷면을 가공한 이후 A의 앞면 가공이 끝날 때까지 5분을 기다려야 한다. 즉, 뒷면 가공 → 5분 기다림 → 앞면 가공 → 조립이 이루어지므로 총 45분이 걸리고, 유휴 시간은 5분이다.

08

정답 ③

해결해야 할 전략 과제란 취약한 부분에 대해 보완해야 할 과제를 말한다. 따라서 이미 우수한 고객서비스 부문을 강화한다는 것은 전략 과제로 삼기에 적절하지 않다.

오답분석

① 해외 판매망이 취약하다고 분석되었으므로 중국시장의 판매유통망을 구축하는 전략 과제를 세우는 것은 적절하다.
② 중국시장에서 K제품의 구매 방식이 대부분 온라인으로 이루어지는 데 반해, 자사의 온라인 구매시스템은 미흡하기 때문에 온라인 구매시스템을 강화한다는 전략 과제는 적절하다.
④ K제품에 대해 중국기업들 간의 가격 경쟁이 치열하다는 것은 제품의 가격이 내려가고 있다는 의미인데, 자사는 생산원가가 높다는 약점이 있다. 그러므로 원가 절감을 통한 가격경쟁력 강화 전략은 적절하다.
⑤ 중국시장에서 인간공학이 적용된 제품을 지향하고 있으므로 인간공학을 기반으로 한 제품 개발을 강화하는 것은 적절한 전략 과제이다.

09

먼저 3과 2에 의해 '날 수 있는 동물은 예외 없이 벌레를 먹고 산다. 벌레를 먹고 사는 동물의 장 안에는 세콘데렐라가 없다.'로부터 '날 수 있는 동물은 세콘도가 아니다.'는 명제를 쉽게 얻을 수 있다. 그러므로 ②의 동고비새 역시 세콘도가 아니다. 1의 (다)를 보면 옴니오는 프리모와 세콘도가 둘 다 서식하므로 ②가 거짓이다.

오답분석

① 3과 2에 의해 명백한 참이다.

③·⑤ 2와 3에 의해 날 수 있는 동물은 프리모이거나 눌로에 속하므로 반드시 거짓이라고 할 수 없다.

④ 플라나리아는 벌레를 먹지 않으므로 장 안에 세콘데렐라가 살 수 있다. 그러므로 프리모넬라가 없다면 세콘도가 될 수 있다. 따라서 반드시 거짓은 아니다.

10

(마)의 코드번호가 N134이라면, 사고종류는 자연재해(N), 철도사고 형태는 침수(1), 철도사고 대상은 여객열차(3), 철도사고 위치는 교량(4)이어야 한다. 그러나 (마)의 철도사고 위치가 본선구간(2)이므로 N134가 아닌, N132가 되어야 한다.

11

2015 ~ 2019년의 남성 근로자 수와 여성 근로자 수 차이를 구하면 다음과 같다.

- 2015년 : $9,061-5,229=3,832$천 명
- 2016년 : $9,467-5,705=3,762$천 명
- 2017년 : $9,633-5,902=3,731$천 명
- 2018년 : $9,660-6,103=3,557$천 명
- 2019년 : $9,925-6,430=3,495$천 명

즉, 2015 ~ 2019년 동안 남성과 여성의 차이는 매년 감소한다.

오답분석

① 제시된 자료를 통해 알 수 있다.

② 성별 2015년 대비 2019년 근로자 수의 증가율은 다음과 같다.

- 남성 : $\dfrac{9,925-9,061}{9,061}\times100≒9.54\%$

- 여성 : $\dfrac{6,430-5,229}{5,229}\times100≒22.97\%$

따라서 여성의 증가율이 더 높다.

④ 제시된 자료를 통해 전체 근로자 중 여성 근로자 수의 비중이 가장 큰 것은 2019년임을 알 수 있다.

⑤ 2019년 여성 근로자 수의 2018년 대비 증가율은 $\dfrac{6,430-6,103}{6,103}\times100≒5.36\%$이다.

12

A집과 B집 사이의 거리를 $x$km, A집에서 전시회 주차장까지 걸린 시간을 y시간이라고 하자.

A집과 B집 사이의 거리와 B집에서 전시회 주차장까지 거리를 구하면 다음과 같다.

$70\times\left(y+\dfrac{30}{60}\right)-55\times y=x \cdots ㉠$

$70\times\left(y+\dfrac{30}{60}\right)=49$km $\rightarrow y+\dfrac{30}{60}=\dfrac{49}{70} \rightarrow y+0.5=0.7 \rightarrow y=0.2$

y는 0.2시간임을 알 수 있고, ㉠에 y를 대입하여 x를 구하면

$x=49-55\times0.2=38$km이다.

따라서 A집과 B집 사이의 거리는 38km이다.

13

정답) ⑤

아르바이트생 1명이 하루에 설문조사를 실시할 수 있는 고객의 수는 300÷3=100명이다. 3,200명을 3일 안에 끝내기 위해서는 하루에 최소 3,200÷3=1,066.66···, 즉 1,067명을 설문해야 한다. 하루에 설문조사를 해야 할 1,067명을 하루에 1명이 최대로 실시할 수 있는 고객의 수 100명으로 나누면 1,067÷100≒10.67이므로 아르바이트생은 최소 11명이 필요하다.

14

정답) ⑤

(C)는 문제에 대한 주장으로, 그 뒤에 '그래서'로 이어지는 주장에 따른 결과 (A)가 나온다. 그 결과에 대한 이유가 (B)에서 나오고 이는 문맥의 흐름과 '때문입니다'라는 표현을 통해 알 수 있다. 마지막으로 주장에 대한 결론이 제시되는데 (D)에서 '따라서'라는 결론을 나타내는 부사어를 사용하여 주장을 정리하고 있다.

15

정답) ①

두 번째 문단에서 '핵력의 강도가 겨우 0.5% 다르거나 전기력의 강도가 4% 다를 경우에도 탄소나 산소는 우주에서 합성되지 않는다. 따라서 생명 탄생의 가능성도 사라진다.'라고 했으므로 탄소가 없어도 생명은 자연적으로 진화할 수 있다고 한 ①은 제시문의 내용을 지지하고 있지 않다.

16

정답) ①

제시된 자료는 H섬유회사의 SWOT 분석을 통해 강점(S), 약점(W), 기회(O), 위기(T) 요인을 분석한 것이다. SO전략과 WO전략은 발전 방안으로서 적절하다. 하지만 ST전략에서 경쟁업체에 특허 기술을 무상 이전하는 것은 경쟁이 더 심화될 수 있으므로 적절하지 않다. 또한, WT전략에서는 기존 설비에 대한 재투자보다는 수요에 맞게 다양한 제품을 유연하게 생산할 수 있는 신규 설비에 대한 투자가 필요하다.

17

정답) ②

㉠ • (2016년 전년 이월건수)=(2015년 처리대상건수)-(2015년 처리건수)=8,278-6,444=1,834건
   • (2016년 처리대상건수)=1,834+7,883=9,717건
   즉, 처리대상건수가 가장 적은 연도는 2019년이다.

   2019년의 처리율은 $\frac{6,628}{8,226} \times 100 ≒ 80.57\%$로, 75% 이상이다.

㉣ • 2015년의 인용률 : $\frac{1,767}{346+4,214+1,767} \times 100 ≒ 27.93\%$

   • 2017년의 인용률 : $\frac{1,440}{482+6,200+1,440} \times 100 ≒ 17.73\%$

   따라서 2015년의 인용률이 2017년의 인용률보다 높다.

오답분석

㉡ 2016 ~ 2019년 취하건수와 기각건수의 전년 대비 증감 추이는 다음과 같다.
   • 취하건수의 증감 추이 : 증가 - 증가 - 증가 - 감소
   • 기각건수의 증감 추이 : 증가 - 증가 - 감소 - 감소
   따라서 2016 ~ 2019년 취하건수와 기각건수의 전년 대비 증감 추이는 같지 않다.

㉢ • 2016년 처리대상건수 : 9,717건
   • 2016년 처리건수 : 7,314건
   ∴ 2016년 처리율 : $\frac{7,314}{9,717} \times 100 ≒ 75.27\%$

18

정답 ③

세 자리 수가 홀수가 되려면 일의 자리 숫자가 홀수여야 한다. 홀수는 1, 3, 5, 7, 9로 5개이므로 일의 자리 수를 고르는 경우의 수는 5가지이다.
이때, 십의 자리가 0인 경우와 0이 아닌 다른 수가 오는 경우를 나누어 계산하면 다음과 같다.
1) 십의 자리가 0인 경우
　5(일의 자리의 경우의 수)×8(백의 자리의 경우의 수)＝40가지
2) 십의 자리가 0이 아닌 경우
　5(일의 자리의 경우의 수)×8(십의 자리의 경우의 수)×7(백의 자리의 경우의 수)＝280가지
따라서, 홀수인 경우의 수는 40＋280＝320가지이다.

19

정답 ⑤

각 국가의 승용차 보유 대수 비율은 다음과 같다.

- 네덜란드 : $\frac{3,230}{3,585}×100≒90.1\%$
- 독일 : $\frac{17,356}{18,481}×100≒93.9\%$
- 프랑스 : $\frac{15,100}{17,434}×100≒86.6\%$
- 영국 : $\frac{13,948}{15,864}×100≒87.9\%$
- 이탈리아 : $\frac{14,259}{15,400}×100≒92.6\%$
- 캐나다 : $\frac{7,823}{10,029}×100≒78.0\%$
- 호주 : $\frac{4,506}{5,577}×100≒80.8\%$
- 미국 : $\frac{104,898}{129,943}×100≒80.7\%$

따라서 유럽 국가는 미국, 캐나다, 호주보다 승용차가 차지하는 비율이 높다.

오답분석

① 위의 해설에 의해 승용차가 차지하는 비율이 가장 높은 나라는 독일이다.
② 트럭·버스가 차지하는 비율은 100%에서 승용차 보유 대수 비율을 뺀 것과 같다. 즉, 승용차 보유 대수 비율이 낮은 국가가 트럭·버스 보유
　대수 비율이 가장 높다. 따라서 트럭·버스 보유 대수 비율이 가장 높은 국가는 캐나다이다.
③ 승용차 보유 대수 비율이 가장 낮은 국가는 캐나다이고, 90%를 넘지 않는 78%이다.
④ 프랑스의 승용차와 트럭·버스의 비율은 15,100 : 2,334≒6.5 : 1로 3 : 1이 아니다.

20

정답 ⑤

'그러한' 등의 지시어와 '그러나', '그래서', '따라서' 등의 접속어를 토대로 문맥을 가장 자연스럽게 하는 순서를 확인할 수 있다. (D)의 '그러한 편견'은
〈보기〉에서 DNA를 '일종의 퇴화 물질로 간주'하던 인식을 가리키며, (B)의 '유전 정보'는 (D)에서 바이러스가 주입한 유전 정보이다. (A)는 (D)에서
언급한 '아무도 몰랐다'는 문제를 해결하기 위한 조사에 대한 설명이며, (C)는 (A)에서 실시한 조사의 결과로 드러난 사실을 설명한 것이다. 따라서
(D) − (B) − (A) − (C)순이 적절하다.

21

정답 ⑤

총무부서 직원은 총 250×0.16＝40명이다. 2018년과 2019년의 독감 예방접종 여부가 총무부서에 대한 자료라면, 총무부서 직원 중 2018년과 2019
년의 예방접종자 수의 비율 차는 56−38＝18%p이다. 따라서 40×0.18≒7명 증가하였다.

오답분석

① 2018년 독감 예방접종자 수는 250×0.38＝95명, 2019년 독감 예방접종자 수는 250×0.56＝140명이므로, 2018년에는 예방접종을 하지 않았지
　만, 2019년에는 예방접종을 한 직원은 총 140−95＝45명이다.
② 2018년의 예방접종자 수는 95명이고, 2019년의 예방접종자 수는 140명이다. 따라서 $\frac{140-95}{95}×100≒47\%$ 증가했다.
③ 2018년의 예방접종을 하지 않은 직원들을 대상으로 2019년의 독감 예방접종 여부를 조사한 자료라고 하면, 2018년과 2019년 모두 예방접종을
　하지 않은 직원은 총 250×0.62×0.44≒68명이다.
④ 제조부서를 제외한 직원은 250×(1−0.44)＝140명이고, 2019년 예방접종을 한 직원은 250×0.56＝140명이다. 따라서 제조부서 중 예방접종을
　한 직원은 없다.

22

(정답) ③

자료에서 설명하는 문제해결방법은 Logic Tree 방법이다. Logic Tree 방법은 문제의 원인을 깊이 파고들거나 해결책을 구체화할 때 제한된 시간 속에 넓이와 깊이를 추구하는 데 도움이 되는 기술로, 주요 과제를 나무 모양으로 분해·정리하는 기술이다.

오답분석

① So What 방법 : '그래서 무엇이지?'하고 자문자답하는 의미로, 눈앞에 있는 정보로부터 의미를 찾아내어 가치 있는 정보를 이끌어내는 방법이다.
② 피라미드 구조 방법 : 하위의 사실이나 현상부터 사고함으로써 상위의 주장을 만들어가는 방법이다.
④ SWOT 분석 방법 : 기업내부의 강점, 약점과 외부환경의 기회, 위협요인을 분석·평가하고 이들을 서로 연관 지어 전략과 문제해결 방안을 개발하는 방법이다.
⑤ 3C 분석 방법 : 환경을 구성하고 있는 요소인 자사, 경쟁사, 고객에 대해 체계적으로 분석하는 방법이다.

23

(정답) ②

본문에 조기 폐차 권고 요건의 완화에 대한 자세한 내용은 언급되지 않았다. 따라서 ②가 옳지 않은 답임을 알 수 있다.

24

(정답) ③

해당 상황은 법적으로 지켜야 하는 의무 기준을 충족해 받은 인증마크를 빗대어 환경성이 뛰어난 제품인 것처럼 표현했으므로 ⓒ 환경성 표시와 광고 관리제도에 어긋나는 상황이다. 따라서 ③이 옳은 답임을 알 수 있다.

25

(정답) ③

표 1에서 각각 메인 메뉴의 단백질 함량은 포화지방 함량의 두 배 이상인 것을 확인할 수 있다.

오답분석

① 새우버거의 중량 대비 열량의 비율은 $\frac{395}{197} \fallingdotseq 2$이고, 칠리버거는 $\frac{443}{228} \fallingdotseq 1.9$로 칠리버거가 더 낮다.

② 표 1의 나트륨 함량의 단위 mg을 당 함량 단위 g과 같게 만들면 $0.5g<$나트륨$<1.2g$의 범위가 나온다. 그런데 당 함량은 모두 6g 이상이므로 모든 메뉴에서 나트륨 함량보다 많다.

④ 표 2에서 모든 스낵의 단위당 중량 합은 $114+68+47=229g$이고, 표 1에서 메인 메뉴 중 베이컨버거의 중량은 242g이므로 모든 스낵의 단위당 중량 합보다 많다.

⑤ 메인 메뉴와 스낵 메뉴 중 열량이 가장 낮은 햄버거와 조각치킨의 열량 합은 $248+165=413$kcal이고, $500-413=87$kcal 이하인 음료 메뉴는 커피 또는 오렌지 주스이므로 커피말고 오렌지 주스도 주문 가능하다.

26

(정답) ④

제시된 자료에서 일차방정식을 세워 인원수를 구할 수 있다.
먼저 A, B, C의 인원수를 각각 a, b, c라 가정하고 평균점에 대한 방정식을 세우면
$\frac{40a+60b}{80}=52.5 \rightarrow 4a+6b=420 \rightarrow 2a+3b=210 \cdots \text{㉠}$

$a+b=80 \rightarrow b=80-a \cdots \text{㉡}$

㉠에 ㉡을 대입하면 $2a+3(80-a)=210 \rightarrow a=240-210=30$이 나오므로 A의 인원수는 30명이고, B의 인원수는 50명이다. B와 C의 총 인원수는 120명이므로 C의 인원수는 70명임을 알 수 있다.

따라서 (가)에 들어갈 수는 $30+70=100$이고, (나)는 A와 C의 평균점으로 $\frac{30\times40+70\times90}{100}=75$이다.

27

정답 ②

해결안별 세부실행내용을 구체적으로 작성하는 것은 실행의 목적과 과정별 진행 내용을 일목요연하게 파악하도록 하는 것으로써 '실행계획 수립' 단계에 해당한다.

오답분석

①·③·④·⑤ 실행 및 Follow – up 단계에서 고려할 사항이다.

28

정답 ①

〈조건〉을 충족하는 경우를 표로 정리하면 다음과 같다.

구분	첫 번째	두 번째	세 번째	네 번째	다섯 번째	여섯 번째
경우 1	교육	보건	농림	행정	국방	외교
경우 2	교육	보건	농림	국방	행정	외교
경우 3	보건	교육	농림	행정	국방	외교
경우 4	보건	교육	농림	국방	행정	외교

따라서 교육부는 항상 첫 번째 또는 두 번째에 감사를 시작한다.

29

정답 ⑤

E는 교양 수업을 신청한 A보다 나중에 수강한다고 하였으므로 목요일 또는 금요일에 강의를 들을 수 있다. 이때, 목요일과 금요일에는 교양 수업이 진행되므로 'E는 반드시 교양 수업을 듣는다.'의 ⑤는 항상 참이 된다.

오답분석

① A가 수요일에 강의를 듣는다면 E는 교양2 또는 교양3 강의를 들을 수 있다.
② B가 수강하는 전공 수업의 정확한 요일을 알 수 없으므로 C는 전공1 또는 전공2 강의를 들을 수 있다.
③ C가 화요일에 강의를 듣는다면 D는 교양 강의를 듣는다. 이때, 교양 수업을 듣는 A는 E보다 앞선 요일에 수강하므로 E는 교양2 또는 교양3 강의를 들을 수 있다.

구분	월(전공1)	화(전공2)	수(교양1)	목(교양2)	금(교양3)
경우1	B	C	D	A	E
경우2	B	C	A	D	E
경우3	B	C	A	E	D

④ D는 전공 수업을 신청한 C보다 나중에 수강하므로 전공 또는 교양 수업을 들을 수 있다.

30

정답 ①

제시문은 '발전'에 대한 개념을 설명하고 있다. 이러한 유형의 문제는 빈칸 앞뒤의 문맥을 먼저 살피는 것도 하나의 요령이다. 빈칸 앞에는 '발전'에 대해 '모든 형태의 변화가 전부 발전에 해당하는 것은 아니다'라고 하면서 '교통신호등'을 예로 들고, 빈칸 뒤에는 '사태의 진전 과정에서 나중에 나타나는 것은 적어도 그 이전 단계에 내재적으로나마 존재했던 것의 전개에 해당한다는 것이다'라고 상술하고 있다. 여기에 첫 번째 문장까지 고려한다면, ①의 내용이 빈칸에 들어가는 것이 자연스럽다.

31

정답 ④

시간계획의 기본원리 설명에 기본 원칙으로 '60 : 40의 원칙'을 정의하였다. 마지막 문단에서는 좀 더 구체적으로 설명해 주는 것이므로 바로 앞 문단을 한 번 더 되풀이한다고 생각하면 된다. 따라서 ㉠은 계획 행동, ㉡은 계획 외 행동, ㉢은 자발적 행동이다.

32

정답 ⑤

직접비용은 제품 또는 서비스를 창출하기 위해 직접 소요되는 비용으로 재료비, 원료와 장비, 여행(출장) 및 잡비, 인건비 등이 포함된다. 그리고 간접비용은 생산에 직접 관련되지 않는 비용으로 보험료, 건물관리비, 광고비, 통신비 등이 포함된다.
따라서 ⑤의 여행(출장) 및 잡비는 제품 또는 서비스 창출에 직접 관련 있는 항목으로 직접비에 해당한다.

33

정답 ④

사장은 최소비용으로 최대인원을 채용하는 것을 목적으로 하고 있다. 가장 낮은 임금의 인원을 최우선으로 배치하되, 같은 임금의 인원은 가용한 시간 내에 분배하여 배치하는 것이 해당 목적을 달성하는 방법이다. 이를 적용하면 다음과 같이 인원을 배치할 수 있다.
8시부터 근무는 김갑주가 임금이 가장 낮다. 이후 10시부터는 임금이 같은 한수미도 근무할 수 있으므로, 최대인원을 채용하는 목적에 따라 한수미가 근무한다. 그다음 중복되는 12시부터는 조병수가 임금이 더 낮으므로 조병수가 근무하며, 임금이 가장 낮은 강을미는 15시부터 20시까지 근무한다. 조병수 다음으로 중복되는 14시부터 가능한 최강현은 임금이 비싸므로 근무하지 않는다(최소비용이 최대인원보다 우선하기 때문). 그다음으로 중복되는 16시부터는 채미나가 조병수와 임금이 같으므로 채미나가 근무한다.

구분	월		화		수		목		금	
08:00	기존 직원	김갑주	기존 직원	김갑주	기존 직원	김갑주	기존 직원	김갑주	기존 직원	김갑주
09:00										
10:00		한수미		한수미		한수미		한수미		한수미
11:00										
12:00										
13:00		조병수		조병수		조병수		조병수		조병수
14:00										
15:00	강을미		강을미		강을미		강을미		강을미	
16:00		채미나		채미나		채미나		채미나		채미나
17:00										
18:00										
19:00										

34

정답 ④

하루 지출되는 직원별 급여액은 다음과 같다.
• 기존 직원 : 10,000원×7시간=70,000원
• 김갑주, 한수미 : 10,000원×2시간=20,000원
• 조병수, 채미나 : 9,500원×4시간=38,000원
• 강을미 : 9,000원×5시간=45,000원
→ 70,000+(20,000×2)+(38,000×2)+45,000=231,000원
∴ (임금)=231,000원×5일=1,115,000원

35

정답 ③

팀별·종목별 득점의 합계는 다음과 같다.

팀명	A	B	C	D
합계	11	9	8	12

종목 가, 나, 다, 라에서 팀별 1, 2위를 차지한 횟수는 다음과 같다.

순위＼팀명	A	B	C	D
1위	1	1	0	2
2위	1	1	1	1

ㄹ. D팀이 종목 '마'에서 2위를 한다면 1위 2번, 2위 2번으로 종합 순위 1위가 된다.

오답분석

ㄱ. A팀이 종목 '마'에서 1위를 한다면 총점 15점에 1위 2번 2위 1번을 한 것이 된다. 이때 만약 종목 '마'에서 D팀이 2위를 하게 된다면, 총점 15점에 1위 1번 2위 2번을 하게 되는 것이므로 2위 종목이 많은 D팀이 1위가 된다.

ㄴ. B팀과 C팀의 종목 '가 ~ 라'의 득점 합계의 차이는 1이고 B팀이 C팀보다 1위를 차지한 횟수가 더 많다. 따라서 B팀이 종목 '마'에서 C팀에게 한 등급 차이로 순위에서 뒤처지면 득점의 합계는 같게 되지만 순위 횟수에서 B팀이 C팀보다 우수하므로 종합 순위에서 B팀이 C팀보다 높게 된다.

ㄷ. C팀이 2위를 하고 B팀이 4위를 하거나, C팀이 1위를 하고 B팀이 3위 이하를 했을 경우에는 B팀이 최하위가 된다.

36

정답 ①

햄버거의 가격을 비교하면 다음과 같다.

• 치킨버거를 2개 산다면 그중 하나는 30% 할인되므로, 1개당 가격은 $\frac{2,300+2,300\times0.7}{2}=1,955$원이다.

• 불고기버거를 3개 산다면 물 1병이 증정되므로 1개당 가격은 $\frac{2,300\times3-800}{3}=2,033.33\cdots$원이다.

• 치즈버거의 경우 개당 2,000원으로 불고기버거보다 저렴하다. 다만, 구매 개수만큼 포도주스의 가격을 할인받을 수 있는데, 할인된 금액이 $1,400\times(1-0.4)=840$원이므로 물의 800원보다 커 의미가 없다.

즉, 버거는 가장 저렴한 치킨버거를 최대한 많이 사야 하며, 나머지는 치즈버거가 적절하다.

따라서 치킨버거 10개, 치즈버거 1개를 사야 한다.

음료수의 가격을 비교하면 다음과 같다.

• 보리차는 2+1로 구매할 수 있으므로 1병당 가격은 $\frac{1,100\times2}{3}=733.333\cdots$원이다.

• 물은 1병당 800원이다.

• 오렌지주스는 4+2로 구매할 수 있으므로 1병당 가격은 $\frac{1,300\times4}{6}=866.666\cdots$원이다.

• 포도주스의 경우는 치즈버거를 산다고 가정했을 때 $1,400\times0.6=840$원이다.

즉, 최대한 보리차를 구매하고 나머지는 물을 구입해야 한다. 따라서 보리차 9병, 물 2병을 사야 한다.

37

정답 ④

인적자원으로부터의 성과는 인적자원의 욕구와 동기, 태도와 행동 그리고 만족감 여하에 따라 결정되고, 인적자원의 행동 동기와 만족감은 경영관리에 의해 조건화된다. 반면, 예산과 물적자원은 성과에 기여하는 정도에 있어서 자원 자체의 양과 질에 의해 지배된다.

38
정답 ③

임원용 보고서 1부의 가격은 85페이지×300원+2×2,000원(플라스틱 커버 앞 / 뒤)+2,000원(스프링 제본)=31,500원이다.
총 10부가 필요하므로 315,000원이다.
직원용 보고서 1부의 가격은 84페이지(표지 제외)÷2(2쪽씩 모아 찍기)÷2(양면 인쇄)=21페이지이므로
21페이지×70원+100원(집게 두 개)+300원(표지)=1,870원이다.
총 20부가 필요하므로 37,400원이다.

39
정답 ②

3L의 폐수에는 P균이 3×400mL=1,200mL, Q균이 3×200mL=600mL 포함되어 있다.
문제의 정보에 따를 때, 실험을 거치면서 폐수 3L에 남아있는 P균과 Q균의 변화는 다음과 같다.

구분	P균	Q균
공정 1	$1,200×0.6=720mL$	$600×0.3=780mL$
공정 2	$720×\dfrac{2}{5}=288mL$	$780×\dfrac{1}{3}=260mL$
공정 3	$288×0.8=230.4mL$	$260×0.5=130mL$
공정 2	$230.4×\dfrac{2}{5}=92.2mL$	$130×\dfrac{1}{3}=43.3mL$

따라서 실험 내용상의 공정 4단계를 모두 마쳤을 때, 3L의 폐수에 남아있는 P균은 92.2mL, Q균은 43.3mL이다.

40
정답 ②

월요일에는 늦지 않게만 도착하면 되므로, 부산역에서 8시에 출발하는 KTX를 이용한다. 수요일에는 최대한 빨리 와야 하므로, 김포공항에서 19시에 출발하는 비행기를 이용한다.
따라서 소요되는 교통비는 65,200원+22,200원+21,500원+93,200원×0.9=192,780원이다.

41
정답 ③

빈칸에 들어갈 용어는 '조직변화' 또는 '조직혁신'으로 볼 수 있다. 조직변화는 구성원들의 사고방식이나 가치체계를 변화시키는 것이다. 즉 조직의 목적과 일치시키기 위해 문화를 유도하는 문화 변화의 모습을 가진다.

42
정답 ④

최선을 다해 최고의 성과를 낸다면 가장 이상적인 결과가 되겠지만, 회사 생활을 하다보면 그렇지 못한 경우도 많다. 결과를 위해 과정을 무시하는 것은 올바르지 않으며, 본인만 돋보이고자 한다면 팀워크를 망칠 수도 있으므로 D지원자가 가장 적절하지 않다.

43
정답 ⑤

비효율적 일중독자들의 특징
• 가장 생산성이 낮은 일을 가장 오래 하는 경향이 있다.
• 최우선 업무보다는 가시적인 업무에 전력을 다하는 경향이 있다.
• 자신이 할 수 있는 일은 다른 사람에게 맡기지 않는 경향이 있다.
• 위기 상황에 과잉 대처하는 경향이 있다.

44
정답 ③

대인적 역할에는 외형적 대표자로서의 역할, 리더로서의 역할, 연락자로서의 역할이 있다.

45

구성원들이 보유하고 있는 능력, 스킬, 욕구, 태도 등은 구성원(Staff)에 해당된다. 조직구조(Structure)는 전략을 실행해가기 위한 틀로서, 조직도라 할 수 있으며, 구성원들의 역할과 구성원 간 상호관계를 지배하는 공식 요소들(예 권한, 책임)을 포함한다. 제도, 절차(System)와 함께 구성원들의 행동을 특정 방향으로 유도하는 역할을 한다.

맥킨지 7S 모델(McKinsey 7S Model)
- 공유가치(Shared Value) : 모든 조직 구성원들이 공유하는 기업의 핵심 이념이나 가치관, 목적 등을 말한다.
- 전략(Strategy) : 조직의 장기적 계획 및 목표를 달성하기 위한 수단이나 방법을 말한다.
- 제도, 절차(System) : 조직의 관리체계나 운영절차, 제도 등을 말한다.
- 조직구조(Structure) : 전략을 실행해 가기 위한 틀로서, 조직도라 할 수 있다.
- 리더십 스타일(Style) : 조직을 이끌어나가는 관리자의 경영방식이나 리더십 스타일을 말한다.
- 관리기술(Skill) : 전략을 실행하는 데 필요한 구체적 요소를 말한다.
- 구성원(Staff) : 조직 내 인력 구성을 말한다. 구성원들의 단순한 인력 구성 현황을 의미하기 보다는 구성원들이 보유하고 있는 능력, 스킬, 욕구, 태도 등을 포함한다.

46

회사와 팀의 업무 지침은 변화하는 환경 속에서 그 일의 전문가들에 의해 확립된 것이므로, 기본적으로 지켜야 할 것은 지키되 그 속에서 자신의 방식을 발견해야 한다. 따라서 본인이 속한 팀의 업무 지침이 마음에 들지 않는다는 이유로 이를 지키지 않고 본인만의 방식을 찾겠다는 D대리의 행동전략은 적절하지 않다.

47

①·③·④·⑤는 인터뷰 준비를 위한 업무처리 내용이고, ②는 인터뷰 사후처리에 대한 내용이므로 우선순위 면에서는 가장 낮다.

48

최수영 상무이사가 결재한 것은 대결이다. 대결은 전결권자가 출장, 휴가, 기타 사유로 상당기간 부재중일 때 긴급한 문서를 처리하고자 할 경우에는 전결권자의 차하위 직위의 결재를 받아 시행하는 것을 말한다. 대결 시에는 기안문의 결재란 중 대결한 자의 란에 '대결'을 표시하고 서명 또는 날인한다. 결재표는 다음과 같다.

담당	과장	부장	상무이사	전무이사
아무개	최경옥	김석호	대결 최수영	전결

49

조직의 규칙과 규정은 조직의 목표나 전략에 따라 수립되어 조직구성원들이 활동범위를 제약하고 일관성을 부여하는 기능을 한다. 예를 들어 인사규정, 총무규정, 회계규정 등이 있다.

50

오답분석

② SWOT분석 : 기업의 내부환경과 외부환경을 분석하여 강점(Strength), 약점(Weakness), 기회(Opportunity), 위협(Threat) 요인을 규정하고, 이를 토대로 경영전략을 수립하는 기법이다.
③ 마인드맵 : 마음 속에 지도를 그리듯이 줄거리를 이해하며 정리하는 방법이다.
④ 브레인라이팅 : 많은 구성원들로 이루어진 조직에서 활용되는 아이디어 창출기법으로, 브레인스토밍과 유사하지만 그와 비교하여 발언에 소극적인 사람의 참여를 유도할 수 있으며 지배적 개인의 영향력을 줄일 수 있는 장점이 있다.
⑤ 델파이기법 : 전문가들이 집단토의를 하는 경우 발생하는 약점을 극복하기 위해서 개발

31

정답 ④

당직근무 배치가 원활하지 않아 일어난 사고는 배치의 불충분으로 일어난 산업 재해의 경우로, 4M 중 Management(관리)에 해당된다고 볼 수 있다.

오답분석

① 개인의 부주의에 따른 개인의 심리적 요인은 4M 중 Man에 해당된다.
② 작업 공간 불량은 4M 중 Media에 해당된다.
③ 점검, 정비의 결함은 4M 중 Machine에 해당된다.
⑤ 안전보건교육 부족은 4M 중 Management에 해당된다.

32

정답 ⑤

(A) 사례의 경우 구명밧줄이나 공기 호흡기 등을 준비하지 않아 사고가 발생했음을 알 수 있다. 따라서 보호구 사용 부적절로 4M 중 Media(작업정보, 방법, 환경)의 사례로 적절하다. (B) 사례의 경우 안전장치가 제대로 작동하지 않았음을 볼 때, Machine(기계, 설비)의 사례로 적절하다.

33

정답 ④

(D)의 경우 추측성 내용의 서술로 작성되었음을 알 수 있다. 매뉴얼에 있어 추측성 내용의 서술은 금물이다. 추측성 설명은 문장을 애매모호하게 만들 뿐만 아니라 사용자에게 사고를 유발시켜 신체적·재산적 손실을 가져다 줄 수 있다.

34

정답 ④

화상 방지 시스템을 개발한 이유가 이용자들의 화상을 염려하였다는 점을 볼 때, 기술이 필요한 이유를 설명하는 노와이(Know-Why)의 사례로 적절하다.

35

정답 ③

배터리의 방전 유무를 확인한 후 충전하는 조치는 트랙터 시동모터가 회전하지 않을 경우 점검해야 하는 사항이다.

36

정답 ①

①은 작업기 연결 전에 확인해야 할 사항들이다. 시동 전에 점검해야 할 사항은 윤활유, 연료, 냉각수량이다.

37

정답 ④

④에 대한 내용은 문제 해결법에 나와 있지 않다.

38

정답 ③

③은 인쇄 속도가 느릴 때 해결할 수 있는 방안이다.

39

정답 ②

②는 간접적 벤치마킹의 단점이다. 간접적 벤치마킹은 인터넷, 문서자료 등 간접적인 형태로 조사·분석하게 됨으로써 대상의 본질보다는 겉으로 드러나 보이는 현상에 가까운 결과를 얻을 수 있는 단점을 가진다.

40

정답 ②

기술선택을 위한 절차
- 외부환경분석 : 수요 변화 및 경쟁자 변화, 기술 변화 등 분석
- 중장기 사업목표 설정 : 기업의 장기비전, 중장기 매출목표 및 이익목표 설정
- 내부역량 분석 : 기술능력, 생산능력, 마케팅 / 영업능력, 재무능력 등 분석
- 사업전략 수립 : 사업 영역 결정, 경쟁 우위 확보 방안 수립
- 요구기술 분석 : 제품 설계 / 디자인 기술, 제품 생산 공정, 원재료 / 부품 제조기술 분석
- 기술전략 수립 : 기술획득 방법 결정

41

정답 ③

아이젠하워는 뛰어난 리더십으로 2차 세계대전을 승리로 이끌었고, 이후 미국의 34대 대통령에 당선되었다. 아이젠하워가 말하는 '리더십'이란 성실하고 고결한 성품 그 자체로, 그는 '리더십'이란 잘못된 것에 대한 책임은 '자신'이 지고, 잘된 것에 대한 모든 공로는 '부하'에게 돌릴 줄 아는 것이라고 이야기했다.

> **오답분석**

- 멤버십 : 조직의 구성원으로서의 자격과 지위를 갖는 것

42

정답 ④

시험 준비는 각자 자신의 성적을 위한 것으로 팀워크의 특징인 공동의 목적으로 보기 어렵다. 또한 상호관계성을 가지고 협력하는 업무로 보기 어려우므로 팀워크의 사례로 적절하지 않다.

43

정답 ⑤

사회적 입증 전략이란 사람은 과학적 이론보다 자신의 동료나 이웃의 말이나 행동에 의해서 쉽게 설득된다는 것과 관련된 전략이다.

> **오답분석**

① See – Feel – Change 전략 : 시각화하고 직접 보게 하여 이해시키고(See), 스스로가 느끼게 하여 감동시키며(Feel), 이를 통해 상대방을 변화시켜(Change) 설득에 성공한다는 전략이다.
② 호혜관계 형성 전략 : 협상당사자간에 어떤 혜택들을 주고받은 관계가 형성되어 있으면 그 협상과정상의 갈등해결에 용이하다는 것이다.
③ 헌신과 일관성 전략 : 협상당사자간에 기대하는 바에 일관성 있게 헌신적으로 부응하여 행동하게 되면 협상과정상의 갈등해결이 용이하다는 것이다.
④ 희소성 해결 전략 : 인적, 물적 자원 등의 희소성을 해결하는 것이 협상과정상의 갈등해결에 용이하다는 것이다.

44

정답 ③

고객 불만 처리 프로세스 중 '해결약속' 단계에서는 고객이 불만을 느낀 상황에 대해 관심과 공감을 보이며, 문제의 빠른 해결을 약속해야 한다.

고객 불만 처리 프로세스 8단계
1. 경청
2. 감사와 공감표시
3. 사과
4. 해결약속
5. 정보파악
6. 신속처리
7. 처리확인과 사과
8. 피드백

45

최선의 대안에 대해서 합의하고 선택하는 것은 '해결 대안'에 해당하는 내용이다.

46

④는 팀워크와 구분되는 응집력에 대한 설명이다. 팀워크는 공동의 목적 달성이라는 의지를 갖추고 서로 협력하여 성과를 내는 것을 의미한다.

47

제품 및 서비스가 복잡해지고 시장이 다양해짐에 따라 고객만족도를 정확히 측정하기 위해서는 먼저 조사 분야와 대상을 명확히 정의해야 한다. 또한 조사의 목적이 고객에 대한 개별대응이나 고객과의 관계를 파악하기 위한 것이라면 조사 대상을 임의로 선택해서는 안 되며, 중요한 고객을 우선 선택해야 한다.

48

팀원 사이의 갈등을 발견하게 되면 제3자로서 빠르게 개입하여 중재해야 한다. 갈등을 일으키고 있는 팀원과의 비공개적인 미팅을 갖고, 다음과 같은 질문을 통해 의견을 교환하면 팀원 간의 갈등 해결에 도움이 된다.
• 내가 보기에 상대방이 꼭 해야만 하는 행동
• 상대방이 보기에 내가 꼭 해야만 하는 행동
• 내가 보기에 내가 꼭 해야만 하는 행동
• 상대방이 보기에 스스로 꼭 해야만 하는 행동

49

(A)의 경우 상대방이 제시하는 것을 일방적으로 수용한다는 점을 볼 때, 유화(상대편을 너그럽게 용서하고 사이좋게 지냄)전략임을 알 수 있으며, (B)의 경우 자신의 이익을 극대화하기 위한 공격적 전략이라는 점에서 강압전략임을 알 수 있다. (C)의 경우 협상을 피하는 점으로 회피전략임을, (D)의 경우 협동과 통합으로 문제를 해결한다는 점에서 협력전략임을 알 수 있다.

50

멤버십 유형을 나누는 두 가지 축은 마인드를 나타내는 독립적 사고 축과 행동을 나타내는 적극적 실천 축으로 나누어진다. 이에 따라 멤버십 유형은 수동형, 실무형, 소외형, 순응형으로 구분할 수 있으며, 각각의 특징은 다음과 같다.

자아상
• 소외형 : 자립적인 모습을 보이며, 일부러 반대의견을 제시한다.
• 순응형 : 기쁜 마음으로 과업을 수행하며, 팀플레이를 하고, 리더와 조직을 믿고 헌신한다.
• 실무형 : 조직의 운영방침에 민감하며, 사건을 균형잡힌 시각으로 보고, 조직의 규정과 규칙에 따라 행동한다.
• 수동형 : 판단과 사고를 리더에게 의존하며, 지시가 있어야 행동한다.

조직에 대한 자신의 느낌
• 소외형 : 자신을 인정해주지 않으며, 자신에게 적절한 보상을 해주지 않는다고 봄으로써 조직을 불공정하고 문제가 있다고 여긴다.
• 순응형 : 기존의 질서를 따르는 것이 중요하며 리더의 의견을 거스르는 것은 어려운 일이라고 생각한다.
• 실무형 : 조직이 규정준수를 강조하며, 명령과 계획을 빈번하게 변경한다고 생각한다.
• 수동형 : 조직이 자신의 아이디어를 원치 않으며, 조직에게 노력과 공헌을 해도 아무 소용이 없다고 생각한다. 또한 리더는 항상 자기 마음대로 결정한다고 생각한다.

학습플래너

Date 2021. 04. 08.	D-30	공부시간 3H50M

- ◉ NCS 특강 시간확인
- ◉ 사람으로서 할 수 있는 최선을 다한 후에는 오직 하늘의 뜻을 기다린다.
- ◉

과목	내용	체크
NCS	의사소통능력 문제 풀이	○

MEMO

학습플래너

Date	. . .	D-	공부시간	H	M

- ◎
- ◎
- ◎

과목	내용	체크

MEMO

| Date . . . | D- | 공부시간 | H | M |

◎
○
○

과목	내용	체크

MEMO

학습플래너

| Date | . . . | D- | 공부시간 | H | M |

- ◎
- ◎
- ◎

과목	내용	체크

MEMO

| Date | . . . | D- | | 공부시간 | H | M |

◎
◎
◎

과목	내용	체크

MEMO

학습플래너

Date	. . .		D-		공부시간	H	M

◎

◎

◎

과목	내용	체크

MEMO

좋은 책을 만드는 길
독자님과 함께하겠습니다.

도서나 동영상에 궁금한 점, 아쉬운 점, 만족스러운 점이
있으시다면 어떤 의견이라도 말씀해 주세요.
시대고시기획은 독자님의 의견을 모아 더 좋은 책으로 보답하겠습니다.

www.sidaegosi.com

2021 최신판 부산환경공단 NCS 기출예상문제 + 실전모의고사 4회

개정3판1쇄 발행	2021년 04월 30일 (인쇄 2021년 04월 08일)
초 판 발 행	2018년 04월 30일 (인쇄 2018년 04월 10일)
발 행 인	박영일
책 임 편 집	이해욱
편 저	NCS직무능력연구소
편 집 진 행	이민지
표지디자인	안병용
편집디자인	김성은 · 곽은슬
발 행 처	(주)시대고시기획
출 판 등 록	제 10-1521호
주 소	서울시 마포구 큰우물로 75 [도화동 538 성지 B/D] 9F
전 화	1600-3600
팩 스	02-701-8823
홈 페 이 지	www.sidaegosi.com
I S B N	979-11-254-9728-8 (13320)
정 가	20,000원

기업별 맞춤 학습 "기업별 NCS" 시리즈

공기업 취업의 기초부터 합격까지! 취업의 문을 여는 **Hidden Key!**

기업별 기출문제 "기출이 답이다" 시리즈

역대 기출문제와 주요 공기업 기출문제를 한 권에! 합격을 위한 **One Way!**

시험 직전 마무리 "봉투모의고사" 시리즈

실제 시험과 동일하게 마무리! 합격을 향한 **Last Spurt!**

현재 나의 실력을 객관적으로 파악해 보자!

모바일 OMR
답안분석 서비스

도서에 수록된 모의고사에 대한 객관적인 결과(정답률, 순위)를 종합적으로 분석하여 제공합니다.

OMR 입력

시간측정 가능!!

성적분석

채점결과

※OMR 답안분석 서비스는 등록 후 30일간 사용가능합니다.

참여방법

도서 내 모의고사 우측 상단에 위치한 QR코드 찍기 → 로그인 하기 → '시작하기' 클릭 → '응시하기' 클릭 → 나의 답안을 모바일 OMR 카드에 입력 → '성적분석& 채점결과' 클릭 → 현재 내 실력 확인하기